本书系国家社科基金项目结项成果

本书由广东省高水平大学建设经费资助出版

乡土中国文化重建与新农民想象

张丽军 著

中华书局

图书在版编目(CIP)数据

乡土中国文化重建与新农民想象/张丽军著. —北京:中华书局,2022.11
ISBN 978-7-101-15824-3

Ⅰ.乡…　Ⅱ.张…　Ⅲ.农村社会学-研究-中国
Ⅳ.C912.82

中国版本图书馆 CIP 数据核字(2022)第 130863 号

书　　名　乡土中国文化重建与新农民想象
著　　者　张丽军
责任编辑　吴爱兰
责任印制　管　斌
出版发行　中华书局
　　　　　(北京市丰台区太平桥西里 38 号　100073)
　　　　　http://www.zhbc.com.cn
　　　　　E-mail:zhbc@zhbc.com.cn
印　　刷　北京新华印刷有限公司
版　　次　2022 年 11 月第 1 版
　　　　　2022 年 11 月第 1 次印刷
规　　格　开本/920×1250 毫米　1/32
　　　　　印张 16½　插页 2　字数 382 千字
国际书号　ISBN 978-7-101-15824-3
定　　价　96.00 元

序：乡土中国文化重建的审美新探索

吴义勤 ※

张丽军是2006年我在山东师范大学中国现当代学科做带头人时，被引进到文学院中国现当代文学专业从事教学与科研工作的。他为人朴实、诚恳，肯用功、善钻研，在学术之路上扎实稳重前行，成长迅速。近年来，他更是凭借丰硕的学术成果成为了国内乡土文学研究领域极为引人关注的青年学者。张丽军博士论文做的就是中国乡土文学中的农民形象审美想象问题研究。到山东师范大学文学院之后，他继续深化和拓展着自己的乡土文学研究，并不断推出新的成果。2008年开始他又跟着我进行博士后研究，从样板戏在乡土中国的接受美学角度拓展对乡土中国文化转型的研究。2012年，他在博士论文的研究基础上，向当代延伸，继续探索，成功申请到"乡土中国文化重建与新农民想象"的国家社科基金项目。2018年该项目顺利结项，获评"优秀"。结项后，张丽军没有急于出版，而是根据专家的意见，继续思考，进一步打磨整理。从项目立项、结项，到今年书稿最终修订完成，这中间已是经历了十个年头，可谓是十年磨一剑。可以说，手头这本《乡土中国文化重建与

※ 吴义勤，中国作协副主席、书记处书记，中国小说学会会长。当代著名批评家，教授、博士生导师。

新农民想象》不仅是张丽军在山东师范大学从事当代中国乡土文学研究的成果,而且蕴含了他做博士和博士后工作时的所思所想,是他长期从事中国乡土文学研究成果的汇总与呈现。

士农工商,以农为本。千百年来,从审美姿态和情感态度来看,中国农民作为乡土中国的主体与中心,始终处于一个被肯定、被赞美的文化位置。古代中国文学中的田园诗、山水诗无比繁盛,农民、农村、田园都是诗意的、归隐的、理想的归处。为什么到了近现代时期,农民开始成为文学作品中一个愚昧、落伍、不觉悟的群体,处于被改造、被启蒙的边缘化位置?鲁迅塑造的阿Q形象溢出了文学界,成为社会各界对农民认识和想象的形象表达与文化符号。"阿Q"何时才能获得主体性,成为具有独立人格主体的现代人?强烈的问题意识、深厚的人文情怀和来自作者个体"地之子"的生命体验,是《乡土中国文化重建与新农民想象》这本新著鲜明的个性特征。正是浸染于这种人文情怀、审美体验,这本书里边的问题意识尤其强烈、深邃和宏大。显然,张丽军在书中提出的问题,不是一般意义上的作家、作品的审美品格和审美属性的问题,而是基于更高、更恢弘乃至全局性和根本性的人类文明形态、文化范式维度的思考,是基于乡土中国文明演进、文化转型、社会变迁视域下的审美嬗变、农民形象变革的思索。因此,从人类文明、文化、社会变迁的角度来思考乡土中国文学及其农民形象的审美嬗变问题,这种宏观的文化研究及其思维方式堪称本书的一大亮点,体现出作者对根源意义逻辑机制的审美探寻追求。

而也正是在这宏大的文明演进、文化转型的精神视域下,《乡土中国文化重建与新农民想象》专著呈现出对乡土中国文学研究的整体观性质的审美新探索。这种审美新探索首先体现在"百年"这一历史时段的审美视域上。历史是延续的,而唯有从更长时段的审美视域，才能有效思考和阐释问题的由来、过程和内在逻辑演化机制。基于乡土中国研究文本的丰富、研究过程中持续的精神探索和对当代文学创作场域的长期浸润，作为提问者、思考者的张丽军获得了一种文学史维度的审美视域和一种整体性、在场感的共情式理解，并以此来分析和阐释百年以来中国文化转型与重建，探寻一颗颗有情的灵魂，从而为当代中国社会转型和新时代的文化重建提供了一种来自历史的生命镜像、精神资源和文化思考。这种整体观不仅作为一种审美视域和思维方式蕴涵在书中，而且还有很多具体的呈现，如对“中国式现代化”路径、“阿Q”的百年形象流变、中国农民的城市梦研究等。从百年这一审美精神视域出发，张丽军思考和阐释了“中国新现代性”问题。“中国新现代性”指向的是百年乡土中国文学对民生问题的审美书写，即从贫穷、饥饿和吃开始，来谈中国新现代性的文学书写及其内在精神变迁。张丽军从不同作家的文学文本入手，对百年视域下的“阿Q”审美流变进行分析，提出“阿Q”精神困境及其真正意义获得独立主体性的问题。而从乡村和城市的空间流动来思考农民形象的审美嬗变和乡土文化的当代转型，是张丽军进行乡土文学研究的新向度。事实上，由于文明模式的演进，从农业文明到工业文明，从乡土到城市，这已经是百年中国农民空间流动的大势所趋，无可阻挡。中国农民城市梦的文学书写，就是这一空间变迁的审美表现形态。“以善抗恶”“以恶抗恶”“以善寻善”，是张丽军借助于典型文本而提炼出的审美叙述逻辑。中国农民进城问题是一个乡土中国现代化转型的问题，而如何认识城市，如何从乡土文化伦理中寻找与城市文化伦理相通的精神渠道并进行现代性转换，则是当代中国乡土文学书写、中国农民城市梦审美想象的新架构模式和新审美路径。

其次，选取代表性作家的小说文本进行细读并对其塑造的典型农民形象进行深入剖析，是这本专著审美研究新探索的又一个显著特征。中国乡土文学拥有数量极为庞大的作家群体及其文学文本，可谓是占据了百年中国文学的半壁江山。鲁迅、茅盾、老舍、沈从文、王鲁彦、师陀、赵树理、欧阳山、柳青、郭澄清、高晓声、何士光、阎连科、张炜、陈忠实、莫言、贾平凹、徐贵祥、赵德发、苏童、迟子建、梁鸿、刘玉栋、叶炜、付秀莹、高艳国等众多代表性作家及其塑造的典型农民形象，是张丽军从百年乡土文学审美视域下选取的具有较高审美价值和文化意蕴的研究对象。他所着力的就是从这些研究对象出发挖掘其对乡土中国文化重建和新农民审美想象的独特价值意义。在对鲁迅及其乡土文学、农民形象的解读中，张丽军结合个人独特审美体验，重在对鲁迅童年经验和晚年书写的分析，指出了鲁迅对农民形象审美书写的两极化倾向，揭示了鲁迅以往被遮蔽的“乡土乐园”“优美人性”与“中国美少年”的乡土诗意化书写。而在分析鲁迅晚年审美姿态、文化心理及其精神资源的时候，张丽军认为鲁迅晚年对故乡戏剧、民俗文化的念念不忘，恰好呈现出晚年鲁迅对中国本土文化资源，尤其是绍兴乡土文化的更深层的精神认知与文化认同，而这也最终成为鲁迅极为重要的精神资源和审美文化逻辑根基。可以说，晚年鲁迅正是从乡土中国大地深处及其乡土生命经验、民间文化中获得了进行精神抵抗与生命慰藉的强大精神力量。再比如，本书对赵树理专章分析也很有深度。一方面，书中对赵树理自觉认同和实践“农民文学观”的种种表现进行了深入分析，另一方面，又致力呈现和阐释赵树理小说中所流淌的五四知识分子的精神文化基因与超越时代的具有某种革命先锋性质的文学新元素。赵树理在 20 世纪 40 年代的农民文学书写在呈现解放区农民翻身解放的大团圆结局的表层结构之下，也潜藏着对乡村恶势力进行批判和农民劣根性进行反思的深层结构叙事。赵树理小说的这种批判性、先锋性与革命性的精神锋芒，在今天依然有着很大的启发性的价值与力量。

在本书中，张丽军除对柳青、贾平凹、路遥、陈忠实、张炜、莫言、徐贵祥、赵德发、苏童、郭澄清、刘澍德、何士光、王润滋、矫健等中国当代著名作家及其作品进行了深入分析之外，还对以刘玉栋、付秀莹、梁鸿、叶炜等为代表的新世纪青年作家作品进行了阐析，以求以更丰富、更全面、更立体的面貌展示百年文学，呈现对当代中国乡土文学的精神风貌、审美演变和伦理文化重建的新思考。

从历时性和共时性角度，探究百年乡土中国文化重建的多元维度，是这本专著审美研究新探索的第三个特色。从五四新文化运动开始，中国知识分子对乡土中国社会转型的思考从经济、军事、政治走向思想文化领域，转向对乡土中国文化转型与重建的深层问题的探索。中华传统优秀文化、五四新文化、现代革命文化、新中国初期的社会主义文化、新时期的改革开放文化，构成了新时代中华文化建构的重要精神资源。五四时期，中国知识分子以“拿来主义”的态度对西方现代文化的借鉴与学习，对“德先生”和“赛先生”的倡导，构成了五四新文化的现代性品格。与此同时，五四时期中国知识分子对民俗、歌谣等本土优秀文化资源的探寻与建构，也是特别可贵的。刘半农在北京大学发起的歌谣运动，就是要从民歌、民谣这些被压抑千年的传统民间资源中寻找新文化重建的本土精神资源。这在其时正在北京大学旁听课程的沈从文的创作里就有鲜明体现。沈从文在对湘西少数民族文化及其农民形象的审美塑造中，力图把没有污染的、雄健质朴的湘西少数民族文化注入新文化的肌体之中。

而鲁迅、茅盾、左翼文学、赵树理与延安文学对乡土农民的审美想象，则呈现出鲜明浓郁的现代革命文化精神意蕴。对现代革命文化的思考，离不开对农民革命历史的探寻。在20世纪20年代轰轰烈烈的农民革命运动的探寻中，张丽军读到了中国共产党人对中国农民认知的发现与思考。在《湖南农民运动考察报告》等革命文献里，张丽军读出了革命领导人对中国农民的一种新的、正面价值的充分肯定。在五四新文学里，需要被改造、被启蒙的边缘化农民形象，在革命领导人的视域下，恰恰变成了中国农民革命的同盟军与主力军、中国农民革命的主体和中心以及给予革命以巨大正能量的力量源泉之所在。正是毛泽东对中国农民革命性、革命主体性的认定与发现，五四之后的革命文学、左翼文学对中国农民的审美想象有了质的变化：农民形象开始觉醒、斗争，乃至成为新战士、新主人。

新中国成立之后走集体富裕道路的社会主义农村文化是新时代文化建设的重要精神资源。柳青的《创业史》所塑造的梁生宝，从一个普通农民成长为社会主义集体富裕道路的乡村领路人。梁生宝的形象，在今天依然是研究的热点，被研究者和读者们持久关注和解读，这也从一个侧面证明了梁生宝所代表的乡土中国文化重建的道路方向及其未来指向性。新时期改革开放及对中国传统文化的当代审美探索构成了更为直接的文化资源。陈忠实《白鹿原》中的朱先生及其代表的中国传统优秀文化，赵德发《君子梦》《双手合十》《乾道坤道》对中国儒家、佛家和道家文化的当代书写，以及迟子建与作家萨娜对已经消逝的鄂温克民族生态文化的书写，都让我们寻觅到当代中国乡土文学对传统本土文化的传承与建构。而贾平凹《古炉》里有一个给人“说病”的农民形象王善人。王善人给人治病是“说病”。他认为病的来源是因为内心的恶。只要有了善，有了正气，才能够克服种种邪气，才能保持心态与身体的平衡和健康。在《带灯》里，贾平凹塑造的带灯这一乡村女干部形象也很有意味，她与乡村妇女们建立起“老伙计关系”，试图以此来重塑当代乡村政治伦理文化。

思考以农民为主体的人的现代化，是张丽军开展乡土中国文化重建和新农民形象研究的内在精神核心与逻辑中心，是本书审美新探索的第四个特点。在对代表性作家及其典型文本的分析过程中，张丽军始终从一个逻辑内核出发，即探寻作家作品中对乡土中国农民内在主体性的精神建构。农民形象的主体性，为张丽军乡土文学精神探索与文化重建的内核、中心。乡土中国的社会转型与文化重建，不仅仅是一个个外在的物质条件、社会基础的变迁，而更内在与根本的是人的现代化转型，即我们所说的现代化最核心的要素是人的现代化。面对乡土中国占人口最大多数的农民，人的现代化就是乡土中国农民为主体的现代性转型。这是中国现代化转型的难点、重点之所在。百年中国乡土文学恰恰回应了这一点。百年以来中国知识分子对中国现代化的思考蕴藉在百年中国乡土文学的审美叙事之中，展现为对新农民形象的想象和建构之中。从梁启超的“小说新民论”到鲁迅的“首在立人”，从麻木、不觉悟到革命文学中的开始觉醒的、斗争的农民形象，从赵树理笔下的小二黑到欧阳山的高干大、柳青的梁生宝，从高晓声的陈奂生到路遥的孙少平、刘玉栋的曹大屯与付秀莹的翟小梨，百年中国乡土文学中的农民新人形象从未断绝，一直是中国作家审美书写的中心和读者关注的热点。而事实上，新时代乡土中国文学中的新农民形象依然是“新山乡巨变”审美叙述能否成功的焦点所在。百年中国乡土文学所建构的新农民形象谱系恰好为此提供了历史精神资源和审美参照体系。

总之，《乡土中国文化重建与新农民想象》汇聚了张丽军对乡土文学领域的多年思考，基本实现了对百年乡土中国文化重建与新农民想象研究的国家社科基金项目的预设目标，为我们建构了一个百年中国乡土文学审美演变的内在逻辑、演变过程以及百年中国新农民形象谱系，提供了关于乡土中国文化转型与重建的多元文化路径与精神资源。当然，从文明演进和文化转型的整体视域看，这本书也还存在着一定的局限、不足与力有不逮之处。这主要体现在以下三个方面：一是对百年中国社会变迁与文化转型过程中的不同文化生态系统派别、力量的“差异化、边缘化”文化声音的研究还有不足。五四新文化发展中有不同文化派别、力量的对话和交融，书中呈现的多是革命的、主流的声音，而对当时语境下其他文化观点的研究与关注显然不够。二是对于百年中国乡土文学里边的文学流派、文学思潮及农民形象谱系的研究，缺少具有持续性、精深度和高关联度的系列性研究。目前的研究虽具有代表性和典型性，但是这些作家作品及其塑造的农民形象的研究，存在一定程度的各自言说的局限与不足，没有从形象谱系的视域分析其发展演变。三是缺少不同文化、国别的乡土文学比较研究视域。作为一种人类文明形态、文化范式的组成部分，乡土文化转型应该有不同的类型、方式。人类不同民族国度的乡土文学可以互鉴。研究者在立足于中国、以乡土中国文学为研究中心和主体的同时，应该有一种真正意义的人类视域和世界意识，即基于人类文明视野以比较文化范畴来思考东亚文化、思考乡土中国的文化重建问题。不同文化文明的互鉴，将有助于对乡土中国文化重建认知和理解的丰富性。

当然，我们知道，实际上，任何研究都是阶段性的，不可能毕其功于一役，更何况是乡土中国文化转型与重建这一关乎人类文明与文化的大课题。《乡土中国文化重建与新农民想象》也可以说只是这一国家社科基金课题的阶段性研究成果。2020年,张丽军从山东师范大学以人才引进方式到了广州暨南大学,其学术人生又由此揭开了新的篇章。2021年,他申报的国家社科基金重大招标项目“百年中国乡土文学与农村建设运动关系研究”成功立项。这个重大项目的研究内容与主题,既是他以往研究的持续性思考,又是对以往中国乡土文学研究的新拓展。随着国家乡村振兴战略的大力实施,新时代对新乡土文学及新农民形象都有了新的要求。中国作协开展的“新时代山乡巨变”创作计划,就是对新时代新乡土文学精品力作的召唤与期待。

路漫漫其修远兮,吾将上下而求索。百年中国乡土文学及其新农民审美想象远远没有终止。新时代新乡土中国文学依然在路上。作为一个对乡土文学有着长期思考、深厚积淀并富有“地之子”情怀的当代文学批评在场者,张丽军的乡土文学研究无疑会带给我们新的、更大的期待。

是为序。

目 录

绪论　文化转型和中国乡土文学创作的演变

不知从什么时候起，农村、农业、农民成为了一个问题。

在中国古代文学史上，乡村、田园是讴歌的对象，为什么到了近现代，尤其是在中国现当代文学中，乡村和农民都成了一种问题性存在？这个问题，引起了我的思考。中国知识分子有两种文化形态，一种是儒家文化，一种是道家文化。儒家文化要“修身、齐家、治国、平天下”，主张“达则兼济天下，穷则独善其身”。李白一边追求功名，一边写下了讴歌大好河山的文章。在道家文化看来，“穷”则怎么办？归隐田林。无论是儒家文化还是道家文化，对田园都有一种内心的热爱。从这方面来说，在乡土中国文化语境下，农村、农业从来都不是问题。古时候常说“士农工商”，农民的地位是很高的，仅仅在士之下。中国历代皇帝都以农为本。陶渊明这样的诗人，他不愿做官，“不为五斗米折腰”，在官场过得不舒服就回归田园、回归自然，“采菊东篱下，悠然见南山”，这种生活很诗意，很舒适，这是中国文化很奇妙的一面，这是农业时代的思维方式。在古时候要有了钱，他会怎么办？他会买地，当地主，地主是土地的主人，当时土地是私有的，他爱护土地，守护田园。在古代，诗人最高愿望是归隐田园，文官要告老还乡，将军要解甲归田。即在古代农业文明生存范式下，回归田园是一种生命的内在舒适和个体精神自由。

但是，这种生活方式到了晚清之后发生了很大转变，农业不再是财富的主要来源方式，一个国家要想富裕，首先要发展工业。

晚清之后，鲁迅笔下的故乡，不再是一种诗意的、明朗的审美叙述格调，而是灰突突的雾蒙蒙的萧瑟的悲凉美学格调。晚清时代不是土地变了，而是时代变了；藉此时代之变，而引发了汹涌澎湃、无可阻挡的人心之变。这其中蕴含的是一种全球化的视野，人类文明整体生存范式之变。一个新的时代出现在中国人面前。西方侵略者带着西方工业文明而来，以自然的力量推动社会发展已经成为历史，这种自然的、农业文明的力量太小了。一匹马能跑多快？能载多重？一个火药枪能打多远？以石油、煤炭为动力源的时代到来，工业文明带来的力量是巨大的，这是人类从未拥有过的力量。这个新时代的到来，古老的乡土文明的中国遭受了前所未有的危机。我们的大刀片子是打不过子弹的，我们仅仅依靠土地，是创造不出那么多财富的。晚清是个新旧文化交替的时代，不仅物质文化，与此相对应的精神与政治制度也在发生变化，从而形成一种新的文化文明模式。

在这种情况下，以自然能源为背景的时代都成为历史。中国传统评书中的英雄，像李元霸举着两个大锤力大无比，《三国演义》里赵子龙一杆长枪、关云长一把青龙偃月刀，一夫当关万夫莫开，都成为历史的陈迹。老舍《断魂枪》的英雄都成为了历史，冷兵器的时代结束了。农业文明在逐渐消退，一个新的时代已经无可阻挡地到来，这是中国所面临的问题。

在这种大的时代文明背景下，我们来思考中国文化。我们来看一下鲁迅与乡土中国。鲁迅看到了乡村的萧条与无奈。鲁迅曾留学日本，目睹了西方现代工业文明，他是在以一种新的眼光看待这个世界的。在《故乡》中，鲁迅以闰土的形象演变为线索写了两个世界，一面是一个碧绿西瓜田地里清朗而诗意的少年；另一面却是麻木的、木偶一般的、像枯树枝一样的被苛捐杂税榨干的中年形象，这又恰是那个时代农民的写照、两个不同世界的隐喻。这正反映出，农民与乡土文学在新时代中已经成为一种问题性存在。工业时代，农民成为一种被取代的文化、文明、生产方式、生活方式，这才是悲剧的根源所在。

五四时期，鲁迅为什么会写闰土、阿Q、孔乙己这些形象？阿Q虽然没有土地，但是能干，很卖力气，并不是一个游手好闲的人。如果不是生在那个时代，他完全可以找到一份谋生的工作。新时代一群革命党起来了，阿Q既不能进入新生活，又没有别的生活依托，是一代中国农民的悲剧。孔乙己是乡间知识分子，若他不是生在晚清，而是生在更早的时候，可能会考取功名成为秀才，乃至进一步发展。孔乙己是个有文化的人，可能会开私塾谋生计，但在这里、在这个新旧文明转换的时代，他成为一个被嘲笑的人，一个迂腐的、无用的人。他们的悲剧是一代中国农民的悲剧。鲁迅本人所说“要画出国民的灵魂”，就是要以工业文明的新文化改造这一代人的愚昧、麻木、无觉悟。

在鲁迅的影响下，出现了一系列的“乡土文学”作品，即一系列从故乡走到大城市的人书写故乡的文学。“乡土文学”写作人恰恰是离开故乡的人，在故乡的人感觉不到故乡的好，甚至会诅咒故乡；离开故乡的人一方面对故乡无比怀念，一方面又不想回到故乡。早期的沈从文，虽然在北京生活得极其艰难，但仍旧没有回到湘西。鲁迅写故乡的人是用双重眼光进行重新审视的，一方面是对愚昧、麻木进行批判的悲凉的眼光，另一方面也写出了故乡的美好，比如《社戏》，写水岸两边起伏的麦浪、群山，喜欢看武生的打戏。《社戏》写得很温情，里面的六一公公主动给迅哥儿送豆子。这样的乡村很美好。鲁迅书写乡村，存在着两极化审美的情感取向。但就鲁迅个人而言，“故乡”依旧是以批判为主的精神被启蒙之地。

20世纪20年代的“乡土文学”继承了鲁迅乡土文学的特质，注重对人性悲剧的刻画。蹇先艾书写遥远贵州的《水葬》，偷点东西的驼毛都被淹死。王鲁彦的《菊英的出嫁》写一场冥婚，菊英虽然死去了，但在她母亲的心中依然活着。到了十八岁，母亲为女儿张罗着一场冥婚。这在鲁迅看来是对国民性的批判；但是今天来看，作品写出了母亲的那种疼与痛，母亲对女儿的关爱，里面有种民俗的东西。台静农的《拜堂》中，哥哥去世了，嫂子就嫁给弟弟，有种凄凉哀伤的感觉。这些小说写得很踏实，记录了那个时代的精神文化。

沈从文写乡土文学继承了鲁迅的某些特质，但不完全与鲁迅相同。鲁迅写乡村就像普罗米修斯一样要把火带到人间，沈从文写乡土文学有鲁迅这种“用西方文明烛照中华文化”意识的另一种新思维，即“用中国少数民族原始生命强力的文化来改造腐朽的汉民族老态龙钟的朽腐文化”，寻觅的是一种中华民族文化的“内生道路”。沈从文认为不应该用西方文化改造中华文化，而应该用少数民族文化改造中华文化，这条道路其实也是中国知识分子的一种思考。20年代的胡适、刘半农等人倡导民歌、民谣运动，就希望从文化人类学的精神视角来给中国文学提供一种新的精神力量。沈从文认为中国湘西少数民族文化的精神理念是独特的，像《边城》中的爱情，纯粹以爱为核心，无关乎金钱权势，冲破一切理念的束缚。像小说《媚金·豹子·与那羊》，媚金和豹子约会，豹子要带着洁白的羊羔赴约，找来找去没找好。媚金等到月上柳梢了，情人还没有来，以为是被情人遗弃了，就掏出一把尖刀刺入了胸膛，没有爱还能活在这个世界上吗？当她鲜血流淌的时候，豹子抱着一只羊羔赶来，看到死去的媚金，他也自戕而死。这是一对为爱而生的女子与男子，一个为爱而生为爱而死的民族。湘西民族就是这样的生活方式。为爱而生、为爱而死，这正是汉民族文化所没有的东西，即那种原始的生命强力。沈从文就是要将这些写出来，用以改造汉文化。他笔下的湘西是非常美的，人和天地那么和谐，翠翠和爷爷还有一条船、一只狗，那么纯净的世界。但另一方面，我们也能从他的作品中看到其他的东西。沈从文就说，你们表面上看到这么美、这么热烈的世界，却没有看到背后的悲哀。就《边城》而言，风景那么美，人性那么美，民俗那么美，为什么翠翠与她的母亲都是悲剧呢？像《萧萧》等作品，沈从文笔下的湘西一方面具备人性之美，而另一方面，也展现出湘西的愚昧、原始、不自由，有一种深沉的寂寞、悲哀与原始蒙昧。现代文明不应该是原始性的愚昧，应该是原始生命强力的延续、转化和新生，是与新的自由、独立、民主等现代理念相融合的。

五四时期，鲁迅倡导农民需要被引导和启蒙。但是，到了20年代后期、30年代，中国文学发生了很大的变化，即革命文学开始兴起。在革命文学中，农民形象发生了翻天覆地的变化。重新来看毛泽东的文章——《湖南农民运动考察报告》，毛泽东在文中提出，什么是革命的首要问题？革命的首要问题是分清敌我。中国共产党是中国工人阶级的先锋队，能否吸引农民参加革命，决定革命的成败。“十月革命一声炮响给中国送来了马克思主义”，但中国的国情不同于苏联，革命模式当然也不同于苏联。中国要成功，必须吸引农民力量，走农村包围城市的道路。在毛泽东的作品《湖南农民运动考察报告》中，农民应该成为革命的主力，而不是被改造的、不觉悟的“负能量”。“打土豪,分田地”,毛泽东认为这才是革命正确的道路。至此,农民在乡土中国的现代化历程中发生了一个质变:从五四文学时期的愚昧、麻木、不觉悟的形象,开始变为觉醒的形象,再到40年代成为革命翻身解放的主人,可谓是从奴隶到主人的“天翻地覆慨而慷”的天壤之变。中国农民从革命的巨大“负能量”瞬间转化为革命的巨大“正能量”,而这个惊人逆转的发现者和实践者,就是毛泽东。

就审美而言,农民形象的正面化、觉悟与觉醒,就开始于革命文学。革命文学兴起,农民开始觉悟,成为觉醒的形象。茅盾的“农村三部曲”《春蚕》《秋收》《残冬》里,老通宝是老农民形象,一辈子不会革命。老通宝想过什么生活?想过地主的生活,认为陈老爷是他的榜样。可是他想不通,自己这么能干为什么还越过越穷呢?对一个正常的社会而言,一个人要是怎么奋斗都得不到财富的话,社会就出现大问题了。老通宝的儿子阿多认为父亲是老脑筋了,靠劳动是致不了富的,越过越穷。怎么办?要斗争。要把被剥削的部分拿回来。阿多参与的“抢米潮”是自发的经济斗争。这是开始觉醒的农民形象。鲁迅笔下的阿Q要觉醒,这一时期农民的形象发生了很大的变化。蒋光慈《咆哮了的土地》,写那种乡村不安的“革命空气”;《星》中梅春姐是一个遵守三从四德的人,非常漂亮,结婚后受尽了丈夫虐待,只能忍气吞声。革命到来后,她获得了解放。这种新的生活是革命带来的,但是这种革命是很脆弱的。革命失败了,这份爱情夭折了,这是小说里的悲剧。和“革命党”生的孩子死去后,梅春姐收拾起包袱趁着茫茫夜色向大山走去,寻找新的解放道路。小说依然给我们留下了希望。在这一时期的革命文学作品中,农民被发现了,塑造出一系列新的农民形象。

40年代的乡土文学书写是丰富而立体的,老中国故事继续呈现的同时,新的"革命乡村故事已经闪亮登场"。废名《竹林的故事》里的三姑娘那么美好和可爱,卖的菜都带着露水,大家都喜欢买她的菜。写到三姑娘的父亲去世,有种哀婉的忧伤在里面。废名写乡村是抒情的、美好的。40年代师陀的《果园城记》依然延续了这一精神流脉,很有代表。师陀是河南很优秀的作家。河南经常出一些优秀的作家,像阎连科、李佩甫、刘震云、周大新、梁鸿等。《果园城记》里,一个人重新回到故乡,发现故乡依然美,但是依旧那么衰弱,乃至呈现出人性中深藏的恶的一面。作品中出现一个塔,一个神仙喝醉了酒把宝塔掉落人间,发现人性那么复杂。"它看见过一代又一代的故人的灵柩从大陆上走过……看见多少晨夕的城内和城外的风光,多少人间的盛宴……"这个城是多么美好啊,不禁让人想起沈从文《边城》里面的塔,想起萧红的《生死场》里面的原始乡村描写。一到春天,《生死场》里的猪啊鸡啊都像人一样忙着生忙着死。《果园城记》里对塔内每一层人间场景的描写都让人触目惊心,那种恶的东西如此普遍,今天的时代依然如此。里面的魁爷如此魁梧,秘密统治着这个城。《果园城记》"它的大地是一切满12岁的男人的禁地",他给他们每人一个丫头,一把鞭子。当他犯错的时候,会被吊起来打。魁爷这么一个分裂的人物形象,又那么地和善。《果园城记》所写的是那个时代的悲剧,它是那一个被淘汰的文化的悲剧,以及被淘汰的文化所培育出来的人的悲剧。这是我们看到40年代文学的一个方面。实际上,40年代文学还有另一个方面,那就是把启蒙打断的革命农村文化。40年代,有东北"二萧"的萧红,写出了《生死场》那么一个自生自灭的、千百年来人们和猪一样忙着生忙着死的时代,但是那种原始蒙昧的乡村被打破了。日本人让这一切都变了。《生死场》中所写的敢死队，那种蒙昧的生死，为了抗战所组织的敢死队，寡妇们也宣誓，愿意为反对日本人而战斗。小说写出了人们的决心、觉醒。民族的解放和个人的解放同时展开，生命的觉醒和民族的觉醒也是同步的，所以，《生死场》写出了一种双重的解放，即个性的解放和民族的解放。

40年代“革命农村文学”中，赵树理是一个重头戏。赵树理写出了很多类型的解放区农民形象。解放区可以说是一个新的民主政府，在这里，农民却依然受到封建思想的压迫，比如小二黑的自由恋爱遭到阻挠。村民们要把他们押到区政府去处理，但是区政府是革命政府，它支持人的自由恋爱，所以，它把金旺兄弟关押起来，批准了小二黑的婚姻。这是一个皆大欢喜的变化，但是这其中的很多人物形象依然是愚昧的，像二诸葛、三仙姑，也包括那些没有名字的农民，他们都不敢出头。在《李有才板话》里，写到老秦，他这种农民依然是需要启蒙的，一方面他希望获得解放，获得土地；另一方面，封建专制文化思想在他头脑里面特别浓厚，他依然需要被启蒙。五四文化是一种民主独立的文化，鲁迅是用人的眼光来写人的，人不能像阿Q一样，而是要有人的独立主体性。我们看到，在40年代，像老秦一样的农民依然显示出需要被启蒙的急迫感来。五四文化在40年代，在赵树理的精神血液里，依然流淌。

孔厥和袁静的40年代长篇小说《新儿女英雄传》，写得特别好。小说塑造了牛大水和杨小梅的形象。小说写得很通俗，清代文康的《儿女英雄传》写的是英雄豪杰也有儿女之情，《新儿女英雄传》同样是这样，他们是新时期、新时代、新革命的农民英雄。牛大水和杨小梅从小就认识，情投意合。但是却因为牛大水家里太穷而不能走到一起。后来，杨小梅嫁给了张金龙。革命了，一个叫黑老蔡的人领导革命。牛大水和杨小梅都加入了革命，他们在革命中又重新走到了一起。张金龙是地主出身，加入革命，但是又觉得太苦。这其实就是表现农民成为一个革命者所必然经历的百炼成钢的过程。小说写牛大水、杨小梅接受培训，学习知识。但这对农民来说是一个相当艰巨的任务，硬着头皮学习。小说起伏波折，牛大水被日本人抓住，经过严刑拷打，也依然守口如瓶，最后被成功解救，和杨小梅结婚，他们的结婚祝词这样写："新人儿推倒旧制度，老战友结成新夫妇。"横批是："革命的爱。"它呈现出来这一对既旧又新的革命新人婚姻恋爱的"革命本质"。而在以往，这是一个未完成的使命，像子君一样的人物的悲剧，而牛大水和杨小梅则迎来了胜利，革命和个人的解放融为一体。

回到40年代文学主题，我们看到这个时期的新变化：一方面，像《果园城记》那种要淘汰的衰落的文化还在延续；另一方面，我们看到一个新兴的文化、新兴的社会、新的农民和新的生活正在形成。此外，还有丁玲的《太阳照在桑干河上》等作品写农民欢天喜地，获得经济独立。经济独立是最重要的，女性独立就是要有经济权，这样才能获得保障。

在1949年新中国成立之后，在新的社会主义文化背景下文化转型的农民形象得到了新的书写。梁斌的《红旗谱》，让我们可以重新审视"十七年文学"。梁斌本来是个军人，新中国成立之后，他放弃了高官，选择了当作家。《红旗谱》特别饱满，写了两代人的形象，而且形象都很饱满，这很难得。这其中的风景和民俗描写很吸引人，他写那河流、树林的气息、人们的集会，地主少爷。这个地主少爷的人物形象也很饱满，他对时代的思考很深，对未来有自己的一套见解。革命在这里被融合在细节之中，包含着许多生命的东西，需要我们去重新评价。柳青的《创业史》是非常经典的一部代表作。柳青最喜欢的还是梁生宝，这一点毋庸置疑，但是同样，梁三老汉这个中间人物其实也是相当的饱满。前些年,我们组织关于《创业史》的讨论,有一个同学问的问题让我印象深刻,他说,柳青的这部小说里为什么梁三老汉和梁生宝他们的父子关系是继父与继子这种关系?我觉得这个问题很有深度和代表性,这让我想起山东作家王润滋的《鲁班的子孙》。小说写的也是继父和儿子之间的关系,他们走的是不一样的道路。他们的血脉不一样。梁三老汉走的是一种自我的道路,自己的日子过好就行了,谁也不能管我。梁生宝则是要带着乡亲们一起致富。实际上这是一种非常可贵的精神,中国人自古有一种相互救济的精神。这是一种儒家文化的传统,也是社会主义的原始理念。这种精神在今天依然是可贵的,也是我们今天要思考的。

萧也牧《我们夫妇之间》则写知识分子与农民之间的矛盾。《我们夫妇之间》里,写了一对革命夫妇,同甘共苦,新中国成立之后,参加工作,马上出现了分化,丈夫发现他的妻子没有文化,不会跳舞,少情调。生活的矛盾也就显现出来,小说写得很尖锐。《霓虹灯下的哨兵》也表现了这种冲突对立。小说写来自山东的一些士兵来到上海,接触了上海的新东西、新文化,士兵们心里就产生了新的想法,不穿土布袜子,也要与自己的妻子断绝关系。这让我们重新思考,革命到底是什么?革命要为了什么?社会主义是一种什么样的文化等等,这就是一个非常复杂的问题。鲁迅说革命不是要人死,而是让人活的,革命是让每一个人幸福,革命不排斥幸福。革命是人民追求幸福的过程。老通宝羡慕的那种生活就是幸福的生活,即牛羊满地,粮食满屯。丰衣足食,这是他向往的生活,这是人的天性。当然,人只有对物质的追求还是不够的,还要有精神的追求。这两者必须均衡。

李准的《不能走那条路》也写得很精彩。小说写共产党来啦,每个人都有自己的土地,可是有的人却不勤劳,像二流子一样,整日瞎逛。他不愿意种地,没钱就卖土地。有个人想买地,想当地主,但是他儿子说,这样不行,不能让穷人更穷,富人更富,有了钱就应该帮助别人,不能走买地当地主那条路。小说主题非常鲜明。欧阳山的《高干大》与柳青的《创业史》一样写了一个创业的农民高干大的形象,他通过劳苦致富,人物写得饱满成功。这是一种乐观的朝气蓬勃的新农民形象。豫剧剧本《朝阳沟》写了农村的广阔、城乡二元体制的对立。戏剧展现了农村是广阔的,是有希望的。

当然,到了"文革"时期,作品之中的农村开始荒芜起来。改革开放,实行家庭联产承包责任制,中国农民才在生活的实际上得到了改善。新时期以来,新的变化不断出现,农民的喜悦、重新焕发的活力又出现在作品之中。代表作品有高晓声的《陈奂生上城》,这里面新的农民形象被塑造出来。随着时代的转换,陈奂生过去是"漏斗户主",谁也看不起,年年要借钱,没有尊严;现在他突然有了钱,一种虚荣心就产生了,于是在县城的宾馆里住了一晚上。我们再看何士光的《乡场上》,写了一个叫冯幺爸的人,年年吃救济粮,现在有粮食了,有尊严了。有一天看到一出打架事件,他要果断出来作证,要还原事情的真相。我们看到,在这里,农民已经有了独立的人格,有了自己应有的尊严。

贾平凹的《腊月·正月》写了一个叫王才的人,有了钱,村里闹灶火,闹得风风火火。这里我们看到,农村的新富人群体已经出现,造成了新的不平等。再看《鲁班的子孙》中对传统文化的恪守和反抗,一方面儿子为村里人做家具要收钱,儿子的理由是个人的劳动所得,是正常现象;但是在父亲那里,却并不认同这种趋利的心态。他对儿子说,咱从小吃百家饭长大,怎么能收村里乡亲们的钱呢？谁对你都有恩情啊，修一个小农具也要钱？儿子和父亲的冲突是一种义与利的冲突，这是一种传统的道德面对经济文化的一种矛盾，即市场经济与原有道德的冲突。路遥的《人生》同样写了一种新旧的冲突，新的世界很穷，但已是新的世界了，这个新时代呈现在我们的面前了。高加林面对的是公路、桥梁、大楼，这种新的生活让他知道自己的追求，尽管他的路非常坎坷，最后回到了农村，但是他的心已经与过去发生了很大的变化。在《平凡的世界》里，我们看到孙少平与孙少安的奋斗之路，尽管奋斗艰难，但是他们的心里是愉悦的、兴奋的，他们要向新的世界里走去。我们看到，一个乡土少年孙少平从大地里走出来，走向城市，走向现代生活，走向祖辈们没有走过的路，他在探索中也收获了自己的爱情，这种平等独立的风格是他的探索方式。孙少安的探索是代表着那种共同致富的英雄"梁生宝"式的路。当然，孙少平却走得更远，他的路是一条独立自由之路，是创造新文化的路。他收获的是精神、理想。里面还写到孙少平的煤矿生活，它与工业化的联系非常紧密，我们看到孙少平获得乒乓球奖，坐着火车去领奖的时候，他想到火车的动力来源就是他们在地底下挖的煤炭，这种现代的大型的工业在他内心是一种震撼，一种内在的获得和成长，他与这种文明是一种共生的关系。这是我们看到的改革开放以来的光亮明朗的农村农民形象的塑造。1980 年代是一个改革的黄金时代，文学与知识的黄金时代，但是今天却很让人担忧，改革越来越有利于既得利益的群体，困境与危机同在。

1990 年代，文化保守主义思潮兴起。这个时期在市场经济之下的人心之变，这在河南作家阎连科那里有了新的呈现。河南出了一批优秀的作家，刘震云、李佩甫等，他们对乡村故事的写作都特别饱满。阎连科在《乡间故事》中说，我们的书记、村长开会，书记一来，会场鸦雀无声。这种对领导威严的书写，展现出一种农村新的利益关系。在这种关系之中，所有人都处在一个链条式的链子之上。得罪了一个人，就得罪了所有人，所有人都是亲戚。他们无处不在，却又并不显现出来。这就是鲁迅所说的那种“无物之阵”，所有人都在一张大网之中，无处可逃。这是一种新的文化危机。上海学者王晓明就提出说90年代以来，有一种“新意识形态”出现。这是一种无名的状态，从来都没有人为它命名过。在电视、报纸等媒体上对电影明星白领阶层的那种不劳而获的生活的宣传、找个好工作不如嫁个好老公诸如此类话语，刺痛了我们的神经。王晓明说，在这个时代里，诗歌、爱情、哲学这样的东西已变得一钱不值，人们只关心鼻子底下的那点利益，不关心国家，不关心民族，不关心个体，只关心自己。这种“新意识形态”的蔓延，使整个社会功利化，非常可怕，整个社会生活在物质化的状态之中。近些年来，研究生毕业了，没有什么想法，只想赶紧买辆车、买套房子，这是最大的梦想。这种新的意识形态对整个社会都有一种无声的影响。北京大学教授钱理群曾提出，有的大学培养出了一批精致的利己主义者，很让人痛心。精致的利己主义者，学习成绩、学业考试、技能都很优秀，可他们是没有原则、没有公心、没有公共责任意识的人。他做的所有事情都是为了他自己，没有公心，没有担当，没有集体意识，非常可怕。所以我们说今天的这种变化是对人心最大的挑战。我们来看贾平凹的《浮躁》，这里面出现的人物，那种乡土的变化是让我们非常痛心的。这一时期还有一批新的作品出现，像1990年代陈忠实的《白鹿原》，他带领我们重新去看过去的历史，白嘉轩是造福乡村的、对乡民非常和善的乡绅形象。一批具有现实主义冲击波的小说，像刘醒龙的《分享艰难》，里面提到乡镇企业的兴起和变迁。一个乡镇企业污染环境，但是政府还要保护,要一起分享艰难。

新世纪以来,一系列“新乡土文学”作品的出现,都让我们看到这个时代的崭新变化。城市化、工业化的进程越来越加快,如果我们说《平凡的世界》里面的孙少平还有点进城农民工的感觉的话,那么今天的农民工已经成为一个群体而广泛存在。这一时期打工文学出现,诞生了农村留守老人、留守儿童的形象等等。迟子建的《额尔古纳河右岸》讲述了鄂温克人消逝的文化和文明,以往我们说农业文明是和工业文明分开的文化,一些人离开农村后就开始怀念故乡。鄂温克人是一个睡觉都要看着星星的民族,每打死一只动物都要祭拜,把它们当作生命来看待,每一个生命都在轮回转世。里面塑造的萨满的形象,每救一个人都要失去自己的一个孩子,是一命换一命,所以她没有办法。一方面她不愿失去自己的孩子,另一方面她又是萨满,职责就是要拯救别人的生命,这是一种无奈的痛苦。里面的萨满赤着双脚在通红的大火上跳舞,写了这么一位通神的人,特别精彩。写了这样一个消逝的民族,作者说要让人们看到在民族的拐弯处我们失去了什么。当今的社会,物品十分丰富,琳琅满目,生态环境却污染严重,雾霾几乎无处不在,河流受到污染,土壤受到污染,我们吃的食品有多少是安全的?我们的食品又有哪样是真正生态有机的?当今是一个工业快速发展的时代,可是我们又遗失了什么?有人说,我过去很穷,可是呼吸的空气是没有污染的。我们小时候捧起河流的水直接喝,现在谁还敢喝?河里没有水,有水也都是污染的。这让我们回想我们失去了什么,遗失了什么,我们怎么面对未来。这是《额尔古纳河右岸》对农业文明的思考,人和动物之间关系的反思,对生态的生活方式的追寻。

贾平凹的《秦腔》和《高兴》从两个不同角度书写了留守乡村

和进城农民工的乡村留不下、城里走不通的当代中国农民生存的尴尬、哀伤和深深的忧患。《秦腔》里写留守的人物形象，乡村里的人都走出来了，只剩下一些年老的人在那里生活，写夏家的仁义礼智信，老大死了，没有“仁”。贾平凹这样写是有寓意的。小说写夏天义是这个乡村的“毛泽东”，最早闹革命，有很高的威信。夏天智是个小学老师，他发现乡村没有“气”了。我们说一个人的气数已尽，只能苟延残喘，奄奄一息，那乡村的气都不在了，该怎么办？一天深夜，夏天智让儿子在墙角挖了四个大洞，里面埋上大力补气丸，用中药给乡村补“气”。这是一件很悲哀的事情，气数已尽的东西，岂是药理能够弥补得了的？《高兴》里面的刘高兴来到城市，他和以往的农民形象不一样，他真心觉得城市好。这和以往作家写的城市不一样，以往作家喜欢写城市的恶，像《骆驼祥子》里的祥子，多么好的祥子，来到城市之后成为文明地域上的走兽、地狱里的恶鬼；苏童的《米》写五龙来到城市被恶的东西一步步地侵害，他甚至要把牙齿全部打掉换成金牙，可笑而痛苦。这是以往对城市的描写，城市是恶的存在，只有乡村是美好的。所以苏州学者刘峰杰教授说，“千年惊不破的桃源梦”，乡村是乐土般桃源的存在。而贾平凹的《高兴》里打破了这一点“审美成见”，刘高兴一定要留在城市，他觉得城市是优雅的、高洁的、美的、文明的，他懂得审美，看到晚霞会感叹，还会吹箫。他是个捡垃圾的，别人看他的穿着都问他是干部吗，他说是捡垃圾的，别人都不信。他想让自己的兄弟姐妹们都来到城市淘金，这是很难的。刘高兴把去世的兄弟带回故乡安葬，警察问他是谁，他回答名叫刘高兴，警察让他拿出身份证，身份证上明明写的是刘哈娃，一下子打回原形。五富是城市里的游魂野鬼，城市不是他的，但是刘高兴依然对自己说“我要属于城市”，在城市里寻求新的生活。这是贾平凹在这一时期的新书写、新思考。

梁鸿的“非虚构作品”《中国在梁庄》，书写了一个破败的萧条的梁庄。百年之后，又出现了类似鲁迅笔下的乡村，相比之下愈加的荒凉、萧条、衰败，触目是荒草、泥巴路、坍塌的楼。鲁迅的笔下还有闰土，还有水生，还有下一代。可是今天乡村怎么样？连根拔起。以后我们还有没有乡村？我每次回老家都带着女儿，她可能还会有乡村记忆，可是这种乡村跟我的乡村截然不同。“那是我爸爸的乡村，不是我的乡村。”今天很多乡村是被城镇化吞没了的。每天都有无数个自然村在消失。所以梁鸿指出今天的中国文化是以乡村文化为单位的文化，这种文化的消失所带来的伤害很大。我们今天如何保护乡村，都是一个新的课题。梁鸿的另一部作品《出梁庄记》是写城市里的打工者，老一代的梁庄人还有故乡，新一代的梁庄人已经没有了故乡，在城市又无法安居，他们的命运要归向何处。就像今天在城市里干活的人很多都是二代农民工，他们到底何去何从，是个未知答案，是个未知数。

新世纪，山东作家赵德发则在思考如何进行文化的重建。什么才是中国农民的归宿？是和西方一样吗？像美国的农业已经完全是农场主化的，农业已然成为一种产业。但是中国和西方是不一样的，西方的人口很少，可以机械化。中国那么多人口，怎么办？这是一个很大的困扰。中国农业的衰弱不是因为农民不能干，而是因为人太多，产值太低，农业产值有一个限度，不可能再提高了。那么人口还在增长，效率却在降低，怎么办？所以必须要转型，今天我们依然在进行工业化。这就是美国学者黄宗智所提出的“内卷化”理论。中国太多的农业人口，怎么消化？这对东亚国家来说都是一个巨大的挑战。所以日本学者提出来，中国的农村不可能像西方一样。冬天，美国人都喝冰凉的水，客运站卖的矿泉水都是冰的，为什么喝冰水？他们住的房子里暖气烧得很热很热，在屋里只穿一件衬衣就可以了。中国的房子里温度都比较低，省钱，省能源。所以美国能量消耗是巨大的，车是最耗油的，而日本的车是最省油的。因为东亚国家的资源贫乏，日本学者就提出来东亚人的生活方式应该是物质适度的、精神丰富的，建构一个生命的空间，人过得才有尊严、有意义和价值，这也暗含了中国节俭的文化传统。我们都在思考当下民族国家的道路模式、农民的解放模式。农民依然生活在艰难时期，今天农村实行低保、农业补贴、医疗保障，农民生活得到了极大的改善，但是在经济领域、教育领域、医疗领域还是处于弱势。怎样建构当今的中国伦理文化？山东作家赵德发写过一部《君子梦》。小说里的人要建立一个"君子国"。中国人夸别人好就说"君子"，说人不好就用"小人"，这对人的评价是很低的。骂人就说"伤天理"，其实这句话说得很重的。怎么做一个君子？赵德发就说，做君子很难，做一个普通的人、一个普通的公民，回到公民意识上来。有一段时间我们提到人人做君子，就像"大跃进"时代，都是适得其反的。五四时期提倡群体和个人分开，人各有私，每个人都是一个独立的个体，有自己的私人空间。私人利益是要得到保护和理解的。后来赵德发老师又写了两部作品《双手合十》和《乾道坤道》。《双手合十》讲中国的佛教文化，里面有句话打动了我，即很多寺庙里写在墙上的一行字"诸恶莫做，诸善奉行"，要做善事，不要做恶事。这是一种从传统而来的文化的归属感，具有很大的说服力和震撼力。

资本主义伦理文化有自己的理论体系，不但挣钱，也敬畏上帝。今天的中国，经济发达了，如何重建与今天中国经济相适应的社会主义伦理维度、文化体系？这可能是一个更大的挑战。所以今天很多作家都在书写原始文化，就像迟子建的《额尔古纳河右岸》描写淳朴的古老民族、像贾平凹的《带灯》书写老伙计之间的关系、像《君子梦》提倡的儒家文化、《双手合十》提倡的佛教文化、《乾道坤道》提倡的道教文化,都为今天的中国伦理重建提供了新的维度。如何和中国文化内在的维度结合起来?我们说最漫长的东西是对人心的改造、对人心的凝聚。“哀莫大于心死”,人心坏了是最可怕的事情。今天的人,要重新回到五四时期,要立人,要新民,这是我们没有完成的课题。如果中国八亿农民没有过上现代生活,这依然是国家重大的问题;如果中国农民的那种独立人格、经济自由和文化信仰没有建立的话,中国文化依然行走在路途之中。这也是今天中国文学的使命所在,我们要书写这种文化,呈现这种状况,思考这些问题。

百年来文化转型所带来的审美理念的变化,从文学作品中农民形象的塑造来看,我们作家都提出了自己的思考。新世纪中国农民如何实现自身的解放,获得社会自由、经济自由、文化自由和全面发展自由的独立主体人格等等,都值得我们思考。

第一章　鲁迅对乡土中国文化转型的三种思想认知及其形象谱系

乡土中国以其历史的悠久性、文明的成熟性和文化的深刻性成为人类文明史中最重要的一个组成部分，是地球空间中区域影响最大、存续性最久、最具有独特精神品质的文化大国。毫无疑问，乡土中国曾经创造出地球上属于全人类的最璀璨的文明。但是，曾几何时，一个古老的文明古国开始衰落了，近代以来的乡土中国遭受一系列的失败，这让无数仁人志士苦恼不已、苦闷不已、困惑不已：为什么一个文化无比灿烂的国家却落伍了？为什么一个最为睿智的、最重视教育的民族却没有能够进行新的、成功的文化转型？没有能够创造性发展与创新性转化出一种新的现代文明与文化？对此，晚清李鸿章发出“千年未有之剧变”的慨叹，张之洞提出“中学为体，西学为用”的思考，严复发出破除自秦代以来内化了的“奴隶根性”的洞见，梁启超大声呼吁一个“老大帝国”要蜕变为“少年中国”的精神变革，新文化运动的“总司令”陈独秀在《文学革命论》中大声疾呼有没有中国的王尔德、雨果、孟德斯鸠，力图推动一场发生在乡土中国大地上的“文艺复兴运动”。“鲁迅对中国传统文化的批判受到过严复、梁启超、章太炎等文化批判先驱者的影响”①。

① 杨剑龙：《论鲁迅的乡土小说与文化批判》，《中国人民大学学报》1995 年第 3 期。

正是在这样一个时代背景之下，在这样一种人类文明模式和文化范式变革、乡土中国文化革故鼎新之际，鲁迅作为一位中国知识分子传统的“精神界之战士”，以对中国传统文化的继承与批判、对西方文化的“拿来主义”精神姿态、对时代文化的当下性深刻生命体验，出现于20世纪中国文坛。“鲁迅是现代中国不可多得的伟大哲人和战士，他的思想不是书斋式的或体系式的，而是近代中国文化转型中痛苦而切实的摸索，带有对传统得失的深刻感悟，对国情民性的透彻理解，又渗透着独到的人生体验。今天我们仍常谈现代化、现代性，其实可以从鲁迅这里获得宝贵的思想资源，包括他的探求，他的体验，他的焦虑”①。作为一位20世纪中国文学大师，鲁迅对乡土中国认知与文化转型问题思考的心路历程和文学审美创作中所建构的形象谱系，无疑对于思考乡土中国社会变迁、文化转型具有无可替代的、无比深远的巨大思想意义和精神价值②。

---

① 温儒敏：《鲁迅对文化转型的探求与焦虑》，《北京大学学报（哲学社会科学版）》2001年第4期。

② “通常讲中国的文化转型，用比较通俗的说法，就是从封建的转为民主的，从小农经济的转为现代化的。从晚清至今一百多年了，远未完成这一转型。对此，鲁迅的关注也是独特的。他的一些思考毫无书生气，却又有超前性。特别是如何对待西方文化的进入，鲁迅的观点至今还是有现实意义的。”见温儒敏《鲁迅对文化转型的探求与焦虑》，《北京大学学报（哲学社会科学版）》2001年第4期。“鲁迅的精神世界是丰富和复杂的，这决定了鲁迅研究价值取向的多元化……寻找鲁迅对中国文化转型和发展的有用资源，意在突出鲁迅的经典性意义。”见张福贵《鲁迅研究的三种范式与当下的价值选择》，《中国社会科学》2013年第11期。

第一节　“病中国”、国民性批判与老中国儿女

“人有读古国文化史者，循代而下，至于卷末，必凄以有所觉，如脱春温而入于秋肃，勾萌绝朕，枯槁在前，吾无以名，姑谓之萧条而止。盖人文之留遗后世者，最有力莫如心声。古民神思，接天然之閟宫，冥契万有，与之灵会，道其能道，爰为诗歌。其声度时劫而入人心，不与缄口同绝；且益曼衍，视其种人。递文事式微，则种人之运命亦尽，群生辍响，荣华收光；读史者萧条之感，即以怒起，而此文明史记，亦渐临末页矣。凡负令誉于史初，开文化之曙色，而今日转为影国者，无不如斯。”① 这是鲁迅在《摩罗诗力说》中开篇的一段话，表达出了青年鲁迅对乡土中国这一“古国文化史”的独特阅读感受，即从“凄然”、“枯槁”到“萧条”，继而“怒起”的悲凉忧愤之感，乃至“降及种人失力，而文事亦共零夷，至大之声，渐不生于彼国民之灵府，流转异域，如亡人也”的亡国灭种之深刻危机感。这既是鲁迅作为生命个体的阅读体验，也是那个时代一个文化群体的精神感悟。

事实上，从少年时代开始，鲁迅从自己父亲被疾病缠身的治病历程中，“便渐渐的悟得中医不过是一种有意的或无意的骗子”②，感受到中国中医文化中的一些庸医治病的臆测性、主观性、随意性等非现代性、非科学性特质，而立志于学习西医，以推进国民对维新的信仰，从而促进传统文化的现代转型。来到日本留学的鲁迅，开始思考中国国民性的问题。从历史上看，国民性问题的思考，并不是始于鲁迅，而在梁启超、严复等人的思想言论中都有所体现，

① 鲁迅：《鲁迅全集》第一卷，人民文学出版社，1981 年，第 63 页。
② 鲁迅：《鲁迅全集》第一卷，人民文学出版社，1981 年，第 418 页。

但是真正对这一问题进行持续性思索、并产生深刻影响的，却是鲁迅先生。近些年来，刘禾等人开始对鲁迅的国民性问题进行反思，提出质疑。这在很大程度上深化了对国民性问题的多向度精神思考。对鲁迅而言，这是他苦苦思索而不得其解的问题，正如前面我们提到，一个泱泱大国、文明古国，怎么说败就败了？怎么就没有能够进行文化的自我创新性发展与创造性转化呢？显然，鲁迅对中国国民劣根性问题是日渐思考、深信不疑的。《〈呐喊〉自序》是一篇呈现鲁迅心迹、展现鲁迅心路历程转变的重要文章。

幻灯片事件中，鲁迅意识到："我便觉得医学并非一件紧要事，凡是愚弱的国民，即使体格如何健全，如何茁壮，也只能做毫无意义的示众的材料和看客，病死多少是不必以为不幸的。所以我们的第一要著，是在改变他们的精神，而善于改变精神的是，我那时以为当然要推文艺，于是想提倡文艺运动了。"① 这是鲁迅一生中最重要的思想转折。但是，在现实维度的层面上，无论是自己想从事的"文艺运动"，还是正在发生的革命运动，鲁迅都很失望地发现，愿望与现实都有着遥远的距离，几乎没有人真正关心和热爱文艺，革命运动依然是"换汤不换药"。新文化运动中人来邀约鲁迅参加的时候，鲁迅都对此抱有深深的怀疑，抛出了一个"铁屋子"的比喻。尽管，后来我们知道鲁迅在被劝说中加入了新文化运动，并成为新文化运动"呐喊"的主将，以至于用"曲笔"来表现可能的希望，但是，无可否认的是，鲁迅对乡土中国文化的内在毒素与国民劣根性始终是清醒的、清晰的、批判的。"他依然是我们民族的精神灯塔。这个思考本身已经构成了 20 世纪中国的重要精

---

① 鲁迅：《鲁迅全集》第一卷，人民文学出版社，1981 年，第 417 页。

神传统”[①]。

上医医国，中医医人，下医医病。鲁迅先生不仅是一个具有良好医学教育和医学素养的人，而且是一位医治“病中国”的精神医生。作为五四新文化运动的主将，鲁迅在第一篇现代白话小说《狂人日记》中，就石破天惊指出乡土中国文化中的“吃人”毒素：“我翻开历史一查，这历史没有年代，歪歪斜斜的每页上都写着‘仁义道德’几个字。我横竖睡不着，仔细看了半夜，才从字缝里看出字来，满本都写着两个字是‘吃人’！”[②]不仅如此，鲁迅进一步指出，在这样一种封建专制文化中，“中国人向来就没有争到过‘人’的价格，至多不过是奴隶，到现在还如此，然而下于奴隶的时候，却是数见不鲜的”[③]，而所谓的二十四史，也不过是“奴隶”的历史，即“想做奴隶而不得的时代”或“暂时做稳了奴隶的时代”[④]，更为悲哀的是，“我们极容易变成奴隶，而且变了之后，还万分喜欢”[⑤]。在这个几千年的专制文化之下，我们形成了一种可怕的、内化于心的“奴性文化”“奴隶根性”“奴隶意识”。

更为可怕的是，这种“奴性文化”还会与时俱进，不断演化，呈现出种种不同面目和名目，构成一种无处不在、无时不在的“无物之阵”。在鲁迅早期的杂文中，称之为一种“无主名无意识的杀人团”：“社会上多数古人模模糊糊传下来的道理，实在无理可讲；能用历史和数目的力量，挤死不合意的人。这一类无主名无意识

① 刘勇：《鲁迅思想系统建构的再思考》，《北京联合大学学报（人文社会科学版）》2017 年第 1 期。

② 鲁迅：《鲁迅全集》第一卷，人民文学出版社，1981 年，第 425 页。

③ 鲁迅：《鲁迅全集》第一卷，人民文学出版社，1981 年，第 212 页。

④ 鲁迅：《鲁迅全集》第一卷，人民文学出版社，1981 年，第 213 页。

⑤ 鲁迅：《鲁迅全集》第一卷，人民文学出版社，1981 年，第 211 页。

的杀人团里，古来不晓得死了多少人物；节烈的女子，也就死在这里。”[①]“无主名无意识的杀人团”，这是鲁迅对这种封建“吃人”文化的一种没有命名的“命名”，对其认识是感性的和体验式的；而到了《野草》中的散文诗《这样的战士》文中，鲁迅对其进行了更深层次的思考和追问。这体现为对“无物之阵”的命名。

“他走进无物之阵，所遇见的都对他一式点头。他知道这点头就是敌人的武器，是杀人不见血的武器，许多战士都在此灭亡，正如炮弹一般，使猛士无所用其力。”“无物之阵”，是这种封建“吃人”文化在当代发展和衍化的最形象体现，其“头上有各种旗帜，绣出各样好名称：慈善家，学者，文士，长者，青年，雅人，君子……头下有各样外套，绣出各式好花样：学问，道德，国粹，民意，逻辑，公义，东方文明……”[②]可怕之处，并不仅仅在于“无物之阵”所拥有的最新“外套”和最新“花样”。而是这些东西可以戳穿，但是我们的“战士”，却得了一个“戕害慈善家等类的罪人”之名；尽管我们的战士准确击中了“无物之阵”的“心窝”，但是“一切都颓然倒地；——然而只有一件外套，其中无物。无物之物已经脱走，得了胜利”[③]；最悲哀的是，我们最宝贵的、最富有战斗精神的“这样的战士”，“他终于在无物之阵中老衰，寿终。他终于不是战士，但无物之物则是胜者”[④]。在“这样的战士”与封建“吃人”文化的对决中，“战士”不仅没有刺杀掉“无物之阵”，反而背上了“戕害慈善家等类罪人”的恶名，而且最终在一次次对决中“老衰、寿终”。鲁迅再一次以一个大智者、大预言家的角色宣告乡土中国文化转型之

① 鲁迅：《鲁迅全集》第一卷，人民文学出版社，1981 年，第 124 页。
② 鲁迅：《鲁迅全集》第二卷，人民文学出版社，1981 年，第 214 页。
③ 鲁迅：《鲁迅全集》第二卷，人民文学出版社，1981 年，第 214 页。
④ 鲁迅：《鲁迅全集》第二卷，人民文学出版社，1981 年，第 215 页。

难、文化自我革命的中国式困境。新中国成立近70年之后的当代中国社会结构和文化状况，似乎无形之中，宣告着鲁迅这一预言和警示的超前性、准确性。“鲁迅的确主张破传统，但他反对奴才式的破坏和盗寇式的破坏，力主要有‘理想的光’”，要做‘革新的破坏者’”①。“鲁迅有意用这种逆反式的评判去警醒人们，挣脱被传统习惯所捆绑的思维定势，揭示历史上被遮蔽的真实，正视传统文化中不适于时代发展的腐朽成分”②。同时应当看到，青年鲁迅批判传统专制文化，是立足于建设“刚健伟美”的中华现代新文化。

但是，正如《这样的战士》中结尾所说的，尽管如此，失败而背负恶名，“但他举起了投枪！”③显然，鲁迅遇见了“病中国”及其“国民劣根性”问题的艰难性，但依然像西西弗斯那样，做无望的、但永不屈服的抗争。而鲁迅抗争的武器，其“投枪、匕首”，就是“文学创作”。鲁迅跟梁启超一样认为，文学具有“小说新民”的重要功能：“由纯文学上言之，则以一切美术之本质，皆在使观听之人，为之兴感怡悦……约翰穆黎曰，近世文明，无不以科学为术，合理为神，功利为鹄。大势如是，而文章之用益神。所以者何？以能涵养吾人之神思耳。涵养人之神思，即文章之职与用也。”④所以，鲁迅以一系列“老中国儿女”的文学形象创造控诉了那个“吃人”的文化社会，从而起到了“呐喊”“革命”的知识分子文化使命。狂人、闰土、祥林嫂、爱姑、孔乙己、子君、阿Q等形象，是这一思想认知下

① 陆耀东：《“五四”时期的鲁迅与传统文化》，《武汉大学学报（人文科学版）》2002年第1期。

② 温儒敏：《鲁迅对文化转型的探求与焦虑》，《北京大学学报（哲学社会科学版）》2001年第4期。

③ 鲁迅：《鲁迅全集》第二卷，人民文学出版社，1981年，第215页。

④ 鲁迅：《鲁迅全集》第一卷，人民文学出版社，1981年，第73页。

的文学群像。从乡村到城镇,从乡下知识分子到野夫村氓,从乡下男性到城市女性,鲁迅建构了一个病中国“吃人”文化下的“老中国儿女”形象谱系。这些形象广为人知,这里不做赘述。

第二节 乡土乐园、优美人性与“中国美少年”

鲁迅乡土中国的思想认知不是单一维度,而是多个精神向度,但是在我们的众多研究者和读者视野中,似乎仅仅注意到了国民劣根性与精神胜利法的阿Q,而忽视与遮蔽了鲁迅对乡土中国认知和理解的另外向度。“哀其不幸,怒其不争”,事实上我们对这一话语的理解,更多感受到的是鲁迅的悲哀、忧伤、无奈和痛苦,而在有意与无意之间,忽略了悲哀后面所蕴藏的深深的关爱与厚厚的情谊。没有对乡土中国农民的深厚感情、深沉的爱,何来悲哀与忧伤?!从鲁迅的文学作品来看,鲁迅还有一些较为突兀、差异性很大的作品,如《故乡》《社戏》《从百草园到三味书屋》等,其中不时流淌浓浓的爱意、暖暖的光亮和款款的乡情。这让我们看到了另外一个截然不同的鲁迅世界和另一个和煦可亲的鲁迅形象。

《故乡》是鲁迅文学作品中比较重要的一篇文章,研究者对它的阐释有很多丰富的论述。《故乡》的叙述语言体现了两种截然不同的思想意蕴和艺术风格,一种是我们熟悉的“病中国”及其“老中国儿女”,另一种是“乡土乐园”及其“中国美少年”,二者在时间的维度中较为妥帖地结合在一起。

“我冒了严寒,回到相隔二千余里,别了二十余年的故乡去。”①小说开门见山,直接点出主体、客体,以及时间和空间,以此来呈现

① 鲁迅:《鲁迅全集》第一卷,人民文学出版社,1981年,第476页。

一个空间极为遥远、时间极为疏远、温度极为寒冷的“三度艺术空间”。“时候既然是深冬；渐近故乡时，天气又阴晦了，冷风吹进船舱中，呜呜的响，从篷隙向外一望，苍黄的天底下，远近横着几个萧索的荒村，没有一些活气。”① 小说第二段，顺延这个“三度艺术空间”展开叙述。不同的是，随着空间距离的拉近，主体“我”的情感温度却在不断“降低”和蔓延性扩展。“近乡情更怯”，小说主人公“我”对越来越近的“故乡”的情感距离却越来越远，越来越低，即不仅从“严寒”，走进了“深冬”，而且“天气又阴晦了”，乃至“冷风吹进船舱中，呜呜的响”，进一步具象化、加深加重加浓了这种“寒意”。紧接着的话语，“苍黄的天底下，远近横着几个萧索的荒村，没有一些活气”，在这一加深加重加浓的“寒意”中，以“苍黄”“萧索”“横”“荒”等形容词和动词，说出来了一种在“自然”的“寒气”之外的另一种“人为”的“生命枯槁”——“没有一丝活气”。这是一种双倍意义上的“严寒”“萧索”与荒芜。中国现代文学中的“乡土文学”即是从鲁迅的《故乡》开始，建构了 20 世纪中国乡村美学的悲凉叙述基调，正所谓“悲凉之雾，遍披华林”。而这种乡土悲凉美学，从鲁迅那里一开始就是一种“极寒之境”。

鲁迅《故乡》里的“极寒之境”的“严寒根源”，正是源于其对乡土中国“病中国”的深刻、幽邃、绝望般的思想认知。但是，有意味的是，正是在这样一种“极寒之境”，鲁迅却生发出另一种西方伊甸园般、东方“桃花源”般的“乡土乐园”及其“中国少年”的生命记忆与审美想象。正如小说中的“我”所言，一提起闰土，“我的脑里忽然闪出一幅神异的图画来”：“深蓝的天空中挂着一轮金黄的圆月，下面是海边的沙地，都种着一望无际的碧绿的西瓜，其间有

① 鲁迅：《鲁迅全集》第一卷，人民文学出版社，1981 年，第 476 页。

一个十一二岁的少年，项带银圈，手捏一柄钢叉，向一匹猹尽力的刺去，那猹却将身一扭，反从他的胯下逃走了。”①这幅“神异的图画”，与《故乡》开篇中“极寒之境”，显然是天壤之别。“深蓝”“金黄”“碧绿”“银圈”等暖色调词汇，与“一个十一二岁的少年”的纯真、生机、活力，俨然一副乡土中国的“桃源乐土”。但是，这幅美好的生命记忆与“中国少年”随着岁月的流逝而变了颜色。“这来的便是闰土。虽然我一见便知道是闰土，但又不是我这记忆上的闰土了。他身材增加了一倍；先前的紫色的圆脸，已经变作灰黄，而且加上了很深的皱纹；眼睛也像他父亲一样，周围都肿得通红，这我知道，在海边种地的人，终日吹着海风，大抵是这样的。他头上是一顶破毡帽，身上只一件极薄的棉衣，浑身瑟索着；手里提着一个纸包和一支长烟管，那手也不是我所记得的红活圆实的手，却又粗又笨而且开裂，像是松树皮了。”②时间、空间、物象一下子回到了那个“极寒之境”，有似曾相识的“灰黄”“皱纹”“瑟索”“粗笨”“开裂”，那个纯真可爱的“中国美少年”变成了一个“木偶人”般的“老中国儿女”。而在小说结尾处，作者又似乎给予我们某种渺茫的希望，新一代的“中国美少年”又成长起来，“我们的后辈还是一气”③。

从某种意义上而言，《故乡》是一篇充满叙述张力、审美魅力、哲学意味的优秀小说，这也是许多研究者一再喜欢它、研究它的原因所在。《故乡》不仅延续了鲁迅以往的国民性批判的文化主题，而且在叙述中建构了一个与“老中国儿女”所对峙的“中国美少

① 鲁迅：《鲁迅全集》第一卷，人民文学出版社，1981 年，第 477 页。

② 鲁迅：《鲁迅全集》第一卷，人民文学出版社，1981 年，第 481—482 页。

③ 鲁迅：《鲁迅全集》第一卷，人民文学出版社，1981 年，第 485 页。

年”的形象世界，有着“失乐园”的深刻哲学意味，为其后面的另一种乡土世界的书写提供了精神线索、叙述空间和审美维度。

事实上，鲁迅对乡土中国、对“故乡”的思想认知是多向度的，另有一个“乐土”般乡土中国世界。鲁迅曾在《朝花夕拾》的“小引”中有这样一段话：“我有一时，曾经屡次忆起儿时在故乡所吃的蔬果：菱角、罗汉豆、茭白、香瓜。凡这些，都是极其鲜美可口的；都曾是使我思乡的蛊惑。后来，我在久别之后尝到了，也不过如此；惟独在记忆上，还有旧来的意味存留。他们也许要哄骗我一生，使我时时反顾。”① 不仅鲁迅如此，鲁迅的弟弟周作人对“故乡”的思念更是如此，其《乌篷船》《故乡的野菜》《喝茶》等名作写尽了对“故乡”的百般思念和无限情丝。显然，“故乡”在鲁迅心中，是无比美好、妙不可言的。当然，鲁迅也认为现实中的“故乡”，未必就是这般美好，但是这种来自童年时代的美好记忆和“思乡的蛊惑”可能是永远存在的。《社戏》是鲁迅对乡土中国故乡又一次书写，是对童年时代生命记忆的重述，更是对乡土中国世界的另一种“桃源乐土”的精神建构。《社戏》是不应该被作为一般意义上的“乡土文学”等闲视之的，而应是鲁迅对“故乡叙述”“乡土中国书写”的极为重要的一个审美精神维度，具有乡土中国“理想国”的精神一级意义。

《社戏》是一篇充满着无形童趣的美文。小说略显冗长、拖沓、乏味。在北京看戏的失望经历之后，作者把笔墨一宕，回忆起来“十一二岁”时在外祖母乡村看社戏的情景，语言一下子流畅起来，而且趣味横生。“那地方叫平桥村，是一个离海边不远，极偏僻的，临河的小村庄；住户不满三十家，都种田，打鱼，只有一家很小

① 鲁迅：《鲁迅全集》第二卷，人民文学出版社，1981 年，第 229—230 页。

的杂货店。但在我是乐土：因为我在这里不但得到优待，又可以免念'秩秩斯干幽幽南山'了。"[①] 鲁迅在《社戏》的这一段中，直接点出那个"平桥村"就是一个乡土中国的"乐土"所在。这不仅是因为有美好的自然风景，有"两岸的豆麦和河底的水草所发散出来的清香，夹杂在水气中扑面的吹来；月色便朦胧在这水气里。淡黑的起伏的连山，仿佛是踊跃的铁的兽脊似的，都远远的向船尾跑去了"，"那声音大概是横笛，宛转，悠扬，使我的心也沉静，然而又自失起来，觉得要和他弥散在含着豆麦蕴藻之香的夜气里"，而且有一群和我一般年纪大小的"中国美少年"。会出主意、敢打包票的"双喜"，替我买豆浆的"桂生"，摘自家罗汉豆的阿发等十几个"中国美少年"纯真、活泼、善良，自幼就是一把干农活、会水性的好手，而又机灵、调皮、可爱，与"我"打成一片，亲密无间。而且乡间"乐土"的老人，也不见以往"老中国儿女"的愚昧与麻木，而是温顺、和蔼、宽容和敬礼。老祖母、八公公、六一公公，是那么善解人意和温婉可亲。"桃源乐土"已经不再是某一两个"美少年"，在《社戏》这里是一群"美少年"，而且是一个从少年、母亲、外祖母到六一公公的多元的美好人性世界与完整的形象谱系，体现了对乡土中国根性力量的探寻。

乡土中国在《社戏》中得到了一种最优美、最诗意的爱的呈现。事实上，鲁迅对乡土中国的这种思想认知和情感倾向，并不仅仅在《社戏》中存在，在鲁迅《论雷峰塔的倒掉》中，也不经意间流露出来。镇压白娘子的雷峰塔的倒掉，不仅"我"认同，"普天之下的人民，其欣喜为何如？"鲁迅说："试到吴、越的山间海滨，探听民意去。凡有田夫野老，蚕妇村氓，除了几个脑髓里有点贵恙的之

---

① 鲁迅：《鲁迅全集》第一卷，人民文学出版社，1981 年，第 562 页。

外，可有谁不为白娘娘抱不平，不怪法海太多事的？”① 可见，在鲁迅的内心深处，这些“田夫野老，蚕妇村氓”、乡土中国的“沉默的大多数”都是可爱的、善良的、淳朴的。

第三节　被遮蔽的民间、不死的魂灵与独立运行的乡土文化系统

乡土中国到底是什么力量让她千百年来生生不息？在“二十四史”的官修文化及其精神视域之外，还有什么样的力量、什么样的文化系统独立存在运行？作为先知先觉的鲁迅先生，在早期的思想认知中，凭借其在日本所接触的西方文化思想，自然而然地接受了启蒙文化思想，其视域下的乡土中国农民、乡绅、小知识分子，乃至新文化中的新女性、新知识分子、革命者，无不遭受着封建“吃人”的“无物之阵”的腐蚀、伤害、侵扰乃至于被吞噬的悲剧命运。而随着时间的推移，在“思乡的蛊惑”下，鲁迅对乡土中国的最初期的童年生命记忆开始一一苏醒，对乡土中国的思想认知有了一些新的、别致的感觉和体认。正是在这种原初生命记忆苏醒的精神状态下，特别是在与许广平恋爱的爱的力量滋养中，鲁迅对乡土中国的审美书写有了新的乡土世界及其“中国美少年”的形象。这不仅是向所爱的人温婉和缓讲述童年时期最美好的生命体验，而且更重要的是鲁迅在新的人生阶段对世界、中国、人生、魂灵的新思考。从某种意义上，《故乡》开创了20世纪乡土中国“乡土文学”的“悲凉美学”审美基调，而《社戏》则开创了20世纪乡土中国“乡土文学”的“抒情美学”。《社戏》既是20世纪乡土中国农业

① 鲁迅：《鲁迅全集》第一卷，人民文学出版社，1981年，第172页。

文明文化的“最后挽歌”，又是某种意义上21世纪生态文学对乡土美学价值重新发现的“精神导师”。

“民俗文化是指与一个民族的正统的经典文化相对应的，普遍存在于民间的，存在于基层人民生活中间的‘俗’文化。它包括风俗、习惯、民间礼仪、民间信仰乃至民间艺术、民间文学等等。当鲁迅从全面反省中国民族文化这个大目标出发，并深入到各具体文化领域中进行研究、思考时，自然不可能忽略了这一并非不重要的方面。”① 随着时间的进一步推移，鲁迅在对“无边的黑暗”的深刻体味和在与“无物之阵”的生死博弈中，“上穷碧落下黄泉”，不断寻找与黑暗、虚无、“吃人文化”对抗的精神力量。鲁迅晚期对木刻等艺术的重视、对“目连戏”等民间地方戏剧的喜爱、对国外被压迫民族文学的独特青睐，都体现了他对异质性、抗争性、新战斗资源与精神力量的思想探寻，以及对源头力量的追根溯源。鲁迅已经不再满意于一位“精神界之战士”的文化站位与摇旗呐喊，而是以“纠缠如毒蛇，执着如怨鬼”② 的精神姿态和行为方式，致力于对这种“吃人文化”的源头和对抗力量的根柢的探寻。“思乡的蛊惑”下的童年生命记忆、《社戏》中的民间地方戏剧文化，是这一时期鲁迅进行精神与思想新探索的“中介”线索与进化“链条”。

“洎夫末流，弊乃自显。于是新宗蹶起，特反其初，复以热烈之情，勇猛之行，起大波而加之涤荡。直至今日，益复浩然。其将来之结果若何，盖未可以率测。然作旧弊之药石，造新生之津梁，流衍方长，曼不遽已，则相其本质，察其精神，有可得而征信者。意者

① 朱晓进：《鲁迅与民俗文化》，《鲁迅研究月刊》1991年第10期。

② 鲁迅：《鲁迅全集》第三卷，人民文学出版社，1981年，第49页。

文化常进于幽深，人心不安于固定，二十世纪之文明，当必沉邃庄严，至与十九世纪之文明异趣。”① 鲁迅在青年时期就已经从人类文明变迁的大格局来审视东西方文化的消长，提出“神思宗”的迥异于东方专制文化、消弭西方现代文化弊端的新精神理念。“中国在今，内密既发，四邻竞集而迫拶，情状自不能无所变迁。夫安弱守雌，笃于旧习，固无以争存于天下。第所以匡救之者，缪而失正，则虽日易故常，哭泣叫号之不已，于忧患又何补矣？此所为明哲之士，必洞达世界之大势，权衡校量，去其偏颇，得其神明，施之国中，翕合无间。外之既不后于世界之思潮，内之仍弗失固有之血脉，取今复古，别立新宗，人生意义，致之深邃，则国人之自觉至，个性张，沙聚之邦，由是转为人国。人国既建，乃始雄厉无前，屹然独见于天下，更何有于肤浅凡庸之事物哉？”② 针对当今中国之情形，鲁迅从内外、古今、东西等不同视角出发，提出“国人”之“文化自觉”和独立个性张扬的“新民”“立人”理念，无疑触及了一个最根本的现代公民社会的主题，即在于建构具有民主意识和科学精神的现代公民。这是贯彻鲁迅一生的文化理念。但是如何建构，则在不同时期有着不同的重点、倾向和审美书写的流变。

鲁迅在1934年发表的《关于中国的两三事》杂文中，对中国的“火”“王道”“监狱”进行评说，指出在中国“其实是彻底的未曾有过王道”③。对于“中国文化”，鲁迅指出，不能依赖那种官修编撰的文化，“中国的文章是最没有变化的，调子是最老的，里面的思想是最旧的。但是，很奇怪，却和别国不一样。那些老调子，还是

① 鲁迅：《鲁迅全集》第一卷，人民文学出版社，1981年，第55—56页。

② 鲁迅：《鲁迅全集》第一卷，人民文学出版社，1981年，第56页。

③ 鲁迅：《鲁迅全集》第六卷，人民文学出版社，1981年，第9页。

没有唱完”①。更大的问题还在于，这些“老调子”的文章所传达的“中国文化”是腐朽的："中国的文化，都是侍奉主子的文化，是用很多的人的痛苦换来的。无论中国人，外国人，凡是称赞中国文化的，都只是以主子自居的一部份。”②既然“中国文化”是如此的没有“王道”，是典型的“侍奉主子的文化”，那么我们到哪里去探寻真正代表“沉默的大多数”的文化及其力量呢？

“要中国好起来，还得做别样的工作。”③而这“别样的工作”，其中之一就是“到民间去"："从近时的言论上看来，旧家庭仿佛是一个可怕的吞噬青年的新生命的妖怪，不过在事实上，却似乎还不失为到底可爱的东西，比无论什么都富于摄引力。儿时的钓游之地，当然很使人怀念的，何况在和大都会隔绝的城乡中，更可以暂息大半年来努力向上的疲劳呢。”④当然，对于什么是到民间去、如何到民间去，鲁迅也是在不断质疑与思考的。但是，到民间去的精神维度和行为选择，鲁迅是欣赏与赞同的。在《中国人失掉自信力了吗》的著名文章中，鲁迅再一次认为，“失掉了他信力，就会疑，一个转身，也许能够只相信了自己，倒是一条新生路”，真正可怕的是“中国人现在是在发展着‘自欺力’”⑤。

事实上，对于“中国文化”而言，除了官样文章和官修历史之外，还另有一种独立的乡土文化系统。只不过，这一乡土文化系统，从来就被遮蔽、被排斥、被边缘化，而处于一种“地下火”状态的独立运行。正如鲁迅所言，“在这笼罩之下，我们有并不失掉自

① 鲁迅：《鲁迅全集》第七卷，人民文学出版社，1981年，第308页。
② 鲁迅：《鲁迅全集》第七卷，人民文学出版社，1981年，第312页。
③ 鲁迅：《鲁迅全集》第三卷，人民文学出版社，1981年，第93页。
④ 鲁迅：《鲁迅全集》第三卷，人民文学出版社，1981年，第94页。
⑤ 鲁迅：《鲁迅全集》第六卷，人民文学出版社，1981年，第117页。

信力的中国人在"："我们从古以来，就有埋头苦干的人，有拼命硬干的人，有为民请命的人，有舍身求法的人……虽是等于为帝王将相作家谱的所谓'正史'，也往往掩不住他们的光耀，这就是中国的脊梁。"[①] 所以，鲁迅说："这一类的人们，就是现在也何尝少呢？他们有确信，不自欺；他们在前仆后继的战斗，不过一面总在被摧残，被抹杀，消灭于黑暗中，不能为大家所知道罢了。"因而，要说中国文化的灭亡，"说中国人失掉了自信力，用以指一部分人则可，倘若加于全体，那简直是诬蔑"。在寻获了乡土中国千百年来像"地下岩浆"般炽热运行的民间文化源泉力量之后的鲁迅，铿锵有力地大声喊出"中国人从来就没有失掉自信力"，中国知识分子的"士文化"传统已经化为潜行千年的民间文化系统，中国民间的人心从未死掉，而是像野草一样被践踏而富有顽强蓬勃的生命力。"要论中国人，必须不被搽在表面的自欺欺人的脂粉所诓骗，却看看他的筋骨和脊梁。自信力的有无，状元宰相的文章是不足为据的，要自己去看地底下。"[②] "筋骨""脊梁""民间""地底下"这些词汇可以显现：至此，在与"黑暗与虚无""无物之阵"的生命对决的鲁迅，从自己的生命记忆深处，从乡土中国历史深处，从广袤的大地内里，从"沉默的大多数"中，获得无穷的精神力量，找到了一种历史、文化、社会结构中的皈依感和汩汩不竭的、具有根性体系的力之源泉。"译介外来文化，发掘民间思想，阐扬受压抑的传统资源共同构成了鲁迅对传统的大改造"[③]。

① 鲁迅：《鲁迅全集》第六卷，人民文学出版社，1981年，第117—118页。

② 鲁迅：《鲁迅全集》第六卷，人民文学出版社，1981年，第118页。

③ 陈汉萍：《全盘反传统抑或改造传统：重审鲁迅与传统文化》，《社会科学战线》2010年第12期。

在鲁迅作品中,关于鬼魂的书写是屡见不鲜的。从《摩罗诗力说》开始,鬼在鲁迅的笔下就有着“立意在反抗、指归在动作”的重要反抗者角色和文化功能。正如巴金笔下的觉慧一样,乡土中国文化世界需要一个“叛徒”;在现实精神世界中,五四时期的郭沫若也是以一个封建礼教文化的“叛徒”形象而标新立异。但是,具体细化为具有乡土中国文化意味和民间文化地气的“鬼魂”,则来自鲁迅童年所接触的地方戏剧与民间社戏。小说《社戏》已经出现了一些民间戏剧角色,但是离鲁迅对鬼戏的深刻思索,还有很大的距离。

毫无疑问,《女吊》在鲁迅后期的文学作品中,占有举足轻重的核心地位,从中可以窥见鲁迅后期对乡土中国民间文化的深刻认知和观念世界中对反抗性精神力量资源的重新发现、核心建构。“大概是明末的王思任说的罢:‘会稽乃报仇雪耻之乡,非藏垢纳污之地!’这对于我们绍兴人很有光彩,我也很喜欢听到,或引用这两句话。”① 文章一开篇,就直接呈现主题——“报仇雪恨”而“非藏污纳垢”的复仇战斗精神。紧接着,第二段就用最明晰的语言,揭示绍兴文化的精神表征之所在:“不过一般的绍兴人,并不像上海的‘前进作家’那样憎恶报复,却也是事实。单就文艺而言,他们就在戏剧上创造了一个带复仇性的,比别的一切鬼魂更美,更强的鬼魂。这就是‘女吊’。”② 有趣的是,这种“女吊”不仅没有被民众厌烦,反而得到了一个“吊神”的尊号,“则其受民众之爱戴也可想”③。结合自己小时候看戏和演戏的生命体验,文章不徐不疾引出

① 鲁迅:《鲁迅全集》第六卷,人民文学出版社,1981 年,第 614 页。
② 鲁迅:《鲁迅全集》第六卷,人民文学出版社,1981 年,第 614 页。
③ 鲁迅:《鲁迅全集》第六卷,人民文学出版社,1981 年,第 614 页。

“跳女吊”的出场：“自然先有悲凉的喇叭；少顷，门幕一掀，她出场了。大红衫子，黑色长背心，长发蓬松，颈挂两条纸锭，垂头，垂手，弯弯曲曲的走一个全台。”之后，女吊头发一抖，露出脸来，“石灰一样白的圆脸，漆黑的浓眉，乌黑的眼眶，猩红的嘴唇。听说浙东的有几府的戏文里，吊神又拖着几寸长的假舌头，但在绍兴没有。不是我袒护故乡，我以为还是没有好；那么，比起现在将眼眶染成淡灰色的时式打扮来，可以说是更彻底，更可爱。”鲁迅对这一“大红衫子”、浓眉乌眼“猩红的嘴唇”的“女吊”的书写，呈现出来一种泼辣、浓烈、具有某些“阳气”的“复仇”女神的战斗精神。自然是“彻底”和“可爱”了。

作为鲁迅后期的文学作品，《女吊》不仅再次强化和浓聚了鲁迅的复仇意识和战斗精神，而且还为其精神理念寻觅到了一条宽广、纵深的乡土文化根柢。事实上，我在读《女吊》的时候，还感受到鲁迅在逝世之前的那种存续在他身上的“纠缠如毒蛇，执着如怨鬼”的顽强战斗精神和“一个都不宽恕”的拒绝复仇意识。虽然乡土中国封建文化有着无边的黑暗，有着庞杂、笼盖一切的“无物之阵”，虽然“这样的战士”终将抵不过时间的宿命，终将老去，但是，依然如“毒蛇”“怨鬼”一样，化为“女吊”般的“厉鬼”，在死后的世界中，继续与之“对决”“死磕”。从某种意义上而言，《女吊》表达了鲁迅对其死后世界的精神秩序的思考，以及后鲁迅世界的战斗精神、战斗力量资源与战斗方式的“身后安排”。鲁迅是欣慰的，在他彷徨无助的时刻，在他生命垂危的时刻，在他深感个人力量的渺小和无望的时刻，鲁迅从自己的生命记忆中，从故乡的民间文化中，发现了“女吊”，继而发现了一条个体生命乃至死后都可以汇入与皈依的乡土中国的具有根性特质的民间文化系统[1]。“德者，不孤也。”有了《女吊》一文，鲁迅的“永不停歇的战斗之心”可以安心了；从某种意义上而言，可以“长生”了，因为鲁迅找到了一个死后可以继续战斗、死后同道者的精神世界[2]。

而这一切，在鲁迅看来都是为了一个目的，即鲁迅在《答世界社信》中所言：“我自己确信，我是赞成世界语的。赞成的时候也早得很，怕有二十来年了罢，但理由却很简单，现在回想起来：一，是因为可以由此联合世界上的一切人——尤其是被压迫的人们。”[3]为了“被压迫的人们”，鲁迅选择了启蒙，书写国民性批判的“老中国儿女”；为了“被压迫的人们”，鲁迅叙述了童年生命记忆中“桃源乐土”，写出了众多“中国美少年”；为了“被压迫的人们”，鲁迅

① “鲁迅的‘寻根’内容上来看，所重视的乃是传统当中与现代意识趋向一致的民族精神，或者说是用现代的观念来指导文化的‘寻根’。例如，对汉唐开阔、自信精神的推崇，对古代文化遗产的收集与整理，对古代小说的学术研究，对民间社戏与传说的偏爱，以及在文学创作中有意识地吸收、借鉴传统的艺术技巧等等，都说明其主要意图还是有意识地通过文化‘寻根’，来发掘出符合现代价值标准的因素，并赋予这些传统因素以新的内容与进行新的‘文化积累’。由此看来，鲁迅的‘寻根’是在整体上的反叛当中，用现代的观念来重新地认识传统，反思传统和选择传统，表现出在历史的转型时期，对历史、对自身、对未来的一种清醒的理性精神，一种对新文化的建构、肯定和设计的主体自觉精神，一种对整个民族的未来抱有的忧患与使命意识。一般说来，这种寻根意识多出现激烈的社会变革时代，其本质特征是在旧有的文化发生变化并日趋解体时，对甚至还处在萌芽状态的新文化意识的一种强有力的激活，同时也是文化更富有来性的标志。”学者黄健认为鲁迅对民间文化的探寻，体现了一张自觉的文化寻根意识。见黄健《中西文化冲突与鲁迅的双重文化选择意识》，《社会科学战线》1994 年第 1 期。

② 事实上，除了从乡土中国文化系统中寻找力量之外，鲁迅还从苏联文艺、德国反法西斯木刻、中国青年美术界的木刻艺术、连环画、传统文艺形式等方面，采取“拿来主义”，为“底层”提供了一个可以反抗力量源泉和战斗的文艺方式。

③ 鲁迅：《鲁迅全集》第八卷，人民文学出版社，1981 年，第 402 页。

继续探索，寻觅到了在官样文章之外的一个被遮蔽、独立自足的乡土文化系统——民间与底层，以及那些美丽的、热烈的鬼魂们。“在后期鲁迅的不无矛盾冲突的自我否定和自我发展中，始终可以感受到鲁迅对时代、民族和大众的执着关怀，以及强烈的忧患意识和人道主义精神。这种精神是鲁迅具有超越时代的魅力、始终受到普通大众热爱的主要原因，也是所有时代文学家都应该追求的目标”①。鲁迅对乡土中国认知的不断流变与深入，呈现出一个20世纪中国伟大魂灵对中华民族文明变迁、文化转型和社会变迁“上穷碧落下黄泉”“虽九死其犹未悔”的上下、古今、东西南北求索的心路历程。“鲁迅对民俗文化的论述，对我们今天的文化改革乃至文化研究理应是有借鉴意义的”②。

“这一本集子和《花边文学》，是我在去年一年中，在官民的明明暗暗，软软硬硬的围剿‘杂文’的笔和刀下的结集，凡是写下来的，全在这里面。当然不敢说是诗史，其中有着时代的眉目，也决不是英雄们的八宝箱，一朝打开，便见光辉灿烂。我只在深夜的街头摆着一个地摊，所有的无非几个小钉，几个瓦碟，但也希望，并且相信有些人会从中寻出合于他的用处的东西。”③这是1935年12月30日鲁迅在上海编辑《且介亭杂文》“序言”中的一段话。事实上，鲁迅已经预言到自己的死亡，这一段话语也是属于“死之说教者”的“自语”。我们从“几个小钉，几个瓦碟”，“会从中寻出合于他的用处的东西”，推进21世纪中国所面临的鲁迅所言的“大时代”之“极期”的文化转型。“在鲁迅研究中寻索现代启示，以博大

① 贺仲明：《后期鲁迅（1927—1936）新论》，《文艺研究》2017年第1期。

② 朱晓进：《鲁迅与民俗文化》，《鲁迅研究月刊》1991年第10期。

③ 鲁迅：《鲁迅全集》第六卷，人民文学出版社，1981年，第3—4页。

而开放的视野疏通文化血脉和开启文化新机，使鲁迅之学成为中国总体文化精神的一个有机、强劲又充满活力的流脉，从而建立现代大国的文化风范”[①]。

① 杨义：《鲁迅与中国文化的现代启示》，《文学评论》2006年第5期。

第二章 二三十年代“乡土文学”对“老中国儿女”的文化批判与深情悲悯

第一节 “乡土文学”民俗叙事中的国民性文化批判主题

在民俗进入文学成为作家表达修辞意图的有力工具的原因中，我们可以看到五四启蒙的时代命题起到了重要作用。启蒙意味着批判、改造、革新，破旧立新成为五四启蒙运动为现代乡土小说提供的新的时代主题，而民俗作为传统文化的代表与五四运动中被认作公理的历史进化论、实利主义的文化态度、科学主义倾向相背离，作家在创作时选择民俗作为自己批判、改造的对象，民俗成为建构文学时代命题的文化因子。

乡土中国存在着形式多样的民间习俗，二三十年代的乡土小说家们将这些民间习俗纳入到自己的小说创作中，并按照一定的时间顺序和因果顺序将其重新构造，勾勒出一幅幅乡土中国的生存图景，民俗为文学提供了具有张力的精神空间和文化资源。民俗在乡土小说中不仅仅是一个被讲述的故事，而且是参与或者控制文本叙事进程、表达作者意图的一个重要因素。美国学者詹姆斯·费伦在《作为修辞的叙事》中提出"'作为修辞的叙事'这个说法不仅仅意味着叙事使用修辞,或具有一个修辞维度。相反,意味着叙事不仅仅是故事,而且也是行动,某人在某个场合处于某种目的对某人讲一个故事[①]。"也就是说,叙事技巧不仅仅是意识形态的产物,而且还是意识形态本身。从叙事修辞学的角度重新审视民俗叙事,我们可以看到二三十年代的乡土小说家们在五四新文化运动落潮的时代背景下,在反观中国落后的乡村世界后,向自己的读者以多种叙事方式讲述一个个生动的民间习俗故事,在民俗所带来的落后文化中试图向读者传达国民性文化批判主题,这样民俗就成为启蒙的修辞。

一、民俗在叙事序列中建构的国民性文化批判主题

二三十年代的乡土小说存在着大量的民间习俗故事,这些民俗故事作为一种抽象、一种构造,读者要通过被语言叙述的作品文本才可知,即进入文学世界的民俗故事要受到文本语言、文体、符号系统的影响,进一步说,读者阅读到的民俗故事是在作者多种叙事方式的作用下而呈现出来的。借用语言学的观点,真实世界的民俗故事与作者在小说世界中予以表达的含义之间有着能指与所指的区别。民俗在虚构的小说中具有多重的意义可能,为了让民俗故事、文本、作者与读者之间的关系更加的明晰,我们需要通过研究民俗作为故事情节在叙事序列中所起到的作用,作用的不同会影响读者对该事件的意义的理解,进而分析作者借民俗向读者传达修辞意图的效果。

---

① [美]詹姆斯·费伦:《作为修辞的叙事——技巧、读者、伦理、意识形态》,北京大学出版社,2003年,第14页。

民俗是关于民众生与死的传统，它本身有着一套完整的运行机制，它往往由一个事由引起民俗的目标，然后经过一系列的民俗过程，最后达到既定的目标。在民俗中我们往往可以看到由生与死这两个基本的要素构成的潜能目标，而启蒙是人类摆脱不成熟的状态，是以一种理性的方式来关照自身的生存或者死亡等生命状态，是帮助人类解除生与死的神秘主义面纱，由此民俗的关照内容与作家们所受到的五四启蒙思想有着共同的语义素。二三十年代的乡土小说家们确实深受五四新文化运动的影响，我们在关注真实作者的生平以及社会语境的同时，也必须看到文本中的隐含作者作为作者的“第二自我”一直秉持启蒙的标准和理念。也就是说在此类的乡土小说中，由于作者和隐含作者思想、情感、价值是一致的，隐含作者是作品起支配作用的意识，隐含作者秉持的启蒙理念是乡土小说借民俗主要传达的主题。

在分析乡土小说民俗在情节序列中的作用时，首先要对事件进行界定。事件是一种事态向另一种事态的转变，它分为两大类：一种是提供一个新的选择的方法推动情节发展的事件——核心事件。另一种是扩展、详述或延缓原有情节的事件——催化事件。我们利用标记文本事件的方式来抽离出乡土小说的结构模式：潜在动机——民俗过程——结果呈现。在这一基本结构中，如前文所论述，潜在动机一般是与生死相关联，在这一原因之后的事件即民俗过程，这是小说中的核心事件，是为小说情节的发展提供了一个多选的方式，也就是说在潜在动机之下人物可以采取实现民俗的过程：在采取民俗之后，又出现另外一个选择，即民俗过程最后达到了既定的目标，也可以没达到既定的目标，或者作者在小说的最后将结果悬置，不予明确呈现；在未采取民俗手段的情节中，作者一般将故事情节导向至引发上一情节发生的原因，这种原因一般指向社会外在因素。

在由潜能——民俗过程——成功的序列构成的乡土小说中，作者有意识地选择那些本身给民众带来生命沦丧或者精神创伤的民俗，从民俗故事的选择上我们可以看到作者通过小说传达对蛮风陋俗以及形成此风俗的原因的启蒙批判意识是十分明显的，民俗建构起启蒙主题的一个重要方面。蹇先艾的《水葬》这篇小说诠释了生命在阴郁的乡间习俗中的无力，向读者展现了一种西南闭塞地区被蛮风陋俗践踏的异样生命形态。故事的开篇作者让笔下的主人公骆毛说话："尔妈，老子算是背了时！偷人没有偷到，偏偏被你们扭住啦！真把老子气死！……"作者隐去了骆毛偷盗这一事件的整个过程，而是以该事件的结果作为民俗事件展开的潜能条件，由于骆毛偷大绅粮周德高家的东西，虽然没有偷到，被人逮住后被家丁依然施以水葬的处罚。作者把民俗化的过程作为叙述的重点，尤其是突出押解骆毛去刑场这一事件，虽然小说的结尾没有正面描写骆毛的惨死，但是在故事的整个进程中作者嵌入骆毛母亲无助地等待这一事件，以一种间接的充满爱的方式给读者以灵魂和情感的冲击，让读者在叙事序列中感受水葬这一民间习俗的野蛮与残酷。作者以生命毫无价值的死亡为证据，在阴郁的氛围中将人的主体性价值的丧失和被剥夺、践踏刻画得生动而深刻，民俗通过作者叙事技巧的灵活使用与启蒙主题实现了一致，让读者在作者设计的外故事层和内故事层的双重作用下体验民俗的落后与野蛮，同时又在作者的话语引导下接受隐含作者的启蒙思想，实现作者、隐含作者、读者在文本层面的有效交流。

在由潜能——民俗过程——失败的逻辑关系构成的乡土小说中，作者有意识地呈现具有迷信色彩的民间习俗。由于民俗本身具有民间实用性质，在不胜枚举的民间习俗中总有一些民俗是可以达到既定目标的,可是作家们在将民俗纳入自己的小说创作中时,大多数是将那些没有成功的民俗故事呈现给读者,想要通过民俗自身的反科学性和欺骗性来达到对落后习俗的批判和否定,《烛焰》《公路上的神旗》《菊英的出嫁》就具有典型性。在这类小说中,作者往往将笔下的人物放置于一种生命的不平衡状态,这种不平衡状态或许由疾病所致,或许由外在的灾害所致,因而小说潜在的目标即是打破这种不平衡状态,以实现生命的平衡。例如在《烛焰》中翠姑的未婚夫病重,为了打破这种不平衡,婆家提出以迎娶翠姑,来实现“冲喜”的目标;《菊英的出嫁》中作者在讲述菊英死亡原因时,嵌入了菊英母亲通过向菩萨跪拜祈求神灵保佑来给菊英治病这一事件;《公路上的神旗》则是S县十七八堡的村民为了打破长期干旱的不平衡状态,以接水龙王来求雨。作者对这种潜在的目标采取简单化的处理方式,将由潜能所导向的民俗过程作为核心的事件。由于迷信有着自身演绎的内在逻辑,作家往往通过顺着迷信的内在逻辑发展安排故事的情节发展,最终掀开被迷信笼罩着的黑暗世界,批判乡间的落后习俗。《烛焰》中当翠姑嫁到夫家时,丈夫已是“人事不知”,不久翠姑就成了寡妇,最终以民俗没有达到潜能目标而结束。由于在整个叙事进程中作家以冷峻的笔触向读者展现民俗进程,展现迷信的整个逻辑过程,读者也比较容易接受最终的失败结局,进而领悟和采纳隐含作者所设定的封建伦理制度下“冲喜”习俗对人性摧残这一观念,从而作家实现自我的启蒙修辞意图。

作家在民俗叙事进程中向读者传达启蒙批判的价值立场时,除了将民俗的落后、愚昧、野蛮纳入批判的行列外,作家还选择以民俗为一种启蒙批判手段,以它来指向外在世界的黑暗与动荡,进而实现更深层次的启蒙批判。这类小说以潜能——非现实化为结构模式，在小说的叙事进程中，作家将非现实化的原因嵌入到既有的情节结构中，即布雷蒙德所说的“嵌入法”，实现对无法采取民俗演绎或者民俗演绎进程受阻的说明或详解，既能够让读者感受到民俗存在的复杂性，同时也能够让读者在乡村世界中感受到社会的黑暗。

五四新文化运动爆发于辛亥革命失败以后，是知识分子在通过政治革新失败后而寻求的一种救国救民的道路。辛亥革命虽然是中国历史上一次伟大的资产阶级民主革命，推翻了清政府的封建统治，结束了中国二千多年的封建君主专制制度，建立起了真正意义上的民主共和国。但是，这次革命是不彻底的，它没有彻底完成反帝反封建的任务，没有真正使中国人民脱离苦海。作为五四启蒙的先驱陈独秀在与友人的信中提到：“自国会解散以来，百政俱废，失业者盈天下。又复繁刑苛税，惠及农商。此时全国人民，除官吏兵匪侦探之外，无不重足而立。生机断绝，不独党人为然也。国人唯一之希望，外人之分割耳。”① 陈独秀将当时辛亥革命失败以后社会的黑暗概括了出来，物质上的极度贫困，生活上的极度混乱，时局的极度动荡，让百姓一直在各种恶势力的盘踞之下苦苦挣扎。二三十年代的乡土小说以民俗在动荡时局下的变异和无法演绎来批判黑暗的社会，此时的民俗在文本中由启蒙批判的对象转化成为启蒙批判黑暗社会的有力工具，利用民俗乡土作家将启蒙批判的利剑对准压迫和残害百姓的半殖民地半封建社会，对准剥削、压迫百姓的统治阶级。

《两个不幸的人》，作家在设置故事情节时利用了对比的表现

---

① 洪俊峰：《五四启蒙思路的形成》，《厦门大学学报（哲学社会科学版）》1992年第2期。

方式，小说先向读者呈现胡道士和法明和尚暗中的矛盾，让读者在阅读中理解他们之间的较量源于彼此都从事“画符、清宅、验鬼”等与鬼神相关的活动，越是太平的年代百姓的这类要求就越多，而他俩的竞争也就越激烈，作者在这时没有表达自己对这类民俗活动的态度。当随着情节的进一步发展，二人在多年以后由对立变为彼此的知己，作者以对比的方式向读者透过迷信道出了旱灾、苛捐杂税、兵灾带给普通百姓的苦难，通过胡道士之口说出民俗活动“那是太平时代的事情”，将动荡时期百姓的无奈与无助表现了出来。《许是不至于吧》中的婚俗同样在战争和匪乱的社会中被迫更改，作者重点刻画了王阿虞财主家娶媳妇的欢喜场面，以及“败兵，土匪，加上乡间的流氓”带来的忧虑、担心，作家让读者在阅读中感受主人公那欢喜与担忧交织在一起的复杂而又难以言说的心情，除此之外作者还描写了笔下的主人公在拜祖先时的恳切和心急，刻画得越是细致与精彩就越能体现出社会的不安定给百姓带来的痛苦与挣扎，其社会批判的力度也就愈加有力，读者也越能体会与理解民俗建构的启蒙意图与国民性文化批判主题。

二、全知视角下建构的国民性文化批判主题

作家借民俗批判它自身的野蛮与落后，同时借其批判社会，民俗在叙事序列中建构起丰富的启蒙主题。但是除了利用叙事序列这种宏观的叙事技巧外，作家也十分重视利用视角来建构启蒙主题。在修辞叙事学理论中，小说创作是从真实作者出发到真实读者的过程，查特曼试图用符号学交际模式说明布斯在其修辞学中所宣扬的叙述观点，提出了叙事作品存在如下的交流主体：真实作者、隐含作者、叙述者、受述者、隐含读者、现实中的读者六个要

素[①]。作者与读者之间的关系,是小说修辞中最重要的一种关系,作家在文本中的一切修辞活动都是为了达到与读者心灵交汇的修辞目的。作家的修辞性介入,也就是作者的声音在文本中的出现有利于帮助读者对小说的理解,有助于促进与读者之间形成正常的、亲和的、和谐的主体关系。布斯认为作者的声音在文本中的出现会有很多种方式,例如提供事实与画面、进行评论、升华事件的意义等,二三十年代的乡土小说,作者在民俗叙事过程中有意识地采取第三人称全知叙事视角,让非戏剧化叙事者全面地记录民俗事件的整个过程,引导读者注意民俗事件的每个细节,使读者在细致、生动、真实、全面的场面描写中获得满足,这种客观化的效果正是当时的乡土小说家们追求的现实主义创作追求,他们试图原生态地展现中国广大乡土世界的黑暗与残酷,农民的愚昧无知、麻木不仁,同时又在坦诚朴实的议论中获得人生经验、情感体验,以此来实现向读者传达并使其容易接受五四启蒙批判的修辞目的,从而达到作者、叙事者、读者的有效沟通。

在王鲁彦九部短篇小说集中,绝大多数小说都是采用非戏剧化叙述者的视角,全面展现乡间生命真实的生活,叙事者从一种高度的历史责任出发叙述真实人生,诉说生活的情真意趣,向读者传达对生命的思考。这里有冥婚的盛大场面呈现(《菊英的出嫁》)、有求雨的途中惨烈的械斗场景(《岔路》)、有兄弟妯娌之间明争暗斗的拜鼠仪式(《鼠牙》),在非戏剧化叙述者对整个场面的细节的把握中引导读者对乡间民俗活动的荒谬进行批判。除了场面的展现,作者还适时地加入一些评论,以便更好地引导读者清晰地认识

① [以]里蒙-凯南:《叙事虚构作品》,姚锦清等译,三联书店,1989年,第155页。

乡土世界的生存法则。

虽然五四乡土小说采取非戏剧化叙述者的全知视角，但是与中国传统小说的全知叙事者相比，现代乡土小说民俗叙事没有像传统的说书人那样过分讲解与讲述，而只是在适当的时候做一些有节制的评述，或者让笔下的人物作为戏剧化叙述者直接与读者对话，传达他们内心隐匿的想法，但整体上作者对人物的心理分析十分审慎，这种节制性的心理分析在有关婚嫁的民俗中体现得更为细腻。

婚姻是维系着人类自身繁衍和社会延续的最基本的制度和活动。婚姻作为民俗现象，其婚姻形态是一个重要组成部分。中国一夫一妻的婚姻制度形成得很早，并在此基础上逐渐地演变发展，形成了一整套社会文化规范。在一般的婚姻制度之外还有着许多特殊形态，其中典妻是最为典型的仅仅为繁衍后代而形成的婚俗。"在这类婚姻中，女子仅仅被看作是生育的工具。有的家境富足的男子如婚后无嗣；就可付一笔钱，让贫困人家把妻子典当给他，等生育子女后，留下孩子，归还妇人"①。许杰的《赌徒吉顺》借典妻这种陋俗向读者批判乡村对女性人格的践踏与侮辱。作者让非戏剧化叙述者向读者介绍吉顺堕落的人生经历，为其典卖妻子的不人道行为做铺垫，同时作者让戏剧化叙述者在叙述的同时又适可而止，将叙述的重点放置在吉顺典妻由感到自责、悲痛、可耻、羞人到金钱噬心而放下这种精神枷锁的心理变化过程，作者带领读者感受人物内心的波动，最终让这复杂矛盾的心理与仅得到八十块典钱让人倍感嘲讽的结局相交织，让读者清醒地认识到典妻这种乡间陋俗对人的尊严的践踏以及对人格的侮辱，民俗自身在文本中

① 钟敬文：《民俗学概论》，上海文艺出版社，2000 年，第 176 页。

承担的批判内涵得到了很好的诠释。

除了典妻，在广大的农村，卖妻的婚姻陋俗也令人触目惊心。在台静农的《蚯蚓们》中，虹霓县的百姓遇上了十年不遇的荒年，饥饿贫困让穷人们无处可逃，李国富因为老婆跟自己过不下去了，经亲戚调和准备让老婆改嫁，将妻子卖给赵一贵，价格为四十串文正。台静农也是着重刻画了李国富在卖妻子的前一个夜晚的各种心理活动和精神上的挣扎。非戏剧化叙述者自由地出入人物的内心世界，将李国富内心因自己无力养活妻儿而卖给别人的行为感到耻辱和惭愧，因命运的残酷与不幸而倍感愤怒，同时又因妻子的薄情离去而感到凄怆等等各种复杂心理一并呈现给读者。在小说结尾处，老女人撺掇着妻子向李国富要钱，整个夫妻情分在金钱面前轰然崩塌，让李国富建构的复杂内心世界瞬间瓦解。在作者营造的由辉煌的红灯和隐约的鞭炮声组成的热闹场面中，迷失的人性和淡薄的人情刺透着读者的心。作者在小说中没有引导读者将批判的利剑指向在命运中苦苦挣扎的小人物，而是通过这种蛮风陋俗带给人的精神和灵魂上的痛苦，在陋俗上演过程中他人的麻木、迂腐和做作，批判这种卖妻的乡间陋俗的恶劣和残忍，并将这恶俗背后的社会弊端向读者揭示出来。在这类民间陋俗下，作者向读者传达了不同层面的启蒙内涵，一方面揭示了民俗的野蛮与落后，另一方面也让读者看到社会的黑暗，民俗在文本中通过视角的有效使用建构起丰富的启蒙主题。

在中国传统社会中，“门当户对”是男女择偶的理想标准，反映出社会等级地位观念，“父母之命，媒妁之言”是必须通过的第一个婚姻流程，男女双方本人几乎没有经过自由恋爱而决定婚姻的权利。婚姻，在很大程度上受到家庭、家族及其他社会关系的制约。一旦出现越出这种婚姻习俗规约的现象，就会被一整套的婚恋伦理体系压制，以致美好的情感变得扭曲、畸形。婚姻习俗下的男女畸恋在许杰《大白纸》《出嫁前夜》等作品中得到了精彩的描写，其中最能实现作者对乡间婚姻礼俗的批判意图的便是对男女主人公内心煎熬、挣扎、痛苦的细致呈现。《出嫁的前夜》作者有意识地潜入女主人公的内心，将她对自己命运的无法掌控以及对自我恋情无法实现的痛苦内心呈现在读者面前。她的未来终将是被乡间命运的常规所钳制，嫁给一个幼小的陈老六以冲喜，“她觉得人生都是奇怪的把戏，而她所玩的把戏，尤其奇怪。她实在不晓得将如何对付她的运命。她只有听天，听着未来的新发生的事情来支配她的全身；她只能让黑团团的阴影在她的脑中翻腾”[①]。她在真正的爱情面前毫无自主权，始终处于卑微的地位，“她对于她的情人，有两种矛盾的心理交战着：一面想他来救她，但一面又想避免他的侵害，一面想尽情地向他诉说自己无可诉说的隐衷，但一面又想努力把自己的疮疤隐住，恐怕引起他的讨厌”[②]。作者通过人物内心的挣扎来使读者的内心与人物实现情感和心灵上的共振，在人物的痛苦中感受乡间伦理、民间习俗对人性的压榨，让读者感受到恋爱自由从来不被封建伦理道德所容，即使安分守己，从一而终，也未能为封建礼俗所允许。自古以来中国的婚姻便受到族权的摆布，是绵延子嗣、稳定家族权势的一个工具，人的主体性情感在婚姻中从来没有被珍视和保护。鲁迅先生曾说“悲剧就是把美好的东西撕裂给别人看”，当人类最美好纯真的感情得不到封建社会认可的时候，便被封建婚姻制度和伦理道德一步步摧残破坏，人间的悲剧便在这迫害中上演。乡土小说家将时刻上演的婚姻悲剧用文字记录

① 中国现代文学馆：《许杰代表作》，华夏出版社，1998 年，第 151—152 页。

② 中国现代文学馆：《许杰代表作》，华夏出版社，1998 年，第 152 页。

下来，用非戏剧化叙述者的全知视角将这悲剧中的人物全面刻画出来，把世间人性的扭曲、情感的失落、生命的沦陷等等一系列的结局呈现给读者，在民俗中实现了作家、叙述者、人物、读者的有效沟通。

三、民俗意象建构的启蒙主题

二三十年代乡土小说家们在民俗书写过程中，除了通过宏观的修辞技巧来向读者传达启蒙批判意图外，还通过一些微观的修辞技巧在文本更加细微之处向读者透露启蒙的时代命题，这种微观修辞技巧主要是体现在作家对“民俗意象”的反复使用上。“意象”是中国古典美学中最重要的概念之一。《周易》中“圣人立象以尽意”“象生于意，故可寻象以观意”，“意”与“象”是分开的两个概念，“意”是言外之意，是语言要表达的深层含义，“象”是事物，是用来表现意的物象，“象”为表现“意”服务。南朝文学理论家刘勰在《文心雕龙》中说“独照之匠，窥意象而运斤”，意思是作家在进行艺术构思时，要将事物与作者的情感融为一体，这样才能形成具有审美内涵的艺术形象。具体到二三十年代的乡土小说，作家们集中表现与人民群众生产、生活、信仰等密切相关的民俗活动，这类民俗活动即民俗事象，然而在文学作品中读者看到的民俗事象与现实生活中的民俗并不完全相同，它们既具备本身的民俗性质，同时又被作者赋予了独特的文学艺术性质，也就是说作家在对民俗事象表层描写的背后赋予了它们更为深厚的内涵，在这个层面上文学作品中的民俗事象成为民俗意象。民俗意象是乡土文学中客观的民俗事象与作家的主观情感相结合的产物，是主体感情外化的一种艺术表现形式，每一种民俗事象的运用都寄托着作家的主观感受和经验，表现作者的思想感情，因此民俗意象本身就具有了主客观的双重性，民俗意象超出民俗事象的表层含义，侧重于它所表现的深层内涵，即体现作家主体情思。反复出现的民俗意象带着作者渗透的思想价值和情感，具有了一种文化隐喻的功能，也就具有了象征的意味。象征暗示着作者对作品的事件和人物的看法，以一种形象的方式传达给读者，它是作品主题阐发的有效形式，引导着读者对作品内在意义进行思索和把握。民俗事象在文本中一方面它是封建落后文化的符号，另一方面它是底层世界安放生命的符码，本身具有双重的文化性质，对其的使用使作者的启蒙修辞意图具有了双重的阐释方式，一是批判以民俗事象为符号的封建迷信文化，二是引导读者透过民俗的表面痛斥背后的黑暗社会。

梁漱溟先生在《中国文化的命运》中指出中国社会的两大古怪，“一是那历久不变的社会，停滞不前的文化，二是那几乎没有宗教的人生”①。中国社会历经千年的封建制度，虽然在辛亥革命以后被颠覆，可是新的政治制度并未完全建立，在广大的乡村仍然是以宗法制为核心的乡土性社会。扎根在土地上的乡村，因其流动性差，而形成地方性色彩浓郁的社会生活。这种乡村生活的地方性除了物质性的生活外，更重要的是一些习俗制度的地方性。中国社会没有条律严明的宗教制度，没有刚硬严明的法律制度，有的是极具人情的习俗制度，它是一种松软灵活具有人性化的社会秩序和组织，随着时间的推移，慢慢变得机械顽固，而且这种禁锢的程度竟不亚于宗教，其严酷的程度也不亚于法律。在这个层面上，民俗成为了绵延在国人心头上的难以解开的精神枷锁，它对国人灵魂的禁锢、对人心灵的扭曲，是乡间一出出生命悲剧轮番上演的诱

① 梁漱溟：《中国文化的命运》，中信出版社，2010年，第22页。

因。对于此问题,新文化的倡导者们看到违背自由平等权利观念和人道主义原则的封建礼教扎根于中国宗法家族社会组织结构之上,是导致各种人间悲剧的深层原因。陈独秀指出“西方民族以个人为本位”,因而国家保障个人的权利,而中国是“以家族为本位”,这就造成个人权利的剥夺、自由的扼制、尊严的破坏。二三十年代的乡土作家以西方现代文明为参照反观中国广大乡村时,看到了宗法制下农村的满目疮痍的生活困境和愚昧无知的精神顽疾,尤其是乡间的陈规陋习在文本中的出现,例如冥婚、械斗等,表现得古旧而陈陋、阴沉而悲苦、野蛮而冷酷,其对乡间百姓命运的摆布、灵魂的控制程度令人触目惊心。王鲁彦的《岔路》,吴家村和袁家村由于“鼠疫”死了很多村民,在各种方法用尽依然徒劳的情况下,村民选择了最后一根救命稻草——关爷。作者有意将故事情节发展导向民俗,并且极力凸显民俗的重要性,“关二爷”这一民俗事象就成为作者向读者言说启蒙的关键。村民相信鼠疫的横行是因为“年年出巡的关爷一直有三年不曾抬出来了”的缘故,于是就打通官府,准备请关爷出庙来拯救村民性命。村民在得知关爷即将被请出来的消息后复活了,仿佛眼前的悲痛即将被生的希望而掩盖。在作者精细地展现村民扎花、折纸、买香烛等活动以及请关爷的热闹场面中,我们看到生命在尽头处迸发出原有的活力与生机。读者随着情节发展也逐渐认可了关爷这一民俗事象在民间所蕴含的象征意义。然而这些虔诚的善男信女们却因为老规矩的破坏而发生了械斗,关爷也被人们毁坏,“他们仿佛已经忘记了不幸的悲剧了”①,“仇恨毁灭了生的希望”②。作者在故事中设置的械

① 覃英:《中国现代作家选集·鲁彦》,人民文学出版社,1992 年,第 64 页。

② 覃英:《中国现代作家选集·鲁彦》,人民文学出版社,1992 年,第 67 页。

斗悲剧，在关二爷这一民俗意象的背后是作家对农民狭隘的宗族观念、愚昧的驱灾行为的批判，实现了向读者传达启蒙批判的修辞目的。

新文化运动除了批判封建宗法观念，还高举科学的旗帜。陈独秀提出“科学与人权并重”“其功不在乎人权说下，若舟车之有两轮焉”，二者相辅相成。民主促进了科学的发展，科学夯实民主的基础。但是，中国封建社会专制制度造成了民众的愚昧与落后，并以此来维系整个专制统治。因而，以科学反对愚昧、落后就成为重要的启蒙思想。科学要求主观思想反映客观现实，因而它是与迷信相矛盾的。迷信，作为民俗的一个重要的组成部分，产生于远古时代人类对于自然世界的蒙昧认识和理解。人们认为，通过模拟自然现象就可以实现自己的愿望。例如上文中分析的祈雨，就是通过相似律的原理来祈求下雨的民俗活动。同时，人们认为只要两种物体曾经接触过，事后，无论它们相距多远，分别有多久，这两种物体之间都会继续保持一种无形的联系，而且还会相互作用，这就是接触律。通过对迷信产生的原理的分析，我们发现迷信产生于生产力不发达、科学水平落后的社会空间中，它是人类对自然社会无法采取能动性的措施时而寻求的一种方法。迷信具有落后性、反科学性和麻痹性的特性，这与高呼科学性的五四时代是相对立的，五四高举的科学旗帜是将作为主体的人与作为客体的世界建立一种理性的认知方式，把人从客体的世界中解放出来，使人真正成为一个主体性的存在。乡土小说将这类迷信民俗纳入文本中，试图通过剖解迷信来达到“为启蒙驱魅”的目的，以科学照亮“鬼影重重”的乡村世界。二三十年代的乡土小说是高举科学旗帜的，对于一直深埋在民众的观念和行为当中的迷信思想一直是持否定态度的。在许多作家的小说中，作者都给读者呈现了一幅幅奇怪诡异的迷信图景，在这些图景中作者有意识地突出民俗事象，试图以民俗事象唤醒国人的迂腐灵魂。

迷信有着自身演绎的内在逻辑，台静农的《烛焰》和彭家煌的《活鬼》通过顺着迷信的内在逻辑发展故事情节，最终掀开被迷信笼罩着的黑暗世界，批判乡间的落后习俗。《烛焰》以“冲喜”这种乡间民俗故事为题材，以冷峻的笔触揭示和批判了封建伦理制度下“冲喜”习俗对人性的摧残，而这一主旨不仅仅是通过故事的情节开展来揭示出，更为巧妙的是作者通过在婚姻礼节的过程中以民俗意象，即象征着结婚男女龙凤和鸣的美好寓意的红色龙凤蜡烛来反衬出来。小说中提到翠姑的母亲在翠姑上轿的时候“严肃地在神灵和祖宗的面前烧了香”[①]，燃起两只深红色蜡烛，可是在一片欢喜声中红烛带来了一种不幸的预兆，那就是“香案上，左边的烛焰，竟黯然委谢了”[②]。按照民间的迷信说法，烛焰可以预示着两人将来的命运，左边暗淡的烛焰正好是预兆着吴家少爷的不幸；右边的烛泪不停地流满了烛台，有似乎暗示着翠姑充满泪水的不幸人生。作者试图用民俗事象的象征意义来达到批判“一喜压千灾”的迷信说法，鞭挞由于充满复杂和矛盾的乡土世界的价值观而形成的荒谬的“冲喜”民俗。

台静农的《新坟》中儿女被战争糟蹋至死，母亲四太太因此发疯，一次次重复着儿女结婚的热闹祥和的景象，“哈哈，新郎看菜，招待不周，诸亲友多喝一杯喜酒”，“西厢屋里开两桌海参席，东厢屋也开两桌；大厅屋鱼翅席，是送亲的。哈哈，真热闹！招呼作乐，阿，你听放炮了，劈拍，劈拍，劈拍——拍。哈哈，新郎看菜，招

① 台静农：《地之子 建塔者》，人民文学出版社，1994 年，第 47 页。
② 台静农：《地之子 建塔者》，人民文学出版社，1994 年，第 47 页。

待不周，诸亲友多喝一杯喜酒，——嘻嘻，恭喜，恭喜”①。这些充满祥和、欢乐、幸福的民俗事象与发疯的四太太形成强烈的反差，黑夜中一遍遍反复飘荡着四太太独自哑哑的声音，作者试图以此来向读者控诉着战争给人间带来的无穷的伤害，作者借用民俗将战争的残忍呈现了出来，以生命毫无尊严的消失批判社会的黑暗。

总之，作为意象的民俗事象包含了作者的态度，其意义指涉比较明显，在文本中作者利用民俗事象与读者能够实现很好的沟通与交流，民俗意象在象征中建构了启蒙修辞的多个层面，深化了启蒙主题。

第二节 “乡土文学”民俗文化呈现的“悲哀的”“活的灵魂”

布斯在其《小说修辞学》中认为作家利用各种修辞技巧进行创作的最终目标是道德伦理关怀，是关注人的内在灵魂。作家的创作不应仅仅是写出来就行，也不仅仅是创造出“结构精巧的短语”，而且应该考虑创作出来的作品所能引起的各种效果。正像布斯所说“成功地安排你的读者对一个虚构世界的看法”，作者负有引导读者、形成良好社会风尚的责任，读者阅读参与内在精神灵魂的建构，才能说作家创作完成。可是小说这种文体追求的是“表现的现实主义”，也就是说追求表现含混复杂、变动不拘的现实世界，而每一位读者由于先前的思想价值等方面的不同，在同一部文本中所能感受到的内涵也是不同的，面对这种情况，要成功实现作者与读者在文本中的道德伦理交流，就需要作家在用含混方式表现

① 台静农：《地之子 建塔者》，人民文学出版社，1994年，第36页。

复杂现实世界的时候，适当地通过隐含作者、可靠性评论等方式对读者的精神灵魂进行有效引导，使读者在作者的适度引导中知道自己应该“站在哪里”，进而“将一个庸俗伤感和自私的世界改造成为一个更加明了易懂的、更加文明的与更加人性的家园”。二三十年代的乡土小说一直具有蓬勃的生命力，不同时代的读者在作家的修辞技巧引导下除了感受到五四时期启蒙主题，还能体验到民俗建构的乡土空间下浓郁的地方色彩，但是更为重要的是作者在乡土小说中借用民俗来向读者探讨农民的灵魂，在小说文本中作者引导读者体验中国农民内敛型情感表达方式，在情感的表层让读者感受到人性的美好，进而在更深层面上引导读者确立正确的伦理道德规范，小说中作为修辞的民俗层层深入地展现出了农民“活的灵魂”。

一、民俗在叙事进程中的情感表达

中国人的情感是内敛型的，很少直白地表达出来，尤其是在乡土空间下的广大农民，他们在生活的边缘苦苦挣扎，生存成为他们生命的全部命题，农民生存的压力压抑自身情感的需求。在五四时期平民文学的感召下，农民的生活与情感成为当时乡土作家们急切要表现的，民俗本身又是农民借以表达情感的有力形式，因而民俗在乡土小说叙事进程中逐渐成为农民生命情感的修辞，记录了农民宝贵的情感世界。

叙事修辞学理论叙事进程，“指的是一个叙事借以确立其自身前进运动逻辑的方式，而且指这种运动自身在读者中发生的不同反应”①，“进程产生于故事诸因素所发生的一切，即通过引入不

① [美]詹姆斯·费伦：《作为修辞的叙事——技巧、读者、伦理、意识形态》，北京大学出版社，2003年，第63页。

稳定性——人物之间或内部的冲突关系，它们导致情节的纠葛，但有时终于能够得到解决。进程也可产生于话语诸因素所发生的一切，即通过作者与读者或叙述者与读者之间的张力或冲突关系——涉及价值、信仰或知识之严重断裂的关系"①。在乡土小说中，民俗叙事进程有其特有的前进方式，它往往以一种不平衡或者缺乏开始，在经过一番民俗选择之后，这种不平衡状态或者能够得到改善解决，达到一种新的平衡，或者以一种破坏性的方式结束这种不平衡状态。民俗叙事的改善进程和衰变进程不是单独呈现的，二者在同一部作品中往往是并存的。这一方面作者向读者呈现了他对民俗的态度，即不美化民俗，以一种现实主义的创作态度真实性地呈现民俗全貌，让读者认识到民俗的局限性；另一方面，作者的这种叙事安排又让读者将注意力转移到人物的关系中。民俗叙事中的不稳定性和张力之间的相互作用使母子情感、兄弟情感等成为故事的兴趣焦点，但是，一直到民俗叙事结束，这种关系即永不改变的真情在本质上都是稳定的，也就是说不管乡土小说民俗叙事进程如何发展，人物之间的真挚情感的需求与表达是民俗要言说的，因而文本中的民俗在启蒙修辞、空间修辞之外转向为情感修辞，而这种转向在人物模式的具体分析中更加凸显。费伦将文本中的人物模式细化为模仿的因素、主题的因素和综合的因素，模仿即让我们把人物作为人类的代理，主题即把人物作为某些思想、信仰或价值的代理，综合即为艺术的建构而服务的。乡土小说中作者往往将人物的模仿因素置于前景，叙事的安排使读者能够容易感受到农民的情感需求，人物需求的满足成为小说中的主

① [美]詹姆斯·费伦：《作为修辞的叙事——技巧、读者、伦理、意识形态》，北京大学出版社，2003年，第63页。

线索，而那些作为主题因素的人物或者不出现，或者处于一种次要的叙事层面上。这样，读者在阅读文本中就能够将注意力集中于人物情感需求中，随着情节的发展，将自我的人生体验和文本中的人物的生命历程相结合，在叙事进程中民俗一步步向读者深入传达农民情感。

农民这个群体千百年来一直匍匐于泥土之上，为着生存苦苦挣扎，对于这个社会最底层的群体来说，他们很难享有社会上的精神财富，无边的孤独被乡间社会看作人生之最苦，因为“中国社会以伦理为组织的社会”，“人生实存于各种关系之上，而家人父子乃是天然的基本关系；故伦理首重家庭”[①]。而对于那些没有父母与家庭的人来说，比如“鳏、寡、孤、独”，“没有形骸上日夕相依，神魂间尤相依以为安慰。一啼一笑，彼此相和答；一痛一痒，彼此相体念”[②]的人，就被看作是最苦的人，这些人的情感需求更容易引起读者的同情。台静农的《么武》中的么武就是这么一位被乡间看作是最苦的人，没有家园的他在哥哥的收留下认真地生活，作者写么武每到清明或者冬至，都会支了工资买些纸钱，到郊外祭祀自己的父母。对于么武祭奠父母的场面，作者做了细致的刻画：“先画上个圆圈子，对着圈子说，‘这是咱爹的’，又画上一个圆圈子，说‘这是咱娘的’。纸灰被风吹得打旋的时候，他哭丧脸蹲在两个圈子之间，静默地苦思着，他的心飞驰到不是被黄河冲洗便是一片黄沙的故乡去了。那里埋葬着他的亲人，那里他寄放着一颗游子的心。”[③]作者为么武祭祀父母设定的环境是阴郁沉闷的，祭祀的流程是精

① 梁漱溟：《中国文化的命运》，中信出版社，2010 年，第 134 页。

② 梁漱溟：《中国文化的命运》，中信出版社，2010 年，第 137 页。

③ 台静农：《么武》，《抗战文艺》1939 年第 4 期。

细的。这种场面描写,一方面配合么武这位最苦的人的无边的孤寂之情;另一方面作者让读者直面人物,试图介入文本来引导读者的阅读进程,让读者在缓慢的节奏中感受到么武远离家乡逃离在外的孤独,没有父母的陪伴、亲人的体恤,只有在清明和冬至时才能将自己对家乡父母的爱和思念表达出来的珍贵情感,引导读者同情这位坚强生活却又无处安放情感的游子。民俗在这里成了温暖人心灵的篝火,成了在无边无际暗夜下存活的乡村百姓生命情感的一盏明灯,小说中的民俗成为乡村百姓情感的修辞。

生命的不稳定以及缺失状态,是人类无法面对的,如何来打破这种不平衡,就成为乡间生命面对的永恒的命题。民俗是人的整个生命历程中的一个文化伴随物,它是人的"文化化""社会化"的必经过程,在生命的不稳定时期,例如生命的消逝前或者饱受病痛折磨或者饱受无尽孤独的生命时期,民俗就成了安慰民众情感的"一剂药"。按照功能派的理论"当人类遇到难关,一面知识与实际控制的力量都告无效,而同时又必须继续向前追求的时候,我们普遍会发现巫术的存在,须知人类一旦为知识所摒弃,经验所不能援助,一切有效的专门技巧都不能应用之时,便会体认自己的无能,但是,这时他的欲望只是更紧迫着他,他的恐怖,希望,焦虑,在他的躯体中产生了一种不稳定的平衡,而使他不得不追寻一种替代的行为"①,民俗就是底层民众在不稳定中寻求的情感替代,尤其是在他们忧乐所系的康健上,也就是在生命游移不定的时刻,民俗所蕴含的情感抚慰的价值就表现了出来。在二三十年代的乡土小说中,虽然这种作者在主体上认同封建民俗合理性价值的作品不是

① [英]马林诺夫斯基:《文化论》,费孝通等译,中国民间文艺出版社,1987年,第66页。

很多,但是还有一种民俗叙事是介于批判与认同之间,作者是以一种无奈妥协的态度介入到整个文本的叙事中,并且在文本修辞技巧的选择与修辞语言的选择中,呈现出这种情感与理智的游移与妥协,让读者在阅读文本时积极参与其中进行价值判断。王鲁彦的《河边》为读者展现了坚信菩萨的母亲与坚守科学的儿子之间的博弈过程,这个过程不是尖锐对立的,也就是说在叙事进程中人物内部之间的对立不是以一种非常激烈的形式表现出来,而是在母子真情的整体笼罩之下进行的。小说的整个叙事节奏在这两个思想对立的亲人之间是缓慢的,叙事过程在母子二人观念冲突的不稳定关系下进行,并通过母子二人在思想观念上的对立而引发作者与读者在知识、价值、判断、见解或信仰上的分歧来展开。虽然涵子的思想是科学的,但是作者只是让笔下的人物将这种激进的思想通过内心的活动来呈现出来,让涵子在内心中承担这种科学与愚昧的对立而带来的精神折磨与痛苦。作者虽然认同涵子的观点,反对母亲的观念,但作者没有让笔下的人物之间开展明显的对立活动,也就是说涵子作为可靠的叙述者,思想观念与“隐含作者”保持一致,他没有与母亲发生激烈的冲突而仅表现在内心世界的痛苦,渗透出作者的意愿。读者在阅读时接受作者的引导,在文本中为母亲执着跪拜菩萨既反对又报以宽容。在故事的结尾处读者看到母亲的这份执着是为了给儿子祈求平安,民俗是她表达对儿子爱的手段,在涵子陪母亲拜完菩萨后,母亲握着涵子的手,眼角湿润地说:“我知道你相信医生,你真固执……你一定不放心,我明天就到城里的医院去,只要有你在我身边……”[①] 从这里我们看到母子之间的真挚情感在科学与迷信活动中的调和,作者通过涵

① 鲁彦:《河边》,《作家》1936 年第 1 期。

子的内心活动来批判迷信活动的愚昧落后，认同医学的科学性与实用性，但是在农民情感需求面前，作者无法以一种强硬的方式呈现出来，在作者情感与理智游移之间，民俗叙事逐渐凸显人物模仿性因素，进而引导读者全面把握作者的修辞意图，民俗叙事增添了文本的文化内涵与人文价值。

在乡土小说家的笔下，这种民俗与“五四”启蒙主义运动中所高呼的科学格格不入，可是作者没有通过民俗显示出强烈的批判意识，而是在叙事的选择中回避了这种批判，将乡土世界底层民众对民俗的情感需求展现了出来，以一种与五四启蒙话语不同的方式，艺术性地展现了农民情感的维系、农民对待生命波折时的情感表达。这是民俗参与小说整个叙事过程中的主体性的凸显，民俗以其文化传承的久远性以及积淀的丰厚性，将其本身的文化内涵展现了出来，虽然表现的内涵与作者所接受的时代命题发生冲突，但是冲突之下的民俗人文景观与价值是民俗得以在乡土小说中进行多元修辞的根本所在。文化模式的坚守不是五四启蒙批判所能取代与剥夺的，在某种意义上说，“五四”乡土小说通过民俗叙事保留了中国农民的情感资源以及情感表达方式，这是“五四”乡土小说在启蒙批判、地域色彩之外，带给文学的宝贵精神财富。

二、民俗在多重声音下的人性建构

中国农民的情感属于内敛型。二三十年代乡土小说通过民俗记录那个封闭时空下他们的情感资源是十分宝贵的，中国农民的情感表达是含蓄的，而在他们冲破伦理道德的标准来爆发他们的情感需求之时，作者让读者在文本中聆听多重的声音，在他们破与不破的纠结与无奈中，感受情感背后那不变的善良与美好人性。

这里的声音是叙事修辞学上的专门术语。它在布斯的叙事修辞理论中并没有做明确的论述,费伦在布斯和巴赫金的研究基础上提出声音是“说话者风格,语气和价值的综合”[①],作者的声音可以通过叙事者传达出来,它是沟通作者与文本叙述者之间的桥梁,是传达作者与叙述者价值判断的独特方式。除了作者声音、叙述者声音,读者的声音也十分重要,作家的修辞活动最终指向读者的阅读,读者在文本阅读中自身的价值评价与作者的价值评价会进行比较,进而实现作者的声音、叙述者声音、读者声音的碰撞交流。多重声音的修辞技巧在二三十年代的乡土小说中得到了很充分的展现。在多重声音的碰撞下,读者最终在作者的引导下实现对美好人性的肯定,民俗从而完成对人性的建构。

民俗学家萨纳姆认为,民俗是实现利益的“正确、正当的”模式,在伦理道德的架构下,让个人自我克制,为了团体和社会的利益而做出一定的牺牲和忍耐。可是,有一类特殊的婚俗事象广泛地存在于民间,但是却不被民间的习惯性共识、伦理道德和价值观念完全认同,它处于一种被批评的民间立场上,承受世人的嘲讽和鄙夷。这种有些游离的民俗活动的普遍性存在,又在另一个方面说明了它存在的价值与可能,矛盾与冲突在多元共生的乡村世界里的调和也诠释了民间社会生活的多元性、复杂性。对于被民间批判的民俗,在小说这种以虚构和想象为根本的文学形态中,它的存在状态没有发生根本性的改变,文本中通过叙事者的不同声音将这种被批判的复杂状态展现出来,叙事者、人物与人物之间不同的声音形成一种不稳定状态下的叙事张力,在这种混乱声音中作者站在与民间不同的价值判断和情感立场上,通过展现被民间批

① 詹姆斯·费伦:《作为修辞的叙事——技巧、读者、伦理、意识形态》,北京大学出版社,2003 年,第 174 页。

判的民俗活动主体的善良、勤劳及其他优秀品质，适当引导读者，让读者不断聆听作者声音，在艺术的世界里逐渐对美好人性给予尊重与赞赏，进而让像“转房亲”这类民俗在多重声音的作用下成为农民美好人性的修辞。

“转房亲”也属于此类民俗形态，其中以“叔嫂婚”最为普遍，即“兄长亡故，小叔与嫂结为夫妻。这种叔嫂婚使财产、劳力、后代子女都不至于流失”[①]。费孝通先生认为中国乡土社会中基本的社群是“小家族”，“这是个亲子所构成的生育群体。亲子指它的结构，生育指它的功能”[②]。在这个基本的社群里，生育是其基本功能，在此基础上还有许多其他功能，具有“事业性”特征。中国社会是讲求稳定性的社会，在社会秩序的稳定性之下，保证其基本社群中的生育功能和事业性特征的延续性。“叔嫂婚”的婚姻形态虽然不是民间禁忌，但在伦理道德上是不受认可的，它的普遍存在很好地体现了中国人的情感定向以及中国基层社群的特色。

“叔嫂婚”这一民俗形态在二三十年代的乡土小说中，作者在文本中没有发出站在伦理道德的制高点上对其进行嘲讽的声音，也没有发出站在五四启蒙主义的理性角度对其进行批判的声音，而是充分表现文本中戏剧化的叙述者声音，让可靠与不可靠的叙述者声音共同出现，让笔下的人物充分进行情感表达，将“叔嫂婚”这种民间普遍存在的民俗事象艺术化地呈现，在混杂的声音中作者逐渐引导读者站在农民情感需求的、生命力跃动的层面，认可作者所赞扬的美好人性。在许钦文的《难兄难弟》中，即将离世的哥哥有金以遗嘱的形式将叔嫂并拢的事情安排给弟弟有水，在文本

① 钟敬文：《民俗学概论》，上海文艺出版社，2000年，第176页。
② 费孝通：《乡土中国》，江苏文艺出版社，2011年，第41页。

的整个叙事过程中，作者没有透露出丝毫的批判与嘲讽，而是通过笔下的人物对话挖掘中国农民隐藏的真挚情感。戏剧化叙述者的声音支撑起整篇小说的内容，作者在文本中选择自我隐退，作者的消失以便更好地让笔下的人物在文本中表达自我，在小说舞台上把握自己的命运。对于这种乡间独特的婚姻形态，民间自有其一套话语评价系统，可是对于当事人来说，他们更有权力阐释自我。“等我困翻以后，你就同阿嫂并拢来；还是快点好，过了我的二七就可以，办几桌酒，请房头邻舍大家吃一场。”“唉唉！哥！怎么你要说出这种话来吗？这是什么事情呀？”① 从有水的反映中读者可以读到民间伦理道德对叔嫂并拢是否定的，读者在阅读到这部分时自我已有的伦理道德标准就开始在摇摆不定中发挥作用，读者声音和叙述者声音在文本中开始碰撞。可是读者在继续阅读时，作者并没有明显地介入判断民间伦理道德的正确性，仍然让戏剧化叙述者发声，“阿弟！你不要奇怪；我们贫苦人家，凡是以省铜钱为最要紧，是早有了这种办法的。你不知道么：袁家溇的五八，南大桥的阿龙，不都是这样的么，阿哥死后，阿弟就同阿嫂并拢来？”② 让人物去在自我的言说中将其背后隐藏着的艰辛、苦难、家庭事业的传承义务等道说了出来。除此之外，“倘若不这样办，把她嫁出去，虽然可以捞回几块洋钿来，我可——古老人说得好：一夜夫妻百日恩，叫我怎么不挂念她！再说，把她嫁给谁好呢？这个溇里，固然没有像样点的户头，恐怕全个村庄，也不一定找得到好的；我看还是你，真是一举两得的，就答应吧！”③ 戏剧化叙述者的声音将

① 鲁彦：《河边》，《作家》1936 年第 1 期。

② 许钦文：《许钦文小说选》，浙江文艺出版社，1984 年，第 356 页。

③ 许钦文：《许钦文小说选》，浙江文艺出版社，1984 年，第 357 页。

叔嫂婚背后显现的夫妻之间的尊重、留恋、挂念以及兄弟之间的不舍、疼爱等交织缠绕的美好人性一并推向读者,让读者在人物的声音中体会乡间民众的生命体验、情感需求等,进而逐渐修正自我已有的伦理道德观,认可了作者所要通过叔嫂婚来赞扬农民美好人性的声音,实现了读者声音、作者声音、叙述者声音的交融。作家在民俗叙事中选择多重声音的修辞方式,赋予这种被民间批判的民俗形式以合理性的地位,释放被民间伦理道德压抑的善良人性,透析出中国农民一直隐藏的带有生命力的情感,多重声音使民俗成为乡间美好人性的修辞。

对于“叔嫂婚”的民俗事象,《难兄难弟》中作者刻意隐藏了民间批判话语,而在广阔的乡村世界,对正统伦理道德规范的消解和疏离,必将受到民间舆论的打压与反对。台静农的《拜堂》就将这种现状以及在这种批判下的人物心理以多重声音展现了出来,除此之外作者对整个婚姻仪礼进行场面化描写,在不同声音下,让读者直面人物,缩短与人物的距离,以便更好地引导读者进行价值判断。汪二和汪大嫂的婚礼在夜间举行,开篇非戏剧化叙述者就向读者展现了汪二在黄昏买蜡烛、黄表的慌张与躲闪等情节,然后通过汪二与汪大嫂之间对话的冲突,“为什么不买炮呢?”“你怕人家不晓得么,还要放炮?”“那么你不放炮,就能将人家瞒住了!”“夜里哈少不掉牵亲的,我想找赵二的家里同田大娘,你去同她两个说一声。”“我不去,不好意思的。”“要讲意思,就不该作这样丢脸的事!”[①] 引出“叔嫂婚”在民间受歧视的现状,读者在阅读中能够感受到非戏剧化叙述者的声音是秉持民间伦理道德的。虽然“叔嫂婚”是被民间宗法制伦理批判的,但是在汪大嫂寻求田大

① 台静农:《地之子 建塔者》,人民文学出版社,1994 年,第 69 页。

娘和赵二嫂的帮助时，作者通过人物的对话，表达了底层民众苦难相互体恤的人间真情与温暖。同时作者安排主人公的婚姻礼仪的整个过程是细致、完整、虔诚而又庄严的，民俗过程的推进与人物内心的情感波澜交织，小说多次提到“不恭不敬地也不好，将来日子长，哈要过活的”①、“总得图个吉利”②，将人物内心的欢喜与忧愁贯穿始终。透过人物的直白语言和小心谨慎的动作，作者引导读者体会人物在这种民间舆论中的纠结与不安，以及他们试图卑微地寻求幸福生活、争取婚姻权利的愿望，读者对人物的同情以及理解有利于读者接受作者声音，并且在文本中实现与作者的有效交流。作者通过被批判的民俗，将被遮蔽与压抑的中国农民的个性追求表达了出来，并且给予其应有的尊重与认同，将民间底层民众的真情实感刻画出来，这是对中国乡土社会内敛型情感定向的一种超脱与反叛，是对人的主体性价值与地位以及美好人性的认同与强调。

在这类乡土小说中，笔者认为民俗在多重声音下建构起人性的光辉与美好，是民俗对美好人性的修辞，是修辞主体除却民间伦理道德传统后，对人本身的内在品质以及人的内在灵魂进行挖掘的一次成功尝试，是对五四时期高呼的“人的文学”“平民文学”文学理论的有力诠释与证明。

三、民俗伦理在异化中呈现的扭曲灵魂

在上文中我们可以看到二三十年代的乡土作家们借民俗的复杂性指引读者走向农民灵魂深处，去体会农民的淳朴、善良与真

① 台静农：《地之子 建塔者》，人民文学出版社，1994 年，第 69 页。

② 台静农：《地之子 建塔者》，人民文学出版社，1994 年，第 67 页。

挚，为读者建构了农民心灵美好的一面，然而作者要真正借民俗表达农民群体"活的灵魂"，就必须揭露出农民内心的缺陷与瑕疵，作家通过民俗展现被异化的乡间伦理的时候，塑造出了一个又一个有缺陷的灵魂，让读者全面解读到农民的好与坏，进而引导读者逐步走向精神的更高层面。

乡间伦理普遍存在于老中国社会中，因为中国是乡土型社会，乡土社会以伦理型为标志，在中国伦理道德观念深入人心，特别是处在半殖民地半封建状态的广大乡村，伦理观念更是占据主要地位，成为主宰人们行动的重要因子。可是进入20世纪以来，中国社会发生了剧烈的变化，带有进化性质的社会变迁给老中国乡村空间带来了一定的影响，乡土中国下的农民处于一种时间与空间裂变的状态中，不断敲打着农民的情感和人性。在这种时空裂变中，传统道德伦理的糟粕与社会现代性带来的金钱习气相互融合，乡土空间已经被所谓的"现代化"带来的新的异质性的东西所污染，而农民真挚的情感、善良的人性乃至中国几千年来传统伦理道德体系中某些有价值的东西惨遭破坏。在新文化运动时期，陈独秀就认为"继今以往，国人所怀疑莫决者，当为伦理问题。此而不能觉悟，则前之所谓觉悟者，非彻底之觉悟，盖犹在倘恍迷离之境。吾敢断言曰：伦理的觉悟，为吾人最后觉悟之最后觉悟"[①]。乡土作家们注意到了在社会新旧交替中的乡土伦理的变化，尤其注意到时空裂变给乡土民俗伦理带来的巨大变化，在他们的乡土小说中作者集中描写故乡农民的民俗生活，向读者揭示乡村被破坏的伦理秩序，展现时空裂变下农民灵魂的异化，在与读者的交流中让其接受一场道德伦理教育和灵魂的洗礼。

---

① 陈独秀：《吾人最后之觉悟》，《新青年》1916年2月。

在浙东作家王鲁彦的乡土小说中，无论是地主、富农，还是贫民百姓，虽然处于封闭的乡村里，但是他们已经接触到了乡村之外那个不一样的世界。工业化带来的金钱异化物，让本无生命感情的它瞬间进入乡村，不断地冲击着农民的心灵。乡土空间下农民一直推崇的地位、尊严等被抛弃，农民原有的善良被冲散，乡土世界中原有的以地缘和亲缘维系的人伦秩序被打破。作家在民俗叙事中让它不断操纵着乡土世界中人物的悲剧人生，让读者在悲剧中达到灵魂的颤栗。例如短篇小说《黄金》开篇就让非戏剧化叙述者向读者讲述了陈四桥这一地域空间的特色，偏僻冷静、四面环山、不通轮船和火车，营造出一个封闭、静止的乡土空间，就是在这样的空间下，作者让读者看到一旦人们与外面所谓的文明相接触，哪怕是一丝一毫的联系在这片土地上都会引起轩然大波。作者在设置故事情节发展时主要利用对比将陈四桥人对如史伯伯一家态度的变化展现出来，其中最为明显的变化体现在婚俗礼节上。如史伯伯过去一直受到村人的尊敬，在结婚这种非常重要的民俗场合下他却因为儿子没能在外面如期寄钱回来而惨遭嘲讽，尤其在体现乡间老少尊卑的座席时，针对如史伯伯被迫坐在酒席的下位，作者介入非常明显，将如史伯伯的内心想法以及年轻人品生的故意姿态全部呈现给读者，这意味着在婚礼这一公众场合下，陈四桥人对如史伯伯的侮辱已经毫无掩饰地公开，这让读者看到婚俗伦理的异化，代表了乡村世界曾经正常的人际关系和伦理道德秩序已经被金钱和物质欲彻底打破，那种民间淳朴的人伦感情在金钱面前惨遭破坏，更看到了这背后金钱带给农民灵魂的异化。乡村之外的社会的文明与乡土空间二者不断撕扯农民的心灵，使农民的趋利心理在原来的基础上急剧发展，而且这种趋利性已经改变了农民心中的道德观，人与人的关系正从自然、朴实转向金钱至上的狭隘鄙薄。

乡土世界中，在金钱面前不仅仅是有产者会因着财产而地位发生变化，对于普通的家庭同样会上演着金钱带来的人间悲剧。在《屋顶下》中，作者向读者讲述了时空裂变下金钱让善良一点点扭曲，并且引导读者思考这种扭曲不是由于工业文明让农民的灵魂变得污浊，而是由文明与前文明下面对金钱时的对立所导致的。作者在向读者传达自己的修辞意图时，首先将人物的冲突置于故事的前景，开篇本德婆婆的心理活动以及大段的内心独白为读者塑造了一个儿媳的不好形象，紧接着作者采用插叙的方式讲述本德婆婆苦难的人生，一方面让读者更进一步理解开篇本德婆婆的冲动反应，另外一方面也让叙事节奏变得慢下来，再一步步让本德婆婆与阿芝嫂在黄鱼、芋艿、红枣中的矛盾逐渐激化。第一次的矛盾爆发后作者直接介入文本讲述阿芝嫂对婆婆的好意，让读者在冲突中对人物形象由模糊变得清晰，自此小说中两个人物形象变得十分丰满，读者在情节矛盾中情感也变得复杂，无法合理地评判人物。作者通过调节故事的节奏，使二人的冲突一波三折，最终将读者引向一个矛盾的总爆发，在阿芝嫂违背民俗规定后二人的矛盾激化到无法在同一屋檐下生活，原先的善良与好意已经被彻底的厌恶所替代。小说表面上是描写乡村家庭婆媳间的琐事，可是在文本的表层之下，我们看到作者欲以表达的是以本德婆婆为代表的乡土金钱观与以儿子儿媳为代表的现代消费观之间的矛盾与冲突，在金钱的参与下原本幸福的家庭支离破碎，而这种现代文明下的金钱观进入乡土空间中无疑给时空裂变下本来善良的人们带来一些无法调和的矛盾，一步步挤压原本美好的灵魂，最终使其扭曲不堪。二三十年代的乡土作家们用文字记录下了乡土空间被历史进化所碾压过的人情、人性碎片，引导读者走向历史时空的深处体会那支离破碎的人情冷暖。

由此,在二三十年代的乡土小说中,作者让读者看到中国乡村世界的变化。在民俗的坚守中作者让读者捕捉到农民对美好灵魂的守护,同时在民俗的变化中也让读者读到在近代工业文明发展之时,中国传统的伦理道德秩序或主动或被动地瓦解,原本淳朴、善良、憨厚、真挚的乡村百姓在金钱面前情感扭曲、人性异化。在民俗的变与不变中,作者向读者全面刻画着时空裂变下老中国儿女鲜活的灵魂。

第三节　从《柚子》《黄金》到《愤怒的乡村》:乡土生活中的“阿Q”及其悲剧

20世纪二三十年代,中国的现代化发展逐渐起步。与此同时,在现代工业文明的影响下,千百年来一直处于保守中的乡土世界也开始遭遇前所未有的震荡和冲击;与之相对的则是乡土世界中自足宁静的氛围被一点点吞噬,世代相传的生活经验也渐渐分崩离析。在与社会变革联系紧密的文学内部,也开始孕育出改革的根苗。随着胡适等五四新青年的一声号召,代表着中国文学的最新走向的新文学成为不可阻挡的趋势,在社会文化层面蔓延开来。最先起步的是关注社会问题的“问题小说”,紧接着便是《阿Q正传》《故乡》等带有乡土气息的小说创作的勃兴。这使得稍显单调的新文学不仅在内容上更加丰富,也重新拓展了文学对社会问题思考的深度与力度。这种创作风格的形成,也使得新文学内部出现了真正代表其创作成绩的作家作品,其中许杰、台静农、王鲁彦、蹇先艾,以及之后稍晚的艾芜、沙汀等人都是标志新文学在乡土社会中扎下根基的代表性作家。他们的出现一方面积极呼应了新文学倡导的文学写作改革，扩充了新文学作家的创作队伍；另一方面，对新文学的创作主题、手法技巧、内容等方面进行了探索和扩展，集中展示了新文学发展的力量，也极大丰富了新文学初期单调的文学创作格局。

一、柚子与头颅：看客本质与阿Q式农民的悲剧

被鲁迅亲切称为“吾家彦弟”的王鲁彦无疑是继鲁迅之后在乡土性问题的探讨上独具特色的浙东乡土小说家。鲁迅曾这样评价王鲁彦，“看王鲁彦的一部分作品的题材和笔致，似乎也是乡土文学作家……他所冤的却是离开了天上的自由的乐土”[①]。宏论王鲁彦的小说创作，乡土小说无疑是他成就最高的艺术主题。王鲁彦对乡土中国的关注和思考也使得他逐渐深入到乡土中国的文化内部。他笔下描绘的乡土世界是一种普遍的“紊乱、匆忙、忧郁、失望，今天管不着明天，没有一种安定的生活状态”[②]。他的笔触往往深入“乡民”之间的矛盾和冲突，冷静地将现实剖开，显出它内在的本质，暴露乡间赤裸裸的贫乏和愚昧，同时也寄托他对乡土世界的关注和期盼。事实上，正是王鲁彦本人对乡土“积贫”与“负累”现状的切身经历与体验，才让他的乡土回忆普遍地表现出衰退和破败的迹象。所以，在王鲁彦笔下，更多的是如同“阿Q”一样缺乏主体性的农民。而我们也由此看到，这些农民对未来的希望与挣扎往往拘囿于乡土之间那种无法言说的“困累”之中，在乡间旧伦理“欲废尤存”、新的经济关系还未完全“占据”或“接管”的

① 曾华鹏、蒋明玳：《王鲁彦研究资料》，知识产权出版社，2010年，第151页。
② 鲁彦：《他们恋爱了》，华夏出版社，1997年，第395页。

乡村体制之下，浙东乡间的农民依旧被牢牢地按在失了尊严的“苦役”的轨道上，而那些敢于同命运抗争的觉醒者，失败所酿造的悲剧依然是他们无法摆脱贫苦的宿命。

实际上我们可以看到，在对乡村农民的悲剧命运书写中，从最早的小说集《柚子》（1926）到《黄金》（1928）再到《愤怒的乡村》（1936，原名《野火》），王鲁彦笔下的农民形象及其悲剧命运的探索有一个变化的过程。于宏伟在他的《在整合与转化中走向成熟——浅析王鲁彦乡土小说风格的流变》一文中将王鲁彦的小说创作归纳为由早期的像《柚子》一般浅白的浪漫主义转向了后期如《愤怒的乡村》（又名《野火》）这样具有朴素写实之风的作品[①]。显然，王鲁彦一直在调整自己的创作，他的转变过程也比较清晰。但在我看，与其将王鲁彦的这种“努力”视为一种风格上的变化，不如将它视为作者在回顾乡土社会发展转变过程以及由此产生的新问题的关注点上的一次更加深入的探索和发掘，可以说，这是他对农民出路问题认识逐步深化的表现。而基于他对现实生活已有的思考，这种探索发掘同样也可以看作是他对乡土中国农民生存问题探索的延续或者接力。因为从他塑造的一系列性格鲜明又各有区别的人物形象序列中，我们看到，这些努力的背后暗含着王鲁彦在每一个阶段对农民身份的认知把握。而这些生动鲜活的农民形象的出现，也在一定程度上丰富了经济文化转型期乡土中国的文学现场。所以，在百年中国乡土文化转型与农民形象嬗变这个重要的研究节点上，王鲁彦笔下农民形象与乡土故事都是一个无法回避的话题。

---

① 于宏伟：《在整合与转化中走向成熟——浅析王鲁彦乡土小说风格的流变》，《文艺评论》2009 年第 7 期。

如前所述，王鲁彦的小说创作，尤其是乡土小说创作可以说是一个自觉的转变过程。1933 年在《关于我的创作》中，王鲁彦就将他创作的心路历程总结了出来："《柚子》时期，我的热情使我诅咒一切，攻击一切，不愿意接近一切坏的恶的生活；在《黄金》时期，这种倾向渐渐淡了，开始对我所厌恶的放松了，而去求另一方面的善的好的；在《童年的悲哀》时期，又渐渐改变了，而倾向于体验一切坏的恶的一面。"① 从早期的《柚子》（1926）、《黄金》（1928）到中后期的《愤怒的乡村》（1936），王鲁彦的乡土文学中的农民形象在悲剧命运这一本质的统一中，经历了一个逐渐清晰的转变过程。王鲁彦的乡土小说按照内容大体来看主要可以分为三类，一是对乡村个人悲剧的探讨。代表性的是对一系列"阿 Q"及其悲剧命运的塑造和探讨，如《阿长贼骨头》中的阿长，《阿卓呆子》中的阿卓，《一个危险的人物》中闹革命的子平，不系扣子的子平以及他手上拿着女性照片都成为了他被加害的理由，革命者回乡的命运，依然无法逃避那早已形成的"无物之阵"中被各方所恪守的信条。驱逐那不与自己相同的，来保存自己。这些游弋在乡村中的鲜明的悲剧形象，他们的死活与他人无关，他们的落魄让他人喜笑颜开。嘲弄、厌恶、憎恨，让他们在最富温情的乡土中失掉了生存的空间，处处受到排挤。二是对乡民之间甚至是亲人之间隔膜冲突的描写。如《岔路》中乡民为争夺关帝像而发生的械斗，《鼠牙》中阿生嫂和阿德嫂因谷物遗失而发生在乡邻之间的猜疑和斗争，反目成仇。《自立》中两堂兄弟之间因争夺房屋地基而大打出手，《许是不至于罢》中的财主阿虞被抢后乡民坐视不管的虚伪冷漠。除此之外还有《惠泽公公》《屋顶下》等因某种观念的相左而产生的猜忌

① 曾华鹏、蒋明玳：《王鲁彦研究资料》，知识产权出版社，2010 年，第 151 页。

和矛盾。三是对“渴望坐稳了奴隶”的葛生(《愤怒的乡村》)、软弱妥协的如史伯伯(《黄金》),以及如祥林嫂一般受困于“无物之阵”的李妈(《李妈》)、菊英(《菊英的出嫁》)一类的女性悲苦命运的探讨。但不论是以上哪一种类型的书写,它们本质上的趋同之处在于,农民的乡土生存场域都如阿Q生存的未庄一般,充满了压抑和排挤①。

《柚子》集是王鲁彦第一部短篇小说集,也是他早期最具代表性的小说集,其中收录了王鲁彦在1922—1926年间陆续写成的十多篇短篇小说,如《秋夜》《许是不至于罢》《菊英的出嫁》《柚子》等都已成现代文学史上的名篇。《柚子》结集成书于1926年10月,由北新书局出版发行。

王鲁彦在早期的小说创作中批判和启蒙式的书写笔墨很浓,作品的内涵和意蕴比较多地偏向于对旧伦理下残酷人生的挞伐,对于农民悲剧命运深层次上的探索还不够深入,虽然这一时期比较有代表性的短篇小说集《柚子》的笔触已经深入到了乡村与城市之间,却充斥着比较单一的讽刺和感想。正如尹雪曼在《五四时代的小说作家和作品》中指出的:“大致上说来,《柚子》集中所表现的,大多是作者个人的感想和企图讽刺混乱矛盾的人生。”②但如果整体考量王鲁彦这一时期的创作,那么,我们同样也可以看到,他对笔下的人物的描写以及对于乡村世界整体氛围的把握均是优于同时期的乡土小说创作者的。具体讲,王鲁彦从早期的《柚子》集开始,便已有意识地在他所创造的农民形象序列之中突出对他

① 张丽军:《百年乡村时空里的“阿Q”》,《南方文坛》2007年第4期。

② 尹雪曼:《五四时代的小说作家和作品》,台湾成文出版社,1980年,第78页。

所擅长的人物形象的集中刻画。譬如《柚子》集中描写看客观看杀头的惨烈场景时,对冷漠麻木类型的典型人物的刻画,从场景出发以人物自身发言来构建其性格,对技巧的掌握已经颇为成熟了。从主题上来看,它所揭示的是一种普遍存在的看客传统。它以长沙地方军阀混战为背景,借一个玩世者"我"的眼睛,"欣赏"了一次"杀头盛宴"[①]。在作品中,却很能见他对于战争之中人的生命低贱以及看客麻木不仁的讽刺批判。很明显,战乱之中的湖南,人的头颅比柚子还贱的主题是作者创作这篇小说的"立意"。但更惹人注意的是小说中的"我"和"T君",尤其是"T君"这一人物形象。可以说,"T君"这样的在荒凉与无聊中的看客,在王鲁彦之后塑造的一系列形象中都多多少少有他的影子,抑或是在精神方面保持一致。在我看来,《柚子》中透过"我"与"T君"谈论杀头时兴奋又颤栗的场面才是王鲁彦看到的最清楚或是最有深度的中国乡土之中的部分。

小说从"我"忧郁地坐在楼上,望着街上无聊的人陷入无聊,到"我"和"T君"听到门外"杀头"这一"激动人心"的"趣闻",两人牵牵绊绊地赶到刑场,观看军阀公开杀人。在他们关于杀人的讨论中,两个人暴露出的冷漠的看客心态,令人不禁想起鲁迅笔下的"阿Q"来。"阿Q所生存的乡间世界里的黑暗力量彻底剥夺了他的生存权和他仅有的生命尊严。所以,阿Q的悲剧不仅仅在于'精神胜利法',还在于赵太爷为代表的上层人物对他的迫害、未庄闲人对他的精神打击和人格侮辱、未庄女人对他的嫌恶、王胡小D们对他的蔑视、无形的封建文化势力等构成的对阿Q进行压

① 于宏伟:《在整合与转化中走向成熟——浅析王鲁彦乡土小说风格的流变》,《文艺评论》2009年第7期。

迫的有形与无形的多重体系的压抑性乡村结构”[①]。从本质上讲，阿Q的命运悲剧是社会转变初期，个人的自我苦闷与社会的完成度错位的结果，由于个体对自由与尊严要求的自觉还处于朦胧的沉潜期，而乡土社会中文化固守的传统依然对人的价值的实现形成禁锢和压抑。所以，在旧有的伦理之下，压抑中的“阿Q”们其命运也注定走向悲剧。从“我”与T君看热闹时的激动，到目睹行刑时T君颤栗地与“我”抱在一起，无论从哪方面看，T君和“我”身上都有阿Q的影子，阿Q身上几乎所有的形态都原本地保留在他们身上。看到台上的人被一刀砍掉，他们之间有这样的对话：“这样的死法是何等的痛快，是何等的幸福呀！我对T君说。”“而且光荣呢，有许多人送终！ T君对着我说。”[②]从他们更为细腻的“超然”看，似乎还有比阿Q更为细腻的“精神胜利法”。在他们的“冷眼”之外还可以看得见这样的死亡之外的意义，为他人掉了脑袋而叹息，为自己脑袋还在庆幸，并不时摸摸自己的脖子确认。“阿Q”的“精神胜利法”依然余裕，但其内在的精神已经颓腐。“阿Q”式或“阿Q”性格的人物是王鲁彦跟随鲁迅脚步探索乡土农民悲剧命运的开始，虽然在鲁迅小说中的性格比较明显的人物，在王鲁彦这里普遍有一种相对模糊的状态，但是这也从另一方面显示了王鲁彦的个人特色。一方面这与王鲁彦对人物“类”的特征表现有关，另一方面，他笔下塑造的成功的人物所具备的性格特征也具有“类”的性质。乡村的破败是一场普遍的“繁华”落幕，新旧杂陈的死相中是利益冲撞和相互伤害，这是王鲁彦初期人物命运所共同面对的自然和社会环境。譬如《柚子》中的看客视域中的乡村悲

① 张丽军：《百年乡村时空里的“阿Q”》，《南方文坛》2007年第4期。

② 王鲁彦：《柚子》，人民文学出版社，1998年，第27页。

哀，而封闭愚昧的乡土世界里，仅有的“温情”（《许是不至于罢》）也并不是真正的关怀，而是对信任与真诚的“另一番”践踏和伤害。在普遍的落寞与无聊背后，滋生出的“玩世者”，他们对待世界的态度，除了愤怒和悲哀之外，也可体会到他们身上的沉重负累。农民在这样的环境中普遍带着一种漠然和冷酷。而在没有尊严的生存之中，所有人都体现出“阿Q”一般的心态，他们也在无力地自我满足之后，变得越发虚伪。基于这样的原因，我们发现，农民对其受奴役的命运的自我满足的现状是普遍存在的，而这种满足伴随着乡村固有的风俗和蒙昧，也牢牢地捆缚住了他们的个性自由，让他们甘于做奴隶。“玩世”或“厌世”的心理似乎成了对抗现实的唯一手段，这般的角色也在王鲁彦笔下成为了一个群体性存在。譬如他笔下的阿卓（《阿卓呆子》）、“我”与T君（《柚子》），甚至是戏拟的小雀儿（《小雀儿》），在他们生存的乡间，冷漠与寡淡的冷眼竟成了一种长久流传的习俗。隔膜与冷漠如同“无物之阵”笼罩在死一般的乡村，带着王鲁彦对于乡村现实最为深切的愤怒、讽刺以及哀痛，也造就了乡土世界中一桩又一桩悲剧。

二、未完成的现代性：阿Q的黄金梦

需要指出的是，王鲁彦笔下的这一系列延续着“阿Q”性格的人物形象，他们的成熟经历了一个不断饱满丰富的过程。而在“无物之阵”的现场不断繁衍和变化中，“阿Q”们的命运路线也在不断地变换新的方式。从《黄金》到《柚子》到《愤怒的乡村》，我们可以明显地看到这一系列的变化。这一系列的发展，其实质仍然是一个未完成的农民的现代性转变，其嬗变过程也伴随着中国乡土现代性的发展而转移，呈现出一个带有目的性的改造和指向[①]。在早期的《柚子》中,“阿 Q”的命运挣扎呈现出一种普遍的失落,苦闷之中无法挣脱束缚的无奈如同梦幻一般。王鲁彦将苦闷的乡土社会的最贴地的感觉用他的小说表达了出来。正如同他在《秋夜》中所描写的乡土中国的普遍的冷落和孤寂,存于世上的弱者既“不能救人,又不能自救,没有勇气杀人,又没有勇气自杀,咒诅着社会,又翻不过这世界,厌恨着生活,又跳不出这地球,还是去求流弹的怜悯,给我幸福罢! ……”[②]这也就不难理解在那种“无聊的人偏偏又走入了无聊的长沙”(《柚子》)的状态中,“我”和“T 君”在听见那荒诞不经的杀人游戏以及“我”和“T 君”在看杀人活动时为何要那么激动了。而在这样一种普遍荒废与失落的世界中,我们也同样可以看到,“无物之阵”中的“无事者们”已经是普遍的存在。平常那些时刻装着绅士态度与庄严神态、嘲笑“我”和“T 君”在大街上叫嚷的人,在得知有杀人事件时,一个个都露出了看客的本质,同样拥挤着大声吼叫着奔向刑场[③]。

《柚子》之中的“阿 Q”盲目的“看客”本质,在“无事”的悲剧性序列里,借由杀人游戏所碰撞出来的一系列荒诞和麻木,传达出王鲁彦对现代人不无忧虑的思考。这里王鲁彦的得力之笔在于他深入悲剧人物的内心去拂拭沾染着旧伦理因子而蒙昧无知的弱者

① 所谓农民的现代性在这里是指农民先天所蕴藏的可能性,作为农民的身份使得农民在自身的选择与认同之上,会本能地朝着反抗或妥协的两方面进行。而农民对自身主体性的确证过程,既是这种可能性的最好体现,也是农民在中国乡土社会转型与社会现代化过程中,摆脱奴役主动争取尊严以获得对主体身份认同的可能性尝试。从某种意义上讲,中国农民在现代成长过程中,这种现代性的转换始终是伴随着对主体性的确立的艰难过程而曲折发展的。

② 王鲁彦:《柚子》,人民文学出版社,1998 年,第 27 页。

③ 王鲁彦:《柚子》,人民文学出版社,1998 年,第 27 页。

的内心。这种带着病痛的思索在整个《柚子》之中蔓延开来，既有丰富的幽默又包含着无限的悲叹。在《许是不至于罢》的结尾处，王鲁彦借着“本村人对于有钱可借有势可靠的财主尚不肯帮助，对于无钱无势的人家一定要更进一步而至于欺侮了”，这样的判断，道出了“温良恭俭让”的传统美德在金钱威胁下消失殆尽的危机感。在现代转型的漫长过程中，新的矛盾在生长，新的力量在重组，旧的时代正在隐退，而新的时代远未到来，王鲁彦乡土小说的独特之处便是把这种“崭新的忧虑”呈现在读者面前。

1928年由上海人间书店印行的短篇小说集《黄金》无疑是王鲁彦这种“崭新的忧虑”的集中表达。可以说，这是王鲁彦又一部具有转变气质的代表性著作。通过对比，我们可以很明显地感觉到，在《黄金》时期王鲁彦“直率的抨击和讽刺”倾向渐渐淡了，“开始对我所厌恶的放松了，而去求另一方面的善的好的”[①]。这种转变是他对既有认识的一次深化。他的创作经验依然来自他所熟识的乡村的人和事，但新的问题和矛盾的出现又让他的写作有了新的“转向”。而他的笔触最新的“转向”在于，他揭示了新的乡村关系中，“金钱控制了人与人之间的所有关系，淳朴和善良被固有的自私、圆滑取代，人与人之间的关系正在从土地农耕型的自然、朴实转变为金钱把持下的势利、鄙薄”[②]。金钱介入淳朴的民风民俗，人情冷暖逐渐缺失以及乡民人格普遍的腐化与堕落，所勾画出的是一幅“富人群体的兴，贫穷农民的颓”交织的乡村世界，在这个世界里，虚伪和冷漠构成了整个乡村图景中最深的色调。而在

① 曾华鹏、蒋明玳：《王鲁彦研究资料》，知识产权出版社，2010年，第151页。
② 于元明：《王鲁彦小说中国民精神现代性的建构》，《南都学坛》2014年第2期。

这样的环境中，所生的人和事都普遍带着悲凉和荒颓。

这一时期，王鲁彦开始将农村中所出现的新的经济关系与旧伦理之间的矛盾，纳入到对人物悲剧命运的探讨之中。小说集《黄金》清晰地体现了这种变化。在《黄金》中，陈四桥只是个偏僻冷静的乡村，“四面围着山，不通轮船，不通火车，村里的人不大往城里去，城里的人也不大到村里来”①。但每个家里都仿佛连接着无线电一样，如史伯伯儿子未给他寄钱的事“不到半天，这消息便会由他们自设的无线电话传遍陈四桥，由家家户户的门缝里窗隙里钻了进去，仿佛阳光似的，风似的”②。村子里每个人的任何不起眼的小事都会引起全体人的关注。但当其中的个体利益受到损害时，这些“热心”的乡民们却个个是“事不关己高高挂起”的态度。乡邻们四通八达地接收着来自每一个“他者”的“利害”消息，由此来调整他们金钱主导下的人际圈子。由此来看，个人“隐私”与所谓互助的“乡风”之间内藏的、新的、复杂的人际关系，在小说中无意间成为必须要思考的话题。他们彼此间的相互渗透，使得处在弱势的一方时刻暴露在他人的视野之中，成为被愚弄、嘲讽，甚至排挤的对象。这就是在新的经济利益与旧的伦理关系破损之间所形成的新的“无物之阵”，而在此中挣扎的穷苦的农民，在处理各种复杂的社会关系时，也必然导向各自的利益。因为农民“由于有了土地，有了自己的财产，便开始关心个人的利益，因此他们不可能有整体的阶级意识或利益，就像麻袋里的土豆一样，永远不可能结成一个阶级”③。而事实上，《黄金》中所呈现出的“无物之阵”是一种

---

① 王鲁彦：《鲁彦文集》，线装书局，2009 年，第 87 页。

② 王鲁彦：《鲁彦文集》，线装书局，2009 年，第 87 页。

③ [美]杰姆逊：《后现代主义与文化理论》，北京大学出版社，2005 年，第 85 页。

源自所有人的关联，即一人受祸，原因当归为集体所有。所以，《黄金》中像如史伯伯一样的人并不是单个，而是所有四桥镇的人。他是类的形态，代表着乡土社会中普遍穷苦的农民的一个，是中国乡土社会中的一隅。

《阿长贼骨头》中的阿长是有名有姓的“阿Q”，但他的命运大抵还是没有生的希望，也失掉了生存下去的权利。但实际上，照他的性格和在“精神胜利法”护佑下的玩世态度来看，在凋敝的乡间本应是最能如鱼得水的，但他最后的命运依旧是不得已而流落去其他地方，无奈地说一句“说不定，他想，别的地方更好！”[①] 私以为，《阿长贼骨头》中的阿长在王鲁彦的所有小说中最接近“阿Q”的神韵。他生动地再现了阿Q的另一番“风光事迹”。他的经历正如同“阿Q”一样，虽是带着笑和幽默，但融入小说字里行间的愤怒和悲悯也让他的命运悲剧成了带泪的微笑，辛辣的讽刺背后隐藏着作者对乡村农民悲剧命运的深切同情和关注。

《黄金》里，如史伯伯一旦没钱便受人冷落。“几天之后，陈四桥的人都知道如史伯伯的确穷了”。所以当他去参加喜宴，连阿黑都要挑骨头针对如史伯伯了。这样的经历无疑将金钱关系下乡村中新的伦理制度以及内在的等级划分暴露无遗。喜宴中如史伯伯受到了冷落，当大家都来“笑嘻嘻地议论他灰色湖绉棉袍的时候”，他分明感受到了来自乡里乡亲的调笑和嘲弄，明显感觉到陈四桥镇人对他的冷落和无视。“没有谁提到如史伯伯，待他走到，为老年人而设，地位最尊敬，也是他常坐的第一二桌已坐满了人，次一点的第三第五桌也已坐满，只有第四桌的下位还空着一位”[②]。最后

① 王鲁彦：《鲁彦文集》，线装书局，2009年，第87页。

② 王鲁彦：《鲁彦经典》，京华出版社，2001年，第38页。

他被安排到最末的饭桌上，吃到一半，就气冲冲地起身回家了。

如果抛开外在因素，单纯从内在来讲，如史伯伯身上带有的农民懦弱的性格，实质上进一步恶化了他的生存困境。他在自家的黑狗被杀死之后，女儿伊云要报仇时，他的态度是："咳！不要做声，伊云，他是一个恶棍，没有办法的。受他欺侮的人多着呢！说来说去，又是我们穷了，不然他怎敢做这事情！……"①像如史伯伯这样的在压迫中被逐渐奴化的农民，在封闭的乡土文化的长期浸淫下，带着不能避免的惰性和劣根性，不仅欣然接受了自己的贫困和奴隶地位，甚至还要将经过自己努力而变得富足的乡邻和亲人拉下水，让他们遭殃。譬如在小说《自立》中，原本两个亲密的堂兄弟之间，由于经济关系的彼此不平衡，穷的一方想方设法要把原本富有的另一方变成与自己一样的穷人。我们看到，这样的异化了的农民其实揭示了乡土文化主流之外的边隅之中，在对乡土文化的不断渗透中，商品经济下的利益关系已将农民异化为夺取利益的工具，旧伦理之下的风俗也已被驱散殆尽。于是，像如史伯伯这样的农民，其最终的宿命依然是逃不掉的悲剧。小说末尾在我看来非常富有象征意味："……儿已在……任秘书主任……兹先汇上大洋二千元，新正……再当亲解价值三十万元之黄金来家……呵！呵！……如史伯伯喜欢得说不出话了。门外走进来许多人，齐声大叫：老太爷！老太太！恭喜恭喜！阿黑，阿灰，阿水都跪在他们的前面，磕着头……"②这是如史伯伯"阿Q"似的黄金梦的破碎，但更深层次的内容还在于，像"阿Q"一样的农民在"阔"了之后会怎样？答案显然也是如一般的阔人一样继续在这样的"传统"

---

① 王鲁彦：《鲁彦经典》，京华出版社，2001年，第43页。

② 王鲁彦：《鲁彦经典》，京华出版社，2001年，第51页。

中享受奴役他人的乐趣。

且不论王鲁彦对乡土问题的诊断确切与否，单就其对乡土问题的敏感性而言，他确实准确地把握到了这一时期乡土中国普遍存在的转变，以及它所存在的问题。而正是基于这样的思考，王鲁彦这一时期对农民宿命性的悲剧命运书写带有一致的意象化的表达。其缘由是这些乡土小说创作者本身"被故乡所放逐，跑到北京，写作小说在《晨报副刊》和《京报副刊》发表"，旧事重提，而且在异乡的碰撞也让他们在梳理记忆时，普遍带着显见的诗意与感伤。所以，这样的写作是一种情绪的纾解，"往往沉缅于已不存在的事物，在对往事的回忆或怀恋中，以解情怀，聊以自慰孤寂沉闷的心绪"[①]。正如他在《黄金》中最后让如史伯伯沉浸在他的美梦中一样，他从自身背井离乡又在城市之中无法找到归属的这种情感出发，对自己所熟知的故乡深情地表达和渴盼，使他的乡土小说创作整体呈现出一种诗意的氛围。王鲁彦对故乡"阿Q"似的农民宿命的认识非常清晰，他选择以这样的表达方式，不仅让"阿Q"们的精神追求被蒙上了一层梦幻的色彩，也让创作者自身对故乡的人和事以及寄托于此的情感，隐没在这种朦胧之中。这种情感体现在王鲁彦对"存恶"的角落不遗余力地批判，对"显善"的"乡隅"深切执着地赞美。很显然，这是他基于乡土作家身份对乡土中国农民所面临的窘境作出的回应，这也是他一直坚持探索农民可能的出路的原因。当然，这种深情的坚守，同样也使得他对农民命运的关注，在创作中逐渐内化为一种自觉，并努力朝着自己理想的方式探索。

① 胡凌芝：《王鲁彦与乡土文学》，《文学评论》1986年第3期。

三、革命的“野火”:愤怒的乡村救赎

“五四”落潮,活跃在文坛上的乡土作家几乎都渐渐沉淀了下来,作品数量也渐渐变少。随着左翼运动发展和左翼作家实力的崛起,代表着新方向的左翼文学思潮开始成为30年代中后期的新方向,带有左翼思想的文学创作成为主潮。就王鲁彦个人来讲,自《黄金》之后的小说创作,王鲁彦减缓了许多,这一时期他的短篇也写得很少,直到1936年,王鲁彦才拿出了《愤怒的乡村》这部带有革命气息的作品。在它之前,王鲁彦的创作转变思路还并不是那么清晰,但长达近八年的沉寂,让他对乡土问题的审视与探讨发生了转变。随着中国新民主主义革命的发展,他更多地将视线转向农村的阶级压迫和阶级斗争,创作了如中篇小说《乡下》(1936)、长篇小说《野火》(1937,计划创作的三部曲之一,共完成两部,第二部为《春草》)等反映30年代农民投身革命、追求自我觉醒的作品。自然,这样的创作实践也让王鲁彦重新回到主流旋律之中,受到了进步文艺界的好评。

《愤怒的乡村》可以看作是王鲁彦在这一阶段,对自己之前已有创作观念的综合与拓展。小说开始将视角放置在如前期所描写的乡村的颓败中。在普遍的等级背后,暗藏着泯灭农民个性与诱发农民悲剧命运的“无物之阵”。而阴暗的乡土世界里,地方实力派则成为永远拥有特权的一类,像葛生一般无能的弱小的农民,却从个性萌发的初始阶段,获得尊严的能力已经被阉割掉。遗留下的只有卑微,以及对于农民主体身份的默认和遵守,这也使他们自觉地成为整个链条之中处于最底层的那一类,默默承受他人的奴役。

与此同时,王鲁彦在革命的浪潮中,开始注意到一批新成长

起来的觉醒的农民，并热情地关注他们的命运。在《愤怒的乡村》中，他所关注的带有“新质”的新人是主人公华生。他从一开始就表现出不同于一般农民的反抗者的姿态，他大胆、自信、情感丰富，他的第一次现身就显得与众不同。但“积久成疾”的乡土环境显然并不适宜这样具有个性的人，他所表现出的要摧毁一切、鄙视一切软弱的忍耐的决心都让他四处碰壁。所以，这样的个性十足的人，实际上在乡村之中没有实现自己的机会。他们只能陷入对物质贫穷与精神无聊的压抑之中。在对华生的苦闷书写中，王鲁彦着力较多的是他作为男性的一种出于本能的“性苦闷”。每当华生在现实中饱尝压抑进入无边漫长的暗夜之时，这种痛苦就幻化为一种性幻想振奋着这个可怜的年轻人。他的朦胧的幻象第一次出现在他孤独的夜行之中，“擦的，一根树枝又从左边落下来打着了他的肩膀。哈哈！毛丫头！……华生说着突然转过身去。一件白色的衣服在树丛间晃了一晃，又立刻不见了。又是一阵吃吃的笑声，随后低低的说：蟋蟀呀蟋蟀！……菊香！……你做什么呀？……站……华生现在听清楚是谁了，他叫着往那边扑了过去。但菊香并不在那里。一阵窸窸窣窣的草响，树林北头进口处，晃过一个穿白衣服的瘦削的身材。华生急忙地追出树林，已不见那影踪。”[①] 事实上，白衣女子并不存在，而是华生在长久的孤寂之中产生的强烈的性欲幻觉。菊香于华生多少有点青梅竹马的关系，而华生也一直暗恋着菊香，菊香在华生作为男性的直觉里，一直以来是他渴慕的对象。所以在此刻她成了华生爱欲的倾泻，成为了华生苦闷中的性幻想对象。直到第二天起床，华生还在兴奋地回味昨晚的梦幻。“他在默想着昨夜的事情。那真是梦一样。菊香对他特别要

① 王鲁彦：《野火》，中国国际广播出版社，2013 年，第 34 页。

好,他平日就感觉到了的,但昨夜的事情,他却永不曾预料到的。"[①]华生的这种幻象是在长期的压抑中形成的,在前文叙述中经葛生嫂和葛生之口已多次传达出对于华生终身大事的忧虑。所以,一种理解是,王鲁彦其实在这里有意安排了华生的这种幻想。进而,在此之后对菊香家世的梳理也就顺理成章。当然,对菊香的赞美已无需多言:"她虽然很瘦削,却很清秀。眉目间常含着一种忧郁的神情,叫人见了生怜,而性情却又很温和。"[②]从作者对菊香的外貌描写来看,他所表现的是关于这两个年轻人彼此流露的情感。而对菊香身体和神情等全方位的关注,则体现出男性对女性天生的娇怜所表现出的保护意向。虽然华生与菊香彼此似乎有着很深的眷恋,但这对华生来说依然是一件不可能的事,因为"他这里有兄嫂,她那里有父亲。此外,还有许多人……"[③]华生在已有的差距面前,进入新的角色不免会有卑微和胆怯的一面,这也让他的情感表达和反抗行动一次次延宕,最终丧失了获得主体自由的可能。另外,带有"新质"的"新人",还体现在王鲁彦对"阿Q"式的农民的重新认识。《愤怒的乡村》中的"阿Q"们是如阿英聋子一般的人,"阿弥陀佛"是他们自我的"精神胜利法"。在与四乡镇的地方实力派阿如老板交锋的时候,这些败落的乡民对压榨他们的阿如老板早已愤怒,但却是敢怒而不敢言,他们见华生有和阿如老板对抗的勇气,就将希望寄托在华生身上。但实际上,他们的热心除了涉及自己切身的利益之外,剩下的只是冷漠的旁观。只要华生在斗争中显出弱势,这些热心的鼓动者们便会一哄而散。而当华生

① 王鲁彦:《野火》,中国国际广播出版社,2013年,第37页。
② 王鲁彦:《野火》,中国国际广播出版社,2013年,第39页。
③ 王鲁彦:《野火》,中国国际广播出版社,2013年,第40页。

在阿如老板面前获得优胜的时候，他们则表现出敬佩的目光，因为在他们看来这是一次精神上的复仇。所以他们几乎是激动地谈论着这次对抗的惊险内容，“幸亏是华生呀，我的天呵！阿英聋子叫着说。要是你，弥陀佛（指葛生），哈哈，早就上西天了！——那么大的秤锤——嘭！……”[①]实际上，村人对葛生与华生的区别看待，仅仅停留在强弱的对比之中。他们满足于对复仇者的敬畏，也享受代替他们完成报复的快感，但一旦这种满足和享受不能实现，他们便立刻变为另一副面目。

一般看来，原本在乡里拥有绝对权力的地方实力派，或是政治上的集权者，乡民们是无论如何也不敢抵抗的，但是现在人们自觉地认识到自己可以有与他同等对话的权利。所以，这些乡村中受统治的大多数，在乡长的威严之下，开始显现出反抗和争取的意愿。“唔，乡长出场了！阿波哥习惯地摸着胡髭，还派武装的保卫队……哈，哈，真要把穷人吞吃了的样子！——我们一道去！”[②]这种果断的自信相比之前的农民的怯懦，已经有了很大的改变。但王鲁彦也并未让他们的这种觉醒表现得那么彻底。在看到他们自觉要求同等对话的权力同时，王鲁彦并未忽略他们的盲目与善变，他也敏锐地觉察到，他们仅仅依靠数量的优势，试图对权力机关做出要求时的那种短浅的目光，以及试图以舆论的压力来争取对话这种非常天真的想法。显然，这些要求在那时的乡村社会具有一种乌托邦式的幻想。所以，等到阿如老板跑到乡公所去向乡长告状要拿问华生的时候，这些勇敢的人作为看客本质面目就显露出来了。这也在另一个侧面反映了在革命最初阶段，由于缺乏理论

---

① 王鲁彦：《野火》，中国国际广播出版社，2013年，第49—50页。

② 王鲁彦：《野火》，中国国际广播出版社，2013年，第50页。

指导，革命者们不可避免会带有盲目偏激。在革命旺盛的年代，保持自己的清晰的认识，并将它融入到创作之中，我想，这才是王鲁彦真正的过人之处。

需要说明的一点是，在《愤怒的乡村》中，对农民命运展现最为深刻的，其实是王鲁彦所塑造的葛生大哥这一形象。那些激动的“革命者”常犯的错误，在葛生哥这里，却被他看得最清楚。因为他明白“乡长傅青山是借过阿如老板许多钱的”[①]。在他心里，持奉的至理是“大事化小，小事化了”。乡公所在他看来只有威严，而容不得置疑和挑衅。从某种意义上，他对权力的惧怕以及对自身奴隶身份的认同，已化到骨子里去了。对他而言，乡公所不仅是那“一所高大的楼房，突然挡了他的去路”，而是当他走到跟前，“他的两脚立刻无意识地停了下来”的这种无意识。在他的实践观里，对抗世界的方式靠的是农民本性之中的坚韧和耐力，只要有生存空间，他就会沿着冲突的反向游移到边缘，甘愿做奴隶。如果在葛生的身上可以看到农民的出路和希望，那么也就意味着乡土中被钳制的农民探索自身的可能性有了保障。从这个意义上看，王鲁彦对葛生出路的关注，应该是这部作品最有深度的部分。

看到《野火》这个题目，我们会想到“野火烧不尽，春风吹又生”这句诗。一方面，在革命风起云涌的时代，乡村已经变成蛰伏着、酝酿着、期待着重大变动的空间；另一方面，对革命形象的塑造，也是王鲁彦对农民命运的新的理解和尝试。这也意味着《愤怒的乡村》确实带有某种突破。作品中主人公华生是作者着力塑造的反抗者典型，如果仔细推敲，就会发现这个带有“新质”的革命者，其实是作者对农民所承担的自我觉醒任务的探索和尝试。他

---

① 王鲁彦：《野火》，中国国际广播出版社，2013 年，第 51 页。

从最初天不怕地不怕的愣头青，成长为有自己思考的反抗者，这样的成长路线也很好地阐释了作者原本的创作思路——星火燎原。在封闭的乡村文化中，华生无疑是一个全新的形象，他与葛生形成了强烈的对比。而华生在小说中成为表现的重点，即是王鲁彦带着对乡土社会发展过程中农民自身问题的思考和探索。小说中尤其惹人注意的是阿如老板同华生之间的较量。从最初因为脱大米壳引发矛盾，到后来乡长出面，葛生为华生求情，华生在这一系列的冲突中既愤懑又鲁莽。而这也由此烘托出华生作为新生的反抗者，他的形象本身浸染着的浓烈的泥土气息，从更深层意义上，王鲁彦也挖掘出了这些所谓的“新青年”所保留的传统农民习性。这也从根本上表明，这些年轻人想要完成对自我和尊严的拯救，必将面临一个艰难的过程。我想，王鲁彦的这种挖掘，不仅包含着对20世纪二三十年代农民出路问题的思考，也在另一方面回答了以鲁迅为代表的关于农民劣根性等问题的探讨。换句话说，王鲁彦笔下的华生并未逃离“阿Q”所面对的问题，甚至他本然地就带着“阿Q”的诸多特点。甚至与“阿Q”本人相比，有过之而无不及。王鲁彦笔下所展现的农民的挣扎，虽带有争取个体生命自由的性质，但却依旧是简单粗暴且盲目的“苦斗”。从历史的发展过程来看，这也暗合了20世纪二三十年代的社会发展同乡土的现代性转变之间的不均衡状态。再加上乡土中国固有的文化系统中，农民与土地之间依然是一个相互依附且相对封闭的存在，所以在农民挣扎的背后并没有合适的“翻身”契机。正是在这一点上，王鲁彦找到了革命与农民之间的互动关系，革命为农民现代性的追求提供了可能，但由于自身的局限以及新旧交杂的时代环境，使得农民在本身寻求出路的过程中，不可避免地带有某种缺陷，并进而导致了他们无法完成对自身主体性的获得。这里，王鲁彦更多涉及农村农民的命运探讨。

20 世纪 20 年代初期涌现的一批乡土小说创作者们，在与故土“离异”又无法贴近“城市”的这种往返之中，其思考的向度和深度都仅止于批判和救赎。这几乎成了鲁迅之后所有乡土作家几乎一致的创作风格，这其中的内在含义很难表达清楚，但它所形成的影响，却足以让我们看到中国百年乡土变迁中，在一幅复杂死气却又拥有无限可能的乡村图景里，农民摆脱束缚争取自由与尊严异常艰难。天生沉默的农民无法挣脱旧有的经济关系，深陷在忍耐和愤怒之中，最终在暗暗的“无物之阵”中陨灭掉个性。而在百年乡土中国文化转型的艰难进程中，农民的命运悲剧也一直在这样的轮回中不断延续。

回到这部小说，华生虽然看起来仿佛是这部带有革命色彩的小说中最耀眼的人物，但他给人的感觉却是一个单调且盲目的进步青年。当听到葛生哥屈辱地接受乡长的裁判之后，听到远处传来的炸裂的鞭炮，他“突然站起来了。他的手才触着田沟中的混浊的水泥，上身还未完全倒下的时候，他清醒了，一种坚定的意志使他昂起头来：报复！他需要报复！他不能忍受耻辱！”[①] 所以，华生的觉醒是触及泥土之后的顿悟，是在葛生的鞭炮声中被炸开的一道裂纹，它显示了华生农民式的反抗，理智之外夹杂的全是暴力。他内在的身份依旧是旧乡土世界中的农民，他的愤怒和仇视蓄积在内心，爆发依旧是“阿 Q”似的盲目和简单。他对革命的全部理解就是“他要跑到傅家桥桥头，冲进丰泰米店，一锄头结果了阿如老板！他相信他这时一定在那里，甚至还得意地骄傲地挺着大肚

① 王鲁彦：《野火》，中国国际广播出版社，2013 年，第 92 页。

子在桥上站着”①。这样的反抗在之前已被证明终将走向灭亡,而他所代表的农民为争夺自身的尊严而奋斗的努力最终也以悲剧为终果。华生与阿如老板斗争的结果是,牵连进来一系列不相干的人,又将与自己相干的人扯进了苦痛之中,自己最心爱的女人被夺走。

显然,华生的反抗思维是典型的“阿Q”式逻辑。他反抗的目的不是为千千万万的农民获得自由的尊严,而是心怀自己的利益。华生从某种意义上讲比“阿Q”还要退步,是睡在鼓里的“阿Q”,他的精神救赎是时刻相信自己“一定还睡在鼓里,所以这样的快乐……”他老喜欢做白日梦,经常会出现幻觉,无目的的意淫。他总是担心别人不相信他,说他不中用,而他的行动力的缺乏,导致了故事的无限拖延,不能找到集中的爆发点。他无法摆脱妥协性和软弱性的一面。如不是作者有意安排帮助他的阿波哥,让他成功地接受了革命的教育,成为拥有力量的革命者,以他自在的成长来看,他的命运应该也会像阿Q和阿卓呆子一样。农民成长的艰难过程即在于此。他们原本盲目的生命力缺乏引导,而在盲目从众的乡村中,要想成为自主的独立者,或许只能依靠外界给予的搭救,才能勉强获得出路,成为追求主体自由的进步者。

结　语

毫无疑问,固守传统始终是乡土世界中的乡民们最坚实的秉性,也因为这样的保守者占据着绝大多数,所以在乡土文化转型的过程中,反抗者往往被怀疑,奋斗者往往被忽视,行动者往往受到阻碍,而激进者则遭到冷眼旁观,甚至嘲弄。在乡土文化转型的初期,中间势力庞大而觉醒者只是少数的格局,起码是一个基本

① 王鲁彦:《野火》,中国国际广播出版社,2013年,第92—93页。

情况。在反抗压迫的斗争中大部分徘徊于“中间”的农民,实际上成了葬送少数觉醒者的主要力量。而这也使得原本坚固的乡间秩序,在短暂“颠覆”的努力之后,又得以维继。王鲁彦看到了这种固守和抵抗,以及此中稳定的结构性矛盾。他笔下的农民在广阔的现实生活中,对其自身身份地位以及人生尊严的要求与表达,呈现出逐渐清晰的过程。从最初发现隐匿在乡间的深重的隔膜,到洞察乡土传统中败落的民风村俗,再到新的伦理关系出现。王鲁彦的视角始终放在农民艰难的成长之路上。他深刻地认识到,乡民在经济利益的驱动之下,人情淡漠的荒芜感,以及革命对农民主体地位获取的无限可能。在一系列的思考之后,他也深深地感觉到了在乡土中国发展历程中,农民主体性认知的先天性欠缺。而在后天的弥补中,他们的行动力则又在各方面被削弱,以至于农民作为一个群体性的存在,在自身主体性的获取方面保留了残缺守旧的特性。需要注意的是,王鲁彦的乡土小说创作处于中国乡土文化转型的最早期,除了对它已有的格局的把握,更重要的还是将它放置在百年乡土文化发展过程中加以审视,或许它的魅力会更充足更丰富,也更容易发掘它的内在意义。

但实际上,只关注现实而缺乏历史纵深的思考,也有可能在对农民复杂的命运诊断中忽略其中的关键因素,从而形成乡土中国非好即坏的两极性误判。它所造成的影响就不光是对乡土问题的错误诊断,也可能忽视中国二三十年代的乡土文学并未完成农民现代性(农民出路的多元可能性)。设若如此,百年乡土中国文化转型中农民主体性改造与形象变化也就无从谈起。冷峻与深刻兼备的王鲁彦,以翻译家和乡土文学作家双重身份,在理想与现实的双重层面上展现了落后又滞重的乡村传统文化,以及农民在新旧交替的转变中所承受的疼痛感。王鲁彦也正是借着已有的城市经验反顾熟悉的故乡，从而发现了农民在走向现代化过程中所要经历的艰难。他对乡土中国在转型初期农民命运的书写，让他对农民自身以及农村发展所产生的问题有了相对完整的判断。所以在这一点上，王鲁彦的小说创作无疑具有相当深刻的典型性。

第四节　师陀《果园城记》中的“乡土中国”一隅及其“乡民”形象

“从基层上看去，中国社会是乡土性的。”[①]“乡土”一直以来都是我们文学书写的重要资源，是认识中国的重要视角。“乡土”是中国人的“根”，但中国乡村的破坏也由来已久，“盖自百年以来，世界大交通，西洋人东进，老的中国社会为一新环境所包围，激起剧烈而严重的变化——此变化自始至终是一个趋势，即中国乡村一天一天破坏益加尖锐刻露的趋势”[②]。在现代性与城市化大潮的冲击下，“乡村生活、生产方式及其文化伦理越来越被抛掷于城市化、现代化进程之外，陷入存在的虚空和消逝的废弃世界之中”[③]。2010 年以来，梁鸿的《中国在梁庄》和《出梁庄记》以“非虚构”的方式指出了新时期以来我们的乡村所发生的触目惊心的变化：到处是荒芜凋敝的景象，到处是撕裂灵魂的悲剧，乡村的土地与内藏于“土地”中的中华文化的内在肌理和魂魄都遭到严重的破坏……乡村无法挽回地溃败。但乡村的破坏在百年以前就已经开始，“在近百年中，帝国主义的侵略，一切维新革命民族自救，也无非是破坏乡村。所

① 费孝通：《乡土中国·乡土重建》，群言出版社，2016 年，第 2 页。

② 梁漱溟：《乡村建设理论》，商务印书馆，2015 年，第 10 页。

③ 张丽军：《新世纪乡土中国现代性蜕变的痛苦灵魂——论梁鸿的〈中国在梁庄〉和〈出梁庄记〉》，《文学评论》2016 年第 3 期。

以中国近百年史，也可以说是一部乡村破坏史"[①]。寻找乡村破坏的原因、探求乡村建设的方法是中国近现代知识分子的不懈追求。

五四以来，知识分子从启蒙的立场出发，重新审视并书写"乡土中国"，力图揭露民族精神痼疾以引起疗救的注意。在这一过程中，不同作家做出了不同的探索，主要形成了以下三种书写"乡土中国"的叙事范式：一是"以鲁迅、台静农为代表的旨在对国民性进行文化批判的乡土写实小说"，二是"以茅盾、吴组缃为代表的着重揭示经济——阶级关系的农村社会分析小说"，三是"以废名、沈从文为代表的带着些文化守成情怀来抒写自然诗意、人间牧歌的田园抒情小说"[②]。"乡土中国"曾是不少中国现代作家的描写对象，但像师陀这样自觉地、系统地、全面地对"乡土中国"进行书写的，恐怕还是少数。师陀对"乡土中国"的书写与上述三种叙事范式不同，他笔下的乡村并不是一个田园牧歌般的存在，而是一片"有毒的土地"，人们的生活和精神无不趋向病态，师陀所指出的乡土中国人心人性的病态、沉滞，在今天看来依然触目惊心。"生活的根本在意欲而文化不过是生活之样法"[③]，梁漱溟曾在论述中西文化差异的根本原因时做出如此判断，而师陀在此之前就已经意识到了"生活样式"对民族文化所起到的重要影响，乡村凋敝的原因不仅与经济、政治有关，更与礼俗、制度、思想等文化因素有关。师陀于是就想从"生活样式"这个角度来实现他对"乡土中国"进行关照和书写的愿望。这一想法在师陀的短篇小说集《里门拾记》中初步得以实现。

---

① 梁漱溟：《乡村建设理论》，商务印书馆，2015 年，第 11 页。

② 解志熙：《现代中国"生活样式"的浮世绘》，《清华大学学报（哲学社会科学版）》2007 年第 3 期。

③ 梁漱溟：《东西文化及其哲学》，商务印书馆，1987 年，第 54 页。

《里门拾记》的创作源于师陀一次回乡的经历。1935年春，师陀回到故乡杞县，因为一些琐事"一住就是将近半载"，打了一场"绅士们认为丢脸的官司"，"负起一肩的晦气"。这一次回乡的经历，让师陀得以更加深切地体会到乡民生活的沉滞和病态，以及他们精神上的愚昧和麻木，师陀愤怒又无奈地说："能在那里住一天的人，世间的事，便再没有不能忍受的了。"①"因此发下了愿心，打点把所见所闻，仇敌与朋友，老爷与无赖，总之，各行各流的乡邻们聚集拢来，然后选出气味相投，生活样式相近，假如有面目不大齐全者，便用取甲之长，补乙之短的办法，配合起来，画几幅素描，亦即所谓'浮世绘'的吧。日后积少成多，机会来了，编印成书，虽不怎么伟大惊人，倒也好算作一幅《百宝图》。"②1937年，《里门拾记》结集出版，杨刚发表评论说："倘若中国的农村小说有它的前途，芦焚正在试着一条中国的有些迷惑性的路径。这条路可以向晦涩诡僻回去，也可以把这个懵懂的尚不曾十分明白自己的民族性揭发出来。"③《里门拾记》通过12篇短篇描绘了乡里村落中各色人物的悲喜剧，让初读的人看见了无数大坑小坑里挣扎的苦男苦女。然而，我们不能不承认，《里门拾记》还不够"自然天成，缺乏圆到"④，师陀"还没有调好他的佐料"⑤。就在完成《里门拾记》一个

① 师陀：《里门拾记》序，刘增杰编《师陀研究资料》，北京出版社，1984年，第45页。

② 师陀：《里门拾记》序，刘增杰编《师陀研究资料》，北京出版社，1984年，第46—47页。

③ 杨刚：《里门拾记》，《大公报·文艺》第351期，1937年。

④ 刘西渭：《读〈里门拾记〉》，刘增杰编《师陀研究资料》，北京出版社，1984年，第206页。

⑤ 刘西渭：《读〈里门拾记〉》，刘增杰编《师陀研究资料》，北京出版社，1984年，第206页。

月后，一次寓居一位朋友祖居的小城的经历使他又萌发了创作《果园城记》的冲动，《果园城记》的创作标志着师陀对民族性格、民族文化与民族命运思索的成熟。

一、“乡土中国”的缩影

师陀在《果园城记》的序中说：“这小书的主人公是一个我想象中的小城……我有意把这小城写成中国一切小城的代表，它在我心目中有生命，有性格，有思想，有见解，有情感，有寿命，象一个活的人。”① “果园城”在现实中也许并不存在一个完全对应的地方，但它却可以看作是“乡土中国”一个高度浓缩的微影。《果园城记》中的第一篇小说《果园城》奠定了整部作品的情绪和基调。《果园城》主要写“我”下了火车之后去看望我的亲戚孟林太太，但在此之前作者却通过叙述人“我”的眼睛对果园城多年不变的日常生活场景进行了描绘：这是“我”久违的故乡，“这里的一切全对我怀着情意”②，“这里的每一粒沙都留着我的童年，我的青春，我的生命”③。这里有着牧歌式的自然风光：晨曦照着小城静寂的河面，夕阳照在古城的野林，被夕阳照的嫣红的帆在平静的河面缓缓移动，一座耸立数千年的白塔安然地望着城内和城外的兴衰……果园城的生活也是十分平静的，这里的“任何一条街没有两里半长，在任何一条街岸上你总能看见狗正卧着打鼾，它们是决不会叫唤的，即使用脚去踢也不；你总能看见猪横过大路，即使在衙门前面也决

① 师陀：《里门拾记》序，刘增杰编《师陀研究资料》，北京出版社，1984年，第96—97页。

② 师陀：《果园城记》，解放军文艺出版社，2000年，第2页。

③ 师陀：《果园城记》，解放军文艺出版社，2000年，第3页。

不会例外。它们低着头，哼哼唧唧的吟哦着，悠然摇动尾巴”①。这小城里只有一家邮局，邮差先生总会和善地招呼你，即使没有邮票也不要紧，他会笑呵呵地帮你把邮票贴上，再提醒你记得把钱送来。果园城的果园也像“云和湖一样展开”，装饰了果园城，那股美酒般香甜的果实成熟的气味让整个小城都充满了一种梦幻般幸福的气氛。这里时光沉静，生活悠闲。如果你不熟悉这地方的情形，初次看到这座小城时，你一定会惊叹：“多幸福的人！多平和的城！”②然而就是在这样的小城里，许多难以想象的悲剧才会发生。

“这是个有许多规矩的单调而又沉闷的城市，令人绝望的城市。”③孟林太太现在已经成了一个极爱清洁的老太太。年轻时，孟林太太仅仅因为没有生儿子就被孟林先生残忍地抛弃了。为了不让自己的女儿重蹈覆辙，孟林太太一味把素姑留在自己的身边，导致她二十九岁了还没有出嫁。“我”印象中的素姑是一个“像春天般温柔、长长的像根杨枝”，“会裁各种衣服”，“看见人或说话的时候总是笑着”的姑娘。而七年以后的素姑已再没有了先前的那份韵致，“她的全身是呆板的”，“眼梢已经显出浅浅的皱纹”，像一朵“插在花瓶里的月季”，已经枯干，最美好的青春年华就在这个时光几乎沉寂了的地方耗去了。她眼神里再没有动人的光，见了“我”也只是“惨淡的向我笑笑，轻轻点一下头，默然在孟林太太旁边坐下”。孟林太太屋里那个放在妆台上的不知几时停了的老座钟正象征着这座静谧的小院里凝滞的时间：生活像一潭死水一般，波澜

① 师陀：《果园城记》，解放军文艺出版社，2000 年，第 4 页。
② 师陀：《果园城记》，解放军文艺出版社，2000 年，第 4 页。
③ 师陀：《果园城记》，解放军文艺出版社，2000 年，第 7 页。

不惊，变化的只是被这沉重的时间禁锢住的人，她们像被风干的花一样，一点点被抽走了灵魂……

《桃红》继续说着素姑的故事，这个“像春天般温柔、长长的像根杨枝”似的姑娘，很早很早就开始动手，不仅为自己绣满了一口又一口的大箱子，还为亲友们和邻舍家的女友们缝制过嫁衣。然而，原本女孩为出嫁所做的准备却成了见证少女梦破碎的证物，那一口口大箱子里足够素姑穿几十年的“宽的、瘦的、长袖的、短袖的、挑花的、镶滚的”各式衣服成了素姑空虚无味的生命的见证。孟林太太很爱自己的女儿，但这种爱却成了一种最深刻的暴力，孟林太太老宅里的安静、清洁成为一种对人性的巨大压抑。素姑每天能见到的人屈指可数：一个卖绒线的老太太和一个送水的老王，其余时间里素姑过得悄无声息，这时间多难熬啊！一个正值青春的、原本活泼爱笑的姑娘却被“锁”在这深深的门洞里无休无止地做女工。她不止一次地询问时间：“妈，几点钟啦？”[①]“还不该烧饭吗，刘嫂？”[②]但这于她又有什么意义呢？徒增寂寞时光里的无聊罢了。她怀念外面的“茅舍，猪，狗，大路”，怀念“平静的嫣红发光的黄昏时候的河”，就是这样再平凡不过的景象，素姑多年也难得一见，作为一个中国闺阁里待嫁的姑娘，她必须保持应有的规矩和体面。时光缓慢地流逝，慢得让人难以忍受，但时光又悄无声息地过去，正像素姑的青春年华。素姑像长安一样，“一级一级地走入没有光的所在”，“走进寂静的又深又大的上房”，在中国的闺阁里慢慢憔悴、褪色。

果园城的生活和时间似乎凝固了。小城自有一种自然而然

---

① 师陀：《果园城记》，解放军文艺出版社，2000年，第32页。

② 师陀：《果园城记》，解放军文艺出版社，2000年，第33页。

的规则，散漫单调的生活使人们渐渐懒散，渐渐习惯于成规。尽管"外面"的世界已经天翻地覆，这里依然保持着原来的生活节奏和文化形态，这胶着在一起而无法流动的生活和时间也意味着我们民族发展的沉滞。正如费孝通在《乡土中国》里所说："人们生活在同一的小天地里，这小天地多少是孤立的，和别群人没有重要的接触。在时间上，每一代的人在同一的周期中生老病死，一个公式。"① 果园城是"中国一切小城的代表"，而"中国的县城本来都是大农村"②，果园城里的生活正是"乡土中国"中的典型。每一座"果园城"都有一个暗中统治者——"魁爷"。他祖上可能是"讼棍、恶霸"，而他则是"秀才""地主"。他在外面总是笑呵呵的，一团和气，而关起门来却用最残酷的刑罚对待自己的家眷；他不是这城里的县官，但新的县官上任前一定会先来拜访他；他"慢慢在乡下布置势力，笼络那些能帮助庄稼人来他这里寻觅'法理'的人，就像下一面神秘的网"③。他是果园城无形的主人。"魁爷"之所以成为果园城的主人除了祖上的积累和他自己的"经营"，还因为果园城人保守、愚昧、狭隘的文化性格。"魁爷"在果园城里具有极高的威望，果园城人对"魁爷"无比的拥护。每个人都以魁爷能到自己家里转一圈为骄傲，仿佛魁爷的到来是某种无上的荣耀，他们为自己与魁爷之间的这层亲密关系而兴奋不已。每个来魁爷这里寻找"法理"的乡下人都郑重无比，他们为了"晋见魁爷，特地从邻居那里借来一件蓝布长衫，宽大，曳地，穿着浑身都不自在，直往外冒

① 费孝通：《乡土中国》，三联书店，1985年，第44页。

② 师陀：《〈果园城记〉新版后记》，刘增杰编《师陀研究资料》，北京出版社，1984年，第76页。

③ 师陀：《果园城记》，解放军文艺出版社，2000年，第14页。

汗”[①]。可他们又怎么能想到魁爷“实际”上是“专制中最专制的”呢？他具有一切封建主子所具有的最坏的特性，“凡是这种事情：打架，绑票，上吊，谋害，械斗，都是他们制造出来的”[②]，那些来他这里寻求“法理”的乡下人往往要付出比“法理”多得多的代价，而这正是魁爷所密密撒下的网。但“魁爷”们对乡土中国的统治不是轻易能够推翻的，因为果园城的人的生活样式和文化性格是“魁爷”的统治得以持续的原因，“他的根是深深伸进果园城的沃土里的”。

果园城里容不下任何新的东西。在老中国，“一个有才能的年轻人”，“一个热心改革的好人，他将被蛆虫们踩在脚底下蹂躏，直到他改变了样子，三分像人七分像鬼为止”[③]。怀着建设家乡的理想，毕业后回到果园城进行农林试验的葛天民失败了，他为改善家乡农业发展而精心研究出的“像种花似的耕作方法”，农民却认为和他们没有关系，他们并不理解葛场长，而葛天民多年的心血也最终被铲平。启蒙者和民众之间依然隔着“厚障壁”。《傲骨》表现了在老中国近十年来的激烈斗争中出现的一批愤世家，他们愤恨政治腐败，但却“活一天便遭受一天的压迫排挤”。他生长于果园城，后来到更大的师范学校去接受“最先进”的理论，当他满怀希望的回到家乡准备实现自己的理想的时候，却发现一切都是那么地令人失望。他想像西洋人一样在自己田地的两端全栽上树，“可是穷苦的乡下人到夜里却将这森林给他带根拔掉了，并且用锯截断。用斧头劈开，送到灶里去了”[④]。他们哪知道这是他们的“革命家”的树呢？“果园城的人显然不十分看得起他，他们崇拜的是‘机关

① 师陀：《果园城记》，解放军文艺出版社，2000 年，第 16 页。

② 师陀：《果园城记》，解放军文艺出版社，2000 年，第 17 页。

③ 师陀：《果园城记》，解放军文艺出版社，2000 年，第 25 页。

④ 师陀：《果园城记》，解放军文艺出版社，2000 年，第 51—52 页。

里的’，‘带徽章的’，甚至于胡、左、马、刘的子孙，因为他们怕这些流氓、痞棍、海洛因和鸦片大瘾”①。而对于“傲骨”，他们则大可以光明正大地“犁他半尺田地”。

二、“果园城”的子民

果园城既是“中国一切小城的代表”，是“乡土中国”的缩影，果园城的子民也正是老中国儿女的代表。师陀说：“我并不着意写典型人物。”②《果园城记》中的人物大多是一类人的代表，是某种生活样式的载体，他们往往性格扁平，具有类型化的倾向。

果园城中最常见的就是那些卑微的小人物。这里有个总“穿一件蓝布长衫，脸很黄很瘦”的说书人，用一把破折扇和一扇惊堂木说着那些惊险刺激的故事。“他说武松在景阳冈打虎，说李逵从酒楼上跳下去，说十字坡和快活林，大名府与扈家庄。他的声音不高，并且时常咳嗽，但是很清楚，有时候他要学鲁智深大吼，喽啰们呐喊。他用折扇打、刺、砍、劈，说到关节处把惊堂木一拍，听书的每次给他一个或两个制钱。”③说书人向这个沉闷的世界吹进了一股生气，他用他生动的表演创造了“一个世人永不可企及的，一个侠义勇敢的天地”，在物质匮乏的年月里给人们带来了欢乐和幻想，没有说书人的青春岁月该是多么乏味呀！小城里还有个最怡然自得不过的邮差先生。他在这小城里“兼任邮务员，售票员，但仍旧有许多剩余时间”，他总是乐呵呵地招呼人，即使来寄信的人没带钱也没关系，只要他回头再送过来就行。当邮件来到的时候他总是小心地把它们扎成一束，替那些要替学生们筹饷的家长们

① 师陀：《果园城记》，解放军文艺出版社，2000年，第52页。
② 师陀：《〈马兰〉成书后录》，《文艺杂志》1943年第2卷第3期。
③ 师陀：《果园城记》，解放军文艺出版社，2000年，第75页。

感慨一番。“小城的阳光照在他的花白头顶上”，他在这城里活得从容极了。当黄昏降落在果园城的屋背和胡同上时，卖油郎就会挑着担子远远地出现在胡同转角了。“卖煤油啊！梆！梆梆！”[①]卖油郎这样喊着，永远是不变的调子，一路上回应他的是各家开门关门的声音。他认识每一家的灯，每一家的习惯他都知道，他自在地和每个买煤油的人说着家常。他也抱怨，可不，物价上涨得厉害！等到卖油郎走完这长长的胡同，看着卖出去的油已经照亮了每间屋子，他也该回家点亮自己的那盏灯了。小人物的日常生活在师陀的笔下显得诗意，温暖。

师陀对于女性的命运给予了深切的关注。在《果园城记》中，师陀着意书写了乡土中国女性悲剧性的生存方式，她们往往处于旧家族、旧伦理和旧道德、旧观念等多重压迫之下，师陀从现实与精神两个层面透视了乡土中国女性生存的真实处境。开得正好的花的凋零最让人惋惜，正如少女在最美的年华遭遇不幸。师陀在《果园城记》中写了许多少女不幸的命运。《颜料盒》中勇敢、活泼，又总是爱笑的油三妹在毕业以后回到小城做小学教员，然而一个已经接受过新思想、新生活影响的少女再回到这个如死水般平静的小城是多么寂寞和孤独啊！她找不到理解自己的伙伴，和家人也欠和睦，总是形单影只，而她又是个爱热闹的人。在一次吃醉酒后，油三妹被校长——一个国民党特务奸污了，“她很快的瘦下去”，最终吞了藤黄自杀。那个上过学堂的、娴静多愁的少女尤蔼梅则在毕业后被嫁到乡下的一个地主家去，“公婆不满意她上过学堂”，而“她也不满意她的丈夫的愚蠢”。毫无疑问，尤蔼梅将在这里痛苦地过完她的一生。那个曾“扎过双辫，生一对娥眉和黑的长

① 师陀：《果园城记》，解放军文艺出版社，2000 年，第 79 页。

脸蛋的”马瑶英则因为“作政治运动被判处五年徒刑”,她的青春将被消耗在充满了血污与肮脏的监狱里。《桃红》中的素姑则成为一个嫁不出去的老女,在中国的闺阁里慢慢憔悴、褪色。这就是果园城里的少女的命运。

流传在果园城的“一个古怪老头和他的三个女儿”的传说似乎隐喻了果园城所有少女不幸的命运。老员外的两个女儿已经嫁了人,但他最疼爱的是第三个女儿,“他不肯把她像其余的两个女儿般轻易嫁人”。三女儿生得“又美丽又有才德”,“她躲在秀阁上很少下来。每天她让丫环焚上香,跟丫环绣花着棋,有时候填一阕‘菩萨蛮’或‘玉楼春’”①。然而有一天,她“忽然连声嚷着气闷,让丫环打开后面临街的楼窗,从那里眺望云、树、果园城上的塔和城外的土坡”②,随后她便疯了,以后的日子里“她一个人在楼上谈话,大笑,随后是似乎永没有完了的号哭”。她在眺望的时候想到了什么?没人能够知道,三女儿正像久在闺阁中的“杜丽娘”,不同的是杜丽娘对爱情、自由的强烈渴望使她终究能在梦中与柳梦梅相会,而三女儿却在深闺的压抑中发疯。三女儿的悲剧命运似乎预示着果园城一切少女都将与爱情无缘。师陀心痛地发现,在乡土中国女性往往遭受着种种不幸,这些年轻的、本该幸福的人却在封建社会、宗法制家族以及封建伦理道德、政治制度的压迫下被摧残,生命时常无端地被毁灭。“每一个少女——也可以说是每一个青年人——都应该是一个圆满”③,但在荒唐的果园城里,他们却被痛苦和沉默压着,在船场上送来的愤激的、痛苦的、沉重的锤声中

① 师陀:《果园城记》,解放军文艺出版社,2000年,第65页。
② 师陀:《果园城记》,解放军文艺出版社,2000年,第65页。
③ 芦焚:《芦焚散文选集》,江苏人民出版社,1981年,第120页。

与这无望的果园城一起被历史埋葬。

果园城也出过几位革命家，但他们在这浅“水”里根本存不住身。《期待》中的徐立刚因为参加革命活动，早已在外面一个无人知道的地方被枪毙了，但不知情的徐大娘却还在吃饭的时候摆上四双筷子，期待着她的孩子能回家吃饭。知道实情的徐大爷承受着更大的打击和痛苦，他默默地对老伴儿隐藏着这一切，看着她期待着一个永远回不来了的人，还有比这更绝望的吗？而果园城的人们已经全然忘了这个人，忘了这个为了他们而流血牺牲的人，记着他的，只有两个晚景凄凉的老人。师陀在《果园城记》中还记录魁爷家、孟安卿家、胡凤梧家几个封建大家族由盛而衰的过程，师陀以此隐喻古老中国的衰亡。《三个小人物》中，布政第家的大少爷胡凤梧最终将父亲还来不及败光的家产挥霍一空，而曾经轻蔑地说着“我们马家是拿肉喂狗”的不可一世的马夫人也沦落到要靠女儿卖淫来养活自己的地步，但她“还没有死心，还在大烟榻上做梦：纵然胡凤英做妓女，她仍为自己女儿是个出色的妓女骄傲；希望将来有个阔嫖客，不管他是谁，只要能恢复她的威风就行”①。曾经将果园城当作采邑统治了十五年的魁爷，最终也成了在闭锁了的门里渐渐干枯、萎缩的“鬼爷”。师陀用细腻而深刻的笔触揭示了中国封建家族之所以没落的原由，这从骨子里已经腐朽透了的大厦如何能不倾颓呢？

三、东方专制文化的悲剧

果园城是一个“寓言之城”。“这个由各色人等的生活样式聚合成的小城，既是自然空间，又是文化空间，还是拟想空间”，“它

① 师陀：《果园城记》，解放军文艺出版社，2000年，第117页。

既代表中原小镇落后、保守的生活面貌，又是民族文化的深层内核——中国一切城市与乡村共通的乡土精神的表征”①。中华民族的文化实际上就寄寓在中国的乡村文化之中，这种“血缘与地缘结合的村落文化，实是中国传统文化的自然载体。或说，中国传统文化即村落文化”②。果园城的生活样式和文化形态决定了果园城人的性格，这里的生活简单安逸，景色优美秀丽，果园城似乎成了一个被时间遗忘的地方，“就是辛亥革命也不曾惊动它的居民，只一夜间，人家说他们自由了，成了老中国的主人”③。“果园城林林总总的生活样式构成了东方专制制度的牢固基础，它们世代轮回，永无改变，象征着中国农村传承有序、循环往复而又封闭自足、日渐恶化的社会生态困局。这些消极的生活样式交织出果园城无望的前途，也折射出果园城人驯良、愚昧、麻木、自私、保守、狡狯、卑琐、残忍的文化人格”④。

果园城是一座绝望之城，它永远繁荣不起来，永远活在“昨天”里，这里的生活永是平静，平静地如一潭绝望的死水，让一切生命和活力窒息。于是，热衷于农林试验的葛天民成了一个只用枸杞子、麦门冬等“保险”药的“好庸医”。不到十年的功夫里，他已经从一个“有才能的年轻人”，变成了适应了果园城生活的“混世家”。总是计划着完成自己的文稿的小学教员贺文龙因为日常生活中的俗事，不得不一再挂延自己的计划，直到他自己成为“被毁伤的鹰”，彻底放弃自己的理想。“眼里常常有一种燃烧着的静寂的而

① 王欣：《师陀论》，南京大学出版社，2011 年，第 119 页。

② 陈锦清：《黄河边的中国——一个学者对乡村社会的观察与思考》，上海文艺出版社，2000 年，第 101—102 页。

③ 师陀：《果园城记》，解放军文艺出版社，2000 年，第 91 页。

④ 王欣：《师陀论》，南京大学出版社，2011 年，第 104 页。

同时却又像是愤怒着的小兽眼中的光”[①]的、敢于和车夫私奔的魁爷的四姨太太最终得到的是“一条麻绳”。年轻时有着满腔壮志的“大空想家”孟安卿在离开果园城多年后也无法再回到这座小城。曾与锡匠的徒弟虎头鱼有过“一吻”的青春、活泼的大刘姐终在她母亲的安排下,做了衙门里一位师爷的姨太太。在果园城的家长那里是不存在“自由恋爱”一说的,大刘姐只是她母亲丧夫后“最后的财产”,她像一个“猎人捕捉鸟兽”,“张上网专心等待一个浪子,有钱,好色,肯为她女儿补偿她先前失去的老本”,曾经天真、美好的大刘姐最终变成了一个“满身的肥肉和金子”的太太。一切人类的美德在果园城都比罪恶容易销蚀、腐烂。果园城容不下任何让生命飞扬灵动的东西,这个城只欣赏老人和庸常的生命,那些试图反抗的人要么永远地离开了果园城,只像马叔敖、孟安卿、大刘姐一样,偶尔偷偷地返乡再更加决绝地离去,要么就像葛天民、贺文龙一样,在这平和的城里过早地衰老。

果园城具有一种神奇的同化力量。“凡是到果园城来的人,谁也别想幸全,他一走进城门,走进那些浮土很深的街道,忽然他会比破了财还狼狈,首先他找不到自己了”[②]。人在果园城里会失去自己的灵魂。是啊,时间遗忘了这座小城但却没有遗忘它的风景,人在这样的风景和生活中很容易迷失自己。果园城的“空气温柔潮湿,无比清新”,黄昏的天空是郁金香色的,“水是镜一样平油一样深绿”的,满城种满了人们称之为“沙果或花红的果树”,果实成熟的时候弥漫着醉人的芬芳。这里的生活乍一看上去是那么地宁静、简单,这老城的生活按着他们世代不变的规矩和节奏慢吞吞地

① 师陀:《师陀作品新编》,人民文学出版社,2011年,第81页。

② 师陀:《果园城记》,解放军文艺出版社,2000年,第61页。

进行。但正是在这“平和”中才出现了许多“几乎无事的悲剧”,打开果园城每户人家的屋顶,你就会看见这表面的平和之下的挣扎与痛苦,看见这小城早已腐烂的“心”。那座耸立在果园城外的、“人家认为永不会倒的”塔正象征东方专制文化对果园城子民的精神统摄。“在许多年代中,它看见过无数痛苦的杀伐战争,但它们到底烟消云散了;许多青年人在它脚下在它的观望下面死了;许多老年人和世界告别了”①。这样一座牢固的“塔”似乎只有仙人才能造起来,而事实上这座统摄果园城人精神的“塔”恰恰是这些凡人自己亲手造起来的,他们造起了一座自己永远不可能突破的“塔”,被这“塔”所禁锢。

《果园城记》中涌动着师陀丰富的情感之流。对于这样的果园城他既憎恶又留恋,批判时又不免带有同情,这种情感上的矛盾就形成了《果园城记》情绪“推挽”式的结构。“如果说情绪‘顶点’式的结构形态,更多的是西方情节小说结构形态的平行移位,那么情绪‘推挽’式结构则可以看成是中国传统情节小说结构方式的纵向发展。小说中的情绪抒发,固然可以有不断推波助澜、涌聚成一个惊涛拍岸的大浪头的方式,也可以有无高潮或多次小高潮的方式。这种无高潮的情感抒发,像是一片微风吹过的湖面,在整体的平静中涌动着无数情感的涟漪,因而形成一种统一的氛围或情调。”②《果园城记》即笼罩在一种感伤、惆怅、凄凉、迷惘的氛围之中。《果园城记》中的第一篇小说《果园城》奠定了整部小说集的情绪基调:“果园城,听起来是个多么动人的名字,可又是个有多少

① 师陀:《果园城记》,解放军文艺出版社,2000 年,第 60 页。

② 方锡德:《中国现代小说与文学传统》,北京大学出版社,1992 年,第 241 页。

痛苦的地方啊！”[①] 作者先引出了“我”可怜的亲戚——孟林太太不幸的遭遇，随即却又被“长耳公”们吸引了注意力，等到“我”看到了河岸两边的泥土，兴奋的心情便更加不可遏制了，童年欢乐的记忆让“我”眼中的一切都充满了暖色，“一草一木全现出笑容向我点头”，但随即“我”又看到了那座塔，想到了在城外进行过的无数次只有使人民更加困苦的战争……小说的色调就随着“我”情绪的波动而忽明忽暗，作品中既有温暖，也有凄凉，既有喜爱，也有憎恶，但这两种对立的情绪都不致过于泛滥，它们像水中被风吹起的涟漪，既不断推进，又不断消释，永远激不起大的情感波澜。

尽管小说中始终交织着爱与恨两种情绪，但知识分子的理智使师陀不无心痛地指出这是一片“有毒的土地”，果园城是一座“无望”之城。师陀写果园城之美绝不是为了渲染所谓的“东方情调”，长期以来都有人把师陀当作京派作家，而师陀本人一直否认，原因也即在此。师陀认为文坛上一些热衷于表现“东方情调”的作家“以‘尽人事听天命’这种中国古哲学作为标准材料，把它当作一种不变的人生观写成小说”[②]。这种“田园牧歌”是全然不符合中国“近数十年来”的实际状况的，中国不能永远在这种没有希望的“东方情调”中不死不活地活着，封闭自守、世代轮回、永无改变的乡土中国是没有前途的。大陆农耕型文化所催生出的以家族为中心、以等级制为外显形态的极具东方特色的伦理文化形态无疑是导致悲剧的原因，在这种专制文化的统摄下果园城注定无望。师陀的“果园城”因此成为一座小城、一个民族、一种落后文化衰亡的寓言。

---

① 师陀：《果园城记》，解放军文艺出版社，2000 年，第 1 页。

② 《上海手札·行旅》，《师陀全集》第 5 册，河南大学出版社，2004 年，第 189 页。

第三章 赵树理"农民文学"新乡土文化与鲜活的"地之子"

第一节 "土气息、泥滋味"的山药蛋派文学

纵观百年现代中国文学史，我们会发现从未有像山西"山药蛋派"那样深深地扎根于乡土中国大地，汲取来自民间文艺形式、乡风民俗生活和鲜活的农民口语化语言等民间文化滋养的文学流派。从20世纪40年代开始，以赵树理、马烽、西戎、束为、孙谦、胡正等人为代表的山西作家群，以来自三晋大地的"土气息、泥滋味"构筑了一种以解放区和新社会乡村变迁为叙述内容，以新乡村新农民形象的改造与成长为叙述中心、语言简洁明朗通俗易懂而又风趣幽默的"山药蛋派"叙述美学。站在21世纪的今天来看，"山药蛋派"文学依然闪耀着来自乡土中国大地的泥土气息，塑造的人物形象经历了岁月洗礼而依然异常鲜活可爱，对中国民间文艺形式的创造性运用于新世纪中国文学有着极大的启示意义。

"山药蛋派"的形成首先是来自三晋大地的民间艺术滋养。非常有意味的是，"山药蛋派"作家群的形成，截然不同于以往的一些文学流派，如文学研究会、创造社、新月社等有着鲜明的社团宣言、组织方式和创办发表园地的自由刊物。"山药蛋派"没有统一的

宣言、机构和刊物，是自然而然逐渐形成的，是被后来研究者归纳、提炼出来并得到了广泛认同的、审美艺术风格特色具有内在一致性的文学社团流派。既然没有人组织，也没有人倡导，何以形成一种“山药蛋派”文学流派呢？深深探究，我们就会发现一个极为重要的共同性因素，那就是他们都是三晋大地的儿女，从小都是在三晋大地农村长大的，得到了来自乡土民间文艺滋养的“农民作家”（20世纪40年代赵树理就因为创作成绩和审美特色极为突出，被誉为“农民作家”）。作为“山药蛋派”领军人物的赵树理，出生于山西省沁水县的农村，从小就喜欢各种民间文艺。赵树理就跟从村里民间艺术高手组成的“八音会”，听各种民间音乐和地方戏曲。赵树理的父亲就是一个说书能手，不仅能够阅读“三侠五义”等民间侠义小说，而且能说给乡民听。所以，赵树理对民间说书人的说唱艺术及其结构布局、叙述方式了然于胸，幼小的心灵受到来自三晋大地民间艺术的深厚熏陶和滋养。这与他后来的文学立场、文学理念和“为农民写作”文学观的形成有着极为深刻的渊源关系。马烽是“山药蛋派”作家群中创作作品较多、产生较大影响的作家。与赵树理一样，马烽出生于山西省孝义县一个贫农家庭，七岁移居汾阳县。从七八岁开始，马烽就参加农村的田间劳动，熟悉农民的日常生活、民风民俗、方言口语和各种农业劳作。这为马烽后来的文学创作埋下了终身受益的生命底色和精神根脉。西戎、束为、孙谦和胡正都是曾生活和工作在晋西北大地上的作家。三晋大地的民间文艺传统滋养了作家的艺术魂魄，赋予他们不竭的乡土之情和艺术生命活力。这可以从赵树理小说中的说书人叙述口吻、评书体结构布局和各种民间文艺形式的自由运用得到清晰的见证。事实上，“山药蛋派”作家中不仅赵树理在作品中采用快板、打油诗、民谚等民间文艺形式，而且马烽、西戎、束为等人同样使用快板、俗语、地方戏曲、民歌等民间文艺形式，如马烽的《饲养员赵大叔》、西戎和束为等的《王德锁减租》、胡正的《民兵夏收》等。当然，更为重要的是，三晋大地的自然地理空间在20世纪所发生的波澜起伏的社会革命变革及其大地上的乡民心灵震荡与情感涟漪是“山药蛋派”作家一生创作的叙事中心和永不枯竭的情感动力源。

从成长过程来看，“山药蛋派”作家的童年成长于三晋乡间大地，而快速成长于火热的农村革命根据地的战斗生活。中国共产党领导的农民土地革命战争，得到了太行山区等最广大乡土中国农村穷苦农民的衷心欢迎。如火如荼的土改运动，是对乡土中国社会进行现代性重造，彻底颠覆了乡土中国千百年来的社会关系结构。这种史无前例的、大规模的社会变迁和乡土中国农民翻身得解放的胜利图景及其心灵深处洋溢的激情喜悦，无疑深深感染和打动了赵树理、马烽、西戎等“山药蛋派”作家，激发了他们创作的艺术激情。但是传统的文学思想和文人正统意识对土生土长的乡土文学的压抑并没有随着革命的深入而消失。创作了脍炙人口的《小二黑结婚》的赵树理，当时不仅处于有稿无处投、投了没人关注的尴尬境地，而且其文学作品的乡野气息、民间审美意味和农民口语化语言一再受到歧视和嘲笑。但是，乡土中国崭新的社会革命不仅是对社会政治、经济的急剧变革，而且也急切地需求新的审美意识形态与新的革命文艺。火热的农民土地革命不仅点燃了“山药蛋派”的创作激情，而且也为这种来自大地的土生土长的“山药蛋文学”提供了成长的精神土壤。1943年毛泽东的《在延安文艺座谈会上的讲话》在太行山区迅速传播。读到了毛泽东“讲话”的赵树理欣喜若狂。赵树理不仅从“讲话”中找到了文学知音，而且从中找到了具有正本清源性质的美学理念、创作准则和新的文学发展道路。土生土长的“山药蛋派文学”第一次具有了“合法”性的文学身份和承续传统中国叙事美学的独特内在性审美价值。从此,“山药蛋派”文学真的可以登入“中国作风中国气派”的大雅之堂了。毫无疑问,伟大的时代呼唤并创作着一种新的基于最广大穷苦人的革大雅之堂命美学,呼唤一批具有乡土中国大地的“泥滋味”“土气息”和鲜活的、展现社会巨变中农民心灵震颤的新文学。从三晋大地中土生土长的、被民间文艺滋养的、在土地革命斗争中壮大的“山药蛋派”作家可谓是生逢其时,被时代需要和塑造,他们以文学记录和书写着时代的历史。

从写作内容来看,“山药蛋派”作家群书写了三晋大地上的社会变迁、革命斗争和心灵嬗变,塑造了各种不同类型的农民形象,对在巨大的社会变迁和激烈的土改斗争下三晋农民的心灵颤栗进行了细致而精彩的艺术描绘。以往我们对“山药蛋派”文学作品的评价集中于对土改革命中各类农民形象的典型塑造方面,对小二黑、小芹、李有才、小顺、元孩等坚定的农民革命者形象给予充分肯定,同时也对二诸葛、三仙姑、老秦、苗海其、王万成等老一代落后农民形象给予关注。这在无意之间忽略了“山药蛋派”文学作品的思想深度,对赵树理、马烽、西戎等作品的思想丰富性和深刻性构成了某种无意识的遮蔽。事实上,进一步考量“山药蛋派”作品,我们就能越过流逝的岁月,拭去历史偏见的尘土,发现“山药蛋”自身的精神生命光芒。即“山药蛋派”建构了类型丰富的农民形象,包括以往被遮蔽的地主形象、变质农民革命者形象、受批评的“中间人物形象”等等。赵树理的小说《小二黑结婚》塑造了冒充的革命先锋者“金旺、兴旺”兄弟,在《李有才板话》中塑造了村霸阎恒元形象;束为在《红契》中塑造了“笑面虎”地主形象,在《老婆嘴退租》中塑造了狡猾的地主“老婆嘴”等形象。这其中尤以阎恒元和“笑面虎”形象生动鲜明。《李有才板话》中的地主阎恒元见风使舵，顺应时代形势变化，通过变相改选和寻找政治代理人，牢牢把握村政权，糊弄土改的章工作员，甚至获得了“模范村”的荣誉。正如小说中的快板所言：“村长阎恒元，一手遮住天。自从有村长，一当十几年。”特别深刻的是阎恒元利用封建等级思想和安逸享乐的糖衣炮弹，把陈小元从贫农家庭中成长起来的革命领导者渐渐腐化为变质者。无论是地主阎恒元，还是变质的革命者陈小元形象，小说都呈现了赵树理对变动中的乡土中国社会的深刻观察和超越时代的先锋性思想。如何确保政权保持在革命者的手中，如何确保乡土中国革命的领导者不腐化变质，这在新世纪的今天依然有着很强的现实意义和巨大警示意义。

与赵树理不同的是，束为塑造的“笑面虎”地主形象凸显出了乡土伦理文化心理的一面。小说中的地主“笑面虎”抓住了佃农苗海其担心“变天”的心理，邀请苗海其到他家里喝酒。苗海其再三推辞，但是经不过笑面虎“嫌酒菜不好”话语的拿捏，被他“那个”住了，乖乖地入套，跟地主论起“老交道”和“讲良心”来。论交情和讲良心的传统乡土伦理文化观念在一定意义上迷住了苗海其的内心，不敢也不愿与地主“为仇敌”。在革命者的一再发动下，苗海其看到地主色厉内荏的虚弱本性，斗争意识一次次涨高，最终摆脱了对地主威权的恐惧心理，参与到斗争地主、争取真正解放的道路中来。赵树理和束为等人的作品不仅展现了天翻地覆的土改胜利喜悦，而且把千百年来乡土中国底层农民所深深受到的传统文化和地主威权的压抑展现出来，即把胡风所言的“精神奴役的创伤”呈现出来，揭示出土改不仅是一种经济与政治的翻身仗，更是乡土中国农民文化与心理的翻身仗。地主等剥削阶级的强势文化和心理威权依然对普通农民心理构成一种威压和恐惧。

农民的权利意识和民主意识需要长期的培育和良好的政治、经济、文化和教育等制度的保障。而西戎等人合作的《王德锁减租》在承继以上思想主题的时候,又往前探索了一步。这部获得边区政府表彰的戏剧作品,提出了翻身农民的文化教育需求,即农民不仅要求政治、经济翻身,而且要求文化翻身、"子子孙孙学文化"得解放的终极性要求。这比较于新世纪今天中国农民新兴起的"读书无用"和农村学生的"弃学论",无疑是构成了一种巨大的思想张力。

从时间上看,从新民主主义革命到新中国文化语境中的"山药蛋派"文学作品在叙述主题、人物形象和情感基调上都有显著的变化。这主要体现在对农村女性形象、"中间人物"形象和农村领导者形象等新中国农村人物群像的建构方面。事实上,从赵树理的《小二黑结婚》开始,女性形象书写就是"山药蛋派"的一个极为重要的叙述向度。当然,《小二黑结婚》中的女性如小芹和"三仙姑"等形象是模糊的、不够清晰的,属于服务于叙述主题的扁形人物形象。新中国成立后,"能顶半边天"的新女性在各方面获得了极大的解放。这一时期"山药蛋派"作家对女性形象书写,无论是从数量还是从质量上,都有了一个极大的飞跃。赵树理的《传家宝》虽然依旧没有摆脱为叙述主题服务的局限,但是小说叙述的两代女性形象李成娘和儿媳金桂形象,已经显露出新的叙述特质。婆媳关系是一个千古难解的叙事主题。但在新中国初期的文学世界中,这一冲突关系注入了新的叙事内容而相对温和,乃至带有某种内在抒情意味。《传家宝》借助金桂嫌婆婆的旧箱子有碍观瞻放到床底下这样一件小事,触发了婆婆李成娘的"老火"。事实上,李成娘对儿媳金桂早就看不惯了,认为"男人有男人的活,女人有女人的活",不但儿子李成不赞成自己的观点,而且金桂还因为爱劳动、威信高被选为劳动模范和妇联会主席。这更让婆婆看不惯了。而构成今天冲突缘由的那只旧箱子，承载着婆婆的两代人历史、一个女性所有生命情感灌注和操持一个家庭的“针、线、尺、剪、顶针、钳子、破布”等所有的家当。而且，这本来是李成娘想传给儿媳金桂的“传家宝”，竟然被儿媳视为要淘汰的、有碍观瞻的破旧物品。这自然是李成娘发“老火”，也是金桂所难以理解的原因所在了。小说可爱之处就在于，金桂对付婆婆有自己的一套，不管婆婆怎样发火，金桂就是不愠不火，笑嘻嘻应对了事，“自己只是按照原来的计划做自己的事”。故事冲突在女婿也就是金桂的直接上级来婆婆家的时候达到了高潮。这是新中国工业化初期，乡村女性被繁重家务所束缚、固守家庭的传统乡土伦理文化与分工合作、妇女解放的新工业伦理文化的冲突，是蕴含着时代进步与女性解放的明朗、乐观与抒情意味的冲突。经过女婿的高明调解，李成娘终于意识到新时代到来了，过去的那一套“传家宝”不灵了，新社会新农村需要的是金桂这样能够参与社会政治、经济和文化建设的新女性，从而达成了和解。赵树理小说《邪不压正》中女性形象软英有了新的进展，具有了清晰的性格变化，写出了软英对不同恶势力的“软中带硬”“等等看看”而又决不牺牲自己的生命韧劲和“软反抗”的生存智慧。《登记》讲述的小飞蛾与女儿艾艾两代女性不同的婚姻命运故事，与《小二黑结婚》有异曲同工之妙。有意思的是，新世纪山西作家李骏虎同样书写了两代妇女不同婚姻命运的小说《母系氏家》，延续了赵树理《登记》对乡村女性婚姻命运进行人文关怀和审美书写的文学主题。

马烽的《金宝娘》则叙述了一个美丽善良的乡村女性金宝娘被地主恶霸欺负，从好媳妇沦落为“接日本人、警备队、晋绥军”的“烂货”，后在工作团的帮助下斗争地主、重新做人的故事。《韩梅梅》是马烽采用日记体书写的一部新社会乡村知识女性韩梅梅，勇于打破世俗，不怕苦累改造养猪场、建设新农村的新故事。《平凡的岗位》和《姑娘的秘密》是西戎创作的具有浓郁抒情色彩、以女性内心幽谧情感世界为叙述中心的两部小说作品。《平凡的岗位》中书写的是来自上海、立志扎根农村的县卫生院医生任淑芬，“白白的鹅卵型脸，弯弯的黑眉毛”，“在这多见石头少见人的山区，她工作得很好，很安心，也很愉快”。在风雪之夜，不幸围困的她被不知名字的年轻电工所救。两年后，两人在出席省劳模表彰的列车上相遇了。任淑芬意识到，“车窗外面，秋日的晴空，高爽洁净，辽阔的原野上，望不到头的庄稼快要成熟了，充满欢乐的收获季节，就要来到了”。胡正的《碑》在语言特色上与西戎构成了呼应。《碑》中的革命女性凌前英为救群众牺牲了，在她跳水的地方立起了一块碑。“碑是吕梁山脉的青石，它永恒不朽地、坚实地立着”。西戎和胡正的作品的抒情化、诗意化语言，与赵树理和马烽那种白描式叙述构成了“山药蛋派”内部叙述语言的差异与变化。

在人物形象塑造方面，1949 年后“山药蛋派”一个极大的文学贡献就是对“中间人物”形象的审美书写。赵树理、马烽、西戎等作家在农村革命者和建设者形象塑造方面，一方面刻画了像《小二黑结婚》中县工会主席老杨同志、《“停止办公”》的县委书记杨成柳、《我的第一个上级》的防汛副总指挥老田等光辉形象，另一方面书写了一些带有急躁、冒进思想性格的，即有人间烟火气的、有缺点的农村干部形象。马烽的《临时收购员》就塑造了官僚主义作风的“我”和“老金”误解了“临时收购员”石二锁老汉，还把他扶持山区农民养鸡的远见误当为自私自利的卑鄙行为。西戎的《冬天的夜晚》刻画了一个忘我劳动而又骄傲自负、主观粗暴的队长牛成宝形象。小说还委婉地批评了成宝把集体生产和个人自留地生产相对立的思想,这无疑是有着深刻的思想和勇气的。《盖马棚》以“盖马棚”要收张德厚家的四颗柳树归社用为故事冲突的导火索,迅速形成以农业社副社长牛三虎和农民张德厚为矛盾双方的冲突。小说批评了“只打顺风旗、急躁冒进”的农村干部,具有很强的现实性。有意味的是,西戎这两部小说都设置了两位美丽善良的女主人公,在晓之以理的基础上动之以情,实现革命建设与爱情生活、集体生产与个人问题的相互交融。当然,站在新世纪的今天,那些依然生动可爱、触动人性内心深处的“山药蛋派”1949年后的文学作品恐怕当属那些描写“中间人物形象”的文本。其实,从深层来看赵树理、马烽、西戎等人塑造的有缺点的农村干部形象已经具有了“中间人物形象”的精神特质。但是,在真正意义上的“中间人物形象”作品当首推西戎的《赖大嫂》莫属。赖大嫂爱占便宜,嘴头子硬,没人敢招惹,养了两回猪,一头说是因病而死,一头杀吃了。特别是第二头猪因为偷吃集体庄稼与民兵队长立柱发生了冲突,赖大嫂狡辩说:“谁说我的猪到了庄稼地里?到了哪块地里?为啥不把我叫出来让我看?”这次是因为立柱妈养猪挣了一笔大钱,赖大嫂后悔自己脚踩两只船,错打了算盘,重新动了养猪的念头,换了另一副口吻跟主管副业的立柱妈说:“大婶,旧账不要算了,前头的勾了,后头的抹了,重打锣鼓重开戏。这回呀,走不了我也跑不了你,你是组长,你看着就是啦!”赖大嫂固然有打小算盘的自私缺点,但是新的保障农民个人利益的政策让她第一次下定决心把猪养好,争当一个好社员。马烽《三年早知道》中的赵满囤是一个饲养好手,但是为公家饲养却出现了牛驴消瘦得像副骨头架子,成为全社最落后的社员。在社长甄明山的教育下,他的思想逐渐发生了质的变化,成为公社理家过日子的能手。这些“中间人物形象”文本在今天依然闪烁着熠熠的艺术光辉,依然有着可进一步阐释与探讨的美学理论空间。

总之,对于“山药蛋派”文学,我们需要在继承以往研究成果的基础上,梳理其与五四新文学、传统通俗文学和民间文艺的内在关系,重新思考其思想价值和艺术价值,特别是其叙事学、美学、语言学、民俗学、社会学的不可替代的价值意义。“山药蛋派”作家那种向生活学习、向农民学习、向民间学习的创作思想与精神姿态于新世纪中国作家如何书写真正意义的中国文学、中国故事都有着极为重要的启示意义。

第二节　赵树理:百年中国新文学独异的审美经验存在

中国新文学已经有了接近100年的发展历程,与此同时,中国新文学研究也有了近百年的历史。中国新文学为21世纪中国新文学留下了哪些审美经验与教训,如何汲取中国新文学发展的这些审美经验,丰富新世纪中国文学创作,已经成为一个极为重要的研究课题①。正是从汲取中国新文学叙事经验和创作道路的意义而言,赵树理是一个不可忽视的存在。但是,事实上,赵树理所开拓的农民文学写作模式与审美思维模式,还是有意无意地被淡化、简

① 2009年8月在鲁迅博物馆的鲁迅与老舍座谈会上,钱理群先生就提出这个问题,说我们应该重视20世纪中国文学大师的研究,不应该一味地走边缘化、小作家的研究模式,应该重视鲁迅、郭沫若、老舍、沈从文等人的“中国叙事经验”。

单化、边缘化，乃至是处于一种被遮蔽状态[①]。仅仅用大众化、农民写作来审视和思考赵树理的写作是不够的，赵树理的语言大众化不仅仅是破解了中国新文学接受困境的难题，接续了民间文艺传统，建构了一种中国叙事经验的审美模式、语言形态。从作品内蕴来看，赵树理的“问题小说”流淌着五四新文学“为人生”的理念，其大众化语言形式蕴含着新乡村政治生态的复杂博弈，体现了赵树理的人道主义情怀和极大的思想敏锐性。因此，重新思考赵树理文学创作的“中国叙事经验”，就具有极为重要的价值与意义。

一、语言大众化的民间文化基因与创作碰壁的艺术反思

乡村民间文艺世界，是赵树理的第一个语言艺术学校。赵树理不仅在这个独特的民间文艺资源和艺术底蕴深厚的“艺术学校”学会了吹拉弹唱，而且充分领略了朴实、直率、生动诙谐的民间语言艺术风格。

1925年赵树理考入山西省立第四师范学校，开始大量阅读《天演论》《三民主义》《共产党宣言》《阿Q正传》《沉沦》等各类书籍。赵树理不仅阅读了鲁迅等人的新文学作品，而且还喜欢阅读《新青年》等新杂志。1926年暑假，回到家乡的赵树理想向家乡

① 赵树理，以语言大众化和思想先锋性为中国现代文学确立了一个不同于鲁迅等新文学经典作家传统的另一种“农民文学传统”，建构了融民间文艺资源、五四新文学精神血脉与“农民文学”大众化追求于一体的新中国文学叙述经验，成为新世纪中国文学极为重要的精神资源。赵树理不仅描绘了农民翻身后的巨大喜悦，而且还对翻身后农民身份的新变化、农村“新压迫力量”进行了生动呈现，显现出其作为五四精神培育下的农民作家的人道主义精神和敏锐批判意识。遗憾的是，赵树理小说叙述所展现的新乡村政治生态的“思想先锋性”品质，遮蔽于语言大众化的形式结构之中，鲜有人论及。

人讲述鲁迅的小说,使他们觉悟起来。赵树理首先想到身为说书能手的父亲,希望借助于父亲的口来传播新文艺、新思想、新道德。赵树理先给父亲讲鲁迅的《阿 Q 正传》。刚念到阿 Q 与小 D 开展“龙虎斗”时,父亲就失去了兴趣。这次碰壁使赵树理深为震撼,他第一次对自己所崇拜的新文学产生了困惑:为什么像父亲这样热爱文艺的农民不喜欢新文学?新文学与中国农民这一最大的受众群体的接受障碍是什么?赵树理开始用一种新的眼光来审视和思考新文学的成就和局限。

1933 年,赵树理到山西省太谷县的一个小学任教。赵树理创作了一篇富有反抗性的小说《金字》。它是一篇不足三千字的小小说,但批判的锋芒直指时弊。这是他第一篇反映农民生活的小说,虽然其中的农民还是个模糊的集体群像,但从此以后,农民的形象就成为他的小说中永不消失的主人公形象。然而,赵树理这篇“得意之作”依然不受农民朋友的欢迎。显然,句子太长,语言啰嗦,新文学的欧化风格是农民不欢迎的基本原因。

农民并不是不喜欢文艺,而是有着很强的精神文化需求的,但在形式却绝不是新文学那种欧化风格的。新文学依然主要是以知识分子、青年学生、文艺爱好者等为对象,在城市文化圈的知识阶层传阅,跟农民老百姓基本上是绝缘的。农民大众所喜欢的还是那些千百年来流传的唱本、话本、通俗小说。赵树理决定进行一种“新民间文艺”的尝试,即以农民喜闻乐见的传统形式来创作当代乡土中国的农民文艺作品,来满足当代农民对精神文化的艺术需求,主动占领农村文艺阵地,祛除封建专制文化毒素,“新民”“立人”。1934 年,赵树理创作的新长篇小说《盘龙峪》,就是其对新民间文艺的一次自觉的文学尝试。从语言形式结构来看,赵树理已经初步克服了新文学作家的那种欧化句式,开始使用简短、精练、诙谐、口语化的语言和传统文学叙述方式、叙述结构来进行文学创作。

1934年，中国现代文学思潮进行了第三次“大众化”讨论。1934年8月赵树理积极参加了这次“大众化运动”，在《山西党讯》副刊上发表过5篇关于提倡大众化、大众语的议论文章，力批厨川白村、梁实秋等人的观点，他用“何化鲁”的笔名，连续发表了有关文艺大众化的文章，提出了自己的观点，并以自己亲身的艺术体验和文艺创作完全实践了大众化运动中自己所提出的观点，内化为自觉的创作精神理念。

讨论中，赵树理以《西厢记》的《拷艳》一折里在写景方面、抒情方面的逼真生动，对龙贡公等人的观点进行反驳，指出描写的逼真、生动，并不只有欧化的文字能胜任。事实上中国文学和中国化的叙述文字，完全可以担负和实现这项艺术功能的。“只要你能实地参加在大众的生活里，体验了大众的心情与体态，用大众的语言，是可以产出大众的作品的。如果说用大众语写出来的文学便会放低了文字的价值，那只是护道者的说法。主张大众语的人，是不会承认这些的。假若只住在租界的三层楼上，而主张大众语的文学，无论赞成或反对，都是幻想，都是欺骗……我们都知道，所谓大众语，并不尽是‘奶奶雄，操他个奶奶，妈拉个八’等等粗陋的语言。那么，当然就不能说文章里含有这些字句儿的，便是大众文学。更不是如一般浮浅者流，以为句子的简短，对话的单纯化，便是大众语文学。所谓大众语文学者，必然地是大众的一般的语言听得懂、说得出的言语”①。

赵树理不仅用理论和事实来论证了大众语的描写表现力，

① 赵树理：《赵树理文集》（4），工人出版社，1980年，第1860—1861页。

而且还提出了清晰的大众文学概念，指出了大众文学的实践路径，即“实地参加在大众的生活”。可见，赵树理对大众文学，具体而言就是对农民文学的思考，已经非常成熟，而且与延安毛泽东提出的作家到群众中去、向群众学习的创作源泉与实践指向相一致。

1942年毛泽东发表《在延安文艺座谈会上的讲话》，对文学与乡土中国、中国农民的疏离状态进行调整，直接从意识形态方面提出文艺从属于政治、为政治服务的主张，要求作家为最广大的人民群众写作“工农兵方向”的文艺作品。1943年10月，当毛泽东的讲话精神传到太行山区的时候，赵树理读完毛泽东的讲话之后欣喜若狂，感觉终于找到了知音，为自己的农民文艺写作找到了强有力的理论支撑。

二、“文摊文学家”：语言大众化审美理念的自觉

1943年，赵树理根据当地发生的真实案件（岳冬至、智英祥一案），经过独特艺术构思，创作了与现实结局完全不同的文学名作《小二黑结婚》。小说出版后，第一版就印刷两万册，但是仍供不应求，后陆续发行达四万多册，这在贫穷的太行山区是一个文学出版和接受的奇迹。之后，《小二黑结婚》又被上百家地方剧团改编为各种不同剧种的地方戏。1943年完成的《李有才板话》，让赵树理得到了更高评价，被指定为思想改造和土改运动的干部必读书。之后，赵树理被调入华北新华书店担任编辑工作。有更多时间的赵树理，创作多幕话剧《两个世界》、报告文学《孟祥英翻身》、鼓词《劳动英雄庞如林》、快板《汉奸阎锡山》等脍炙人口的作品。长篇小说《李家庄的变迁》的出版，更是为赵树理在现代文学史上确立了地位。

但在此前，太行山区文联当地作家对赵树理的“农民文学”颇有微词，视为“下里巴人”，很是看不起。脍炙人口的《小二黑结婚》最初也没有机会出版，只是在彭德怀等人的有力干预下，才得以面世。《小二黑结婚》出版后就受到太行山区的农民群众的热烈欢迎，但仍然有些知识分子对《小二黑结婚》频频摇头，进行冷嘲热讽，视为“低级的通俗故事”。从赵树理早期的文学创作经历，直至《小二黑结婚》在上级领导积极干预下的艰难出版以及小说出版后一些所谓“文化人”“作家”的鄙夷观点，不难看出，即使在毛泽东《在延安文艺座谈会上的讲话》已经广为传播之后的解放区，这种真正实践“延安讲话精神”、为农民创作、表现农民生活的新农民文学作品依然受到打压和某种程度的蔑视。

然而，可贵和自觉的是，赵树理没有理会这些不公正的言语和行为，而是继续进行农民文学创作尝试和精神理念思考。在创作了《地板》《催粮差》《福贵》等作品之后，赵树理对农民文学创作有了较为成熟的认识，并明确了自己“为农民写作”的文学新理念。

> “十几年前，我就发觉新文学的圈子狭小得可怜，真正喜欢看这些东西的人，大部分是学这种东西的人。等到学的人也登上了文坛，他的东西实际上又只是给另一些新的人看，让他们也学会这一套，爬上文坛上。新文学只在极少数人中间转来转去，根本打不进农民中去。我父亲是个农村知识分子，但他对这种宝贝一点也不感兴趣。新文学其实应叫做‘文坛文学’或者‘交换文学’。因此，我不想上文坛，不想做文坛文学家。”“你逛过农村的庙会集市吗？那里有一种地摊，摆满了《封神榜》、《施公案》、《七侠五义》、《笑林广记》之类的小册

子和廉价的小唱本,生意真好啊!我的目标就是要拿着自己的作品去赶庙会,跟它们一起摆在地摊上,三两个铜板可以买一本,这样一步一步去夺取那些封建小唱本的阵地。做这样一个文摊文学家,就是我的志愿。”①

这是赵树理在1946年5月在接受李普采访时说的一段话。在与记者李普对话过程中,赵树理谈出了一个农民作家的志愿,即决心做一个新文学史没有的,也是很多人不屑的“文摊文学家”。这一话语充分显示了赵树理对乡土中国的叙述传统、中华美学精神,以及对农民文学创作的一种高度的文化自觉和超前的理性意识,彻底突破了以往五四新文学的语言形式樊篱。在继承中国传统民间文艺精神资源的基础上,在不断进行的农民文学的艺术实践中,赵树理已经自觉地、有意识地开创了文学与农民大众进行语言、情感与思想对接的农民文学,从而为中国现代文学创造了文学大众化实践的成功范例,奠定了一个新的现代文学传统——新乡土中国的农民文学。

1947年,晋冀鲁豫中央局宣传部指示当时的边区文联举行“专门讨论赵树理的创作”的文艺座谈会。会上,陈荒煤高度评价了赵树理的文学创作,指出其独特的创作资源与写作特色,并首次提出了“赵树理方向”,号召边区文艺工作者向他学习、看齐②!1947年,《人民日报》赠给赵树理一个“农民作家”的荣誉尊称,还刊登了一幅他的木刻像。赵树理与他的农民文学作品迅速在解放

① 李普:《赵树理印象记》,黄修己编《赵树理研究资料》,北岳文艺出版社,1985年,第18—19页。

② 陈荒煤:《向赵树理方向迈进》,黄修己编《赵树理研究资料》,北岳文艺出版社,1985年,第199—200页。

区声誉鹊起，带动了一个农民文学写作高峰的出现，如以赵树理为代表的“山药蛋派”农民文学，而且赵树理本人“可能是共产党地区中除了毛泽东、朱德之外最出名的人了”[①]。赵树理具有独特艺术特色、文化传统、叙事特征的农民文学创作与其精神理念追求终于得到了上上下下的认可。

面对赞扬，赵树理没有骄傲，而是清醒意识到，事实上还有一些“阳春白雪”作家对自己的农民文学不屑，而且真正有意义的、有艺术价值和新时代思想的农民文学作品还很少。“农村所需要的艺术品种类之多，数量之大，有时都出乎我们想象之外。办一分杂志，出一份画报，成立一个剧团，作一篇小说，很容易叫文化工作者圈子里边的人普遍知道，可是一拿到农村，往往如沧海一粟，试想就晋冀鲁豫边这一块地方，每一户翻身群众要买你五张年画，你得准备多少纸张？每一县一个农村剧团的指导人，就需要出多少戏剧干部？”对于农村巨大的精神文化需求与当前可提供的新思想、喜闻乐见的农民文艺数量存在着很大的反差，赵树理说：“为文化程度较高的人制作一些更高级的作品，自然也没有什么不可，不过在更伟大的任务之前，这只能算是一种副业，和花布店里捎带卖几条绸手绢一样，贩得多了是会占去更必要的资本的。至于说投身农村中工作会不会逐渐降低了自己的艺术水平，我以为只要态度严肃一点是不会的。假如在观念上认为给群众做东西是不值得拿出自己的全付本领来，那自然不妥当。即使为了给群众写翻身运动，又何曾不需要接受世界名著之长呢？织绸缎的工人把全付精力用来织布，一定会织出更好的新布，最后织到最好处，也不一

① ［美］杰克·贝尔登：《赵树理》，黄修己编《赵树理研究资料》，北岳文艺出版社，1985年，第32页。

定不会引诱得巴黎小姐来买。”①

“我以为只要能叫大多数人读，总不算赔钱买卖。至于会不会因此就降低了作品的艺术性，我以为那是另一问题，不过我在这方面本钱就不多，因此也没有感觉到有赔了的时候。”② 为了给最广大、但事实上最匮乏精神文艺的农民大众提供最适合“艺术口味”的精神食粮，赵树理所追求的不是新文学作家所谓的“艺术性”，而是以为农民大众提供喜闻乐见、语言浅显而意蕴丰富的新农民文学为最高目的。赵树理正是运用自己的全副精力，来为农民大众“织出更好的布”——最受农民大众欢迎喜爱的乡土中国农民文学。

三、思想先锋的“问题小说”

1942 年，毛泽东在延安文艺座谈会上的讲话对赵树理的成长起到了至关重要的作用。对处于创作迷雾中探索、在周围偏见重重围绕的环境里的赵树理而言，毛泽东的讲话可谓是恰逢其时、恰到好处，起到了拨云见日的作用。毛泽东在延安文艺座谈会上的讲话的理论倡导与赵树理的农民文学写作都是乡土中国现代化进程中的精神产物，是乡土中国农民的主体性表达的理论召唤与文学实践，都有力地推动了中国农民革命的“文艺战线”的形成。

赵树理前期的作品表现了翻身农民对自由幸福生活的强烈追求，书写了正在觉醒的力量与觉醒中的各种不同力量的复杂博弈。赵树理成功的原因在于作品真实、生动、幽默、口语化地反映广大农民乡土生活及其解放意愿。赵树理表现农民翻身生活是不同于

① 赵树理：《艺术与农村》，《赵树理文集》（4），工人出版社，1980 年，第 1363—1364 页。

② 赵树理：《也算经验》，《赵树理文集》（4），工人出版社，1980 年，第 1399 页。

其他作家的。这其中的最大不同之处就在于，赵树理不仅表现了农民翻身的喜悦，而且对翻身后的农民身份新的变化、农村新出现的压迫力量的描绘，显现了一个农民作家源于五四的人道主义情怀和高度敏锐的政治意识、历史使命感。

（一）对《小二黑结婚》的再思考

《小二黑结婚》是赵树理从太行山走向中国文坛的成名之作。小说开篇没有描写刘家峧农民翻身解放的事情，而是以刘家峧的两个神仙——前庄上的二诸葛和后庄上的三仙姑为叙述对象，介绍他们身上所具有的浓重封建文化特征。二诸葛会阴阳八卦，做任何事都要论一论，算一算；三仙姑是每月初一十五都要顶着红布，摇摇摆摆装扮天神。接着，作者娓娓道来，讲述了这两位“神仙”的演义故事：二诸葛忌讳“不宜栽种”，三仙姑忌讳“米烂了”。故事不仅幽默地展现了他们的旧的封建思想文化，而且还在诙谐之中，无形地对他们的旧思想进行了嘲讽和解构：一个是算得不准，一个是连自己都不信。但是，就是这样，二位神仙在刘家峧还有一定的市场，还能继续存在下去。这在一定程度上，说明了封建文化毒素对农民的影响是很大的，不仅制约了农民的思想行为，而且成农民彻底翻身解放思想的障碍，成为压迫农民的反动思想力量。

《小二黑结婚》为翻身后的农民，尤其是青年农民提供了一个大团圆的、极为美好的结局。这不仅符合农民的接受心理，而且对农村实际的土改、反封建思想文化工作提供了一个极好的范例。解放区许多青年农民的自由恋爱从《小二黑结婚》中获得了一种可靠的屏障与权利，因而它受到农民群众的热烈欢迎是必然的。

赵树理所运用素材中的主角岳冬至与智英祥的结局却是一个不幸的悲剧。这与小二黑与小芹的幸福结局有巨大的反差，也为我们理解、阐释《小二黑结婚》提供了新的思考视角。应该说，岳冬至与小二黑所处的环境性质是一样的，不仅遭受了村里反动势力的迫害，就是自己的亲人也不支持，村中的普通人也受封建思想影响，觉得应该"教训"他一顿。小二黑的喜剧结局就在于革命的区政府对事件与当事人的明察秋毫。新的边区政府的革命性质是毋庸置疑的，但是，问题就在于，区政府对刘家峧村的是是非非真的能够这样明断吗？如果边区政府不介入，小二黑的情况会怎样？而岳冬至的悲剧就是发生在村庄之内的。再说，金旺兄弟反动势力被消灭了，农民敢出头了，就保证坏人不会再当政了吗？会不会再出现个"银旺""铜旺"？

显然，农民的觉醒是一个极为艰难，也是极为漫长的过程。旧的乡村反动势力被消灭了，并不能保证不再出现新的乡村压迫势力。只要农民的自我主体性没有真正觉醒，没有能够代表农民利益的群体组织，封建剥削、压迫思想没有被彻底清除，压迫农民的反动势力就不会消亡，农民与乡村压迫势力的斗争也就不会停止。

（二）《李有才板话》与解放区乡村的新政治生态

今天细读《李有才板话》，我们就会发现赵树理对翻身解放的农民形象进行了更深层次的思考。《李有才板话》不仅展现了解放区翻身农民的喜悦，而且对翻身后的农民身份的新变化、农民群体的新裂变进行了前所未有的犀利剖析，达到了赵树理自身文学创作乃至整个延安解放区文学的新高峰。

赵树理在《李有才板话》中生动塑造了各式各样的农民形象，传神刻画出了解放初期农村的复杂政治生态。这里面有剥削之心不死的旧地主，有新诞生的革命政权代表老杨同志，有农村革命干部的蜕化变质，有农村里的年轻气盛、积极追求进步的青年农民，也有忠厚老实的存有浓郁封建旧思想的农民。正是这些不同的乡村农民群像构成了翻身新乡村力量博弈的主体。这种对1940年代延安解放区乡村这种复杂的政治生态斗争的生动描绘，不仅展现出了赵树理对乡土中国农民生活的高度熟悉，而且更体现出对农村、农民深刻的理解力、观察力和批评力。这是远远超出同时代作家的，完全可以与21世纪的当代乡土中国现实进行精神对话。

陈小元是村里贫苦农民的革命代表。在刚成为武委会主任的时候，陈小元保持着与革命反动势力斗争的优良品质。然而，随着地位提高，陈小元的革命品质渐渐丢失，被原有的封建等级差别观念和剥削思想所侵蚀，慢慢在地主阶级的物质利诱下蜕化变质，变为农村反动势力的新同伙和地主阶级的新利益代言人。这样一位从贫苦农民蜕化变质为反革命势力同伙的陈小元形象是赵树理对1940年代解放区农村解放后的政治生态新变化的超前性和批判性书写，既展现了赵树理的敏锐、超前的、先锋性思想意识，又显示了赵树理对乡土中国的深刻把握、独特理解和过人胆识。

翻身后的新乡土中国新农村新干部，如何保持革命本性不变、如何全心全意为穷苦农民服务、如何消除头脑中的封建剥削意识，乃至如何建立一种进步的、革命的社会伦理观念，是解放后农村基层政权建设的一个初期的、重要的、长期的任务与挑战。这也是能否保障革命胜利果实、能否实现革命先烈心中美好理想社会的最根本、最核心的问题。

在《李有才板话》中，我们如果仅仅从翻身斗争结果来看，是皆大欢喜的大团圆结局：解放区新农村里的政治生态得到了优化，乡村反动势力被清除，蜕变干部受到了处罚，新的穷苦农民代表考及其组织——农救会重新成立了。但是，这依然是一个表象。无论是作者还是读者，无论是当时还是现在，我们都会思考：真的就一切这样完美无缺吗？革命真的完成了？而事实上，我们都知道，清除农民头脑中的封建思想、对有几千年奴性生活的农民所要进行的精神启蒙，依然是刚刚开始，依然是漫漫迢迢的道路。

从五四“问题小说”到赵树理的农民文学的“问题写作”，有着一脉相承的精神关联①。而且，赵树理还以极大的政治勇气指出了刚刚建立起来的新乡村政权所面临和存在的腐化变质问题，具有很强的思想先锋性。赵树理文学世界中所展现的具体历史场景已经一去不复返了，但是赵树理对农村政治生态、农村政权建设问题的揭示现在还有着重要思想启示意义。消除封建思想残余、启蒙农民的精神思想、农民自我意识觉醒的问题依然任重而道远，特别是乡村政权的黑恶化、蜕化、变质化问题在当代新世纪中国尤其显得突出，赵树理的“新乡村政治生态”的描绘与思考在当代显现着先锋性思想价值，有着深刻而特别的警示意义②。

总之，赵树理，为百年中国文学确立了一个不同于鲁迅等精英本位的新文学传统的另一种典范的农民文学传统。这是融乡土中国民间文艺资源、五四新文学精神血脉与“农民文学”大众化追求于一体的新中国文学叙述经验。“赵树理方向”与毛泽东的“工农兵方向”新意识形态遥相呼应，成为大众化运动最为成功的、最为有效的以农民为本位的农民文学。赵树理的农民文学传统，凝结

① 席扬在《角色自塑与意识重构——试论赵树理的“知识分子”意义》中论道：“‘在大众化讨论’的语境中，遂产生‘乡村艺术情感’与‘五四艺术理性’的融合难题。赵树理的‘大众化’选择，肇因于对现实的批判而始终不曾离开启蒙理性，其知识分子性体现为对两种文化融合机制的选择与建构。”参见席扬《多维整合与雅俗同构——赵树理和“山药蛋派”新论》，中国社会科学出版社，2004年，第28页。

② 中国当代农村问题学者于建嵘提出一个尖锐问题：20世纪我们是否背弃了对工农的承诺？见于建嵘《终结革命：背弃承诺抑或重构价值——解读20世纪中国工农运动》，http://www.tecn.cn/data/detail.php?id=852。

为20世纪中国作风、中国气派的中国叙事经验，构成了新世纪中国文学极为重要的精神资源。毫无疑问，赵树理是百年中国新文学独异的一个审美经验存在。

第三节　赵树理后期"中间人物论"视域下的农民形象探究

新中国时期，赵树理的《三里湾》《锻炼锻炼》等作品乡土气息浓厚，真实地再现了中国农村几十年来的巨大变革。赵树理是一位在解放前就已经有巨大影响力的作家，在硝烟弥漫的40年代，他全身心投入到为农民写作之中，被誉为描写农民的"铁笔""圣手"，被称为解放区文学的代表性人物和"方向性作家"。在和平建设的五六十年代，社会相对稳定，文化发展较快，各种时代潮流涌入中国社会，赵树理的创作与时代要求不再切合无间，但同样真实地表达了农民的愿望和心声。他所塑造的一系列"中间人物"的农民形象，成为研究乡土中国历史、文化、思想、社会变迁的重要依据之一。赵树理的这类包含有缺点人物的小说，走的不是文学启蒙之路，而是"问题小说"之路，不是希望以文学去唤醒人、教育人，而是以文学去"干预生活"、解决问题，成为照亮乡土中国文化转型期间社会阴暗面的精神之光。

赵树理是中国历史上一位有独特影响力的作家，是中国文学史上一个特殊的存在。一方面他是除了鲁迅之外唯一被我党树立为方向的作家，另一方面他又处于经典作家之外。有人对他称赞不已，有人对他不屑一顾，他的作品曾经在1949年前产生过重要影响，却在建国后一步步变得沉稳、迟缓。他励志成为一个"文摊作家"，坚持自己"以农民为本"的创作立场，符合了当时的政治要求，被广大读者所接受。但在1949年后他的创作没有及时的符合时代要求，没有注意到读者群体的变化，固执地执着于过于通俗化的追求，导致了他在1949年以后的创作成就远不如以前。可贵的是，赵树理坚持以自己的笔墨书写农民的苦乐，用朴实无华的文字展现在时代大潮中农民所走过的心路历程。

“中间人物”的农民形象是广大农村的重要组成部分。在社会主义确立的起步阶段，在农村社会中先进的人物是少数，落后的人物也是少数，只有处于中间状态的“中间人物”，一方面有着深厚的生存基础，另一方面又有着庞大的数量，构成了农村、农民的主体。赵树理在小说创作中塑造的“中间人物”的农民形象，既是他扎根农村、不断思索的结果，也是他本着一颗时代记录者的心如实反映了时代的状态。这一类人物的塑造在中国文学史中早有出现，只是未正式提出这一创作理念。赵树理“中间人物”的农民形象的塑造将这一创作技法提到了一个新的高度，他的代表作《三里湾》《锻炼锻炼》等小说塑造了具有典型代表性的“中间人物”，在文学史上为这一类型的人物拓展了生存空间。赵树理可以说是同农民、同农村有着不解之缘，他生长在农村，工作在农村，战斗在农村，一辈子都在农村里和农民打交道，他自称是农民的儿子、农民的朋友，也是农民的代言人。他对农村、农民题材的坚守，是中国文学史一座不朽的丰碑。在赵树理创作后期，他写出了著名长篇小说《三里湾》、短篇小说《锻炼锻炼》等，尽管读者对他这一时期的作品褒贬不一，但赵树理坚持写实的风格还是为我们展现了当时农民的真实状态。赵树理对“中间人物”的农民形象的塑造更是惟妙惟肖，生动地展现了当时这些“有缺点”的人物内心如何转变、行动如何发展、利益如何权衡、问题如何解决，在文学史上占有重要的地位。赵树理这一时期的农民“中间人物”的塑造，成功避免了只写一个或者一种类型的农民如何由单干走上集体的道路，写出了各种类型不同、思想不同、觉悟不同的农民在农村合作社与资本主义之间是如何权衡得失的，写出了各种类型的农民在思想斗争中的具体表现，把当时农村的真实面貌比较广阔地呈现在读者面前。“赵树理在延安时期被誉为‘赵树理方向’，认为是自觉地践行了毛泽东的文艺思想，这使他在50年代前期具有很高的文学地位，但这不意味着他在50到70年代能成为走红的作家，相反他一直在走下坡路”①。但赵树理创作后期所塑造的农民“中间人物”形象，还是让我们在波澜壮阔的社会主义农村改革进程中看到了当时真实的情况，在充满复杂性的环境中，“中间人物”有其存在的必然性，在社会大潮的涌动下，他们又是必然被改造的一类人。“中间人物”形象的塑造是作者在文学创作中取得突出成绩的一方面，同时也反映出当时社会思潮的涌动与变化，展现了农民的精神与心灵的蜕变，今天我们重新探讨赵树理创作后期的农民“中间人物”形象塑造，有着非常重要的美学价值和思想价值。

在赵树理创作后期，他所塑造的农民“中间人物”形象主要有“糊涂涂”“翻得高”“能不够”“铁算盘”“常有理”“惹不起”“小腿疼”“吃不饱”“杨老太爷”“林忠”等，这些人物形象的塑造真实地展现了合作化初期人民群众的众生百态，表现出了这些有缺点的人物在面对经济利益选择的时候如何权衡、在资本主义和社会主义选择时候的艰难心态。赵树理所塑造的农民“中间人物”尽管是有缺点的，但是本质并不坏，他们都是受到旧社会、旧制度所打压的人。研究这些有缺点的“中间人物”的农民形象，可以在对旧社会丑恶现象的审视之中看到社会主义的优越性，在对有缺

① 萨支山：《延安文艺与当代文学》，《中国现代文学研究丛刊》2003年第2期。

点的人物分析对比之中看到社会的进步、人物的闪光,可以看到中国农民在波澜壮阔的社会变革之中精神如何变化、思想如何进步。“中间人物”的农民形象是赵树理对于转型时期的一种反思与审视,在中国转型期这是一类富有代表性的人物,他们曾经在当时的时代占有很大的比重,今天对于“中间人物”的农民形象的研究有着非常重要的意义和价值,通过对这一类型人物的分析,我们可以获得审美上的愉悦和思想上的升华。

一、展现变革中小人物的性格复杂性

“中间人物”的农民形象是中国农村广泛存在的一类人,他们在时代变革的大潮流中,一方面见识了新制度的优越,得到了物质生活和精神生活上的提高,一方面又受到旧思想、旧制度根深蒂固的影响,一时不能完全地适应新的政策,不能完全践行新的路线。赵树理创作后期所塑造的“中间人物”的农民形象,正是当时中国传统农民心态变化的真实写照,展示了变革时代农民的生活本相。“但原来的农民毕竟是小生产者,思想上都具有倾向发展资本主义的那一面。所谓社会主义改造,正是为了逐渐消灭那一面”[①]。“糊涂涂”马多寿是一个具有典型复杂心态的中国传统农民,他处于新中国的天空下,享受着新政策、新制度所带来的一系列优点,他的儿子有的是干部,有的是军人,有的是团员,同时也有“铁算盘”“惹不起”这样的儿子和儿媳。“糊涂涂”一方面对于党的新政策、国家的新举措是糊涂的,不能够积极主动地接受更好的、更先进的制度;另一方面对于有关自己马家的利益却又十分精明,对入

① 赵树理:《赵树理专集·三里湾写作前后》,福建人民出版社,1981年,第102页。

社和不入社的各种条件和利弊都进行了精打细算。马多寿这样的“中间人物”的农民形象,并不是社会发展的敌对力量,相反,这一类人物的最终转变,在很大程度上是对旧文化、旧制度、旧思想的一种沉重打击。

在这类人物身上集中表现了个体农民自私落后的一方面,几千年的封建制度、家族秩序、小农意识根深蒂固地存在于这类人内心深处。无论是古代中国、近代中国,还是当代中国,占人口绝大多数的是农民群体。传统农民是几千年封建社会的产物,他们以辛勤的劳动和痛苦的挣扎为社会创造了巨大的物质财富和精神财富,但是这一阶层也带有十分明显的局限性。作者塑造的马多寿形象,是广泛存在于中国农村的,尽管这样特别落后的人物在三里湾不是特别多。但是马多寿的那种小农心态在本质上是代表了中国绝大多数农民的普遍心态。马克思曾经形容说,东方农民的生活是“失掉尊严的,停滞的,苟安的生活”。作者塑造的马多寿等中间人物形象具有性格上的复杂性,一方面他善良、勤劳;另一方面他又自私自利、目光短浅、因循守旧、自以为是。这一类人物对政策不是那么积极,但对自己的切身利益特别关注。马多寿的院子,夜里大门要上几道栓,有一条咬人的大黄狗,忌生人时候在门口挂一块红布,这些描述都生动形象地写出了马家大院的封建传统,表现了住在院子里的人的顽固落后。由于生活空间的狭小,又让他们的精神世界很狭窄,长期笼罩在蒙昧主义的阴影之下,愚昧落后、社会责任感不强、自以为是等性格特点非常明显。他们还有极强的现实精神,对利害关系十分在意,凡是对自己有利有益的事物都非常关注,在文化上表现为他们的精神信仰不专一、不稳定。在他们的精神信仰中,既有儒家的孔孟圣贤,道家的神仙至人,民间信仰的城隍、土地、灶君、门神,历史和民间传说中的人物关公、岳飞、孙悟空、二郎神，也有从外面传入的观音菩萨等等。“中间人物”的农民形象是中国传统守旧农民的典型，只要是他们认为能为自己带来福气、利益的东西，他们都毫不犹豫乃至疯狂的信奉。对自己不了解、与自己的利益没有直接关系的事物，他们则表现为漠不关心，乃至排斥。“翻得高”“糊涂涂”小农经济意识浓厚，只顾自己发家致富，不能走上社会主义道路，跟不上时代潮流。在农村生产合作社运动进行得如火如荼的时候，这类旧式农民成为改革发展的一个阻碍因素。同样类型的人物还有写于1962年的《杨老太爷》中的杨大用，本是中农家庭出身，在革命成功之后家里又分回来几亩田地，本应该过着幸福安稳的生活，但是他的老丈人曾经在河南做过生意，小舅子利用商业界的关系跑过几次小买卖，他便一心想发一些洋财而不好好种地。他没有自己的主见，只要看见利益就眼睛发亮，给在政府工作的儿子写信要钱。当别人都在关心国家大事，想着怎么为支援前线出一把力的时候，杨老太爷却想着怎么用一头驴子的借口向儿子要一百万钱。杨大用摆出一副老太爷的样子，为了向儿子要钱，他听信小舅子的话，不惜逼着儿子辞掉政府的工作，这一类人是封建思想侵蚀的受害者。“翻得高”虽然是一个党员，但在经济本质上还是一个小生产者，资本主义思想的不断侵袭，使一部分群众乃至党员发生了变化。“翻得高”虽然背着个党员的牌子，但事实上在一切问题上都反对党的主张。在党和群众面前，他是一个充当老资格的人，没有正大光明地反对党的决策，而是把反对党的意见说得很圆滑，让人在形式上找不出反驳的理由。用维护党的利益的幌子来发展自己的利益。在菊英提出分家的要求以后，范登高前去调解，冠冕堂皇地提出了反对的意见，理由是马家落后势力强大，应该让进步势力留在里面做些工作。在这个理由被打翻以后，他又掩饰说：“调解委员会，不能给人家调解的没有事，反叫人家分了家，群众会不会说闲话呢？'[①]表现出一副心系百姓疾苦、关心群众影响的样子，其实他的真实目的是怕菊英的分家会让自己互助组的人入社，会使自己的利益受到影响。只要对自己有利的事情，范登高毫不在意别人的感受，只要能保证自己的土地不受影响，他可以任由“糊涂涂”“常有理”“惹不起”等人对菊英的压迫。事不关己高高挂起的劣性、资本主义思想的侵蚀，让这个蜕化的党员成为社会主义道路上首先要被解决的问题。虽然范登高中资本主义的毒很深，长期脱离群众和欺骗组织，热衷于走资本主义的道路，甚至还和落后势力勾结起来阻挠合作化运动的开展，这和社会主义是两条完全相反的道路，是绝对要进行斗争的道路，如果范登高执迷不悟，他很可能变成一个阶级敌人，但是他最终在党和人民的教育下迷途知返，“认识了自己的错误，表示了改正的决心”，又回到人民群众所拥护的社会主义道路上来。袁天成也是一个党员，并且已经加入了合作社。但是袁天成的老婆“能不够”却主使他以参军兄弟的名义多留了一份自留地，他虽然已经加入了公社，但是却没有真正地融入公社，整天守着自己的自留地，结果在社里挣不到工分，自己的田地也干不好。天成老汉是一个老实朴素的中国农民，他身上有勤劳、坚韧的一面，也有很多不足之处，他守旧，小农意识浓厚，没有主见，任由老婆“能不够”对家庭生活乱加指点。作者塑造的这一老实人物形象，虽然人物话语不多，但通过人物内心世界的变化和行动，展现了人物性格丰富的一面。在“天成革命”这一节，“他正在场上挽着驴缰绳一边碾着一边叹气，听见别的场上正打着豆子的人们传说着玉生和灵芝订婚的事，传说着有翼不愿和小俊订婚的事，

① 赵树理：《赵树理文集》第二卷，工人出版社，1980 年，第 434 页。

更叫他气上加气。他恨能不够——恨她不该出主意留那么多自留地，恨她不参加劳动让自己一个人当老牛，恨她挑拨小俊和玉生离婚，恨她和常有理包办儿女婚姻最后弄得大家丢人"[①]。在"能不够"跑到打谷场骂他的时候，一向老实巴交的天成老汉忍无可忍，终于将性格中强硬的一面展现了出来，大声呵斥"能不够"的所作所为，并且要与她离婚，一下子把一向没人敢管的"能不够"镇住了，并且与"能不够"定下了再不准胡闹的约定，并且找了满喜做见证人。

二、中间人物的转变暗示旧思想被新思想所取代

赵树理的创作后期所塑造的"中间人物"的农民形象，是对人民内部矛盾的真实展现，表明了他对社会主义制度的真挚情感和鲜明的阶级立场，并且深刻揭露出了矛盾的根源。"中间人物"的农民为何会存在？他们有着怎么样的存在基础？该如何对待他们？在当今社会"中间人物"的农民形象还存不存在？柯林伍德曾说过，反思不仅在于在他所关怀的对象客体，也包含着"思想对客体的关怀，故而它既关怀着客体，又关怀着思想"[②]，赵树理所塑造的"中间人物"的农民形象，既是对当时农村落后人物的教育和批评，也是对于社会思想变化的关注。

"能不够""常有理""惹不起""吃不饱""小腿疼"，这些女性人物形象是赵树理所塑造的典型，她们将农村女性身上的缺点与劣性生动形象地表现了出来。这类女性"中间人物"的农民形象，是中国几千年来受压迫女性的代表。她们一方面有着农村妇女勤

① 赵树理 :《赵树理文集》第二卷，工人出版社，1980 年，第 505 页。
② [英]柯林伍德著，何兆武译 :《历史的观念》，商务印书馆，1997 年，第 3 页。

劳、善良的一面，同时也是封建、迷信、落后、受压迫的典型。村里的人对"能不够"的评价是"骂死公公缠死婆，拉着婆婆跳大河"。"能不够"有着一套自己的处世思想，对婚姻、家庭有着泼妇一样的手段，是受旧社会封建思想毒害的一个典型。"能不够"教育自己的闺女小俊"对家里人要尖，对外面人要圆——在家里半点亏也不要吃，总的叫家里大小人觉得你不是好说话的；对外面人说话要圆一点，叫人人觉得你是个好心肠的人"，"对男人要先折磨得他哭笑不得，以后才能好好听你的话"①。"能不够"用自己的所谓的手段对付袁天成，给自己的男人立了规矩，她确定了在家里的支配地位，从来只管吃喝，不管劳动，叫男人给她当牛做马，自己却从来不下地干活，也不参与妇女学习。她的这种封建守旧思想是从旧社会的阶级那里模仿来的，她极端自私，损人利己，这种思想是十分卑劣的，是中国国民劣根性的一个方面。卑劣的极端个人主义思想是与社会主义不相适应的，她出身牙行家，从小在潜移默化中学会了偷奸耍滑、坑蒙拐骗。她的这种旧思想与走社会主义道路是格格不入的，通过塑造这个人物，揭示了在时代变革时期人民思想的杂乱和内心的迷茫，展现了旧思想是如何毒害、侵蚀农村女性的，也展露了在农村社会主义改革中面对各种敌对思想的顽强性、隐蔽性。"能不够"看见玉生是个很不错的小伙子，就自作主张把自己的女儿嫁给玉生。后来小俊跟玉生结婚以后，她又挑拨小俊和公公婆婆分家，然后教她给自己的男人玉生立规矩，这属于对小俊婚姻家庭生活原则上的指示，后来的指示就够具体了，她劝着小俊去挑拨玉生，让玉生去跟金生提分家的事情，结果小俊被碰了一鼻子灰，被玉生抢白了一顿。金生顾全大局，不愿意因为分家而让

① 赵树理：《赵树理文集》第二卷，工人出版社，1980年，第354页。

玉生跟小俊离婚,就同意了分家。“能不够”在玉生分家以后,她加紧了对女儿小俊的教育,“他能做的了事你不要替他做,替过三趟就成你的事了!你能当家的事不要问他,问过三趟你就当不了他的家了!”她对社会主义道路的看法是完全不理解的,甚至是完全敌对的,她认为玉生一家人都是不知道为自己家里谋利的“傻瓜”。在小俊和玉生离婚以后,她曾经对“常有理”说过这样一段话,“姐姐呀!在小俊的婚事上,我当初真是错打了主意了!玉生他们那一大家人,心都不知道是怎么长着的:金生是个大包单,专门在村里包揽些多余的事——像成立农业生产合作社呀,开水渠呀,在别人本来都可以只当个开心话儿说说算拉倒的,一加上个他,就放不下了。玉生更是个‘家懒外头勤’,每天试验这个、发明那个,又当着个民兵班长,每逢收夏、收秋、过年、过节就在外边住宿,根本不是个管家的人。老万宝全是个老娃娃头,除不管教着孩子们过自己的日子,反勾引着孩子们弄那些没要紧的闲事。把这些人凑在一起算个什么家?我实在看不过,才叫小俊和他们闹着分家。我想玉生是个吃现成饭不管家事的年轻人,不懂得老婆是要自己养活的,分开家以后让他当一当这个掌柜他就懂得了。小俊跟他要死要活地闹了一年,好容易闹得将就把家分开了,没有想到分得了人分不了心,人家还跟宝全、金生是一股劲,对村里、社里的事比对家里的事还要紧。”① 从“能不够”上面的一段话我们可以看出两点,一是她对待婚姻的态度,她的婚姻观念是十分封建守旧的,主导了自己女儿的婚姻,并且导致了女儿的离婚。二是她对农村合作社是不认可的,依然是完全传统意义上的小农意识。这样的人物在农村是有着深厚根基的,是几千年封建思想毒害的产物,对于

① 赵树理:《赵树理文集》第二卷,工人出版社,1980 年,第 370 页。

“能不够”这个年纪的人来说，她出生在封建社会，拥有这样传统封建的观念很正常，我们也不能要求这样的人会有特别快、特别明显的转变，但是她的女儿小俊在她的影响下也有了类似的观念。这种旧思想影响到了小俊，并且造成了她婚姻的悲剧和生活的苦闷，原本被村里人所羡慕的一桩婚事，在“能不够”的挑拨下逐渐丧失了光彩，最终走上了离婚的道路。本来吃喝不愁、安稳平静的生活在旧思想的影响下，逐渐推入痛苦纠结的深渊。出生在革命区，长大于解放区的小俊依然受到了老封建迷信思想的影响，在母亲“能不够”的支配下，没有自己正确的想法，断送了自己的生活。这充分说明了尽管在三里湾这样的老革命区，封建迷信思想依然是很强大的，对年轻一代有着深刻、明显的腐蚀性。封建迷信思想在“中间人物”的农民形象身上是根深蒂固的，这造成了在合作化过程中遇到的很多问题和困难，但赵树理通过描写小俊的后悔、天成老汉的革命、有翼的革命、“糊涂涂”的入社等事件，表现了旧思想最终会被社会主义所取代，正如党支部书记王金生所说的那样，“难道到了社会主义时候，还要把他们留在社会主义以外吗？争取工作是长期的，只要不是生死敌人，就得争取”，作者用一种治病救人的心情、耐心等待的方式来团结这一类人物，争取他们一同走上社会主义道路，相信封建迷信的“中间人物”最终会被社会主义改造成社会主义新人。

赵树理的短篇小说《锻炼锻炼》，是一部备受争议的作品，其中塑造的“中间人物”的农民形象更是争论的焦点，作品中的“中间人物”的农民形象正确地反映了人民内部矛盾这一观点，展现了特定时代背景下农村人民的精神变化和思想波动。作者用白描的手法，通过讲述“中间人物”的农民形象的所做所为和巧妙的情节设计，生动地揭露出在社会主义生产合作社时期所出现的人民内部矛盾。赵树理塑造的“小腿疼”“吃不饱”等农村落后女性形象并不是占当时农村妇女多数的，但是这类人物在全国相当范围内存在。通过对这些有缺点的“中间人物”的农民进行描写，生动、全面地展示了农民在变革时期的精神状态。赵树理所塑造的“中间人物”的农民形象，一方面在当时被当作是对现实的真实反映，一方面也遭受到严重的批评。1959 年，武养同志一篇名为《一篇歪曲现实的小说——〈锻炼锻炼〉读后感》① 震惊了评论界。武养在这篇评论中，指出了赵树理创作的不足，对作者所塑造的人物提出了完全否定的意见，认为赵树理所塑造的人物形象不是占农民人口中大多数的，不足以反应农村的情况，“在作者的笔下，除了高秀兰这个理想的进步妇女外，读者看不到农村贫农和下中农阶层的劳动妇女的形象，所看到的只是一大群不分阶层的、落后的、自私到干小偷的懒婆娘。难道这就符合农村现实吗？难道这就是农村妇女的真实写照吗？”武养同志的这篇文章看到了赵树理小说中存在的一些缺点，但是全然忽视了优点，在广泛意义上来说，《锻炼锻炼》这部小说还是较大程度地揭露了在当时的社会状态下农村、农民所遇到的一些问题，展现了在社会主义道路前进过程中所遇到的阻碍。徐俊西在《从赵树理的创作谈文艺作品如何反映人民内部矛盾问题》这篇文章中指出，“他虽然也写解放区某些地区的落后现象，但这只是晴空中的一片乌云，是暂时的现象，而不是人民政权本身的性质造成的。他也写政府工作人员的官僚主义、主观主义，但这是由于他们缺乏锻炼、脱离群众的结果，而不是社会制度本身的原因。他也写少数党员和积极分子的蜕变变质，但他

① 武养：《一篇歪曲现实的小说—〈锻炼锻炼〉读后感》，《赵树理专集》，福建人民出版社，1981 年，第 482 页。

们是由于受到剥削阶级思想的侵蚀，由于背弃了党和人民群众的利益。因此他们丝毫也不能代表整个党组织和群众的面貌。相反只有人民群众，才是克服这些消极落后现象的唯一强大无比的力量”①。通过写“中间人物”贪图小便宜、不顾集体利益等不光彩的一面，对当时的农村社会的这类人物起到了讽刺与批评作用。通过写村干部等人对“中间人物”瞎打瞎闹的放任，展现了“中间人物”的农民形象在中国农村存在的更深层次的原因。在《老定额》里面，作为“星火大队”大队长的林忠，在抗战时期是“破路英雄”，一个人能扛起一条铁轨，从来不会因为“定额”去完成组织上给安排的任务。但是在合作化时期，他有了自己的家庭，对涉及自己个人利益的时候表现出过分的关注与狂热。林忠因为家里劳动力太多，怕吃亏，因此对每一样工作的定额都关注得很仔细，对一块地也得分成好几个部分来定额。林忠把大量的时间浪费在反复修改定额上，于是人们给他起了一个外号“老定额”。林忠这一形象也属于“中间人物”的农民形象，反映了在农村干部之中存在的这类自私自利、投机取巧的人并不在少数，党员、团员不愿意吃一点小亏，所以给了群众更多想要投机取巧的念头。李大亨也是一个投机取巧的人，他认为林忠把定额定得很细又不懂磨面，就想找林忠改一下定额，却不料想被一个孩子把阴谋识破。通过写林忠在抢收麦子这件事上所表现出来的果断、精明、无私，又说明这一个人物并不是真正的自私自利主义者，在全社社员的同心协力下将麦子抢收回来，集体的利益是个人利益的保障。林忠通过抢收这件事也明白了个人利益在集体利益面前不过是蝇头小利，作为一个

① 徐俊西：《赵树理专集・从赵树理的创作谈文艺作品如何反映人民内部矛盾》，福建人民出版社，1981 年，第 259 页。

党员、一个干部，应该时刻将人民群众的利益放在首位，保证集体利益不受损害。在革命战争时期林忠干生死大事的时候都没有考虑过“定额”这个问题，在革命成功后，他也成立了自己的家庭，开始被一些落后的、自私的思想占据了头脑，而他最后的转变又是很让人欣慰的。在抗战时期的英雄，并没有真正变成“窝里鸡”，到了新中国的合作社中也照样还是榜样。赵树理的作品正确地揭示人民内部矛盾，目的是为了让广大的农村群众明白，“如何摆脱长时期旧社会遗留在他们身上的影响，如何正确地解决个人与集体的关系，如何让先进克服落后，并带动落后的人一同前进”，是“鼓动群众建设新生活的信心”。赵树理通过塑造“中间人物”的农民形象，反衬了在广大农村中无私奉献的先进人物形象。赵树理一直站在鲜明的共产主义立场来展现人民内部矛盾，用自己朴素幽默的文字书写真实的农村生活。周扬曾说，“他的笔是那样轻松，那样充满幽默，同时又是那样严肃，那样热情。光明的，新生的东西始终是他作品中的支配一切的因素”①。赵树理通过塑造“中间人物”的农民形象，想要表达的并不是对这类有缺点的人物失去希望，而是让我们感到对旧社会、旧制度的批判。赵树理用幽默的笔触展现“中间人物”身上的错误言行和思想，通过这类人物的所思所想、所作所为窥探到封建落后思想的根深蒂固，让读者在嘲笑、批判这些错误做法的同时深感旧社会的罪恶，立足于新社会的优越性展示农村中所存在的落后思想。

赵树理“中间人物”的农民形象展现农民在社会转型与文化重构时的心路历程，体现了旧思想逐渐被政策所改变，生动全面展

① 徐俊西：《赵树理专集 · 从赵树理的创作谈文艺作品如何反映人民内部矛盾》，福建人民出版社，1981 年，第 257 页。

示了农民在变革时期的精神状态。中间人物展示了国民性格，用人物的外号揭露国民劣根性，人物形象呈现市井化特征，作者以丑为美，关注人性，是对传统美学的创造性重塑。人物的阴暗心理、精神世界展示变革时代农民的生活本相，中间人物的转变暗示封建旧思想被逐渐摒弃，展示了新观念势必取代旧思想的趋势，中间人物会转变成为打倒封建文艺、封建思想的重要力量。在当今社会，中间人物依然存在，赵树理所塑造的中间人物依然能启发我们对社会变革与文化转型的思考。

第四章　新乡土中国的社会主义新道路探索与农民新人的审美建构

第一节　高干大：乡土中国新式农民英雄与社会主义新道路探索者

20世纪中国共产党领导的中国农民革命，彻底结束了几千年中国农民被剥削、被压迫、被侮辱、没有生存保障与生命尊严的悲惨命运，从政治经济文化等各个方面获得了彻底的翻身解放。作为20世纪中国历史真实镜像的中国现当代文学，真实记录和反映了乡土中国农民从奴隶到主人，从愚昧落后到觉醒反抗再到翻身解放的波澜壮阔的心灵史。在20世纪文学史中，延安革命文学具有极为重要的作用。这不仅是因为延安文学真实反映了当时延安革命根据地的历史情况，而且是因为延安文学对"十七年文学"，乃至整个当代中国文学所具有的始源性意义和价值。20世纪著名文学家欧阳山创作了《高干大》《三家巷》《万年青》《广语丝》等一系列鸿篇巨制，产生了广泛而重要的影响。欧阳山的《高干大》作为延安文学中的第一部现代长篇小说，是一部具有历史原生态、始源性和多声部的优秀文学作品。《高干大》塑造的高干大（本名高生亮）是从旧式农民成长为乡土中国的新式农民英雄和广大农民走社会主义新生活道路的领路人、探索者，对在21世纪现代化转型中的乡土中国社会主义新农村建设和21世纪新乡土中国文学的创作都有着极为重要的思想意义和精神价值。

事实上，乡土中国文学是20世纪中国文学中数量最多、质量最高的文学类型，占据了大半壁江山。与此相对应的是，乡土中国农民形象也是20世纪中国文学人物形象画廊中最突出、最鲜明、最具有中国风格与中国气派的最大形象群。这也是乡土中国文学现代性的最突出特征。在这一最大数量形象群中，乡土中国农民形象经历了一系列具有断裂性质的审美裂变。早在20世纪初期，鲁迅先生所描绘的乡土中国农民是闰土式的、麻木愚昧落后的一群“老中国儿女”。20世纪20年代的“乡土文学”流派在鲁迅的影响下，创作了一些乡土边远地区野蛮民俗下的“病中国”儿女。直到30年代革命文学的兴起，乡土中国农民形象才从愚昧麻木开始走向了阶级意识的觉醒和自发抗争。三四十年代的中国农民在萧红、沈从文等人笔下依然是愚昧的、需要被改造的，当然这里的农民是沦陷区和国统区的。而在另一个“明朗的天”的延安解放区，乡土中国农民则是另一番完全不同的景象。解放区的很多农民积极参与到抗日民族战争和解放战争的行列中来，在获得民族新生、国家新生的同时，也获得个人的婚姻自由、生命尊严的彻底解放，即在战争中百炼成钢，铸就为新式农民和新国家的主人。赵树理、孙犁、孔厥、袁静、马加、马烽、丁玲、周立波、姚雪垠、欧阳山等解放区众多作家的作品，都塑造了在革命战争和土改斗争中成长的新式农民形象。

欧阳山在20世纪40年代创作的延安革命文学作品《高干大》在众多解放区文学作品中是极为突出的，是具有鲜明独特个性的。更为重要的是，《高干大》不仅对同时代有着引领性的影响和作用，而且有着超越时代的、指向新世纪乡土中国文学的当代性意义与价值。《高干大》中的高干大、任常有、赵士杰、程浩明、罗生旺、云飞、高栓儿、任桂花、郝四儿等人物形象，乃至出现次数不多的次要人物形象，都是个个生动传神，具有生活的质感和内在情感逻辑性，从整体上呈现了延安解放区进行互助合作的社会主义性质新道路、新生活探索过程中的各种不同势力、人群的复杂精神面貌。

"这故事出在任家沟合作社里面。那时候，是公历一千九百四十一年。"《高干大》作为一部长篇小说，一开篇就介绍故事发生的时间、地点、人物和矛盾冲突，干净利索，一点不拖泥带水；而且有着很强的民间评书体和民间口语化特征。一般小说讲的是故事"发生"在某年某月，而《高干大》这里讲的是这故事"出"在那里，把发生时间另起一个短句表达，符合乡土中国农民的阅读和接受习惯，达到了清晰自然、简洁易懂的接收效果。紧接着，作者以民谣和对话的方式，呈现了任家沟合作社与广大社员、合作社主任任常有和社员等紧张、尖锐、激烈的矛盾冲突。

在这样一种时空精神结构背景下，高干大出场了。"一个年纪四十五六，长方脸儿，两撇胡子，歪下巴，歪嘴的黑大个子蹲在地上，收拾他前面的两个木箱子；这人年纪虽不小，可是骨骼粗大，手脚有劲，胡须头发都是乌黑乌黑的，脸上皱纹很多，不过不显得老，两眼精明通透，象两颗黑宝石一样。"这是小说开篇部分对高干大做的一个剪影式描写，毫无疑问这是从外形到内心都是独特"这一个"的典型人物形象，在独特外貌描写中无意间向读者呈现出高干大以往的勇敢革命历史和丰富灵活的头脑、纯洁热情的内在心灵。对于合作社与农民社员之间的矛盾冲突，高干大戏谑表达出了会计张大海和一些普通群众的"合作社垮球了算了吧，不办更好"的悲观主义想法，但又不认同这种悲观主义，对于合作社的矛盾冲突的问题所在,有着自己的独特而深刻的理解:“办合作社的用意是好的。只是办法不对,你碰见一百个老百姓,一百个都会对你说:合作社是好的。一百个也都会对你说:把钞票撂在河里,它还会浮起来;把钞票撂在合作社里,那就连浮都浮不起来了!这是什么?——办法不对!”高干大坚定地认为办合作社的用意是对的,带领农民群众一起致富的道路方向是对的,但是目前的方法是不对的,是需要继续探索的。小说继续向读者介绍主人公的性格特征:“他说话响亮像铜钟,说话口气也一点不圆滑,不世故;他一下子生气生得那么厉害,简直一点也不老练,不深沉。从背面看他,穿着破旧的黑市布短衣裤,背上挂了一顶破草帽,脚上穿着扎花青布鞋,走路的时候两边膝盖都往外弯;小腿又粗又大,脑袋也是大的,正好和身体相衬,不过向左歪得很厉害。耳朵很大,很薄。头发又短又稀,可是又粗又硬。——这整个身段、举动、语言、相貌,你一看就晓得那不是一个和善的,容易欺负的脚色。自然这样的脚色又往往是过于直率,过于表露,——没有肚肠。真的,咱们这受人尊称为‘高干大’的高生亮老同志,是一个奇怪的人。他原是一个十足的农民,后来渐渐变成一个共产党员,但是,还没有变完。现在他大半个是共产党员了,小半个依然是农民。”小说较为细致地描绘了高干大“面貌丑陋,心地和善,脾气暴躁”“说话粗鲁,爱顶撞人”“有时激进,有时很保守”,甚至是“对于鬼神却不能彻底否定”的性格内在丰富性和多样性,是一个优点和缺点都很明显突出的、较为可爱的、成长中的农民英雄形象。小说以第三人称的说书人身份向我们详细介绍高干大的性格特征。这不仅符合中国民间评书体的叙事风格,符合乡土中国农村读者审美接受习惯,而且也为小说故事情节的发展和人物性格的丰富呈现埋下了伏笔。

高干大在下乡动员缴纳股金的时候，发现了社区内一些村庄发生较多儿童因为没有医生救治而死亡的事件，遇到了农民提出来能不能办医药合作社的新需求，找到发展合作社的新道路。小说生动地呈现高干大听到农民马老汉提出办医药合作社的高兴神情，"高生亮这时候显得又活泼又年轻，原来硬得像铁丝一样的两撇胡须也发软了，嘴跟下巴也没平时那么歪了。左脸上，一千九百三十五年打仗留下的那个大伤疤红起来了"，用铜钟的嗓音高喊"完全同意"。这让清风崖杨村长感觉高生亮不像个合作社主任的身份，倒像一个老百姓；高生亮那样大的声音说话，让他望望窑顶，看那嗓子是不是震落了尘土。

医药合作社，这又是一个乡土中国互助合作道路探索中的新问题。自然，这引起了新的纷争。阻力首先来自合作社内部的任常有。在任常有看来，"咱们这合作社是一份公家生意。咱们这合作社不是一份私人的生意。咱们是有组织的，有领导的……上级叫咱们怎么办，咱就得办……上级派咱们来，把咱们当作干部，给咱们饭吃，给咱们津贴，还给咱们家里代耕……咱们在这里干一天，就得服从上级的领导"。任常有奉行的是"上级主义"，所以在他看来，高干大的行为是"违反合作社的原则"，"违反上级的领导"，"简直就是个反革命"。但是，高干大没有简单屈从，而是继续到农村了解情况。西沟的王银发家里娃娃也病死了，提出了入股一千元办医药合作社的想法。这极大鼓舞了高干大办农民需求的合作社的新道路的想法。

高干大决定到区政府来解决这个问题。区委书记赵士杰和区长程浩明对这新生事物也持怀疑态度。当高干大提出自己的想法来自农民的切身情感需求的时候，区长认为不能当老百姓的尾巴，这是尾巴主义，不能老百姓喜欢什么就办什么。对此，高干大认为："老百姓要什么就做什么，哪里来个范围？……做群众的尾巴总赶做群众的仇人强些。现在的合作社已经是群众的仇人了！"区委书记让高干大再多找些群众谈谈，再找任常有商量商量。这次碰了壁，高干大没有灰心，而是思考为什么农民都支持的事，合作社主任和区政府都反对呢，该怎么办呢？"应该像《联共党史》所说的那个英雄"，"应该向他那个样子，——联系群众。众人的意见一多了，他们总会把那个老办法改变一下子的"。高干大决定学习区委书记给他在《联共党史》中讲过的希腊神话英雄安泰的故事，从大地中汲取力量，从群众中获得支持力量。在入伍欢送大会上，高干大讲了医药合作社的事情，当场就受到农民的热烈欢迎和行动上的支持。尽管高干大惊诧地看到主席台上的区领导并没有像他一样激动，而是"像两尊石头雕下的佛爷一样坐在凳子上"。这让高干大对医药合作社的未来和自己今天的行为忐忑忧虑不已。

但是，医药合作社已经到了非解决不可的地步了，无论是对合作社内部而言，还是对社区农民而言。然而，对于如何解决，区委书记赵士杰和区长也发生了分歧。赵士杰认为，陕甘宁边区办合作社从1936年开始，到现在不到五年，知识和经验都不足。但有一点是一致的，就是为人民服务，为人民谋利益。现在的问题是，"怎样为人民服务，怎样才服务得最好"。从理论看，任常有是对的，符合政策的。但从实践看，办得不够好。从实际看，高生亮也很有道理。因此，赵士杰提出意见是两家都办，办一年后，看实验结果如何。阻挡新型合作社的内外力量都去掉了，高干大带领张四海、王银发等人开始了社会主义互助合作新道路的探索。

高干大的新道路得到了群众的热烈支持。附近的老头老太太纷纷把钱从地窖中挖出来，入股新的医药合作社。小说对王德贵和刘老婆婆存钱入股心理刻画得惟妙惟肖，其心理描写一波三折，写出了农民内心复杂的弯弯绕绕。高干大从中悟出了一个深刻的道理："咱们，一九三五年，住在梢林里，打仗的时候，咱们是，知道，群众的力量的！往后呢，太平了，也就忘了。那时候，群众不同意，咱们就活不成！为什么现在就忘了呢？你看咱们这合作社，群众已赞成就办起来了。也不用你催，也不用你问，什么都送上门来！"从乡土中国彻底解放、新中国成立六十多年后的21世纪来说，欧阳山在《高干大》中通过主人公高干大所传递的历史反思是极为深刻的，是一针见血、入木三分的，是有着深刻的新世纪乡土中国背景的。新世纪十五年的今天，中国共产党也在重新倡导群众路线，可见欧阳山《高干大》中所提出的问题是多么重要与深刻！从这个意义出发，早在20世纪40年代革命尚未完全胜利的时候，欧阳山就看出某些党的领导干部脱离群众、不从群众实际出发的官僚主义、教条主义的思想作风和危害来，这无疑是极为深刻而超前的，是很有远见卓识，也是非常富有勇气的。

高干大为农民着想、从农民实际出发的行为启发了区委书记赵士杰。赵士杰在跟区长谈话的时候，提出了自己的观点："你听上面的太多了！听下面的太少了！自己的脑筋，那是运用的更少了！是不是这样子呢？这真是很可惜的事。咱们固然要向上级负责，我想，咱们同时也要向老百姓负责的！"眼光是向上，还是向下；奉行上级主义，还是从实际出发，这在新世纪的今天依然是党的领导干部体制和工作作风需要解决的关键问题所在。《高干大》中对领导干部人物形象和落后分子形象的塑造、反思"革命成功之后"的干群关系问题，为后来的"中间人物论"审美理念开启了先河。

高干大的新道路探索溢出了原有的设计思路和工作计划，体现了一个共产党员为事业、为农民大众利益高度负责的精神，这不仅打破了原有经济格局，也带动了政治政策、路线方针的变革。这也触动了一些落后分子的利益，如郝四儿等神汉们的利益。《高干大》小说的后半部分，叙述了高干大与落后分子的斗争。高干大原来的封建迷信思想也在斗争中逐渐祛除了，在最后与郝四儿的殊死搏斗中，完全成为一名共产党员了。至此，《高干大》完成了对高干大人物形象的塑造。

作为延安解放区文学作品的《高干大》，是一部早期的红色文学经典，具有五四时期"问题小说"的精神血脉，体现了一种强烈的现实主义风格。《高干大》中塑造的农民英雄高干大形象，勇敢、热情、坚强、实事求是，重视调查研究，农村工作经验丰富，有一颗为农民大众服务的火热的心灵和探索社会主义新生活道路的坚定信念，具有一种理想主义的崇高美。可贵的是，欧阳山没有一味地溢美，而是写出了高干大作为一个普通人的种种局限和缺点，让英雄有出处，食人间烟火。而事实上，正是高干大的那些符合人性的眼泪、激动、歉疚、伤心、迷茫，让高干大这一英雄形象更加可爱，更符合人性，更具有审美艺术魅力。日本学者多田正子在读完《高干大》之后，内心久久不能平静，深深为其崇高美气质所打动，决心翻译这部作品，并把儿子命名为"亮一"。这是《高干大》成功审美接受效果中的典型一例。

当然，《高干大》小说也存在一些叙述逻辑中的缝隙与局限问题，如小说中的任常有把女儿嫁给神汉郝四儿和高栓儿情感变化过快等情节缺少内在说服力，这在一定程度上削弱了内在逻辑结构的有机性。

第二节 柳青《创业史》的“新乡土中国”与社会主义道路的“领路人”形象

乡土中国一直以来都是文学书写的重要题材，农民作为乡土中国的主体，也是文学工作者长期以来的关注对象。五四时期，先驱者们已经意识到农民的生存困境，鲁迅曾经提到，“我生长于都市的大家庭里，从小就受着古书和师傅的教训，所以也看得劳苦大众和花鸟一样。有时感到上流社会的虚伪和腐败时，我还羡慕他们的安乐。但我母亲的母亲是在农村，使我能够间或和许多农民相亲近，逐渐知道他们是毕生受着压迫，很多苦痛和花鸟并不一样了”[①]，可见，正是因为对农民的苦痛和农村社会环境的关注，鲁迅笔下的乡村呈现出萧条、悲凉的情调，对国民劣根性的深刻批判也使得这些作品具有强烈的启蒙思想。受鲁迅的影响，20 世纪初期的“乡土文学”具有强烈的启蒙色彩。然而，“不同于 20 世纪初期的乡土中国文学的悲凉美学，20 世纪 40 年代的解放区文学和 1949 年建国后十七年文学的乡土书写则展现了一种新的、喜剧美学基调”[②]。

柳青的《创业史》作为一部“十七年文学”经典，自出版以来便引发了多次大规模的争鸣研究。从 60 年代初关于《创业史》的文坛纷争到 70 年代“文化大革命”中的被批判，再到 80 年代初关于农村题材小说的“再评价”以及 80 年代中后期在“重写文学史”的情况下受到冲击来看，这些文学批评历程恰恰是《创业史》成为经

---

① 鲁迅 :《鲁迅全集》第七卷，人民文学出版社，2014 年，第 112 页。

② 张丽军 :《新世纪乡土中国现代性蜕变的痛苦灵魂——论梁鸿的〈中国在梁庄〉和〈出梁庄记〉》，《文学评论》2016 年第 3 期。

典的见证。《创业史》具有丰富的阐释空间，在当今社会重新解读《创业史》，返回文学现场探求柳青当年创作这部小说的精神来源和艺术来源，从历史维度和审美维度来审视这部作品依然具有深刻的现实意义。

一、《创业史》的创作来源

柳青作为一名优秀的当代作家，他的文学创作道路与革命成长历程是相辅相成的。出于对革命工作的热衷、对中国共产党领导的追随，以及对处于水深火热中民众的悲悯，柳青进行的一系列社会实践活动都在其作品中得到了强烈的反响。

1916 年 7 月 2 日，柳青出生在陕西省吴堡县张家山寺沟的一座小院中。虽然家道中落，但是天资聪慧的他依然奋发求学。柳青受早已加入中国共产党的哥哥刘韶华的影响，在稚气未脱的十二岁之际，在连字都没有认全的时候已经开始阅读《共产党宣言》，冥冥中开始追求革命真理，并且加入了中国共产党青年团，在革命的年代，积极宣传农民抗租抗税。

1930 年的夏天，柳青考入省立绥德师范学校，在这期间，柳青自感学业平平，领悟到早期所参加的革命具有一定的盲目性。于是，他开始阅读大量的进步书籍，如《法国革命史》《少年漂泊者》《反正前后》《西线无战事》《世界史纲》等，以此来开拓视野，深入了解中国社会，体悟革命的意义。通过大量的阅读和实践，他对当时的政局已经有了一定的独立见解，看清了国共两党的本质，体悟到只有建立抗日民族根据地，才能抵御日本侵略者，走向光明的未来。因此，他积极地参与学校的学潮斗争，经常上街演讲、示威游行，与国民党顽固派、土豪劣绅斗争。绥德师范学校师生的这些革命行动引发了国民党当局的愤恨，国民党当局封闭了学校，打散了这些革命组织,“白色恐怖”的气息蔓延开来,在这种情况下,柳青被迫辍学,回家种地。半年之后,他受到兄长春园的资助,考入榆林省立第六中学学习。柳青开始热衷于研读鲁迅、郭沫若、茅盾、高尔基等人的作品,与大师们对话的过程使得他的思想得到启迪,由此奠定了走文学创作的道路。

1934年夏,柳青考入西安高中继续学业。在这期间,他开始对进步文学产生浓厚的兴趣,并且自学了俄文,进行介绍、翻译、引进苏联文学的工作。他不断在报刊上发表一些原创的散文、诗歌,翻译的外国小说,走上了业余创作的文学道路。1935年,“一二·九”学生运动爆发,此时的柳青作为西安高中学生会的负责人,担负起了学联刊物《救亡线》的主笔任务,用满腔热忱呼吁、鼓舞西安学生积极响应北平学生的爱国斗争。一年之后,西安事变发生,引发了全国抗日高潮的到来,在1936年12月底,柳青在董学源的介绍下,认识了来自延安的李一氓、冯文斌,并加入了中国共产党,参加了李一氓领导的陕西省委临时宣传委员会工作,担任学校党支部宣传委员及西安学生联合会刊物《学生呼声》的主编。在《学生呼声》的刊物上,柳青发表了《毛泽东和斯诺的谈话》及散文《待车》,透过这些初见报端的文字,可以看出柳青的思想情感已逐渐摆脱早年的稚气和莽撞而渐趋成熟。“信仰不是一种学问,信仰是一种行为;它只在被实践的时候,才有意义”①。柳青正是秉持着书写民众苦难的信仰,积极投入革命运动中去,这些革命实践活动为柳青的人生起步奠定了坚实的基础。

1937年,柳青高中毕业后,在《西北文化日报》副刊负责西安

① [法]罗曼·罗兰:《名人传》,选自傅雷译《傅雷译文集》11,安徽文艺出版社,1998年,第331页。

青年文学党团工作，在祖国危难之际，柳青利用报刊鼓舞人民奋起抗日。这一年，他考入了西北临时大学的俄文选修班，在学习俄文的同时，从事苏联文学的翻译工作。后来因为日本轰炸机的频繁轰炸，西北临时大学在1938年时迁到陕南城固，家人希望柳青能够学习一门技术，获得一份稳定的工作，但是社会潮流的涌动、内心革命激情的澎湃促使柳青选择了跟随八路军去往前线，开始了文学创作之路。

到达延安之后，柳青在陕甘宁边区文协担任“海燕”诗歌社的秘书以及民众娱乐改进会秘书。他多次前往前线采访，发表通讯报道，在晋西南某部前线的一次战斗中，两名机枪手为了掩护柳青安全过河而壮烈牺牲，他悲痛万分，怀着内疚的沉痛心情创作完成了小说《牺牲者》，这部作品传达出的永恒力量深得广泛好评，柳青因此也被誉为“陕北的契诃夫”。在这期间，他跟随民众剧团深入县区体验生活，创作出了《故事》《喜事》《土地的儿子》等小说，书写出劳动人民在经历了新社会生活后情感的变化过程，塑造了一系列抗日军民的英雄形象。柳青深入生活，在这些作品中，灌注了饱满的民族精神，逐步步入了现实主义的文学创作道路。

1942年，延安整风运动开始。是年二月，组织上决定党的文艺工作者必须深入到工农兵的实际工作中，柳青因此来到米脂县民丰区吕家俭乡担任文书。在学习了毛泽东的《在延安文艺座谈会上的讲话》之后，他逐渐克服了消极的思想，“要和群众打成一片，还要和干部打成一片，认真地做好工作”①，也克服了物质生活艰苦的难关。“我研究农民为什么劳苦？我研究他们怎么那么爱儿子

① 山东大学中文系编：《转弯路上（在中华全国文学艺术工作者代表大会上的发言）》，《中国当代文学研究资料〈柳青专辑〉》，1979年，第8页。

和土地？我在那些漫长的春夏天的白日里，读了五本斯大林选集，特别注意那些关于党的工作和农村问题的演说"①。在农村生活、工作的三年实践中，柳青在米脂县搜集了大量写作素材，1945 年 3 月 6 日，他的《米脂民丰区三乡领导变工队的经验——三乡班干部一揽子会上的总结》在《解放日报》上发表。并且，在这期间，他完成了长篇小说《种谷记》的手稿，这是自毛泽东《在延安文艺座谈会上的讲话》发表后，柳青创作的第一部长篇小说，也是我国当代文学史上第一部反映农村互助合作的长篇小说。《种谷记》以陕北农村王家沟集体种谷的事件为线索，塑造了王克俭、王加扶、存恩老汉等一系列个性鲜明的人物形象，展现出了农村生活的一个侧面以及农民在生产合作过程中的情感变化过程。然而这部小说却存在故事情节缺乏生动性、故事和人物结合不完美等问题，柳青也自我反思道："我太醉心于早已过时的旧现实主义的人物刻画和场面描写，反而使作品没有获得足够的力量。"②

"米脂三年"（1943—1945）是柳青生活和创作道路的转折时期，柳青开始从之前的盲目性摸索阶段进入到主动追求的状态。1946 年，全面内战爆发，柳青本想去前线体验战争生活，后因交通堵塞留在了冀东参加土地改革。1948 年 10 月，柳青回到陕北，再次深入米脂县，用了 8 个多月的时间征集素材，以陕北"沙家店战役"中的一个粮站支援战场前方的事迹为题材，创作完成了《铜墙铁壁》这部长篇小说。《铜墙铁壁》以石得富等人的护粮斗争为线索展开，从侧面反映了陕北民众全力支援前线的动人场景，以及在

① 山东大学中文系编：《转弯路上（在中华全国文学艺术工作者代表大会上的发言）》，《中国当代文学研究资料〈柳青专辑〉》，1979 年，第 9 页。

② 山东大学中文系编：《毛泽东思想教导着我——〈湖南农民运动考察报告〉给我的启示》，《中国当代文学研究资料〈柳青专辑〉》，1979 年，第 20 页。

毛泽东主席的指挥下，我军粉碎了国民党反动派的重点进攻，传达出民众们忘我的英雄气概。在艺术手法上与之前的创作相比有了显著提高。

1952 年 8 月，柳青开始担任陕西长安县县委副书记，主要号召农民进行农业互助合作工作。他亲自深入农村调研，声情并茂地给干部、农民们讲述社会发展史，揭示社会主义制度的优越性，“他亲自参加了皇甫村第一个互助组——王家斌互助组的巩固工作，亲自参加了皇甫村第一个初级社——胜利社的建社工作，亲自参加了长安县合作化运动充满斗争和曲折的整个战斗历程”[①]。这一系列工作使得长安县的农业社运动成为陕西和西北的典型。

作为一名中国共产党领导下的干部，柳青是称职的，作为一名响应中国共产党领导号召来进行创作的优秀作家，柳青是名副其实的。1953 年 3 月，柳青辞去了长安县委副书记一职，保留了常委职务，开始定居在皇甫村，一住就是十四年。在这期间，作为村干部，他致力于农业社会主义改造，复杂的革命工作占据了他大量的写作时间。然而，他依然利用一切机会同皇甫村的村民们、干部们拉呱交谈，询问他们的生活状况，倾听他们的生活故事，解决他们的生活难题。村民们喜欢称呼他为“老汉”，然而并不知道柳青是为了写作来农村体验生活的作家，在他们眼里，柳青只是一位善良、明事理的老汉。柳青凭借那质朴的农民本色，体恤百姓，与民众同甘共苦。为了民众的生产工作，他宁愿先放下《创业史》的写作，为农民们编写《牲畜饲养管理三字经》。正是因为他对民众推心置腹的热爱才赢得了民众们的信任和爱戴，才能够走进民众的

① 山东大学中文系编：《中国当代文学研究资料〈柳青专辑〉》，《在人民中生根——记作家柳青》，1979 年，第 59 页。

生活。通过深入到农村生活和人们的心灵深处，柳青搜集了大量素材，开始专门从事《创业史》等文学作品的创作。

1956年，柳青出版了散文集《皇甫村三年》，在这八篇文章中，《新事物的诞生》《灯塔，照耀着我们吧！》《第一个秋天》《王家斌》《一九五五年秋天在皇甫村》《中国热火朝天——为苏联〈文学报〉作》《王家父子》这七篇文章描写了皇甫村和它周围村庄里的一些真人真事。《皇甫村三年》既是一部独立的散文创作集，也可以看作是为创作《创业史》而做的素材准备。它为《创业史》提供了人物原型，比如《灯塔，照耀着我们吧！》中的王家斌“他不太爱说话，只是眼睛注意盯着听人家说话，完了低下头想想，抬起头笑笑。红脸，两道浓眉，大嘴巴，下嘴唇略微长点。三十来岁，彪壮得很”①，“他本姓萧，九岁上到这皇甫村来才姓了王”②。《创业史》中的梁生宝“红脸、浓眉、大眼睛，身派不低”③，“从那时起，宝娃就随继父姓，按豆腐客梁大的两个儿子是‘生’字辈，起了官名叫梁生宝”④。无论是身世出身还是外貌身材，王家斌和梁生宝都是那么相像。不仅如此，两个人的生活事迹也有很多的相似之处。比如买稻种、掏自己的腰包为集体事业凑钱等。但是，典型人物形象毕竟是高于生活的，梁生宝的形象虽然是以王家斌为原型，但是，梁生宝不是王家斌，生活中的王家斌身上仍然有一些落后的思想意识，比如想买地、不理解统购统销的政策等，这些生活细节与梁生宝的理想形象是不相称的，作者要把梁生宝塑造成社会主义道路的领路人形象，必然会摒弃掉人物原型身上一些落后的思想意识。

① 柳青：《柳青文集》第四卷，人民文学出版社，2005年，第118页。
② 柳青：《柳青文集》第四卷，人民文学出版社，2005年，第119页。
③ 柳青：《创业史》，中国青年出版社，2009年，第9页。
④ 柳青：《创业史》，中国青年出版社，2009年，第12页。

而且，梁生宝形象的塑造不仅仅是取自王家斌，在梁生宝的身上我们还能看到《皇甫三年》中王莽村的蒲忠智的身影。除此之外，郭振山之于高梦生、任老四之于陈恒山、高增福之于刘远峰、徐改霞之于雷改改……我们都能在《皇甫村三年》中找到《创业史》的一些人物原型及生活事迹。鲁迅先生曾经讲过，“我们的祖先的原始人，原是连话也不会说的，为了共同劳作，必需发表意见，才渐渐地练出复杂的声音来。假如那时抬木头，都觉得出力了，却想不到发表，其中有一个人叫道‘杭育杭育’，那么，这就是创作，大家也要佩服，应用的，这就等于出版；倘若用什么记号留存了下来，这就是文学；他当然就是作家，也是文学家，是‘杭育杭育派’”①。民众的生活事迹是需要作家来记录的，正是因为柳青扎实的革命工作实践，亲临生活，《创业史》一经问世，便以其生动个性的人物形象、复杂真实的农村社会主义斗争故事而撼动人心，强烈的社会主义现实主义浪潮扑面而来。

二、旧社会农民形象和社会主义道路的“领路人”形象

《创业史》是一部反映中国农村社会主义革命的史诗性著作。柳青曾经指出过，“我们现在这个社会制度是不可战胜的”，“我写的《创业史》就是写这个制度诞生的，我想努力把它写完。我虽然只写合作化阶段，这也是个很重要的阶段，反映了社会主义思想如何战胜资产阶级思想，集体所有制如何战胜个体所有制”②。这是柳青创作《创业史》的初衷，为了反映社会主义思想战胜资产阶级思想、集体制战胜个体所有制的过程，柳青选择以人物为中心来构思

① 鲁迅：《门外杂谈》，《鲁迅全集》第六卷，人民文学出版社，1988 年，第 75 页。
② 山东大学中文系编：《柳青同志在陕西省出版局召开的业余工作者创作座谈会上的讲话》，《中国当代文学研究资料〈柳青专辑〉》，1979 年，第 30 页。

整个故事。他成功地塑造了梁生宝这个社会主义引路人形象。

梁生宝是在人物原型的基础上创作而成的理想人物形象，柳青明确提出过，“我要把梁生宝描写成为党的忠实儿子”①。所以，探讨“十七年文学”的作品必须要考虑到当时的政治因素，脱离文学现场来讨论“十七年文学”的作品是不能实现客观性的，梁生宝的身上的确闪耀着党的光辉和激昂的社会主义理想色彩。“《创业史》这部小说要向读者回答的是：中国农村为什么会发生社会主义革命和这次革命是怎样进行的。回答要通过一个村庄的各阶级人物在合作化运动中的行动、思想和心理的变化过程表现出来”②。从柳青的创作初衷可以看出，他重视用人物的成长变化历程以及人物之间关系的情感变化过程来展开故事叙述，我们可以从历史维度和审美维度两个方面重新考量这部作品。

梁生宝是梁三老汉的继子，他跟随母亲从渭北高原讨饭落根到蛤蟆滩，虽然梁生宝不是梁三老汉的亲生儿子，但他们却是精神上的父子关系。在《创业史》开篇的题叙中，作者描写了梁家三代创家立业的艰难过程，那是封建社会的劳苦史、饥饿史和耻辱史。老两口一开始信心百倍地教育梁生宝要先种财东家的地，再自己喂牛，就能一步一步地拥有属于自己的土地，就能过上种自家地的美满生活。年少的梁生宝也信誓旦旦地努力掌握种庄稼的技艺，梁三老汉身上那种吃苦耐劳、勤俭节约的老一辈农民的优秀品行时刻影响着梁生宝。然而，最终，梁三老汉就算勤奋地累弯了腰也没有把家业创立起来。原因就在于生活在旧社会中的穷人丝毫没

---

① 山东大学中文系编：《提出几个问题来讨论》，《中国当代文学研究资料〈柳青专辑〉》，1979 年，第 30 页。

② 山东大学中文系编：《提出几个问题来讨论》，《中国当代文学研究资料〈柳青专辑〉》，1979 年，第 249 页。

有立足之地，虽然他们租种着地主的土地，但是，在交租子之后手头上并没有余粮。再加上当时社会动乱的环境，到处拉壮丁，梁三老汉一家在经历了屡次挫败后，彻底浇灭了那颗创立家业的雄心，只能像土拨鼠一样默默地生存着。

直到中国共产党的出现燃起了梁生宝的希望，他理直气壮地批评继父梁三老汉“你那是个没出息的过法”①。他自觉地追随中国共产党的领导，期盼走上社会主义的道路，开始倔强地与命运进行抗争。加入中国共产党是梁生宝成长过程中的重要一步，也是他精神思想转变的起点，入党之后的梁生宝已经不再关注创立自家的小家业，而是开始关注社会主义事业这一大家业。“杨副书记说得对：靠枪炮的革命已经成功了，靠优越性，靠多打粮食的革命才开头哩。”②从终南山隐居回家的梁生宝发生了思想上的蜕变，他看清了社会血战前行的历史，他不再和梁三老汉致力于创小家、立小业，而是积极响应党的号召，在小农经济自发势力的汪洋大海中，开始组织互助组。他时时刻刻地牢记自己的背后是有中国共产党作为坚强后盾的。

梁生宝是在《创业史》的第五章中登场的，作者没有粗略地描述主人公的行动，而是注意到对琐碎的生活细节进行刻画，增添了梁生宝这一人物形象的情感气息。比如小说中对梁生宝吃饭的一段描写，“他头上顶着一条麻袋，背上披着一条麻袋，抱着被窝卷儿，高兴得满脸笑容，走进一家小饭铺里。他要了五分钱的一碗汤面，吃了他妈给他烙的馍。他打着饱嗝，取开棉袄口袋上的锁针用嘴唇夹住，掏出一个红布小包来。他在饭桌上很仔细的打开红布

① 柳青：《创业史》，中国青年出版社，2009 年，第 19 页。

② 柳青：《创业史》，中国青年出版社，2009 年，第 79 页。

小包，又打开他妹子秀兰写过大字的一层纸，才取出那些七凑八凑起来的，用指头捅鸡屁股、锥鞋底子换来的人民币来，捡出最破的一张五分票，付了汤面钱"[①]。柳青用了一系列动词描绘了这个充满生活化的场景，生动传神，使得梁生宝节俭、谨慎、细心的性格特点跃然纸上。面对饭店的堂倌和管账先生的嘲笑，他更是毫不局促，并在心里多次警告自己要稳住。只是在这里，作者强加给梁生宝如此这般小心的动机是"办不好事情，会失党的威信哩"[②]。在自尊受辱的情况下，出现这种理念活动略显牵强，毕竟梁生宝也是有自己性格气质的活生生的人，时刻将自己的尊严与党的尊严联系在一起反而减少了这一人物形象的烟火气息，认真细心、谨慎稳重这种品质更符合梁生宝本身的性格气质，其实不用过多强调党性对他的影响，这样反而会显得很生硬。包括柳青对梁生宝情感状况的描写，他和改霞之间朦胧的爱情。梁生宝和改霞相识的时候，彼此都是有婚约在身的，改霞受着包办婚姻的束缚，时时刻刻想解除婚约，追寻幸福；梁三老汉也为梁生宝买了一个童养媳。改霞同情自身的遭际，也替生宝感到惋惜，强烈谴责旧社会的罪恶。所以，虽然两人互生好感，但却从未越雷池一步。后来，改霞利用代表主任的威信解除了包办婚姻，在保守的乡下，这是多么勇敢的举动。梁家童养媳也不幸因病去世。按说在这种情况下，似乎没有什么可以阻挡两个年轻人了，"生宝喜欢改霞的聪明、有志气和爱劳动"[③]，改霞也幻想过"要是我有生宝这样一个女婿，那我可有福啦"[④]。然而，当改霞在半路上拦住梁生宝，向他征求去国棉三厂的

① 柳青：《创业史》，中国青年出版社，2009年，第74页。
② 柳青：《创业史》，中国青年出版社，2009年，第74页。
③ 柳青：《创业史》，中国青年出版社，2009年，第197页。
④ 柳青：《创业史》，中国青年出版社，2009年，第47页。

意见时，梁生宝却“面部发灰”、露出“带有讽刺意味的笑容”①，显然，生宝误会了改霞，但是，大男子主义的生宝丝毫不给改霞机会挽救僵局，再加上他身心的自卑，自认为改霞的教育水平比他高，思想就变了，瞧不起他了。所以，梁生宝最终硬生生地将这段感情压抑了下去，成为事业上的大忙人，男女关系的处理方面却情商极低，“改霞既然有意思去参加祖国的工业化，生宝怎么能够那样无聊？——竟然设法去改变改霞的良好愿望，来达到个人的目的”②。柳青一反早期的革命加恋爱的小说模式，将爱情和事业处理成对立的两方面，显然是不合理的，为了党的事业而抛弃个人情感追求，这不免有些冷酷无情。同时，改霞在看到生宝的反应后，也“认为生宝骄傲了，自以为了不起了。任何人，不管他有天大能耐，再好的性格，一骄傲，改霞就不爱了”。所以，与其说生宝是因为事业忙等外在因素失去了改霞，不如说是他们两个人强势的性格特点和思维方式使得这段美好的情愫因为误会而无疾而终。

当然，柳青并没有把梁生宝简单地塑造成概念化的政治传声筒，而是一个血肉较为饱满的人物形象，柳青呈现了梁生宝的精神成长过程。一开始筹办互助组的时候，梁生宝缺乏经验，他并不明白要团结教育落后群众，这从他建议不主张吸纳王瞎子一家加入互助组一事中可以知晓；在经过王书记的教育之后，梁生宝懂得了互助组规模要小才能起到试点经验的作用、教育改造落后群众更是共产党员的责任，所以，当白占魁要求加入互助组的时候，梁生宝谨遵王书记的教导，在心里是愿意接受他的。可是，面对高增福、冯友万等互助组组员的反对，梁生宝开始犹豫不决。在经过卢

① 柳青：《创业史》，中国青年出版社，2009年，第194页。
② 柳青：《创业史》，中国青年出版社，2009年，第197页。

支书的指点后，梁生宝豁然开朗，同意白占魁加入互助组并且说服了组员们。从这两件事的对比中，可以看出梁生宝认识问题的能力得到了提高，但是处理问题时仍然具有意志不坚定的弱点。可是，他一心为民的初心却从未更改。梁生宝为互助组买稻种，钱不够的情况下自掏腰包，分发稻种的时候最后才想到自家；组织民众进终南山割竹子，他异常兴奋，"现在，他看出一点意思来了，改造农民的主要方式，恐怕就是集体劳动吧？不能等改造好了才组织起来吧？要组织起来改造吧"①。作者用抒情的笔调书写梁生宝的感慨。通过这些事例可以看出，梁生宝具有可贵的无私精神，为了集体事业，他可以放弃个人利益并且毫无怨言。"他开始感觉得到，离开了惊心动魄的社会革命运动，他个人并不是那么强大！过去推动蛤蟆滩工作的主要力量，也不是他个人在蛤蟆滩的威望，而是党的政策的无比伟大的力量。他在蛤蟆滩威望的极高，只不过是他按党的政策办事的结果"②。难能可贵的是，他有自知之明，面对成绩不骄傲放纵。在群众面前，他依然保持着谦虚的姿态，在干部面前也是凛然正气毫不谄媚，这一点与郭振山在群众面前的耀武扬威、在干部面前的趋奉逢迎形成鲜明对比，作者通过梁三老汉的视角来揭示了这一场景，"这回，他亲眼看见郭振山在书记面前和在庄稼人面前，完全是两个神气……梁三老汉看见他儿子在书记面前，完全和平素在庄稼人面前一样，老汉从心里头往外舒服。好！主任！你不管在啥人面前，你都要本本色色，千万甭在庄稼人面前拿板弄势，又在大人物面前殷勤虚溜"③。梁生宝身上最可

---

① 柳青：《创业史》，中国青年出版社，2009 年，第 304 页。

② 柳青：《创业史》，中国青年出版社，2009 年，第 59 页。

③ 柳青：《创业史》，中国青年出版社，2009 年，第 550 页。

贵的品质是他在党的领导下，坚定不移地走共同富裕的道路。"图富足，给子孙们创业的话，咱就得走大伙富足的道路。这是毛主席的话！一点没错！将来，全中国的庄稼人们，都不受可怜。现时搞互助组，日后搞合作社，再后用机器种地，用汽车拉粪、拉庄稼……"①这是生宝教育梁三老汉的一段话，正是因为贫穷的生活困境促使梁生宝敢于放手一搏，社会主义道路作为一种新事物谁也没有见证过，但是，梁生宝天生的勇敢气质让他做出了这个选择，就算破釜沉舟他也敢于去闯荡，何况背后还有中国共产党的力量支撑。

《创业史》在题记中引用了毛泽东的话："社会主义这样一个新事物，它的出生，是要经过同旧事物的严重斗争才能实现的。社会上一部分人，在一个时期内，是那样顽固地要走他们的老路。在另一个时期内，这些同样的人又可以改变态度赞成新事物。"社会主义革命需要旧社会中梁三老汉式的农民转变成新社会中梁生宝式的新农民，这样才能迎来一个崭新的乡土中国。土地改革使得广大农民获得土地，一方面大力解放了生产力，另一方面也让私有制更加彻底，如果按照这个逻辑发展下去，只会进入历史的循环圈，重新回到老路上。所以，为了保证社会主义革命的顺利进展，必须将教育农民的思想工作进行到底，几千年来土地私有制遗留下来的自发自力的思想必须摒弃掉。在这种情况下，梁生宝式的社会主义领路人是难能可贵的，他们的骨子里既有旧社会农民任劳任怨、勤劳简朴、真诚厚道的优秀品质，同时还具有高瞻远瞩的长远目光和克己奉公的无私精神，《创业史》之所以成为"十七年"经典，不仅仅是因为它书写了我国农村社会主义革命初期的史诗，更

① 柳青：《创业史》，中国青年出版社，2009 年，第 100 页。

是因为作品传达的思想具有前瞻性，我们这个时代依然需要梁生宝式的平民英雄。“在一个不再相信理想和崇高的时代里，在一片现实的困顿和疲惫中，我们是多么地怀念那当年的好邻里、好乡亲和好干部啊”[①]。

三、文化转型期的救济传统

互相救济、互相悲悯的文化传统并不是社会主义时期才兴起的，早在人类的原始社会时期，人与人之间便依靠互助合作的生活方式生存下来，繁衍生息；阶级社会里，人们也因为共同的利益关系而自然地与他人合作。孔子曾经提出“大道”是最理想的社会政治，“大道之行也，天下为公，选贤与能，讲信修睦。故人不独亲其亲，不独子其子，使老有所终，壮有所用，幼有所长，矜、寡、孤、独、废、疾者皆有所养，男有分，女有归”[②]，《礼记·礼运》篇中，对孔子的大同社会和小康社会构想作了阐述。同时，恩惠也是中华的传统美德之一，人们之间互相友爱、见危相救，《战国策·齐策》中提出“明人当素积恩惠”的观点，恩惠“在阶级社会里，往往表现为个人之间的江湖义气。在社会主义社会，恩惠已超出个人范围，表现为基于阶级情、同志爱而进行的互助”[③]。比如在《平凡的世界》中，孙少安开办砖窑，为了收留穷苦的乡亲们做工，他费尽周折扩大规模。这实际上就体现出一种社会主义互助合作的理想。

① 鲁太光：《被分成两半的农民——对〈创业史〉的重新解读》，《文艺理论与批评》2005 年第 2 期。

② 胡化凯：《中国古代科学思想二十讲》，中国科学技术出版社，2013 年，第 19 页。

③ 廖盖隆等：《马克思主义百科要览》（下卷），人民日报出版社，1993 年，第 2112—2113 页。

同样，在《创业史》中，同样体现出了互相悲悯、互相救济的文化传统。

1951年中共中央发出《关于发展农业生产互助合作运动的指示（草案）》，于1953年形成决议，农业合作化运动便在农村开展起来，以建立互助组为主试办初级形式的农业合作社。尽管现在对农业合作化运动的功过众说纷纭，但是，这种集体化的生产方式却是实实在在地、极大地提高了农村的生产力，它打破了传统的小农经济生产方式，走出了历史循环的怪圈。在《创业史》中，柳青以蛤蟆滩合作化的阶段为缩影，来反映集体所有制战胜个体所有制的过程，为了生动地反映斗争冲突的过程，他对小说里面的人物进行了阶级预设，贫农梁三老汉、高增福、白占魁、任老四等，富裕中农郭振山、郭世富，富农姚世杰。从表面上看整部小说就是一个阶级斗争的故事，然而其内部却是由无数个乡村生活故事充实起来的，背后的人性和人情也早已超越了这种阶级预设。

梁家小院的日常生活充满了浓浓的温情。一方面表现在梁家父子的关系方面，梁三老汉和梁生宝是没有血缘关系的继父子关系，梁三老汉抚养梁生宝长大成人，视如己出。比如作者写梁生宝要进终南山割竹子的时候，梁三老汉担心生宝的生命安全，四处打听，这位农村生长起来的硬汉表达父爱的方式是如此的默默无闻。同样，梁生宝也继承了梁三老汉吃苦耐劳、坚韧不拔的性格特点，虽然他和父亲在创立家业方面存在价值观的分歧，但是，他却不允许外人诋毁梁三老汉，“可是俺的樊乡长说俺爹扯我的腿，对不起共产党，是忘恩负义，是没良心，根本不像个贫雇农样子。俺爹为啥不像贫雇农样子？土地证往墙上一钉，就跪下给毛主席像磕头，这是没良心吗？樊乡长以为不是我亲爹，我听了他的话也许高兴。实际，我听了难受得很哩。他太不把俺爹当人了！俺爹是好农民”[①]。另一方面主要体现在梁家的两位女性形象身上。梁生宝的母亲虽然是一位扁平人物形象,她的性格单一到只剩下农村妇女的朴实和善良,她细心照顾高增福的儿子、宁愿委屈自家人也要款待技术员韩培生。还有梁秀兰,她的未婚夫杨明山在朝鲜战场上被凝固汽油弹烧伤了脸,她丝毫不在乎他的外貌,反而内心里觉得很光荣,善良的秀兰在没有过门的情况下就去照顾思念儿子成疾的婆婆。在今天看了那么多描写人性复杂的作品,重新翻阅《创业史》中的农家生活,会感到像一股清流缓缓流淌在心田,善良仍旧是能够让文本闪闪发光的力量。

这种互相救济的文化传统还体现在蛤蟆滩上庄稼人之间的互助合作上。在成立互助合作小组之前,蛤蟆滩盛行“活跃借贷”政策,富农姚士杰和富裕中农郭世富等人迫于人民政府的压力借粮食给贫农,可是,这种强迫性的行为并没有持久,这种“土改吃地主,活跃借贷吃富农和中农”[②]的政策不能解决根本问题,在一次群众大会上,富农和富裕中农们不再露面,这时候贫农们意识到,只有他们彼此团结起来,自给自足,才能开辟出新的生活道路。所以,梁生宝作为蛤蟆滩社会主义道路的领路人,率先组建了互助合作小组,冯有万、欢喜、任老四、高增福、栓栓、白占魁……小组的人数不断增加,庄稼人们通过集体劳动渐渐解决了温饱问题,“互助组一不是党,二不是政权,三不是群众团体,这是个劳动生产的组织”[③]。从互助合作小组到农业社,庄稼人们看到了社会主义道路的光辉未来,那种自私的农民根性逐渐淡化,而选择走上合作之路,

① 柳青:《创业史》,中国青年出版社,2009年,第209页。
② 柳青:《创业史》,中国青年出版社,2009年,第122页。
③ 柳青:《创业史》,中国青年出版社,2009年,第403页。

走共同富裕的道路。这种精神在当今唯利是图的社会生活中依然具有启发意义。

总之，柳青的《创业史》以下堡村从互助组走向合作社的过程为线索，展现出了在农村合作运动中各个阶级的农民在思想、心理方面的变化以及人与人之间的矛盾冲突。这是乡土中国的一个缩影，透过这一故事，我们可以感受到当时中国农村在社会主义革命时期的整体风貌以及广大农民放弃私有制思想、拥护公有制的艰难过程。正是因为创立社会主义大家业的艰难，我们才更需要梁生宝式的平民英雄，虽然这一理想人物的塑造还存在问题，但是从历史的维度和审美的维度来看，只有他才能完整地体现《创业史》的构思和主题。在今天，我们也依然需要梁生宝式的能够带领人民走上共同富裕道路的平民英雄。

第三节　豫剧《朝阳沟》：知识青年与社会主义新农村建设的想象

中国近百年史，可以说是一部“乡村破坏史”[①]。在国家和民族的动荡不安中，乡村长期处于被“牺牲”的地位。新中国成立以来，积极建设乡村，改变中国的落后面貌就成为国人的迫切要求。与20世纪初鲁迅等人的乡土书写不同，解放区文学和“十七年文学”对乡土的书写一改“悲凉”的面貌，呈现出一种新的、异质性的喜剧美学基调。“在毛泽东提出‘农村是一个广阔的天地，在那里是可以大有作为的’之后，无论是在政治意识形态上，还是在文艺

① 梁漱溟：《乡村建设理论》，商务印书馆，2015年，第11页。

审美创作中，农村成为社会主义新中国关注的中心”[①]。豫剧《朝阳沟》正是一部在全国范围内产生了轰动效应、洋溢着积极的建设热情的戏剧。“做有文化的社会主义新农民，建设社会主义新农村，无疑是当时乡土文学作品审美想象的精神价值导向”[②]。

《朝阳沟》是剧作家杨兰春为了宣传“知青下乡”政策而创作的一出戏剧，该剧是“在1958年大跃进形势鼓舞下”创作出来的，其本身也是一部“跃进式”的作品。杨兰春写出这部戏只用了7天时间，剧团排练也只用了两天半时间，演出道具所花费用仅为19.5元，但《朝阳沟》在上演后却产生了极为轰动的效应，受到人民群众的广泛喜爱，甚至受到国家领导人的接见和称赞[③]。时至今日，人民群众对《朝阳沟》的喜爱也丝毫没有减退，其中的“亲家母对唱”等唱段至今传唱在群众的口中。《朝阳沟》的影响已经不仅仅局限于戏剧方面，它已经成为了一种社会现象、文化现象，它所反映出的问题和理想直到今天依然有意义。《朝阳沟》的艺术魅力究竟何在？它为什么能成为现代豫剧史上的经典作品？原因可能是多方面的，《朝阳沟》对国家政策的成功宣传、对主流意识形态的成功表达，以及《朝阳沟》本身出色的艺术性、它跨越时代的意义可能都是原因之一。

① 张丽军：《新世纪乡土中国现代性蜕变的痛苦灵魂——论梁鸿的〈中国在梁庄〉和〈出梁庄记〉》，《文学评论》2016年第3期。

② 张丽军：《新世纪乡土中国现代性蜕变的痛苦灵魂——论梁鸿的〈中国在梁庄〉和〈出梁庄记〉》，《文学评论》2016年第3期。

③ 1964年元旦，毛泽东、刘少奇、朱德、邓小平等在北京一同观看了《朝阳沟》并接见了全体演职人员，肯定了《朝阳沟》的创作道路和方向，《朝阳沟》从此风靡全国。此后，《人民日报》也刊登了毛泽东等人接见《朝阳沟》剧组的照片，并在报纸上连载了《朝阳沟》的全文，这是以往所没有的。

一

《朝阳沟》政治性和艺术性的完美结合使它成为当之无愧的艺术精品。《朝阳沟》描写了城市青年银环在高中毕业后不顾母亲的阻拦，来到未婚夫栓保的家乡朝阳沟支援社会主义建设，在贫下中农的关心和教育中不断克服自身的种种缺陷，最终转变思想，安心在朝阳沟扎根的故事。“该剧全面阐述了毛泽东亦工亦农、亦学亦军的教育思想，宣传了上山下乡运动的理论体系……《朝阳沟》不仅是知识青年上山下乡的颂歌，而且是宣传党的知青政策的‘小百科’”[①]。可以说，《朝阳沟》的出现符合当时宣传知青下乡政策的迫切需要。1953年国家“城乡分治”政策初步形成之后，党和政府就开始通过下达文件、发表社论以及政府部门动员等方式鼓励农村青年回乡参加劳动，“1953年5月，《人民日报》开始连续发表动员农村知青回乡的社论、文章”[②]，营造社会舆论声势，《朝阳沟》中银环刚出场时手里就拿着一份《青年杂志》。一批以此为题材的小说也开始出现，王汶石的《沙滩上》、马烽的《韩梅梅》、康濯的《春种秋收》等都是其中的代表作。文艺界也出现了“到民间去，文章下乡，文章入伍，到农村中去”的倡议。

社会舆论和政府部门的动员有其合理性，因为当时的社会上确实存在“轻视劳动”“看不起劳动人民”的思想，赵树理在给女儿的一封信中就提到了这一点。在《愿你决心做一个劳动者》中，赵树理指出了女儿存在的两个思想包袱：“一个是高中生，另一个是干部子女。现在无形中还流行着一种对社会职业的错误评价，认为读了书或者当了干部就是高人一等，认为参加生产和服务业

① 杨建：《中国知青文学史》，中国工人出版社，2002年，第24页。
② 杨建：《中国知青文学史》，中国工人出版社，2002年，第7页。

的人是干粗活的，俗人。这种与社会主义极不相容的旧观点，偷偷地流传到很多学生和干部子女的头脑中。”[①]《朝阳沟》的银环也存在这样的思想：“上工去下工回心烦意乱，过一天熬两晌单调平凡。那船有码头车有站，高中生来种地种到哪年？”[②]银环妈也一心希望女儿高中毕业后考大学、当干部。有的“农村青年把升学与进城、当干部联系在一起，把能否继续升学看成是离开农村的惟一的出路和前途”[③]，在落榜后甚至痛不欲生。《朝阳沟》就反映了这两种思想的斗争，栓保、栓保娘、老支书、二大娘等人成为对城市知青银环进行批评教育的贫下中农的代表，他们在对银环种种缺点和不足的批评教育中巧妙地融合了党的政策和方针，将对知识青年进行阶级斗争、生产斗争和革命传统教育的任务自然地融入到了人物的言行之中，剧中不时出现的烈士墓也对银环和观众进行着“红色教育”。《朝阳沟》较高的理论水平和政策水平是其在全国范围内流行的重要原因之一，尽管《朝阳沟》是在为“知青下乡”政策做宣传，但并不引人反感，因为它的人物不是“高大全”式的，它的语言不是“假大空”式的，《朝阳沟》中人物真实的情感和人民美好的愿望成为让这出戏鲜活起来的“血肉”。编剧杨兰春说：“《朝阳沟》产生于大跃进时代，却不是写大跃进的戏，写的是人，写的是情，写的是人与人之间的情感矛盾。”[④]正如该剧1958年6月在“现代题材剧目联合会演”后观众们评价的一样：“一片生活气息扑

① 赵树理：《愿你决心做一个劳动者》，《赵树理全集》（5），北岳文艺出版社，2000年，第270页。

② 杨建：《中国知青文学史》，中国工人出版社，2002年，第34页。

③ 杨建：《中国知青文学史》，中国工人出版社，2002年，第9页。

④ 贺宝林、徐黎：《跨越世纪的辉煌——重读豫剧〈朝阳沟〉》，《大众文艺（理论）》2009年第7期。

面而来”，“人物形象个个鲜明”，《朝阳沟》是“一出有生活的戏”，因而能受到人们的喜爱。就像“梁生宝”这样的人物也曾真实地存在于我们的生活中一样，《朝阳沟》中反映的全国上下齐心协力为社会主义建设添砖加瓦的情感是真实的。在当时，知青下乡，减轻城市负担，支援社会主义建设，为早日实现四个“现代化”服务的倡议一经提出就得到了许多人的支持和响应，他们抱着为祖国建设服务、为共产主义早日实现的热望奔赴广大农村。《朝阳沟》正反映了广大人民互助合作、城乡结合的朴素情感和美好愿望，这是《朝阳沟》政策宣传成功的基础。

但《朝阳沟》本身却是一个“矛盾”的文本，它的矛盾就在于其为国家政策做宣传的主观意图与文本实际表达之间存在的“裂隙”。《朝阳沟》具有较高的政治水平，但政治性绝不是《朝阳沟》成为经典的主要原因。《朝阳沟》虽然是为宣传政策而作，但却因“缺乏政治性”而被批评、整改。“文革”期间，江青认为：“《朝阳沟》是个写中间人物的戏，实际上写落后，但还不很反动下流，这个戏是可以改好。如果《朝阳沟》的作者不是叛徒、特务，死不悔改的走资派，只是思想认识问题，那就叫他好好地学习毛主席《在延安文艺座谈会上的讲话》，肃清中间人物的影响。”① 根据江青的修改意见，《朝阳沟》进行了大规模的修改，剧中人物变得更加正面，“中间人物”银环也退居次要位置，但剧组先后拿出11个修改稿，演出过多次效果都不好，老百姓喜欢看的还是最初的《朝阳沟》。文革中江青下令对《朝阳沟》进行整改恰恰说明了《朝阳沟》的缺乏政治性，而老百姓对修改后的《朝阳沟》的不喜爱也说明了《朝

① 许欣：《人民群众热爱〈朝阳沟〉——〈朝阳沟〉问世四十年随想》，《中国戏剧》1998年第4期。

阳沟》的成功绝不仅仅是因为其对主流意识形态的成功表达。艺术创作中常常会出现“形象大于思想”、作品所表现的东西与作家原本的创作意图不完全相符的情况,作品的思想内涵溢出了作家原本的设定。《朝阳沟》即是如此,《朝阳沟》成功的真正原因可能在于其宣传“知青下乡”政策的表层文本下还存在一个“潜文本”,即揭露了“知青下乡”政策存在的问题与知识青年下乡后的真实心理和被社会主流意识形态与主流话语压抑了的、无法言说的精神痛苦。

二

“知识青年上山下乡的政策,是从20世纪50年代政府动员农村中小学生回乡务农开始的,随后在“大跃进”造成的经济灾难推动下,在20世纪60年代逐步发展成为动员城镇知青大规模上山下乡”①。由于国家实行“城乡分治”,而当时的城市又容纳不了这么多的知识青年(包括农村知青和城市知青),只能让知识青年到农村去支援农村建设,“可以说1953年是知青运动的起始年”②。这是我国“由前工业社会向工业社会、传统社会向现代社会迈进的历史过程中”,国家体制内部的诸多矛盾造成的,“知青一代无形中成为这些矛盾的集合点”。“国家将知识青年简单地迁移到农村,移到国家体制之外,使所有复杂矛盾,在农村经济体制下都化解为简单问题。这种大规模的涉及一个群体、一代人的行为,是以国家名义做出的”③。“知识青年上山下乡政策”本身具有极大的缺陷和不合理性,但当时的社会舆论和政策都“催促”着知识青年到农村

① 杨建:《中国知青文学史》,中国工人出版社,2002年,第3页。
② 杨建:《中国知青文学史》,中国工人出版社,2002年,第6页。
③ 杨建:《中国知青文学史》,中国工人出版社,2002年,第6页。

去,《朝阳沟》中的银环下乡正是这多种因素合力的结果。

《朝阳沟》一开场就营造了一片紧锣密鼓的气氛:“祖国的大建设一日千里,看不完数不尽的胜利消息。农村是青年人广阔天地,千条路我不走选定山区。离城市到农村接受教育,同学们走了一批又一批毫不犹豫。妈呀妈,你何时同意让我去,恨不能插上翅膀飞。”①一边是祖国建设的飞速发展,一边是同学们一批批奔赴农村的热烈阵势,全国上下形势一片大好的气氛都在煽动着银环年轻而焦躁的心。而面对社会主义农村建设迫切需要知识青年“支援”的情况,单纯、热情的城市青年银环也发自内心地想为祖国的建设贡献自己的力量,她“一心要把我的青春献给农业建设”,何况自己的恋人栓保也在高中毕业后回到了家乡朝阳沟参加农业生产。毕业分别后栓保的再次出现带来了农业生产、斗争学习繁忙充实的讯息,他整天忙着生产、学习,连银环的信也没有时间回,白天参加完劳动,晚上还要用小喇叭听新闻、学革命歌曲,栓保已经成为了祖国需要的“有价值的人”。栓保的成长鼓励了银环,因为银环也是一个积极上进的青年。这些都构成了银环下乡的内部因素。刚出场时银环手里拿的《青年杂志》体现了当时社会舆论为动员知青下乡所营造的声势,而同学们的批评、恋人栓保的催促都对银环施加了一定的压力:“光说去你不去,雷声大来雨点稀。”“钢精锅里要炒菜,你热得快来冷得急。”②而栓保“你要去,我欢迎;你要不去,咱各奔前程”的决绝也使得银环最终下定了去朝阳沟的决心。在“红旗飘锣鼓催我坐立不安”的氛围中,在“贫下中农颗颗心把咱盼望”的企盼下,在多种内外因素的合力下,银环不顾母亲的阻

① 杨兰春编:《朝阳沟》,人民文学出版社,1978年,第1页。

② 杨兰春编:《朝阳沟》,人民文学出版社,1978年,第7页。

拦跟随栓保来到了朝阳沟。

但下乡后的银环却感受到了理想与现实之间的巨大鸿沟，以往对乡村田园的诗意想象与农业建设的简单预设却遭遇着身体劳绩与城乡矛盾以及个人价值得不到实现的考验。刚刚来到朝阳沟的银环是带着城市人诗意的想象来看待农村的："山沟里空气好实在新鲜，一行行果树一道道堰，那个梯田层层把山腰缠。清凌凌一股水春夏不断，往上看通到跌水岩，十里大渠流清泉。牛满坡羊满山象彩色照片，小杏儿象蒜瓣把树枝压弯……在学校怎见这壮丽画面！朝阳沟好地方名不虚传，王银环也成了公社社员，在这里一辈子我也住不烦！"[①] 此时银环观看乡村的眼光是观光式的、文人式的，是带有美化乡村的成分的，她沉浸在看到不一样风光的兴奋之中。可以说，银环是带着在农村的广阔天地里大有作为的抱负来到朝阳沟的，栓保娘、栓保爹、老支书和朝阳沟的老百姓也对银环等知青的到来满怀期望："老支书大会宣传小会讲，二大娘把红绿标语贴满墙。小妹妹一天村头接几趟，我的娘睡不着只嫌夜长。我的爹逢人就说有了指望，搞科研育良种有人帮忙。"[②] 但实际情况是银环对农活一窍不通，她对栓保娘说："我是城里长来城里生，从家门到校门没到过农村。五谷杂粮难分清，麦苗韭菜分不清。犁、耧、锄、耙我不会用，我的爹呀，我的娘呀，还得要您二老为儿多操心。"[③]

银环在初次下地劳作时就暴露了她不会劳动的缺点：栓保爹"看着银环锄过的一垄庄稼，拾起一棵锄掉的庄稼苗" 叫来了栓保，

① 杨兰春编：《朝阳沟》，人民文学出版社，1978 年，第 11—12 页。
② 杨兰春编：《朝阳沟》，人民文学出版社，1978 年，第 4—5 页。
③ 杨兰春编：《朝阳沟》，人民文学出版社，1978 年，第 20—21 页。

“你给她说说，这是咱队的实验田，别新官上任三把火。看那锄得象猫盖屎一样。要学，到咱自留地，哪怕把它锄光哩，别把队里的庄稼糟蹋了。”[①] 银环在锄地时分不清庄稼和杂草，也不会用锄头，往往锄死了好庄稼，她锄过的地，栓保爹和栓保还要重新收拾一遍。此时沉浸在下乡兴奋中的银环根本无暇休息，她激动地在日记里记下自己的劳动感受：“难忘我今日里初次上阵，战场上分不出新兵老兵。有文化能劳动人人尊敬，一滴汗能换来一份光荣。”[②] 重申自己在朝阳沟扎根的理想。但是，银环不会劳动，或者说劳动技术差的缺点，在农村的特定语境下就成了一个大的缺陷，这个缺点甚至抵消了笼罩在她头上的“高中生”的光环。作为一个传统的农业大国，在乡村的评价体系中劳动技艺被看作是评价一个农民的重要标准。在农村获得人们尊敬的往往有两种人，一种是在乡间威望较高的人，另一种就是“田秀才”，会种地的农民才会获得人们的尊敬。银环不会劳动的缺陷，让朝阳沟的社员们对她不那么“尊敬”了。在第五幕“担水”这场戏中这一矛盾被激化。连日劳动所带来的身体上的劳累已经让银环感到疲惫，“上午挑，下午抬，累得我腰疼脖子歪”[③]，银环深知自己劳动不如人，但在那个“劳动最光荣”的年代谁不想争“光荣”？心直口快的二大娘看到银环担水时“一歪一扭”的样子就说：“银环，一回担不了一桶先担半桶。别看你的个子比巧真大，干起活来可没有她的腰板硬。要是累了，就到树底下歇会再干。”[④] 二大娘是好意，但接下来银环赌气想盘起碍事的两条大辫子担水时，伶歌却喊道：“哎！都来看哪，银环想

① 杨兰春编：《朝阳沟》，人民文学出版社，1978 年，第 31 页。
② 杨兰春编：《朝阳沟》，人民文学出版社，1978 年，第 31 页。
③ 杨兰春编：《朝阳沟》，人民文学出版社，1978 年，第 52 页。
④ 杨兰春编：《朝阳沟》，人民文学出版社，1978 年，第 36—37 页。

上头哩！”[①] 城市青年银环并不知道，在农村只有已婚妇女才会把头发盘起来，这才引起了群众的笑话。群众的笑声让银环积压了许久的委屈爆发了，银环觉得自己一个高中生来农村干农活太屈才了，“创造的价值太小了”，她放弃了个人的前途，违背了母亲的意愿，一心一意地来到朝阳沟为这里的人民服务，但她不仅没能实现个人价值，反而时刻成为被批评、被教育的“落后人物”。银环可能存在“娇气”的一面，但银环的话也不无道理，实际上当时的农村虽然缺乏科技和管理人才，但他们更缺乏吸收科学、管理人才的基础，下乡知青的知识和能力往往被荒废。在朝阳沟，原本“进步”的银环成了有着种种缺点的、需要接受贫下中农再教育和思想改造的对象。

三

《朝阳沟》中主要塑造了三类人物：一类是以农村知青栓保、老支书、栓保娘等为代表的正面人物，一类是以城市知青银环所代表的“中间人物”，还有一类是以银环妈为代表的落后人物。与这三类人物相对应，《朝阳沟》中也有三套不同的话语。

栓保等正面人物使用的话语往往是符合主流意识形态的、官方的、宏大的政治话语，这样的话语中是没有“个人”的，主人公往往代表“集体”发声。在银环娘要带银环回城里，让她考大学时，栓保说：“朝阳沟一年四季都开课，课堂大来老师多。你是学造林，你是学治坡，你是学移山，你是学改河？学斗争辨敌我，理论和实践相结合。我的大妈呀，俺一天功课都不耽搁。”[②] 将毛泽东“亦工

① 杨兰春编：《朝阳沟》，人民文学出版社，1978 年，第 37 页。

② 杨兰春编：《朝阳沟》，人民文学出版社，1978 年，第 27 页。

亦农，亦军亦学”“理论和实际相结合”的思想融入到了谈话之中。他反驳银环娘“轻视农业”“看不起农民”的观点，认为“千年的旧观点必须打破”，“农村天高地广阔，树大根深任俺落”。在这里，栓保又化用了毛主席的讲话——“农村是一个广阔的天地，在那里是可以大有作为的”。在银环遇到挫折、思想犹豫不定时，栓保就像一个贫下中农的代表来和银环谈话，他不再叫“银环”，而是叫她“银环同志”！“咱两个在学校整整三年，相处之中无话不谈。我难忘你叫我看《董存瑞》，你记得我叫你看《刘胡兰》。董存瑞为人民粉身碎骨，刘胡兰为祖国热血流干。咱看了一遍又一遍，你蓝笔点来我红笔圈。我也曾感动得流过眼泪，你也曾写诗词贴在床边。咱两个抱定了共同志愿，要决心做一个有志青年。你说过党叫干啥就干啥，决不能挑肥拣瘦讲价钱。你说的话，你讲的话，你一字一句全忘完。想想烈士比比咱，有什么苦来怕什么难。你要愿走你就走，我坚决在农村干它一百年。”①对于栓保的“教育”，银环的反应则是：“你少来这一套！”“你伟大，我渺小；你一家都进步，全国就数我落后。”②栓保娘也教育银环：“银环你该怎样看待自己，依我看你有缺点也有成绩……贫下中农都把你当成宝贝，都盼你在农村大有作为，走一步停一步就是倒退，可不能把文化当成包袱背。希望你更严格要求自己，银环哪，为建设新山区坚定不移！”③栓保、栓保娘的话语让银环无法反驳，在时时刻刻处于“被教育”中的城市知青银环来说她实在是孤独的。银环内心真实的感受、困惑、痛苦无法表达，她的身体处于劳绩中，精神也处于苦闷和孤

① 杨兰春编：《朝阳沟》，人民文学出版社，1978年，第50—51页。

② 杨兰春编：《朝阳沟》，人民文学出版社，1978年，第50页。

③ 杨兰春编：《朝阳沟》，人民文学出版社，1978年，第45—46页。

独之中，而这些都是银环无法对栓保说的，“在社会意识形态和主流话语的统治之下，任何个人的私利都没有藏身之地。银环丧失了为个人利益辩护的话语能力，无法抵抗严正的批评，她只有努力战胜自我，追随革命道义”①。

落后人物银环娘的话语则是普通小市民的个人话语。人物主要为个人利益发声，在个人利益和集体利益冲突时首先考虑个人利益，言语较多地表现出人物内心的真实想法，语言鲜活。而“中间人物”银环则拥有两套话语，一方面在比她更“红”、更“进步”的农村知青栓保面前，银环往往处于一个“被教育”“被批评”的地位，相比较栓保意识形态浓厚的政治话语，银环会使用一些体现内心真实想法的个人话语。而在比自己“落后”的母亲面前，银环又从“被教育者”转到了“教育者”这一角色。她拿起栓保式的政治语言冠冕堂皇地教育起自己的母亲。当得知银环私自跟随栓保来到朝阳沟时，银环娘追到栓保家要把银环带回家去，母女间的一场争执就这样展开：“银环（唱）妈呀妈你消消气，我求求你，咱有话慢慢讲不要着急。在城里你也曾参加开会，听读报听宣传不断学习。全国人民都知道农业重要，为农业大发展谁不积极。我不怕苦不怕累，我情愿为农业流汗出力。银环妈（唱）我把你养来把你生，你掉根头发我也心疼。自从你和栓保交朋友，妈妈我心里满赞成。我只想恁大学毕业当干部，谁知道由初中升高中，升来升去升到农村。功不成来名不就，你不怕丢人我怕丢人。银环（唱）你说丢人我说光荣，咱娘俩拧不成一股绳。银环妈（唱）死丫头你越变越不成器，高中生你当了农民的儿媳。银环（唱）你说农民没出息，

① 杨建：《中国知青文学史》，中国工人出版社，2002年，第23页。

是你思想有问题！”[①] 在接到母亲生病的信后，银环赶回家去却发现母亲并没有生病。她气愤地说：“山沟里人亲地可爱，你不该写信欺骗我。”面对母亲看不起农民的言论，银环又教育母亲说：“没有农民来种地，全国人民吃什么？没有农业大发展，社会主义怎建设？”[②]《朝阳沟》中“中间人物”银环这两套话语在矛盾中也体现出了部分知青的真实心理，揭示了知识青年真诚地支持社会主义农业建设与下乡后种种不适应的矛盾。《朝阳沟》无意间触碰到了当时知青们在“上山下乡”运动中的困惑，实际上传达出了以银环为代表的城市知青不被社会接受的痛苦。

《朝阳沟》揭示了城乡之间的矛盾。尽管栓保、栓保娘在戏中都夸耀了朝阳沟在新中国成立以后所发生的巨大改变，但不得不承认的是当时的农村和城市确实存在一定的差距。“城市与乡村不仅在经济上，而且在文化（如社会开放性、人际关系等方面）上存在巨大差异。城镇已经生活在工业社会中，而乡村依然生活在传统（古代）社会生活中。城市愈是现代化，其含金（现代性）成分越高……城乡之间是两个世界，意味着两种不同的人生”[③]。《朝阳沟》一开头，银环说到：“哎呀，当初你才回家参加劳动，不和我现在一样——也怕你爹妈说你丢人。”[④] 栓保回答：“我总算斗争胜利了。”由此可见，剧中的正面人物栓保作为一名农村知青，也曾希望进入城市“做干部”。但是，根据当时国家“城乡分治”的政策，农村青年很难进入城市，特别是在1958年全国人大常委会通过《户口登记条例》后，城乡之间的界限从此被严格地固定了下来。《创业

① 杨兰春编：《朝阳沟》，人民文学出版社，1978年，第24—25页。
② 杨兰春编：《朝阳沟》，人民文学出版社，1978年，第66页。
③ 杨建：《中国知青文学史》，中国工人出版社，2002年，第8页。
④ 杨兰春编：《朝阳沟》，人民文学出版社，1978年，第4页。

史》中的改霞属于最后一批被招工进城的农村青年。没能继续升学的栓保只能再次回到农村去，尽管戏剧没有表现，但他的内心一定也经过一番激烈的斗争。这正是城乡差距带给知识青年内心的震动。

《朝阳沟》中的城乡矛盾表现在多个方面。银环下乡后她在穿着打扮、生活习惯、精神娱乐、文化水平等方面都与他人不同。在剧中我们可以看到，银环的形象是："两条黑长辫，白色翻领衬衣，细格子上装。"① 这代表了那个年代的时尚，尽管这一打扮不适宜劳动，但仍然成为许多"农村青年女性模仿的'时尚'对象"。在生活习惯上，栓保娘和二大娘认为"城里人好喝水"，喜欢看风景。在精神娱乐方面，城市要比乡村丰富得多，朝阳沟除劳动外没有什么娱乐活动，银环感到"过一天熬两晌单调平凡"，而在城里年轻人的活动则丰富得多，这个时候都该"看第二场电影"了。银环与周围格格不入的地方还在于文化上的隔膜和差异。当二大娘请银环帮她给外甥写回信时，二大娘用生动活泼的生活语言描写了朝阳沟生产、生活的情况，但银环却不耐烦地用了过于书面化的语言回信："志强甥儿：来函尽悉，我的身体三年许微病皆无，众称我老当益壮。社员们生产情绪异常高涨，丰收在望，望勿悬念。"② 尽管基本意思没变，但民间口语的那种生动、清新全都没了。在栓保娘的"梦"中，这种对比更明显。《朝阳沟》第三场中，栓保娘在银环来之前所做的"梦"体现了她对银环的期待："昨夜晚，我老婆做了一个好梦，梦见了银环前来看我。一进门就笑呵呵，先叫娘后叫爹，

① 杨位俭：《乡土摩登：〈朝阳沟〉的理想、"时尚"和爱情》，《文艺争鸣》2010年第21期。

② 杨兰春编：《朝阳沟》，人民文学出版社，1978年，第48页。

下地干活很利索，帮助我老婆把文化学，高兴得我心里没法说。”[①] 但实际情况是银环来到栓保家后并没有“先叫娘后叫爹”，银环反而像是一个下乡的干部一样对栓保娘嘘寒问暖，询问朝阳沟的生产情况：“你老人家好吧？”“咱这儿收成好吧？”与栓保娘期待的不同的是，城市知青银环“五谷不分”，以前也从未到过农村，更别提下地干活。栓保娘“梦”中的银环与现实的银环之间的差距，可能也正是“知青下乡”运动的理想预设与实际存在的问题之间的差距。

结　语

《朝阳沟》是为宣传“知青下乡”政策而作，但实际文本却溢出了作者的预设，反映出了“知青下乡”政策所存在的问题，侧面传达出了那个时代下乡知青们那种无法名说的痛苦。《朝阳沟》是一个关于青年成长的故事，它反映的情感和理想都是真实的，在今天仍然有意义。1964 年，《中国青年》杂志组织了一次“银环给我们的启示”大讨论，文章中提到：“我们青年在前进的道路上会遇到意料不到的困难，会产生动摇，这是可以理解的，要坚持下去，关键在于：一有动摇，立刻自觉开展思想斗争。用自己的革命愿望，去压倒后退的念头，用自己在劳动、斗争中体验到的愉快，去消除畏难情绪。最后，使正确的思想战胜错误的思想，而每经过一次胜利的思想斗争，我们的觉悟就提高了一步。”[②] 戏中银环为进步所做出的努力是真诚的，她的缺点也显得真实而可爱。《朝阳沟》中所反映出的上下一心、团结互助的朴素情感是动人的。《朝阳沟》所追求

① 杨兰春编：《朝阳沟》，人民文学出版社，1978 年，第 16 页。

② 谢逢松：《两个钢铸的字：坚持——影片〈朝阳沟〉主人公银环给我们的启示》，《中国青年》1964 年第 3 期。

的理想在今天看来依然闪光。《朝阳沟》更表达了一种“城乡结合”的美好愿望，剧中银环、栓保的结合正是城乡融合的象征。“在一种隐喻的意义上说，我们很多人就是‘栓宝—银环’式的城乡结合所诞生的下一代，‘改革开放’之前30年的国家发展历程对很多人而言既具有宿命的意味，同时也呈现了我们自身历史基因的混杂性和矛盾性，事实上《朝阳沟》不仅是父母那一代人的共同经验，它也成了我们成长过程中的鲜活记忆，戏中角色和戏外人生如此深刻地纠缠在一起，从而进一步模糊了生活和虚构的界限，并可以卷入到当代城乡融合史的想象性叙述中来”①。

① 杨位俭：《乡土摩登：〈朝阳沟〉的理想、“时尚”和爱情》，《文艺争鸣》2010年第21期。

第五章 新时期乡土中国文化重建的审美书写与历史返观

第一节 高晓声和何士光：新时期乡村世界的“灵魂摆渡工”

“百年乡土中国文学绝大多数都是以乡村为单位，聚焦农民生存悲剧与苦难命运，展现乡村民俗民风的乡土文化审美书写”①。随着十一届三中全会的召开，改革开放拉开序幕，集体经济、计划经济解体。几千年封建统治下的小农经济基础在经历过集体经济之后，迎来了市场经济、商品经济的大环境，传统文化也受到冲击。中国的乡村社会经历着千古未有之大变化，与封建农民意识觉醒不同，新时期的中国农民在新的土地政策和市场经济的影响下，其精神世界也发生着巨大的变化。在1980年代的文坛上，高晓声创作出了以“陈奂生”为代表的一系列农民形象，用“小人物”来反映改革开放之初的中国农村，表现农民意识的新觉醒、农村面貌变化的新格局、农业未来发展的新走向。高晓声创作的“陈奂生”系列作品，极大地丰富了当时的乡土文学创作。在当时的文坛之上，贵州作家何士光同样发表了优秀作品《在乡场上》，着力表现农村的

① 张丽军：《“当下现实主义”的文学研究》，北京大学出版社，2014年，第47页。

小人物形象，借助底层小人物在新时代到来之际的喜怒哀乐，来表现时代变革下的底层人物的命运变迁。关注底层，关注小人物是高晓声和何士光的共同之处[①]。与同时代的“伤痕小说”“反思小说”不同，高晓声和何士光两位作家的创作并没有去控诉“十年动乱”带来的伤害，而是扎根于农村，关注农村实实在在的问题。“从1958年3月到1979年3月，21年的农村劳动改造生涯并没有摧毁高晓声的生命意志，反倒成全了他的人生‘探求’目标，使他可以真切地了解中国农民的精神与心理，也积累了丰富的生活经验和大量的写作素材”[②]。高晓声写出了改革开放初期农村变革的面貌。他抛却高级知识分子的身份，以一个农民的身份，来替农民说话，替农民算账。通过陈奂生系列小说和《李顺大造屋》为代表的大量作品，高晓声在展现社会新面貌的同时，带着强烈的批判意识，叩问社会主义制度在十年动乱时期出现的政策性的问题与失误，表现以陈奂生为代表的农民的沉重的身影。十年动乱时期，农民受着来自物质和精神的双重打击。在社会的底层，他们依靠农

① 高晓声和何士光作为20世纪80年代初期的乡土作家，敏锐地把握住了时代的脉搏。关注底层农村、关注农村小人物是高晓声和何士光的共同之处。这两位作家以农民的身份，站在农民的角度，通过描写农村底层“小人物”来反映改革开放之初的中国农村，表现农民意识的新觉醒。高晓声的“陈奂生系列”与何士光的《在乡场上》《种包谷的老人》，借助底层小人物在新时代到来之际的喜怒哀乐，来表现时代变革下的底层人物的命运变迁，还为人们展现了中国乡村的温情以及乡民的美好的品质与灵魂。这两位作家让人们更好地认识了改革开放前后中国农民及农村，理解农民的辛酸以及农民对社会的贡献。他们在农村、农民身上发现的问题也能够让人们更好地看待当代社会的农民的觉醒和困境，从而更好地推动人们对农村、农民、农业的认知。

② 张春红：《“摆渡”人的“船艄梦”——现代性视域中的高晓声小说研究》，华中科技大学出版社，2014年，第2页。

村人的生存哲学艰难地存活。

“高晓声的作品多以农村、农民为题材，他一方面自觉继承和发展五四文学中鲁迅开创的国民性批判主题，对新中国成立以来特别是极‘左’思潮下农民精神状态和文化心理进行鞭辟入里的分析；另一方面高晓声也发现了农民身上蕴含着的英雄气质，并深深为他们善良、坚韧的品质所折服”①。高晓声在表现农村、农民的时候，也在探寻农村美的灵魂。通过描写农民之间的日常生活以及细微的情感变化，来表现农村这个充满温情的世界，来表现在这个温情的世界里农民们淳朴的品质。这种充满乡民美好品质的温情世界在何士光的小说《种包谷的老人》中也有着充分的体现。在文学的道路上，高晓声和何士光凭借自身对农村、农民、农业变革发展大潮的艺术感觉，结合扎实的文学创作基础，以现实主义的笔法塑造典型的人物形象。两位作者将典型的人物形象陈奂生、冯幺爸、刘三老汉，放置在改革开放之初这样的关键时间节点，除了表现农村土地政策突破之后中国农民的发展，结合对于时代的认知，暗含着对中国当时农村发展的担忧和警示，以及对未来农村发展新图景的希望。

一、甩不掉的“旧包袱”

高晓声的创作中带有启蒙的色彩，几十年的农村生活让他深刻认识到农民身上难以根除的国民劣根性，同时也让他深刻地感受到农民在那段艰苦的年代的痛苦。他要沿袭五四文学传统，所以他要替农民说话，要为农民发声。只有了解新农民的问题所在，

① 张春红：《“摆渡”人的“船艄梦”——现代性视域中的高晓声小说研究》，华中科技大学出版社，2014 年，第 23 页。

才能够更好地启蒙、发展。所以高晓声刻画农民形象，有着强烈的问题意识。高晓声在小说《摆渡》中提到“创作同摆渡一样，目的都是把人渡到前面的彼岸去”[①]，他就像是一个渡船上的摆渡人，“不受惑于财富，不屈从于权力，他以真情实意待渡客，并愿渡客以真情实意报之”[②]。21 年的农村劳动改造生活，让高晓声成为了农村世界的“灵魂摆渡人”。作为新农民的“摆渡人”，高晓声试图找到千百年来农民身上甩不掉的“旧包袱”，并且拆开农民思想上的“旧包袱”，找到内部的症结所在。

高晓声强烈地意识到，虽然处在时代变革之下，但是农民的旧意识根深蒂固，难以根除。“作为中国现代文学的奠基人和‘五四’新文化运动的思想启蒙者，鲁迅先生以‘改造国民性’为己任，创造了阿 Q 这一农民形象”[③]，高晓声塑造的陈奂生形象也有阿 Q 的影子，与阿 Q 生存性格相似的是，陈奂生在经历痛苦艰难的时候，也是利用一种精神上的自我安慰来劝慰自己。在《“漏斗户”主》中，一开始陈奂生被称作是“漏斗户主”，他是愤懑不平的，“然而，时间一长，这种忿忿也没有了，陈奂生彻底认输，当上了‘漏斗户’主”[④]；在《陈奂生上城》中，陈奂生住了县招待所的宾馆，花了卖油绳赚的五块钱，没法向妻子交代。但是他在回家的路上，“陈奂生……忽然心里一亮，拍着大腿，高兴地叫道：‘有了。’他想到此

① 生晓清、陈永林主编：《中国微型小说名家名作百年经典》第五卷，吉林出版集团，2011 年，第 7 页。

② 生晓清、陈永林主编：《中国微型小说名家名作百年经典》第五卷，吉林出版集团，2011 年，第 7 页。

③ 张丽军：《“当下现实主义”的文学研究》，北京大学出版社，2014 年，第 186 页。

④ 高晓声：《高晓声一九八〇年小说集》，人民文学出版社，1981 年，第 34 页。

趟上城,有此一番动人的经历,这五块钱花得值透。他总算有点自豪的东西可以讲讲了……他精神陡增,顿时好像高大了许多。老婆已不在他眼里了……哈,人总有得意的时候,他仅仅花了五块钱就买到了精神的满足,真是拾到了非常的便宜货,他愉快地划着快步,像一阵清风荡到了家门"[①];在《陈奂生包产》中,随着"包产到户"政策的推进,陈奂生在包产与工厂之间徘徊。他舍不得在工厂里的好处,同时由于之前吃过政策变化的亏,他对"包产到户"心存忌惮。但是面对别人的非议,"陈奂生比君子更胜一筹,他连新恶也不大会念,打了他之后,马上替他拍拍背,他立刻就不怨,骂他的时候只要态度好一点,他就认为你是好心,而不抱怨"[②]。但是,陈奂生的精神安慰法与鲁迅笔下阿Q的精神胜利法不同,陈奂生形象是有着诸多深层文化内涵的。陈奂生虽然承受苦难,但是一直在尽自己的力量寻求改变。所以用鲁迅式的国民性批判并不能评析陈奂生形象,真正影响陈奂生意识的是一种求生存的本能欲望,他所追求的是一种生存基础的积累,是一种适应社会生产方式和发展方式的变更。

《李顺大造屋》中的"李顺大"和陈奂生系列中的"陈奂生"都经历过十年"文革"期间的政策变化所带来的艰难。因此对于改革开放后"包产到户"政策的实施在一开始抱有一种怀疑的态度,始终对包产以及实行生产责任制不放心。陈奂生面对包产到户说:"这两年吃饱了肚皮,穿暖了衣,安稳日脚不过,找什么麻烦!分了就凿定好到哪里去吗?!弄不好会烦死,寿也要矮几年!陈奂生从

---

① 高晓声:《高晓声一九八〇年小说集》,人民文学出版社,1981年,第29页。

② 高晓声:《高晓声1982小说集》,四川人民出版社,1983年,第17页。

此把它丢在脑后。一动不如一静，捏牢锄头柄就算。”[①] 而“李顺大”一直是一个“跟跟派”。何士光的《在乡场上》中的“冯幺爸”，也是因为十年动乱期间的政策变化，变成一个唯唯诺诺的人。他们作为底层的农民，思想并没有得到真正解放，他们的意识也并没有得到真正的觉醒。他们的改变是一种针对新政策推行的应激反应，当政策推行结果与他们传统的思想产生摩擦与冲突的时候，他们作为一个有着自主意识的生产者会本能地怀疑自己生产资料的问题。陈奂生与李顺大并不是游手好闲的人。陈奂生唯一的目标是自己的粮食够吃，手里有钱；李顺大的目标则是能够盖几间真正属于自己的房子。但是在政策变动的年代，陈奂生“他不相信‘粮食分多了黑市就会猖獗’，因为他自己就不会”；“在粮食紧张的情况下，他不相信用粮食奖励养猪是积极的办法”；“他不相信‘有一斤余粮就得卖一斤’的办法是正确的，因为他是农民对粮食的需要，同收成的好坏几乎不发生任何关系，生产的劲头低落了”；“他还不相信分配口粮的办法是完全合理的，因为它只考虑了一般情况而不考虑特殊情况”[②]。他们的拼命努力没有得到本应该有的回报，陈奂生贫苦已经不是因为受到压榨与剥削，更不是因为他的不进取、不努力，而是有外在因素。他的妻子在体力和脑力上都存在一定的问题，并不能够像其他人那样拥有健全的劳动力。陈奂生家实际的劳动力只有陈奂生自己。这就相当于陈奂生一个人劳动养活四口人，在只能够靠田地的陈奂生家里，本身就十分的困难。当时的体制与外部的经济政策在一定程度上又加重了这种苦难的程

① 高晓声：《高晓声 1982 小说集》，四川人民出版社，1983 年，第 13 页。

② 高晓声：《高晓声一九八〇年小说集》，人民文学出版社，1981 年，第 36—37 页。

度。“在社会主义制度下，所有的人民都不应该吃这样的苦，更何况是陈奂生这样根正苗红的农民，但陈奂生却分明吃着这样实实在在的苦”①。在这种苦难之下，在陈奂生们眼里，什么样的政策已经变得不重要，重要的是能够满足自身的生存目的，摆脱贫困。

“所谓的城乡二元对立结构恰恰是工业化所生产出来的城乡关系，我们可以说，工业化的结构生产了城乡二元结构，尤其是新生的社会主义中国更是如此。在这个意义上，城乡差距是新中国走向现代化的过程中的必然有的结果，且难以克服。也就是说，陈奂生们的贫困其实是工业化过程中的结构性贫困”②。在这种结构性贫困下，农民的生存问题是第一位的，只要能够生存，可以泯灭掉自己的个性。在新中国建立之后，这种结构性贫困愈演愈烈，无形之间成为了已经解放了的陈奂生们新的束缚。农民的自主意识被外界的形式重新压迫，迫使农民重新采用像鲁迅笔下阿Q的精神胜利法来自我安慰。在《陈奂生战术》中，书记点化陈奂生，说国是大家的家，毛主席共产党是我们的亲爹娘。陈奂生便“一通百通，从此凡做长和书记的，都看成是长辈。比如把生产队长看成爹，那么大队长就是爷，公社主任就是祖爷爷了”③。改革开放之后，生产关系的改变直接影响着社会生活状况的改变，直接影响着人与人之间关系的改变。在那样一个风云诡谲的时代，农民身上也依旧残留着十年动乱留下的创伤，加上新的生产关系变革的未知性，让深处底层的农民无所适从，只能抹去自己的个性以及自主意

① 郭春林：《历史如何进入想象和现实——重读陈奂生和高晓声》，《南方文坛》2012 年第 2 期。

② 郭春林：《历史如何进入想象和现实——重读陈奂生和高晓声》，《南方文坛》2012 年第 2 期。

③ 高晓声：《陈奂生上城出国记》，上海文艺出版社，1991 年，第 94 页。

识，寄身于主流，盲目跟从。不管是高晓声笔下的“陈奂生”“李顺大”，还是何士光笔下的“冯幺爸”，作者都没有写他们在艰难困苦面前的反抗精神。作者寄寓在他们身上更多的是一种自然含蓄的苦难，是农民的隐忍与顺从，是农民面对生存问题的坚韧。

二、农村美的灵魂的彰显

改革开放让社会高速发展，新的意识、新的思想、新的认识冲击着传统乡村社会文化和乡村农民。新的事物的出现是能够带来新的创新、新的发展，但是几千年传统文化的积淀是新事物顺利孵化、成长的基础。高晓声在谈到陈奂生系列形象的创作时说道：“我对陈奂生们的感情，决不是什么同情，而是一种敬仰，一种感激。这倒并非受过他们特殊的恩惠，也不是出于什么过分的钟情。而是我确确实实认识到，我能够正常地度过那么艰难困苦的二十多年的岁月，主要是从他们身上得到的力量。正是他们在困难中表现出来的贱人性和积极性成了我的精神支柱。”① 二十多年的乡村生活让高晓声不再是一个去农村体验生活进而描写农村的人，而是以实实在在的农村人身份来描写自己所见，抒发心中所感所想。农村里的温情世界温暖了高晓声的心，农村人的优良品质感染了高晓声。因此，在高晓声创作的陈奂生系列中，我们可以真切地体会到高晓声对于农村人于苦难生活中坚忍品质的赞美。同样在何士光的小说《种包谷的老人》中，作者也为我们塑造了一个纯朴温情的世界。

在高晓声与何士光塑造农民形象的作品中，多描写了农村人

① 高晓声文学研究会编：《高晓声研究评论卷》，江苏文艺出版社，2014 年，第 300 页。

勤劳、坚毅、忠厚的品质。这样的品质使得中国的农民在任何困难艰苦的情况下,都在努力地寻找自己的出路,寻找生存之道。高晓声在密西根大学讲述中国农村里的事情的时候谈到:"农民在困难面前表现出来的坚韧性和积极性感动了我。我一再的看到,他们从不消沉,不管有多大困难,他们总是振足精神,努力去克服,他们总是想尽一切办法生活下去,并且无时无刻不在争取能生活得好一点。"[①] 陈奂生缺粮有一个很重要的原因就是他的美好品质,他因为同情岳家凄凉的情况,没有迁来妻子的口粮。"况且岳家并非故意为难新女婿,也是实在拿不出来啊!可是想不到,老婆生过脑膜炎,有后遗症,不大灵活,不大能劳动,这就成了大问题。但事已如此,奂生却能想得通,他觉得这个女人如果十全十美,他也没有条件同她配对了"[②]。他虽然穷,但是他不会去偷奸耍滑、投机倒把。他迫不得已去别人家借粮食,当别人不借给他粮食的时候,他不埋怨,因为他知道别人家的日子并不比自己的日子好多少;当别人借给他粮食的时候,心存感激,到了还粮食的时候,宁可下一顿饭没得吃也要把粮食还上。"宁可没有吃,还是一定要还的。他总是这样对他老婆说:'我们已经是'漏斗户'了,还能再失掉信用吗?'"[③] 陈奂生是守信用的。他勤勤恳恳地劳作,被人们称为"投煞青鱼",即使是在饿得头晕眼花的时候,他依然是坚持和别人一样去出工。借粮食他总能感受到别人的同情,内心惭愧的同时,为了生存,他必须坚韧。"即使是饿得头昏目眩,他还是同社员们一起下田劳动,既不松动,也不抱怨。他仍旧是响当当的劳动力,乃

① 高晓声:《中国农村里的事情——在密西根大学的讲演》,《当代作家评论》2006 年第 2 期。

② 高晓声:《高晓声一九八〇年小说集》,人民文学出版社,1981 年,第 32 页。

③ 高晓声:《高晓声一九八〇年小说集》,人民文学出版社,1981 年,第 30 页。

旧是象青鱼一样，尾巴一揌，往前直穿的积极分子”[①]。劳动是农村人最踏实的信仰。陈奂生相信自己手里的地，相信自己手里种地换来的一切。在《陈奂生转业》中，陈奂生因为与吴楚书记的关系而被聘为工厂的采购员。陈奂生最终凭借吴楚书记的关系和另一位采购员林真和的指点，弄到了工厂的原料，获得了工厂给予的奖金。“村子上的人都羡慕他，谁也没有说他不该拿。陈奂生却比以前更沉默了，他认定这一笔飞来横财不是他的劳动所得。他拿了，却想不出究竟哪些人受了损失”。陈奂生明白，他的采购任务完全是靠着吴楚书记的面子和真正的采购员林真和的帮助。没有他们，他不明白其中的运作，他做不来。他拿着五百多块钱的奖金的时候，心里是快乐的，但是想到这钱并不是全是靠自己得来的，心里并不是很踏实。“胜利是胜利了，但是陈奂生觉得自己实在干不了这个行当，外面的世界这样复杂，如果碰到了坏人，把自己卖掉了，也会不自知。他决不想吹牛皮，他在外面一共十六天，除了整理好一块菜畦之外，什么事情都不是他干出来的”[②]。在《陈奂生战术》和《种田大户》中的陈奂生执念于保留自己的土地，他认为只要有土地，就能够通过辛勤劳动，改变自己的生活。何士光的小说《在乡场上》中的“冯幺爸”在给任老大的孩子证明的最后喊出了“只要国家的政策不像前些年那样，不三天两头变，不再跟我们这些做庄稼的过不去，我冯幺爸有的是力气，怕那样？”[③] 陈奂生是“投煞青鱼”，冯幺爸有的是力气，“他们活着，始终抱定两个信念，一是在任何艰难困苦的情况下，相信能依靠自己的劳动活下去，二

① 高晓声：《高晓声一九八〇年小说集》，人民文学出版社，1981 年，第 35 页。

② 高晓声：《高晓声一九八一年小说集》，人民文学出版社，1982 年，第 48 页。

③ 郑电波主编：《中国乡土小说名作大系》第一卷（上），中原农民出版社，2013 年，第 40 页。

是坚信共产党能够使他们的生活逐渐好起来”①。

高晓声和何士光的农村题材作品除了描写农民最朴实的劳动之美，还展现了劳动人民的温情世界。在乡村，“邻里之间，帮钱帮不起，出点力气还不应该吗？这互帮互助的乡风自古就有，习惯成了自然，谁也不曾计较过吃亏沾光”②。作为“漏斗户主”的陈奂生不得已向别人家借粮食，在那个年代，同村的农民其实和陈奂生家的境遇差不多，但是大家都能够体谅他的难处。只要稍微宽裕，就会借给他粮食。陈奂生也经常尽力而为地帮助村民，从不计报酬。别人请他吸一支烟，绝不会以为他是为了这一支烟来帮忙的，因为陈奂生所帮忙做的活远超过这一支烟的价值。在何士光的《种包谷的老人》这部小说中，作者将这种温情的农村世界描绘成了以一个老人为核心，“世外桃源”一般的落溪坪村。在落溪坪，刘老汉是一个女儿远嫁七星场、独自居住的老人。他的身体并不硬朗，但是“他摸摸索索的，许多的事情也总是能做完。长久以来，虽然庄稼人须得一同做活路才能分谷子，乡亲们却早就不招呼他出工，秋来依旧称给他粮食”，“那时年轻的后生和媳妇们就顺手操起扁担来，为他把水缸挑满。过路的人知道他和气，也往往向他讨一个火吸烟，或是借一只水瓢来喝一回凉水”③，刘老汉对人和气，村里的人对刘老汉的照顾也是源自人内心的那种善良。曾经有好几次刘老汉病了，人们都来看望他。刘老汉一个人辛苦地在落溪坪的一些山坡地上耕耘，他一个人种了村里五口人都种不过来的包谷。最

① 高晓声文学研究会编：《且说陈奂生》，《高晓声研究评论卷》，江苏文艺出版社，2014 年，第 300 页。

② 高晓声：《陈奂生上城出国记》，上海文艺出版社，1991 年，第 99 页。

③ 郑电波主编：《中国乡土小说名作大系》第一卷（上），中原农民出版社，2013 年，第 43 页。

后，刘老汉的包谷地获得了大丰收，“刘三老汉的包谷，是队长刘诚喜带了人去帮忙掰的。开始，只去了三个男子汉，以为一次就能担回来。哪里知道，在坡上一清点，就连三十个男子汉一次也未必能担完……足足掰了满满的五十七挑”[①]。但是在大家的帮助下，最终顺利地完成了收获。在帮助完刘老汉之后，大家便回到自己家，重新开始一天的忙碌，从未想过报酬。值得注意的是，这时候的落溪坪已经实行了包产到户，这种和谐互助的并不是一种外在力量的推动，而纯粹是村民们发自内心的帮助。刘老汉也是一个善良、勤劳、厚道而老实的形象。他的善良表现在和气，与谁都不争，他承包的是村里都不愿意要的荒坡野岭；他厚道，由于先前的贫困，没有为自己的女儿置办嫁妆，他的内心一直感到内疚。因此，包谷收获的第一件事儿就是为自己的女儿重新置办嫁妆；他勤劳，一个人默默地在荒坡野岭上的承包地上细心地施肥、辛勤地耕耘。在他去世之前，交还国家的贷款 32 元，把自己的心爱鸟笼送给了同村的小伙子。“乡亲们急急忙忙地从石板路上走过，赶到刘三老汉家里去，脚步声那样清晰……不一会儿，刘三老汉歇息的屋里就站满了人……后来，人们一时进不去了，只好留在外面”[②]。在这个充满温情的乡村，作者何士光没有设置激烈的矛盾冲突，而是将这种温情像春雨一般滋润人们的心田。

三、新农民未来图景的隐忧与警示

“当别的作家忙于编织动人的故事情节来描写灾难岁月留给

① 郑电波主编：《中国乡土小说名作大系》第一卷（上），中原农民出版社，2013 年，第 47 页。

② 郑电波主编：《中国乡土小说名作大系》第一卷（上），中原农民出版社，2013 年，第 47 页。

他们心灵上的创痛，描摹人的毁灭和信仰坍塌的悲剧时，高晓声早已兴致勃勃地开始采用幽默反讽手段，来描写普通小人物的荒诞生活了”[①]。高晓声敏锐地把握时代的脉搏，展现中国土地政策变革下的农民本身的发展，尤其是农民新意识的觉醒。从现实主义视角去剖析改革开放后农村与农民的变化，探讨中国农民的国民性，深刻地思考农民的命运。自古以来，中国就是一个农业大国，农村人口所占比例非常大。中国最传统、最深厚、最本质的文化都浸染在农民身上，当然，万朝历代最深刻、最突出、最难以解决的问题也体现在农民身上，可以说农民的意识以及命运的变化直接影响着国家的发展、变化。在改革开放之初，高晓声敏锐地意识到中国土地政策的新改革是一种积极的求进，是一种新的解放，同时也表达了对于农村农民境遇的隐忧和对未来发展的警示。

“从人道主义视域出发，可以发现高晓声的小说往往以‘立人’为宗旨，通过塑造典型人物形象去尽力表现人性、人情中的善与恶、美与丑，文本延续‘五四’以来的文学启蒙精神，强调对国民性的批判与重构”[②]。高晓声在陈奂生系列作品中描写了中国农民在十年动乱期间的苦难以及改革开放初期的意识觉醒与迷茫。这与何士光小说《在乡场上》中的“冯幺爸”一样，中国农民在经历了土地政策的新突破之后，坚信可以通过自己的劳动摆脱贫困，从此可以挺直腰杆。这是极其渴望摆脱贫困的一种心态，中国农民虽然从旧社会中解脱出来，但是并没有具备真正的主人翁意识与国家意识。对于“国”只是一种归属感的认知，而对于自己的小家、自

① 张春红：《“摆渡”人的“船艄梦”——现代性视域中的高晓声小说研究》，华中科技大学出版社，2014 年，第 83 页。

② 张春红：《“摆渡”人的“船艄梦”——现代性视域中的高晓声小说研究》，华中科技大学出版社，2014 年，第 103 页。

己的利益则是一种真切的维护。在高晓声的“小说文本中传达出的对农民渴望过上有尊严生活的期盼,对‘陈奂生式’农民生在做主人的时代却没有做主人的本领的焦虑”①。陈奂生的两次出名、两次进城和一次出国,并不是因为陈奂生本人作为一个农民能够得来的,并不是他的主动求变,更多的是一种外在力量的推动。也就是说中国的农民并没有真正意义上的解放,中国农民多层次的问题依然需要深刻的剖析与解决。在改革开放之初,高晓声借助陈奂生之口,已经敏锐地意识到中国底层小农在新时期的命运。陈奂生一直坚信只要有地种,只要自己勤劳就能够过上好日子,但是直到《陈奂生出国》里的“他”日子并没有过好,反而更加地窘迫了。陈奂生也曾发出过疑问:“为什么出力流汗拖板车却没有报酬?为什么不出力气却赚大钱?为什么吴书记写条子求援两吨搞不到,为什么刘主任跑一趟就答应了5吨?”② 作为农民,最根本的种田劳动已经不能够适应时代的变化。在《李顺大造屋》这篇小说中,坚信“吃三年薄粥,买一头黄牛”的李顺大,一直在努力地积攒能够盖房子的资本。自己也感叹:“唉呢,我总该变的好些啊!”③ 虽然及时拨乱反正了,他依然是靠着送礼才买到了盖房子的砖。劳改书记刘清也说:“你看看吧,贫下中农吃了二十多年苦造了点房子,一声拆就拆,还管群众死活吗?可公社不仍旧是公社。”④

---

① 张春红:《“摆渡”人的“船艄梦”——现代性视域中的高晓声小说研究》,华中科技大学出版社,2014年,第7页。

② 高晓声:《陈奂生上城出国记》,上海文艺出版社,1991年,第50页。

③ 朱栋霖主编:《中国现代文学经典1917~2012》(三),北京大学出版社,2014年,第132页。

④ 朱栋霖主编:《中国现代文学经典1917~2012》(三),北京大学出版社,2014年,第130页。

在新时期，随着农村新经济政策的调整，农民的自主生产热情被激发，但是也暴露出诸多的社会问题。在《陈奂生转业》中，厂长雇佣和吴楚书记认识的陈奂生，陈奂生并不具备做采购员的能力，但干部们多次恳切地来请陈奂生进厂，为的就是通过陈奂生和吴楚书记的关系弄到原材料。这样的生产很明显有问题，这样的雇佣关系也不符合经济发展规律。在"文革"期间李顺大攒够了钱去买建房子的砖，却被买砖头的营业员告知"革命中的圆头头不如点头头，没有亲友可靠，除了买黑市，别无他法"①。而在改革开放之后，这种以人情关系左右生产关系的现象不但没有得到改善，反而愈演愈烈。厂长依然多次找陈奂生谈话，希望他再去城里找吴楚书记，通过关系搞到材料。村民之间的关系也逐渐偏向金钱利益。陈家村的陈松浩盖房子，陈奂生去帮工，一分工钱不要，只是吃一顿饭，但是在包产以后，陈奂生借陈松浩的水泥船运河泥，陈松浩竟然来收用船的钱。农村的温情社会逐渐被打破，"左邻右舍，彼此不知道对方赚了多少，只能凭花钱的气派去推测。除了造房子。电视机、收录机开始在陈家村露出头角，城市里花花绿绿的打扮，姑娘头上的卷发，传播之快，真如一夜春风吹，千树万树梨花开；全不用干部关心去做典型试验和全面推开的工作。赌博的不叫自聚，烧香的成群结队。这也不是阶级敌人在暗中兴风作浪，不过是老习惯仗了财势复兴而已"②。在社会逐渐盛行的商品经济和消费主义的大环境下，只拥有土地的底层农民根本无法富裕起来。始终秉持小农意识的陈奂生们也最终只能窘迫地存活于商品化经

① 朱栋霖主编：《中国现代文学经典 1917~2012》（三），北京大学出版社，2014年，第127页。

② 闫作磊：《从启蒙到政治经济学——高晓声"陈奂生系列"再解读》，《首都师范大学学报（社会科学版）》2016年第6期。

济的大潮之中。高晓声意识到将陈奂生们的意识重新启蒙显得尤为重要，但是国内的经济环境，陈奂生们早就有了属于自己的“战术”。高晓声在几十年代初期创作出了《陈奂生出国》，曾经名震一时的陈奂生在后期逐渐无人问津。但是幸运之神却再次光临陈奂生，书写他的故事的作者带着美国的学者来邀请他到美国去。一时间，陈奂生又成了明星，受到大家的追捧。在这篇小说中，作者用戏谑的口吻讲述陈奂生的出国经历。陈奂生和辛主平一块逛商场，被重提“买帽子”的旧事；去参加华人为主的派对，被安排表演节目，有人提议表演“在沙发上跳三跳”，意图重现当年陈奂生上城入住宾馆的尴尬；在他喝多了说了很多自己对于美国的认识时，大家一边听一边笑，陈奂生就像是一个“笑话”一样。当具有严重小农意识的陈奂生与现代化、商业化水平极高的美国相遇时，会闹出一系列的笑话，但这也蕴含着作者高晓声对于中国农民未来发展的一种担忧与警示。陈思和在《中国当代文学史教程》中曾提到：“陈奂生的精神，典型地表现了中国广大的农民阶层身上存在的复杂的精神现象。他的形象是一副处于软弱地位的没有自主权的小生产者的画像，包容着丰富的内容，具有现实感和历史感，是历史传统和现实变革相交融的社会现象的文学典型。”① 高晓声与何士光笔下的农民形象都是改革开放前后中国底层农民的真实写照，是底层农民的代表，反映着改革开放以及经济政策调整带给农民精神上的突变。这是极具现实主义的。

结　语

高晓声说：“我希望我的作品，能够面对人的灵魂……一个作

---

① 陈思和：《中国当代文学史教程》，上海复旦大学出版社，2003 年，第 238 页。

家应该有一个终生奋斗的目标，有一个总的主题。就我来说，这个总的主题，就是促使人的灵魂完美起来。”[①]他作为一位具有浓厚乡土意识的作家，继承五四文学传统，扎根于农村世界，以农民的身份，从农民的视角去看待时代变革的问题。高晓声在80年代初发表的“陈奂生系列”前四部《“漏斗户”主》《陈奂生上城》《陈奂生转业》《陈奂生包产》写出了农民在改革开放前后的苦难与心声，写出了农村的温情，其现实主义创作达到一种新的高度，深刻解构了中国农民的“国民性”。在90年代初该系列的后三部《陈奂生战术》《种田大户》《陈奂生出国》则写出了生活在社会底层的陈奂生们，在改革开放与商品经济发展的大潮下的困窘与无所适从。尤其是在小说《陈奂生出国》中，高晓声表现出了中国底层农民在时代大潮下需要意识的转变。值得注意的是，此时的高晓声的创作理念已经不完全是像80年代初站在农民的角度，而更多的是以一个高级知识分子的角度去思考社会问题。这就使得高晓声后期写作的农民形象在内在意蕴和真切反映农民自身问题的层面表现不足。但是每个时代都有每个时代的文学，每个时代的文学都会有带有时代特色的文学形象。高晓声与何士光这两位作家所创造的农民形象、营造的农村的温情世界，让人们更好地认识了改革开放前后中国农民及农村，理解了农民的辛酸以及农民对社会的贡献。他们在农村、农民身上发现的问题也能够让人们更好地看待当代社会转型和文化重建维度下农民的觉醒和困境，从而更好地推动农村、农民、农业的现代性转向和新的发展。

---

① 高晓声：《生活・思考・创作》，上海文艺出版社，1986年，第21页。

第二节　阎连科："乡土中国"的"日光流年"及其"无物之阵"

新时期以来，经历了文化寻根之后，涌现出了一批具有实力才情的小说家，如莫言、贾平凹、刘震云、阎连科、张炜、韩少功、陈忠实等。他们的集体出现，一方面表明了乡土小说在中国文学之中的独特地位，另一方面也表明乡土经验作为大多数实力派作家走向文坛并深刻挖掘的重要元素，在其艺术生命之中的独特地位，以及它在不同时期不同个体之中所产生的深远而又复杂的影响。尤其是90年代以来的中国乡土转型期，市场经济本身对中国乡土的渗透，以及一大批乡土小说家的集体亮相，使得这种对乡土的重新发掘（乡土作家群体性的出现）有了更深的意味，也显示了它顽强的生命力和创造力，更标示着重新发现丰富多样的乡土中国有了可能。

从目前的创作来看，大多数作家（也包括评论家）对"乡土中国"问题的发现诊断往往陷入两个极端。所以，深入乡土世界去发掘真正存在的问题就显得尤为重要。作为追求"神实主义"的代表，阎连科对乡土世界的关注和发现一直在持续。在他看来，乡土中国转型过程中，现实的复杂性已经远远超出作家的经验范畴。换句话说，传统的现实主义显然已无法准确传达创作者的个人经验，由此他提出了"神实主义"这一当代文学重要的概念，并在他的创作实践中不断坚持完善。凭借"神实主义"，他对乡土中国的发现在我看来有两个重要的标志：一是乡土社会文化转型过程中农民成长所经历的"日光流年"的疼痛；二是农民的贫困轮回成为宿命式的悲剧之中无法摆脱的"无物之阵"。

一、农民成长中的"年月日"与"日光流年"的"疼痛"

阎连科自80年代初开始发表作品以来，就显示出他独特的创作风格和手法。尤其是他在1997年发表的中篇小说《年月日》引起文坛关注。在此之后，几乎每一部小说都会引起普遍的关注和争议。自《年月日》之后，阎连科的创作也持续出新，进入了创作的井喷期。陆续出版的长篇小说如《日光流年》(1998)、《受活》(2003)、《丁庄梦》(2006)、《风雅颂》(2008)、《四书》(2011)让他跻身中国小说创作大家之列。阎连科的文学创作始终钟情于记忆最深的乡土，他所处理的个人经验也都来自河南中原的那片乡土。他对乡土文化中那些斑斑点点的"旧根"和"新伤"都有着非常清晰的认识。除了一直钟情于他所倡导的"神实主义"之外，他的乡土世界中，更多的是乡土世界中悄然发生的变化，以及农民在社会发展中背负的沉重负担。他曾坦言："我非常崇尚、甚至崇拜'劳苦人'这三个字，这三个字越来越明晰地构成了我写作的核心，甚至可能成为我今后写作的全部内核。"①阎连科关注的往往是来自于底层社会中最直接和最复杂的社会问题。在他的乡土书写当中，我们也惊讶地发现底层农民在一系列变革中，荒诞又现实的经历与乡土文化固有的传统在他们身上的演变，既艰难又痛苦，既有共同之处又普遍带有各自特点和问题。我们知道，自鲁迅等一批五四时期的小说家开拓乡土审美空间以来，乡土小说经历了由起步到现阶段的成熟发展。而乡土小说沿着现实主义的道路在不断深化的过程中，所保留的一个重要的特点，即是它浓烈的回忆所烘托的故乡之思。乡土作家所处理的经验来源于最鲜活的中国

① 李陀、阎连科：《〈受活〉：超现实写作的重要尝试》，《南方文坛》2004年第2期。

乡土,在故事的内在经脉中,乡土情结始终是他们葆有创作热情的重要动力。从某种意义上讲,乡土小说的一个重要的特质在于,乡土小说家所关注的乡土故事,其实是回忆层面上对乡土经验的“二度发掘”。所以,这种“离土不离乡”的创作也是走出故乡经验、抵达异乡的写作者,在对故乡的怀念中重新审视故乡的人与事,并在自我找寻中重新“发现乡土”的过程。从写作的完成度来讲,阎连科的乡土“系列”已具备了发现中国乡土文化转型的某种可能,甚至,在更深度的层面上,阎连科所代表的中国乡土小说创作也极大地显示了 90 年代以来乡土文学创作的实绩。

阎连科重新发现乡土中国的视角,往往形成于农民成长过程中所经历的疼痛。它与农民的尊严、主体性以及身份确认联系在一起,共同构成农民命运走向的决定性因子。具体来说,这些外在的社会因子,在阎连科的表达中成为了至关重要的环节。比如农村的权力流转、经济利益之下农民的命运抉择等等。当然,在阎连科的小说里,乡村之中的权力流转,无论从哪方面分析,都是没法避免的问题。我们在他的小说里处处可以看到权力的拥有者所掌握的一切。在事关农民利益的资源分配,甚至可以左右乡村弱势群体的命运的各个环节之上,我们都可以看到这些地方实力派的权力控制。阎连科笔下农民的“日光流年”的“疼痛”首先就体现在这种乡村权力的流转体系中。实际上,在严密的分配体系里,掺杂其中的贫困、盲目的农民不仅处于被动的劣势,而且在各种利益群体的支配下,被现实的残酷一次次“割疼”,最终,永久地处于生活的底层。而那些通过不正当手段获得权力,进而异化为新的集权者的农村青年,其身体上的疼痛却更为明显。他们往往为了换取权力所付出的代价是牺牲自己的尊严和身体。总体来看,阎连科所描绘的乡村秩序中获取权力的途径主要有两种,一是依靠血缘，二是依靠“谋婚”。大概最早从《乡村故事》开始，我们就可以看到阎连科对乡村社会的结构性问题，以及农民命运中最疼痛的问题的关注，开始融入到自己的作品之中，并逐步形成自己相对稳定的风格。《乡村故事》作为奠定阎连科创作生命的一块重要的基石，在形成他独特的“阎式”悲喜剧方面，可以说已经显示了他的独特才华。贫困落魄的主人公“连科”通过与“三姑女”的婚姻而获得乡村权力关系之中地位的提升，而他牺牲的却是自己的尊严与爱情，在他不甘贫困的奋斗中，他的内心已经被欲望和利益掌控，并最终在一出又一出闹剧结束之后，他的挣扎也让他异化为权力的工具和附庸，让他一步步丧失尊严。“在阎连科《乡村故事》中，乡村上层势力正是通过层层婚姻关系把乡村政权牢牢掌控于由婚姻关系而编织成的上层利益共同体之中。这样一来，本来为广大农民谋利的乡间政权就成了一部分上层势力谋私利的政治工具”[①]。阎连科正是在这样的环境中逐渐成长起来的，而他的成长，也承受了苦苦挣扎的剧烈“疼痛”。可以说，这样的乡村权力传递与运作关系，自《乡村故事》起，也成为阎连科在探索农村社会权力分配，以及与此相关的农民悲剧命运的经典模式。在《黑猪毛白猪毛》中，农民作为个体，在权力与利益分配中不断挣扎，而最终“美梦破灭”的过程，被进一步呈现了出来。镇长开车撞死了人，“本来应该镇长负责，可是镇长是镇长，谁能让镇长负责哦”[②]。随后，镇长安排与他私交不错的屠户，找人替他蹲监——镇长只赔几个钱。这时，村里的根宝又穷又懦弱，二十九岁还没有娶到媳妇，不仅每家娶亲必备的砖瓦房，根宝家还没有盖起来，而且根宝穷到

① 张丽军：《百年乡村时空里的“阿Q”》，《南方文坛》2007年第4期。
② 贺昌盛、黄云霞：《文与现实》，浙江大学出版社，2006年，第106页。

连生活也难以为继。再加上根宝天生懦弱，“自家的庄稼被牲畜啃了，他举起铁锨联想到牲畜也有着主人，竟就不敢落将下去，只能将铁锨缓慢的收回”①。所以“窝囊”的根宝自然而然也就成为了代替镇长蹲监的候选人。但故事却一波三折，最后替镇长顶罪蹲监的人竟然有四个之多。而根宝在与其他三人的抓阄中败落，没有抽中屠夫雇来的伙计拿着阄纸包着的那根黑猪毛（抓到黑猪毛即为获得替镇长顶罪蹲监的资格），为了自己能够娶到媳妇，他放下自己的尊严，转而向抓到阄的柱子下跪祈求，而当他得到这个资格时，镇长又不需要人去替他蹲监了。最后，我们看到，根宝唯一的梦破灭了。这样的“机会”对他根宝来说意味着未来的一切，而当他带着孤独与苦闷，迫切地寻找那根可以拯救他的“稻草”的努力失败之后，他对未来所有的希望最终也葬送了，这正是那根“黑猪毛”与根宝最近的现实意义。《黑猪毛白猪毛》描写的是生活在新世纪的“阿 Q”的子孙们。甚至比之更加麻木愚昧。他们的最终的命运依然是如同阿 Q 在未庄的遭遇一样，带着挣扎过的“疼痛”，陷入无边的苦闷之中，找不到适合的出路。同样，在《金莲，你好》中，权力的压抑和这种无边的“疼痛”，依然是延续在乡村农民悲剧命运中的重要因素。由此看来，一个不容争辩的事实是，在乡土社会严密的等级体系内部，以权力为中心而形成的利益分派规则，深刻地影响着每一个农民的命运。《乡村故事》中的连科放弃爱情而追求权力的欲望的幻灭，也表明和他一样的农民，摆脱贫困和取得尊严的方式是如此单一和渺茫。而乡村环境中的唯一出路，即是顺应这个严密的权力等级体系，才能获得更高更优先的权力，并以此维护自身的利益。在这种模式下，显然，权力欲望既俘获了人

① 贺昌盛、黄云霞：《文与现实》，浙江大学出版社，2006 年，第 106 页。

心,也困住了每一个青年的未来。

事实上,这种对乡村权力关系的认知,以及农民在这样的环境之下,所面临的困境和压抑,源于阎连科自己真实的经历。他曾经在访谈中说:“我从小就有特别明显的感觉,中原农村的人们都生活在权力的阴影之下,在中原你根本找不到像沈从文的湘西那样的世外桃园。我家是农村的,从几岁开始,对村干部是什么、乡干部是什么、县干部是什么,都有直接的认识和领教。那时候,你的工分、口粮都控制在上边有权力的人手中,上边的人又控制在更上边的人手中,每一个人都是在权力夹缝里讨生活的。哪怕一点点权力,都可以与你的生存密切相关,可以成为你比别人过得好的砝码,也可以成为改变你命运的砝码。直到现在仍然如此。这样的环境,自然就形成了普遍对权力的敬畏和恐惧。你说这是不是民间的心理个性?就我而言,现在虽然出来二十多年了,可是回到农村,见了村里干部,仍然一样地毕恭毕敬,一方面是因为你年轻时代已经形成了那种心理烙印;另一方面,即便你自己出来了,老家里还有人在他们的管制下,你同样不敢得罪他们。这种对权力的敬畏与恐惧,一年一年,一辈一辈,便会扩展为你对无所不在的能够左右你的一切力量的恐惧、厌恶与敬畏。”① 很显然,在这样严密的权力控制之下,农民的心理个性已然是对权力的普遍敬畏和恐惧。阎连科的悲喜剧正是建立在这样的认识上才显得那么震撼和凄苦。而面对这样的现状和思考,我们也就不难理解,为什么像《乡村故事》中的“连科”一样高考落伍的农村青年,他们的命运一定会是一步步走入乡村严密的权力网之中,并在权力轮换的严

① 阎连科、姚晓雷:《写作是因为对生活的厌恶与恐惧》,《当代作家评论》2004年第2期。

密等级中异化为牺牲自己的爱情去换取权利筹码的人。同样，也不难理解《黑猪毛白猪毛》中的根宝，为了替镇长蹲监而不惜牺牲自己尊严换取蹲监"资格"，以及《金莲，你好》中金莲的爱情被利用，成为老二取得权力工具的悲哀。阎连科的困境书写，从最初以个体所面临的环境出发继而抗争，到后期主要以权力制度为依托，将农民放置在封闭的制度环境中，并加以考量其悲剧性意义，这其中充满了他对中国乡土文化转型和农民所经历的疼痛与困境的理解。无论是处于自然环境，还是制度环境中的农民，其命运的挣扎都异常艰巨困难。所以，对他们而言，转变身份和命运的过程缓慢而又疼痛。而阎连科对乡土文化转型过程中农民所面临的苦难的集中书写，则意在将它置于百年文化转型这一历史语境中加以考量。进而寻找农民自身出路。显然，阎连科的探索性意义即在于此，而这也是他的小说卓有成就的主要原因。

当然，除了对农村权力关系的结构描写之外，阎连科还将权力关系所主导的利益分派体系对农民的分割与压制，以及农民在挣脱道路上所承受的疼痛呈现了出来。在不断思考和摸索中，阎连科也拓展了自己的思考向度。所以，与他此前的创作相比，1998 年发表的《年月日》就率先显示出了一种不同以往的风格。在这部小说中，他似乎更集中地将目光放在了农民与土地之间的关系之上。他将农民的挣扎放置在一个超现实的层面上，从更直接的角度去挖掘农民的悲剧命运。这使得他在写作与现实的对抗中，更进一步地直逼现实。不可否认的是，阎连科的《年月日》是一部基于现实又高于现实的"乌托邦"式的写作。可以说，正是在写作与现实的对抗中，《年月日》带来了现实之外的突破。但其实，不管他的写作与现实的对抗如何紧张焦灼，阎连科对农民疼痛境遇的理解却是一个不断深入的过程。他对历史之中农民宿命的认识也经历了一个逐渐清晰的过程。自从“发现20世纪文学的经典意义与19世纪有巨大的不同”之后，“就开始尝试写《寻找土地》、《天宫图》、《黄金洞》，当然到了《年月日》时的变化就非常清晰了。从《年月日》到《耙耧天歌》，再到《日光流年》，已经非常清晰地呈现我的思考。所以这个过程就是成熟的过程、自觉的过程”[①]。在这里，阎连科逐渐清晰的思考，并非只有小说创作本身，即神实主义的修补完善，还应该有对农民对“穷苦人”命运的认识。

小说《年月日》讲述的是旱灾之年，先爷因为自家长出了一颗玉蜀黍苗，放弃了去外地逃荒，决定孤身一人留在村里，照顾自家地里长出来的玉蜀黍苗的故事。随着日子一天天过去，先爷身边的盲狗也离他而去。在经历了与恶狼的搏斗、为玉蜀黍找水等一系列困难之后。先爷最终倒在了他照看的那片土地上，而他所照养的那颗玉蜀黍苗，也把根须深深地扎在先爷的身体里，吸收了来自于先爷身体的养分。小说最后，又有七户人接续先爷的步伐，将棚架床枕头下的一本万年历翻出来，放弃逃荒，留在了村落里，在耙耧山脉又种出了七颗玉蜀黍。小说的对抗从一开始就非常明确，尤其是极具象征意味的小说开头“千古旱天的那一年”与结尾那本“淋了雨的万年历”完整结合在一起，构成了整部小说的封闭感，而这种封闭感的来源，就源自于开头以及整个故事对抗性的消除。所以，在我看来，与其说它探讨的是农民与土地之间的关系问题，不如说是阎连科借土地与农民的本质联系来消除困束人生的矛盾、重新看待农民命运选择的一次有益尝试。虽然整部小说具体的时间是模糊的，小说时间背景也是虚置的。这显然会让小说

① 周景雷、阎连科：《写作就是对现实的回应——阎连科访谈录》，《文艺研究》2014年第2期。

的内涵一下子被无限扩大，也为故事蒙上了一层非常神秘的色彩。但是作为与时间赛跑的巨人先爷，在与时间的对抗中轰然倒下，最终化为土地的养料也似乎在提醒我们，这是一个像夸父逐日一样的寓言性质的故事。这里，不容置疑的是《年月日》的内核是典型的现实主义。更进一步，阎连科在现实主义基础上赋予寓言性质的做法，或多或少提醒我们，神实主义最突出的特点其实保留了现实主义的经典性内核。正如“年代存在，是因着记忆。有的年代过去了，有刀凿之痕；有的年代，平淡无奇，如漂浮流云，风来雨去，了无痕迹，只留一些味道在其中”[①]。所以，在《年月日》开头，“千古旱天那一年，日子被烤成灰烬，用手一捻，日子便炭火一样粘在手上烧心”[②]。烧灼的痕迹才是显示这种写作与现实对抗的真正肌理的核心途径，因为阎连科“和现实的紧张关系，除非不写作才会缓解，只要你坐在书桌前面，这种和现实的紧张关系马上就会表现出来”[③]。而“神实主义的本质，恰恰因为阎连科要书写本质，而这个本质无法表达，于是在无法言说中裂变。神实主义其实就是在无法现实中神实，无法言说中神实。他不断地要顽强达到这种不可能的境界，他只能顽命，只能顽命地写，顽命地写”[④]。实际上，这种与现实的紧张关系也充斥在他的小说里。《日光流年》中，先爷同时间的对抗几乎让一切都产生了热度，仿佛世间一切都可以颠倒一样。在农民所依赖的土地的家园之上，农民却陷入了与土

① 阎连科：《我与父辈》，云南人民出版社，2019年，第3页。

② 阎连科：《年月日》，新疆人民出版社，2002年，第250页。

③ 阎连科、张学昕：《我的现实，我的主义》，云南人民出版社，2011年，第281—287页。

④ 陈晓明：《给予本质与神实——试论阎连科的顽强现实主义》，《文艺争鸣》2016年第2期。

地的对抗和矛盾之中。这显然是对农民与土地之间关系的一种倒置，再进一步，这显示了阎连科对位思考的方式。“在倒置的家园之塔的结构中，即便冲破苦难的塔基深入到地平线下，‘那个世界’也无非是一个桃花源式小农经济的乡土世界。就主题内涵而言，这种静态的、既没有再生能力也没有实现可能的‘原初’理想，无法赋予‘退行’结构以更深的意义”[①]。这种倒置本身是一种反抗，是对已有现状的清晰的抵抗。它在叙述之中所承担的叙述任务，以及所获取的叙述焦点，都在这种回溯的影响下，既带着对农民命运悲剧的深切哀痛，也带着对希望的无尽追寻。而闻着时间里的味道，才可以还原最熟悉最真实的现场，带着质量的“年月日”由长到短的颠倒是对先爷与时间抗争的重新计时，它试图找到取消疼痛的方式。直至先爷所依托的生命的消亡，这种对疼痛的反思与救赎都在持续。另外，这种计时也仿佛有意将农民与土地之间天然的关系加以回溯与清理，进行彻底的反思，甚至颠覆。由此我们看到，千百年来农民所固有的“原因不明的悲剧当然是、也只能是无法摆脱的宿命，而在这个命运悲剧中演绎的人性不可能不是一种顽强但又原始的人性，这种生命力也是盲目的”[②]。先爷的固执与坚守，一方面展现了农民在土地与时间的双重限制中，作为农民所葆有的顽强的生命力。同时，先爷痛苦的反抗与坚守也表明，在农民顽强生命力背后所依托的其实是一种原始性与盲目性。实际上，不仅仅是对以往农民悲剧命运根源探索的一次调整，《年月日》的深层意义还在于由先爷之死所引发的一系列思考和疑

---

① 刘志权：《平民立场与“哥特式家园”之塔——阎连科小说片论》，《当代作家评论》2013 年第 5 期。

② 陶东风：《从命运悲剧到社会历史悲剧——阎连科〈年月日〉〈日光流年〉〈受活〉综论》，《中国现代文学研究丛刊》2016 年第 2 期。

问。先爷在天地灾难之中,依然固守乡土不愿逃荒,最终“困死”在他所执恋的土地上,或许这会让我们产生诸多关于农民的疼痛命运的疑问。譬如,先爷的死是反抗的死还是土地对农民的禁锢?以及在农村转型过程中,一部分农民在生存的土地之上的坚守究竟意味着什么?而事实上,这一系列的问题都是整个90年代以来,乡土社会转变过程中非常尖锐的矛盾问题。先爷的死所换取的“自然生命”(玉蜀黍)也在一定程度上表明,土地与农民之间并不天然地构成播种与滋养的关系。换句话说,阎连科对乡土农民的悲剧命运根源的又一次找寻,正是立足于农民悲苦命运的疼痛根源上。或许也正是先爷所代表的农民的这种盲目的生命力,才让他们经历了“日光流年”的“疼痛”之后,依然有面对生命的勇气和希望。从这个意义上来看,阎连科的叙述颠覆了这种天然的“滋养”与“被滋养”的关系,在农民的所固守的那片土地上,再现了被土地所禁锢的农民走向悲壮,却又不无震撼的心路历程。

不论我们从何种向度上去理解《年月日》,小说中所流露出的深切的“怨”与“怒”都是我们应该看到的。正如阎连科所说的:“我知道在我的小说中,我表现了太多的怨恨和嘲弄——这种怨恨和嘲弄,不是鲁迅笔下尖锐的批评,明确地就是怨和恨。”“怨,是指这块土地虽然在古代有过无比的辉煌,然而却在当代经历了难以忍受的苦难;恨,是在改革开放的新形势下,这块地方却仍然是那样地停滞、混杂、无序与残酷。”① 但在我看来,在《年月日》中,怨也是他对农民无法走出固守的意念,获得“开豁”的生命旅程而怨;怒也是为“割疼”农民的“困束”而怒,为乡土世界中那普遍被压抑

① 栾梅健:《撞墙的艺术——论阎连科的文学观》,《当代作家评论》2013年第5期。

的人性而怒。不论是怨也罢恨也罢都是对故乡的一种寄托,是深切挚爱的表达,而一切恨与怨的缘由也都隐没在其中。

二、反抗宿命的悲剧与“无物之阵”

实际上,“在1949年新中国确立了新的、正义性的乡间秩序后,中国农民现代性转化仍然受到乡村时空里的‘无物之阵’的压抑,仍然受到自身非现代性思想的阻力”。而在90年代以来,这种“无物之阵”的压抑以及非现代性的思想阻力,依然在乡土社会中保留并延续了下来。阎连科的创作主要还是以乡村社会问题之下的农民所面对的一系列新的调整和转变为主。他所处理的文学经验是90年代以来的市场经济大潮下逐渐被卷入其中,并由此发生了重大变革的乡村生活。他对乡村社会问题有着很敏感的把握,对乡村社会固有结构在经济利益撬动下,农民走向异化的痛苦有着独到的见解。在创作意识和手法上,他用大胆自觉的方式来书写自己的故土,表现挣扎于其中的农民的悲剧。另外,早年的军旅生涯,也在他的写作中留下了诸多印记,让他在处理农民所面临的压抑和矛盾时保持着自己“撞墙”的勇敢。随着他的创作进一步成熟,人间的悲剧与荒诞也在他的冷峻之中形成了独特的审美范式。总的来看,阎连科前期的小说探索主要以个体的顽强挣扎的悲剧命运为主,这种探索往往是个人所持重的小触点,但是格局却延展得异常广阔,比如《乡间故事》《年月日》和《日光流年》。后期在处理《受活》《坚硬如水》《丁庄梦》这样的文本的时候,阎连科的笔触显然更为细腻,也有更加密集的编织。

与《年月日》带有乌托邦性质的寓言式书写相比,稍晚的“《日光流年》的环境、人物和故事的抽象化程度有所降低,而社会性、历史性的维度增加了”[①]。与此同时,阎连科对于乡村社会的复杂性极端性的认知也进一步加深。他所秉持的创作理念和创作热情也在不断提升。小说从三姓村的喉堵病说起,受喉堵病困扰的三姓村前后在四任村长的带领下希望突破三姓村“活不过四十”的生命大关,这种命定的悲剧让他们付出了惨重的代价。在第一任村长杜桑的带领下,三姓村疯狂地开展了“造人计划”。夜幕降临,全村成年男女都在行房事,以至于在整个三姓村都弥漫着羊水奶水混合的香味。第二任村长司马笑笑,找到的治疗喉堵病的方式是吃大量的油菜。所以,在他的带领下,三姓村将大面积的土地都用来种油菜。但最终还是于事无补。第三任村长蓝百岁,认为喉堵病的缘由是由于土地本身造成的,只有重新翻掘过的土地种出来的粮食吃了才可以长寿。所以,他号召村民将三姓村的土地都翻掘一遍。第四任村长司马蓝,他找到的解决思路是从千里之外引来灵渠的水,三姓村只有饮用灵渠的水,村民们才能活过四十岁,然而最终他引来的灵渠水飘着死老鼠,发出一股恶臭。三姓村的每一次努力都让他们付出了惨痛的代价。在四任村长的带领下,三姓村的财力人力被不断地消耗,但最终却未能摆脱喉堵病。相反,正是由于三姓村受制于喉堵病的“困抑”,村民急切地求生愿望才被这些村长们利用,并最终加剧了三姓村的破败。我们看到,第四任村长司马蓝,在以非正当手段取得村长的位置之后,对村民的压榨完全如同暴君一般,他甚至可以决定三姓村中每个人的命运,让女人去做皮条生意,让男人割人皮去卖,用出卖肉体换来的钱修渠。而随着司马蓝引灵渠水的失败,最终也埋葬了三姓村的

① 陶东风:《从命运悲剧到社会历史悲剧——阎连科〈年月日〉〈日光流年〉〈受活〉综论》,《中国现代文学研究丛刊》2016 年第 2 期。

希望,宣判了三姓村不可逆转的宿命。如此看来,《日光流年》选择以"倒叙"的方式来展现三姓村的破败的目的似乎就非常明确了。显然,在极端的悲剧面前,人性所面临的变异是阎连科关注的核心,所以这里的"倒叙"就如同一幕幕生活场景的回放一样,每一场都是"赤精"的残酷乡村现实的不明情理,而在这其中,就藏着人性被各种形式的利益所左右,进而异化的全部原因。换句话说,"苦难的无端降临激发了人们的反抗意识,他们渴望活着,崇拜生命,因而不放弃任何一种可能,在对每一次反抗的具体描写中,作者剖析了人性,反思了乡村权力结构和现代文明,展示了真实的乡村。而喉堵病的不可治愈性则实现了对悲剧效果的传达,因为它规定了反抗结局的注定失败"[①]。从阎连科最初的写作动机来看,《日光流年》似乎是一个关于"找寻"的故事,它的倒叙的手法也表明了这一点。他是想要通过对三姓村中发生的一系列关于权力、欲望、爱情、尔虞我诈、自私等问题最原初的形成的探讨梳理,找寻到"一些原初的意义"[②]。更准确地说,《日光流年》是一次拒绝遗忘的努力,一次"寻根"之旅。"我们来到人世匆忙一程,原本不是为了争夺,不是为了尔虞,不是为了金钱、权力和欲望,甚至,也不是为了爱情"[③]。但现实却是,所有的人都被困束在一张大网之中,彼此之间为了利益、权力进行着尔虞我诈,放弃尊严甚至牺牲自己的性命,也依然乐此不疲。这样的疑问和思考成为了阎连科创作《日光流年》的最初动机,也构成了这部小说最基本的结构。这种对生命原初的追问所形成的结构的具体表现,即是通过对司马蓝这样

① 杨有楠:《发现真实的乡村——论阎连科乡土小说中的苦难与权力书写》,《湖南工业大学学报(社会科学版)》2016 年第 3 期。

② 阎连科:《日光流年》自序,时代文艺出版社,2001 年,第 2 页。

③ 阎连科:《日光流年》自序,时代文艺出版社,2001 年,第 2 页。

的掌握乡村权力的代表成长经历的回溯，将个体的人身上所沾染的一系列“困束”自我的因素逐个剥离开来，找到他身上最初的诱因，从而梳理出一条“个体自由被逐渐限制”的清晰的脉络来。但实际上，阎连科也在另外一个层面上，为新的时代背景下乡土中国农民的命运走向梳理出了一条清晰的道路。

《日光流年》所展现的是具体的历史环境下农民的盲目与被动。它基本上融合了阎连科之前对农民命运走向的所有认知。如果说此前的小说，如《乡村故事》《年月日》等还对乡村保留着希望的话，那么随着他对《日光流年》中三姓村的悲剧命运书写，三姓村人在喉堵病对生命的遏制中的挣扎，以及灵隐渠水贯通前后，在乡村权力压榨和渠水通来之后，精神上的彻底绝望，都将三姓村村民的反抗指向了难逃失败的宿命。最终，三姓村也在精神物质的双向层面上“死”掉了。由此来看，从《乡村故事》《年月日》再到《日光流年》，乡土社会中农民命运所呈现出的困境是他们在逃离宿命的渴望之中，一步步陷入其自身行动所造成的复杂结果，交织着权力、欲望、爱情等一系列外在于自身的因素，最终将带着自由本性的个体弱化为无力的人，困束于“无物之阵”之中。

“从《年月日》和《日光流年》后，阎连科更进一步探讨农民的生存困境、民间的苦难意识和生存意识，把笔触深入社会的边缘地带”①。但实际上，这样的边界在《受活》中又一次转淡了。发表于2003年的《受活》是阎连科的“神实主义”最典型的代表作，这部作品的发表，也意味着他在关于“神实主义”的思考上有了代表性的成果。《受活》主要讲述的是在一段混乱的历史和社会中，受活

① 林琳：《敞开、挑战还是遮蔽与消费？——阎连科“神实主义”中身体写作策略的反思》，《当代文坛》2016年第3期。

庄在县长司马蓝的带领下，在付出了巨大的代价之后，试图将自己融入现代文明的进程之中，而在经历了既荒诞又滑稽的创业——用“受活庄”的残疾人组成“绝术团”作巡回演出赚来的钱，购买列宁的遗体，并将它安放在魂魄山上建起了一座“列宁纪念堂”，从而借此实现受活庄人的“天堂之梦”。这样的尝试无疑带有一种浓烈的乌托邦色彩，但在阎连科看来，这就是他的神实主义下的中原。所以，《受活》实际上意图描绘一幅 20 世纪中国农民命运的历史画卷，但阎连科却从农民的身体和思想里看到了其中的矛盾和艰难。对阎连科来说，“《受活》一是表达了劳苦人和现实社会之间紧张的关系，二是表达了作家在现代化的进程中那种焦灼不安、无所适从的内心。如果说《日光流年》表达了生存的那种焦灼，那么《受活》则表达了历史和社会中人的焦灼和作者的焦灼。”[①] 在我看来，对农民在新世纪的出路的关注，其实一直是阎连科所坚持的底层写作的延伸，他所关注的焦点一直是让他“怨恨”最深的中原地区的农民的命运。阎连科本身就是从这片土地上成长起来的农民，他对这里的乡村最熟悉最了解。显然，中原地区的农民作为他经验的对象一直是他最热衷于塑造的典型形象。需要指出的是，阎连科的悲剧写作架空了具体的社会和历史内涵，但是如果将它回溯到现实本身，其指涉与反思的力度要远比一般的现实主义深重许多。这也是阎连科一直以来所探索的“神实主义”所呈现的独特品质。进入新世纪以来，阎连科的书写也朝着多方面的向度继续开拓，其思考涉及的问题也更广泛。既有《受活》展现残疾、消解痛苦的乡土愿景，也有《坚硬如水》《为人民服务》等展现政治压抑和性的

① 李陀、阎连科：《〈受活〉：超现实写作的重要尝试》，《南方文坛》2004 年第 2 期。

释放的作品。在《坚硬如水》当中,性欲与革命的双重狂欢,让高爱军与夏红梅之间的情史被转移到了更稳定的革命与性之间的复杂关系之中。高爱军如果缺失了夏红梅的性,革命仿佛就要停止。以高爱军自身的能力和手段,在无性的助力下,他只是一个软塌塌的弱者。强者的生命力依靠性给予,而性的满足本质上又是人本身,在退避了伦理限制之后的日常。这种轮回式的悖论实质上道出了革命背后权力欲望充盈的目的和动机。而在另一个层面上,这样的结果和要求,正是造成整个革命时代压制与狂想的内在根源。此外还有《天宫图》中的路六命悲苦的人生经历。《天宫图》中的路六命就是整个中国乡土文化在负累中成长转型的一个突出的代表。同样还有如《生死晶黄》中的返乡青年大鹏,在与乡民的隔膜之中逐渐消亡的命运。他在军队中被双开,返乡要做回农民,在自己熟悉的乡土中,遇到了隔膜和异样的眼光,他在不断地被排挤中无奈地选择死亡。在新的经济层面上来看,《炸裂志》里,朱颖与其丈夫孔明亮之间突破传统的"利益"关系,也让个体之间的伦理关系,面临各方面的突破所带来的问题。朱颖的性服务产业与丈夫的政治狂想嫁接,使得普通的农民在新时代里,个性和尊严被利益化的目标所淹没,进而沦为一种生产工具,被稳稳地安置在市场经济主导下的利益链条当中。这些都是整个20世纪90年代以来乡土社会变迁的真实写照,都将百年乡土文化转型中令人窒息的阻碍展现了出来。在乡土中国文化转型的背景下,阎连科所发现的真实的乡土不论是在发现问题,还是探索农民命运的新的道路上,都有着相当深刻的意义。而在当下,阎连科对乡土中国文明转型的关注,探索性意味则更为浓重。短篇小说《桃园春醒》可以说是他又一次"有意"的突破。他曾多次在演讲中提到这部作品,并称之为自己的新的"试验"。在我看来,这不单单是在写作上,更重要的是，这是阎连科的又一次对乡土社会中民间伦理和乡村社会隐现问题的审视。它关注的是乡土社会新型经济关系之中形成的裂缝、被异化的农民以及被进一步扭曲的中国现实。在阎连科看来，这些带有复杂情绪的表达实际上已经无法准确把握，甚至在当下的中国乡土社会现实中，乡土社会的转变面临着太多的矛盾和纠结，以至于限制了作家对这些问题的把握方式和能力。

回到作品，《桃源春醒》讲述的是随着春意萌发的一场“无事的悲剧”。春天到了，人们不能不下力做些事情，就决定先把老婆打上一顿，这场由张海、木森、豹子、牛林四人在春日的“桃园聚义”所引发的暴力事件，其实是对当下农村赋闲青年的集体审视。它可以看作“是农村待业青年生存的危机，是乡土文明衰落的表现，也是乡土文明衰落的结果”①。春日的无事，使他们借口兄弟之义而对自己的妻子大打出手，这进一步将他们内心的空洞和无聊暴露了出来。如果说在此之前，阎连科笔下的农民始终处在一种盲目与宿命的悲剧之中，深陷苦闷找不到出路，《桃园春醒》则在其他方面提醒人们，“农村的明天或许只有在真挚情感光芒的照耀下，才会真正熠熠生辉，乡土中国社会变革的伦理重建也才有希望可言——在全球一体化进程明显加快的今天，乡土中国伦理重建所面临的挑战依然严峻，传统文明道德所面临的现代化变革产生的困惑越来越诡异难解，重建伦理观念依然任重道远，在这个现代与传统变革过程中，情感在伦理重建过程中或许有着更高层面的启蒙意义”②。阎连科让我们看到了这种重建的努力，但回过头来看，

① 卿爱君：《乡土文明的衰落和重建——读王祥夫的〈上边〉和阎连科的〈桃园春醒〉》，《现代语文》（学术综合版）2013 年第 7 期。

② 崔绍峰：《重建乡土社会变革中的情感伦理——读阎连科中篇小说〈桃园春醒〉》，《文艺评论》2012 年第 3 期。

其实隐匿在他的这种努力背后,更多的还是一种无力感,一种对当下问题难以把握的困惑的无力感。换句话说,就是现实生活的丰富性最大限度地将作家的故事创作逼迫到无从措手的境地,所以难于把握的困惑实质上也造成了另一种难于表达的困境,阎连科在试图突破它,《桃园春醒》即是他努力的一例。

80—90 年代以来,农村出现的新的压抑性结构,在农村已经形成一个稳定的等级性形态。处于这一形态中的权力主体,与其控制下的农民之间的等级关系又被进一步细化,成为农民争取自由的路上的新的需要解决的问题。从阎连科的小说中,我们并不完全看到蒙昧,而是有一种整体性的觉醒在其中,那就是农民对自身利益的获取有了多种不同的路径,而且生存环境的改善,也因为市场经济的进入有了更多的途径和图景。单一的农村经济下,那种普遍的失落和荒芜已经被逐步代替,取而代之的是各种经济关系和利益关系下的交流和碰撞。“作者所要关注的就是生活在这样空间相对封闭,但是已经受到全球化浪潮影响的普通人”①。阎连科看到的是这种整体性的觉醒之中容易被忽略的角落。所以,在 90 年代以来的中国乡村,对乡土中国转型中农村与农民问题的诊断,一个不容置辩的事实是,人性的普遍性压抑依然是整个中国乡土上“割疼”农民的利刃,只有祛除这种根性的限制,农民才能在文化转变和经济转型中真正获得生命主体的自由。

结 语

从某种意义上说,城市的现代化发展程度越高,乡土社会的凋

① 陈阵:《反思历史与当下——试探阎连科小说〈受活〉中的反讽叙述》,《重庆电子工程职业学院学报》2015 年第 2 期。

敝与贫困就越显著。社会的进步和发展忽略了人的自我精神追求，在物欲横流的风气助长下，城乡结合中的金钱结构和商业惯性涌入原本低矮残破的乡村经济中，使得破碎的乡村普遍被衰落和死寂淹没，新的问题层出不穷。阎连科正是在乡土中国的转变之中发现了这些问题的根源性意义，他在对更高的生命哲学与命运哲学的探讨中发现了真实存在的乡土，在怒与怨中将农村中普遍存在的矛盾和农民在成长过程中所经历的“疼痛”与“困束”表达了出来，让我们看到乡土中国在“移旧”与“出新”的过程中夹带着的问题。随着他的写作不断深入，他对农民命运的探索也不断地成熟，最终呈现出他不同以往的深刻反思。

纵观阎连科近四十年的创作生涯，我们时常可以感觉到他对现实的强烈敏感，写作与现实在他来说永远处于一种紧张的对抗之中。甚至，有时当这种对抗无法消除时，他的写作就进入了停滞的状态，无法进行，这是近几年他所面临的糟糕情况。不过，好在他还有相对完整的创作与反思，有一贯的深入矛盾问题中的“撞墙”的勇气，又多少给了我们对他的期待。

第三节　《古船》：乡土中国百年的精神隐喻与历史罪恶救赎的“天问”

试想中国当代文学 60 年，有哪一部是能够让人一次次读起来激动不已，能够依然辐射当下的乃至是未来几十年、几百年的中国，能够依然满含着未解的精神隐秘、无尽的况味和多样文化魅力的长篇小说？张炜写于 20 世纪 80 年代的《古船》就是这样一部历久弥新的，饱含着古老中国文化密码、百年乡土中国的精神境遇、现代中国人多舛的苦难命运，充满着灵魂深处的现代性呐喊和生命

“天问”的“大书”。对于这部“大书”,我一遍遍阅读,一遍遍困惑,一遍遍迷茫,更为“大书”中那股深渊般跃动的生命激情和指向人性、历史深处的灵魂追问所震撼。在阅读了众多《古船》研究资料之后,在一次次的困惑和迷茫之后,我决定必须写点什么,虽然思考得很累、很艰辛。但我不能放弃,这是无法逃避的命运,正如这部“大书”中的隋抱朴最终一定要走向粉丝大厂一样。作为一位文学研究者,我虽然在二十多年前就读过这部“大书”,中间也曾不断翻阅过,有过很多想法,但都没有勇气真正面对它。我不仅像隋抱朴那样需要累积勇气,而且是为书中所呈现的丰富和深邃的思想而迟迟没有下笔。我担忧自己不能完成,怕辱没了“使命”,如隋抱朴一样“延宕”着。从去年我就准备写,直至现在,一年过去了,我必须开始了。我要写下在新世纪二十年之后重读《古船》的所感、所思乃至所惑,为后来的研究者呈现出在近四十年来《古船》研究的思想踪迹和作为“历史中间物”的时代精神状况。

一、近四十年《古船》研究的历史细节

《古船》甫一经发表,就引起了研究者的极大关注。宋遂良、汪政、陈村、陈涌、陈宝云、何启治、吴俊、鲁枢元、王晓明、陈思和、郜元宝、张新颖等人陆续展开了热烈讨论。作为20世纪80年代最为活跃的当代文学批评家,宋遂良较早就对《古船》的价值和意义,进行了独特的阐释和理解。在《真实的人生,完整的人性——〈古船〉人物漫议》中,宋遂良从人物形象的内在独特性分析入手,揭示出《古船》小说的独特精神结构和叙述特征。“《古船》总共写了近五十个人物,其中有浓墨重彩、着意刻划,因而具有典型意义的,如隋抱朴、四爷爷赵炳等;也有轻描淡写、余光所被却依然给人深刻印象的,如史迪新老怪、‘麻脸’、女公务员等。尽管这些人

物形象的艺术成就高下不一，但却都是一个个有血有肉有个性的真人、活人。作者在艺术上对他们一视同仁，并不以为赵多多是农民‘本质上’就一定好；也不认为隋迎之是资本家‘本质上’就必然坏。他既描写了还乡团对革命人民进行的惨绝人寰的兽性大屠杀，也记载了农民在复仇心理鼓恿下所做的种种残忍的报复行为。他把政治上的进步性和道德上的完美性作了清楚的区别，摆脱了那种‘什么藤结什么瓜’的单一化绝对化的模式，把抽象的阶级的人‘还原’为历史的具体的人，把人本身当作一种生命现象来探索，真正进入了‘人学’的境界，因而在人物塑造上取得了具有突破意义的成就”[①]。正是在“人学”境界下的“人性”审美意识，张炜摆脱了僵化的审美模式束缚，创作出了一个个鲜活的、独特的、立体化的人物形象。陈宝云也同样看重张炜在《古船》中的人物形象，认为“它的出发点与归宿，也不再是道德，而是有着七情六欲的人！从道德的文学到人的文学，这是文学对伦理的一种超越，是文学向自身的回归”[②]。对于赵炳这个人物形象，宋遂良认为他是“依靠封建政治、封建文化滋补起来的一个幽灵，是新中国横生的一头怪胎……站在一个更高的层次上来看，赵炳这类人物也是民族痼疾上长出的一个痈疽，历史长河中翻起的一股浊浪，是无法避免的。我们的任务就是震动古城墙赖以植根的土地，及早地把地下河开凿出来。这就是我们今天所从事的改革”[③]。这是难能可贵的。

① 宋遂良：《真实的人生，完整的人性——〈古船〉人物漫议》，《当代作家评论》1987年第2期。

② 陈宝云：《张炜对自己的超越——评〈古船〉》，《当代作家评论》1987第2期。

③ 宋遂良：《真实的人生，完整的人性——〈古船〉人物漫议》，《当代作家评论》1987年第2期。

宋遂良把《古船》中的人物形象塑造和当时“风正一帆悬”的改革联系起来，从而具有了深刻的现实意识和深邃的历史感。同时，宋遂良的这篇及时、简短而又极为深刻的文章，为张炜的《古船》做了最早的辩护，有力回击了当时一些思维僵化人士对《古船》的非议。当然，在今天看来这一分析也是可以进一步推进和深入的。

同一时期，评论家汪政和晓华的研究文章《〈古船〉的历史意识》，则指向了《古船》另外一个极为重要的精神维度，即小说浓郁的“历史意识”。古船“主人公的思考对象已不仅仅是与自己的眼前出路休戚相关的人事和变故，而是更为久远而广阔的人生。是我们当今的现实和祖辈们苦难的过去。显然，即使只从作品所构思的时间跨度着眼，也可以强烈地感受到作家较前期创作有了相当自觉的历史意识”①。在汪政和晓华看来，张炜的这种“历史意识”，是对历史苦难的反思和忏悔，是自己和历史群体乃至整个族类之于罪恶关系的思考。隋抱朴“面对的是历史，在历史的既成面前，他认识自己的位置，他正视这一切”，这显然是一种康德所规定的“道德自律”。因此，隋抱朴“把对历史的发问转移到对人类本性的探根究底上”，这一思考多少是无奈的妥协。自然，我们不应该脱离时代来思考问题，毕竟那是 20 世纪 80 年代，汪政等的思考依然受到时代思考的羁绊，无法“探根究底”。但是，汪政指出了《古船》之于当代和未来的价值，即张炜在《古船》中所透露出来的“忧虑”——“山东的其他作家都不同程度地带有这种忧患，那就是在改革释放了个体的创造热情的同时怎样克服这热情所带来的盲目进而产生的社会不协调，而把这热情尽可能地引导到以共

① 汪政、晓华：《〈古船〉的历史意识》，《读书》1987 年第 6 期。

产主义道德为基础的社会主义经济建设的道路上"①。汪政从张炜《古船》中所感知到的"忧虑",绝不是杞人忧天,而是有着深刻的历史洞察力的忧思:这个民族灵魂深处的思想狂热、躁动的精神基因并未祛除,现代性的制度并没有真正确立起来,隋抱朴所忧虑的苦难与罪恶有可能再次爆发。罗强烈则把思考的注意力转向对《古船》小说结构的探寻,认为:"我们就不能不注意到《古船》把洼狸镇当成整个中国大地的缩影的艺术构思。《古船》不仅从时空上将过去、现在、未来聚合,浓缩了中国城乡的五十年变故,而且充满了作为叙述者的宽容与疑问、理解与不满、自由与宿命、单纯与矛盾、深刻与无力……这样一种'内在张力'。'家族结构'只是《古船》的'外结构','原罪结构'是它的'内结构',而'历史结构'则是它的'整体结构';而且,这三者的结构关系又表现为互相依存和互相说明,成为不可分割的一体。"②这为《古船》研究提供了新的维度。

不同于以上的单一维度,鲁枢元的《从深渊到峰巅——关于〈古船〉的评论》从"生命冲突""文化断层"和"艺术境界"对《古船》进行整体性分析,指出《古船》创作过程"是一个由物理世界向心理世界,由客观世界向主观世界,由现实世界向幻想世界,由生活的世相向艺术的境界转换生发的过程"。因此,作品"既扎根于社会实际生活的土壤里,又必然有幻象的浮现,有张力的充盈,有气韵的流动","倏忽自如地穿越社会文化历史的地层,由人生的深渊一跃而登上人生的峰巅"③。从而,给予了《古船》高度评价。

① 汪政、晓华:《〈古船〉的历史意识》,《读书》1987年第6期。

② 罗强烈:《思想的雕像:论〈古船〉的主题结构》,《文学评论》1988年第1期。

③ 鲁枢元:《从深渊到峰巅——关于〈古船〉的评论》,《当代作家评论》1988年第2期。

随着时间的推移,《古船》的巨大影响力和开创性价值在日后的文学史中得到了进一步呈现,而且愈来愈清晰。王晓明在一次讨论会上的发言,很好地阐明了《古船》与新时期文学历史小说创作的内在关系。“记得 1987 年,我第一次读张炜的长篇小说《古船》,心里很诧异,他怎么会用这样的眼光写这一百年的历史?1990 年,又从《钟山》上读到刘震云的长篇小说《故乡天下黄花》,将近二十万字,几乎是一气读完,当时的感觉是那样痛快,仿佛一肚子闷气都吐出来了。痛快之余,也就记起了《古船》,似乎刘震云是和张炜走的同一条路,而步子比他更轻快。到去年夏天,路过一处书摊,居然在一片艳俗的封面中,瞧见一位满脸苦相的老汉,拿起来一看,是陈忠实的长篇小说《白鹿原》,就买回家,也是很快看完了,而且更迅速地记起了《古船》。倘说在 50 年代以来的小说创作上,《故乡天下黄花》和《白鹿原》触目地标示出一条新的道路,我对这两部作品读得越仔细就越清楚地感觉到,这条道路的起点,正设在《古船》当中”①。王晓明把《古船》放在新时期历史小说发展史的角度,较为清晰展现出了《古船》在审美理念和思维方式的开创性价值。“它是第一部这样的小说:不再以一个或几个人物为主角,而是将一群人同时推到读者眼前;不再是单单凸出主人公的命运,而是匀开笔墨去写一群人的历史;不再走直接描写‘重大’的历史事件,而只专心讲述乡村一角的故事,可这一角中的人事那样复杂,它到头来还是会被人看作整个社会的缩影;它也不再仅仅截取某个短促的时间片断,而是从近代一直讲到当代,差不多整个一百年的历史。可以这么说,它的重心不再是人物,而是历史,20

---

① 王晓明等:《〈古船〉的道路——漫谈〈古船〉、〈故乡天下黄花〉和〈白鹿原〉》,《当代作家评论》1994 年第 2 期。

世纪中国的历史，也不再是图解某种权威的历史结论，而是表达作者个人的历史见解。这就是我所说的新道路，它或隐或显地贯穿在《古船》以后的许多小说中，而《故乡天下黄花》和《白鹿原》，则构成了它的两块最醒目的路标”①。这正是《古船》之于当代中国历史小说，之于中国文学未来、中国思想史的重要史学价值和思想价值。

无独有偶，陈思和在跟张新颖和王光东的对话中，同样是在文学史的维度下思考张炜创作的独特价值："在当代文学史上，张炜无疑是一个有着独特个性的作家，他的作品从未有意识地归属到一些流行的创作流派中去。他始终带着鲜明的个人特点探索着属于自己的文学天地，从《古船》到《九月寓言》，他的创作道路的独特性是越来越明显了。"② 只可惜，对话篇幅太短，无法进一步阐释这一思想。袁忠岳、王彬彬、宋炳辉、周海波、张清华、南帆、李洁非、曹书文等也分别从不同角度对张炜的《古船》等作品进行了细致、独特的分析，构成了一个以《古船》为核心的张炜作品研究史。

二、洼狸镇：百年乡土中国剧变的精神缩影

面对《古船》众多的研究资料，我们不禁疑问，为什么时间过去近四十年，《古船》的研究非但没有削弱和减少，而且在不同时期被人们一再提到并阐释出新的意蕴？为什么在21世纪的今天，依然激荡心灵？这其中一个重要的原因就是《古船》以洼狸镇这个地域文化空间承载了百年来乡土中国急剧变迁的社会历史，呈现了乡土中国百年文化激烈震荡、内在裂变，是乡土中国农民百年肯

---

① 王晓明等：《〈古船〉的道路——漫谈〈古船〉、〈故乡天下黄花〉和〈白鹿原〉》，《当代作家评论》1994年第2期。

② 陈思和、张新颖、王光东：《张炜：民间的天地带来了什么》，《文艺争鸣》1999年第6期。

感颤栗和心灵探寻的历史。可以说，洼狸镇是乡土中国百年历史巨变的精神缩影，从这里我们翻阅出了一部苦难流离、泣血战栗、鞭笞灵魂的心灵史。

1. 古老传统文化的洼狸镇。“我们的土地上有过许多古老的城墙。它们差不多和我们的历史一样古老……于是在黝黑的泥土下，在贫瘠的山岭上，就有了那么多崇高连绵的东西。每座城下都流过血，滋润出一簇簇青草”①。《古船》小说一开篇就从古老的城墙文化谈起，叙述山东半岛被一分为二的齐长城，继之由齐长城引出源于古阳山、流经洼狸镇的芦青河，以及洼狸镇所在的古莱子国城墙。小说叙述者一开始就如同一个俯视千古的文化巨人一样，说古论今、谈吐不凡、气势恢宏，可谓是先声夺人。《古船》是在乡土中国悠久文化历史的时空维度下展开叙述的，为整部小说奠定了一个雄浑宏大、宽广深厚的历史文化背景和崇高壮美、沧桑悲凉的审美基调。残破的铁色砖墙城垛、又浅又窄的河道、步步消退的芦青河、废弃的码头以及老河道边古堡似的陈旧老磨屋，在昭示着曾经恢弘发达的古国文化和河道经济的同时，也向读者无言传递着文化式微、经济萧条的现实状况。曾属于古莱子国的洼狸镇发生了一次次的自然的或人为的运动，经历了一场场自然灾难、社会动荡和文化浩劫。作者详细描写了曾经的两次大的自然运动。第一次是巨雷打中并烧坏老庙，烧焦古柏，“古柏像是有血脉有生命的东西，在火焰里尖声大叫”，“他们以前从来没有见过这样一场大火”。紧接着，十天之后，芦青河就变得浅窄了，大船搁浅了，码头废弃了。一个船桅林立、水路商贸发达的时代结束了。面对古庙所表征的旧时代传统文化的结束，人们聚拢到老一辈的李家老和

① 张炜：《古船》，人民文学出版社，1987 年，第 1 页。

尚那里，听他讲古：从齐魏争夺中原，洼狸人助孙膑一臂之力，秦始皇到洼狸修船固锚访仙山，颜回、冉有到芦青河猎鱼，听墨子讲经，能制作飞剑、磨制铜镜观九州的洼狸能人，到洼狸历代有名的僧、道名人。一部民间野史的洼狸镇文化史就通过李和尚演绎下来，教化四方，引起无限感慨的同时抚慰了寂寞、委屈和愤怒的洼狸镇人。第二次是洼狸镇的地震，幸存下来的古老城墙塌下了一个城垛。洼狸镇人在事后看来，地震是有预兆的：无数条花花绿绿的蛇向芦青河岸上爬去等诸多动物的异常反应。由此带来的是，在洼狸镇人的心中有着比动物异常反应还“更深一层的忧虑和惊诧”：那就是来自人群所构成的社会“异动”、地质勘探队铁钻刺破大地的旋转，以及洼狸镇古老文化传统无可避免的破坏、现代性文化不可遏制的到来。

2. 阶级革命斗争下的苦难洼狸镇。洼狸镇自然地理空间的变化是其人文精神空间和社会历史空间剧变的前兆和重要组成部分。每一次大的自然地理变动之后，与之相伴的是潜滋暗长的文化裂变和社会变革。在古庙烧毁、芦青河变浅之后，古老文化传统的洼狸镇即将迎来一场前所未有的革命风暴。“隋迎之的头发花了，常常叹气。粉丝工业特别赖水，河水浅下去，就不得不停下几个磨屋。最让他忧虑的还有世事的变迁，一颗心像被什么日夜绞拧着”。而这让洼狸镇最大的农民企业家“日夜绞拧着”的就是日渐兴起的以阶级斗争为理论内核的现代革命文化。汹涌的激烈的阶级革命弥漫了洼狸镇。洼狸镇成了阶级斗争的革命天地，隋抱朴的父亲隋迎之就被这场阶级革命从精神上打倒击中了，死在还债的路上；母亲茴子以最激烈的服毒焚烧的自杀方式抗拒“革命”对其资产的剥夺和身体的觊觎。

《古船》以洼狸镇开明士绅隋迎之儿子隋抱朴的视角，展现了他所见到的阶级、革命、宗族、爱欲、情仇所交织在一起的残酷复杂的血腥现实，呈现了以往革命历史单一维度所遮蔽的历史的复杂性和多样性。鲁迅所批判的阿Q式的、封建轮回的、旧革命农民专制主义，重在洼狸镇上演，赵多多等洼狸镇新革命势力所寻求的依然是“子女玉帛”，而不是革命的正义和公平。在以“人民”的名义杀死“面首”等地主之外，“四爷爷”、赵多多等人对茴子、含章、闹闹等女性留下了永远难以泯灭的身心摧残和精神恐怖。毫无疑问，《古船》的这种叙事手法，已经具备了20世纪90年代“新历史主义”的叙述特征。这无疑是很具有开创性的，即是汪政、王晓明等人所言的“新历史道路”。在新世纪的今天看来，《古船》绝不是仅仅用“新历史主义”即可以言明的。张炜在《古船》中所呈现出来的历史反思意识已经远远逾越了“新历史主义”的范畴，避免了历史简单化的“翻烧饼”方式，没有简单的肯定一方或否定另一方，而是立体、全面呈现出了乡土中国现代革命阶级斗争史复杂多样的精神面貌。血雨腥风的洼狸镇苦难史，不仅有来自阿Q式的“农民革命专制主义”，而且还来自它的对立面。反革命的“还乡团”以一种极端复仇者面目重新出现在洼狸镇。回来的“还乡团”眼睛全是红的。他们把革命者栾大胡子五马分尸，从碎肉里分离出肝来，炒菜下酒；把妇救会主任轮奸，孩子劈成两半等等惊人暴行不一而足。毫无疑问，这又激起了另一场更加疯狂的、丧失理性的杀戮。“整个洼狸镇像一锅沸水，热气弥漫着古老的镇城墙……到了炎热的夏天，人们渐渐明白了那连阴连雨是上天的哭泣”①。

3.“大跃进”血红数码的洼狸镇。张炜《古船》突破了以往的阶级论审美藩篱，以秉笔直书的实录精神和反思历史的思想维

① 张炜：《古船》，人民文学出版社，1987年，第239页。

度，重新书写现代革命历史，体现了鲁迅、巴金所一再倡导的说真话的精神。这种讲真话的精神同样体现在小说对"大跃进"和"文革"的苦难描写中。以往文学作品对"大跃进"和"文革"的反思和批评是很不足的。特别是对"大跃进"的文学批评是极为不够的。山东作家刘玉堂的《秋天的错误》就是一篇少见的、极好的反思"大跃进"的小说作品。张炜的《古船》对"大跃进"的历史反思，是以一种心理现实主义的浪漫笔法来写的。"这也是个用数码表达一切的年代，报上一刻不停地公布着一个个巨数，洼狸镇人的心身全被密密麻麻的数码所占据"。省里要求，"地瓜每亩必须种六千三百四十多株；玉米每亩必须种四千五百至八千六百三十棵；豆子必须播下四万八千九百七十多粒。数码印成了红的颜色，印在了省报上。开始人们都不明白为什么数码还要印成红的？后来才知道那可是一个了不起的先兆。那是血的颜色，它预言了围绕这些数码会出人命①。"一个扶了一辈子耧的老头子按照数码播种，发现麦苗成团，密如牛毛，而私下把半麻袋麦种倒进水井，受到严厉批判而投水井自杀。红色的数码巨数，被洼狸镇农民联想到"出人命"的"血的颜色"，不仅仅是一种心理现实主义的浪漫联想，更是历经"大跃进"、大饥荒岁月的洼狸镇人痛苦的生命体验和血的代价换来的惨重教训。

这是一个沉浸在"共产主义天堂"的"众神疯狂"的荒唐年代。赵炳宣布高顶街玉米亩产两万一千斤。一个村庄的砖窑停止烧砖改为炼钢，一窑出钢三十九吨。一位老婆婆一夜做诗五十多首，一个村庄只有三人识字，这三人记录下全村的所有诗作，装了满满一麻袋。"时代发展到今天，人们才相继恍然大悟，知道大诗人李白也

① 张炜：《古船》，人民文学出版社，1987年，第112页。

不过尔尔"[①]。从大食堂,瓜菜代,"切糕"到大饥荒饿死人,洼狸镇经历了最为艰难、最为荒唐的岁月。最宝贵的是,张炜同样以一种"实录"的精神把这些荒唐的红色巨数一一记载下来,同时又以文学化的浪漫手法呈现这场可悲可笑可怜可恨的、血写的时代悲剧。

4. 新时期改革重生的洼狸镇。一场大地震不仅摇撼了大地,震塌了古城墙的一个城垛,而且也震荡了人们在饥饿、苦难、贫困中麻木已久的心灵。洼狸镇苏醒了,人们的心灵从忐忑不安中渐渐解放了。"那时候,一个谣传像蝙蝠一样在镇城墙上飞动。全镇人都慌慌地议论着刚听来的各种消息:又要重新分配土地了;工厂,还有那些粉丝作坊,都要转交到个人手中经营。老天,时光真的像老磨一样又转回去了?"[②]当洼狸镇真的宣布分地、转包工厂的时候,"全镇没有一点声息,就像很久以前巨雷劈了老庙时的气氛一样……人们只在心里呼叫着:'洼狸镇哪,你这个背时倒运的镇哪,你还能走到哪里去啊?……'"[③]新时期已经无可阻挡地到来了,古老乡土中国大地上的洼狸镇也在忧虑、惊讶、徘徊中开始了新的改革篇章。赵多多主动承包粉丝作坊,把它改名为"洼狸粉丝大厂"、实行"踢球式"现代管理办法、掺假营私,使之成为"老赵家的"私有企业。对此,隋见素一遍遍算账,与赵多多展开承包竞争,见素最终失败。最后,赵多多死于横祸,隋抱朴走入粉丝大厂,主动承担起振兴洼狸镇粉丝品牌的使命,并且在跟弟弟见素的论争中,坚持主张粉丝大厂既不姓赵,也不姓隋,它是整个洼狸镇人的共有财产。至此,洼狸镇的粉丝大厂走上了一条寻求集体致富的现代新

---

① 张炜:《古船》,人民文学出版社,1987年,第117页。

② 张炜:《古船》,人民文学出版社,1987年,第8页。

③ 张炜:《古船》,人民文学出版社,1987年,第8页。

道路。

作为新时期到来的另一个显著现象就是探矿队的到来。乡土中国大地及其伦理、经济、习俗、文化是自我封闭的，但是在百年的现代化历史进程中，却一再受到外部力量的侵袭和改造。从外来的帝国主义经济盘剥、直接的侵略掠夺，到现代阶级革命在乡土中国农村发动的一次次革命运动已经极大地改变了乡土中国的伦理社会生态结构。新时期以来，对乡土中国冲击最大的即是现代化浪潮，高速路的修建、矿业的探测与开放、乡镇企业的建立等等从大地深处、经济深层和心理情感等整体改变了乡土中国的人文、地理和社会生态结构。《古船》中的探矿队，不仅刺破了乡土中国的大地，而且以现代技术的手段改变了洼狸镇的社会面貌。从粉丝大厂磨屋的第一台机器的使用到整个粉丝大厂的机器现代化，都是在探矿队的技术支持下完成的。而且探矿队的李技术员和“胡言乱语”对人造卫星、星球大战、航天飞机的介绍，把最新科技文化引进了洼狸镇李知常、隋抱朴等人的心中。芦青河突然变浅的原因也被探矿队发现了，一条在地下汹涌流淌的芦青河被发现了。

毫无疑问，洼狸镇已经完全从古老文化传统、现代革命文化和“大跃进”的苦难中走出来了，在心理文化结构和现代政治经济体系等方面进入了不可逆转的现代化进程之中。当然，张炜没有一味地赞美隋抱朴、探矿队以及这个不可逆转的现代性，而以探矿队遗留的、到最后也没有找到的铅筒为精神隐喻，展现了现代性的遥不可知的、“不可预知的危险”的另一面。这正是《古船》超越于时代的重要因素之一。

三、洼狸镇最大精神隐秘：乡土伦理文化下的个体存在

宗法、家族是乡土中国伦理文化中的核心概念。一些研究者

如鲁枢元、郭玉华、李波、曹书文等人从家族文化的角度来阐释《古船》小说的主题意蕴和人物形象塑造，是很有意义的探索。但是，仅仅局限于家族文化来思考《古船》，依然是不够的。我认为应该从乡土中国文化系统来整体性理解书中的人物形象，即把其纳入洼狸镇伦理文化系统进行“乡土中国”式的阐释，而不是从“现代性”理论、家族文学史出发的切割式剖析，才有可能真正理解这些独特的“这一个”人物形象。

鲁枢元较早就注意到，20 世纪 80 年代初的洼狸镇已经进入开始谈论“星球大战”，但其根系却仍然深深地扎在“宗族”与“血统”的土壤里。洼狸镇一代代生息繁衍了这么多人口，生活拥挤，“只要从家族、从谱系上去看，就会清楚得多。血缘关系的纽带会把一些人执拗地连结在一起。他们的父亲、爷爷、老爷爷、太爷爷，再到儿子、孙子、曾孙子……图解起来象一串串葡萄”[①]。即使是新时期，在地震灾难发生时，隋不召发现，“差不多都是同一族人凑在一块儿，哪里人密集，哪里就会是一个家族。隋、赵、李分成了三大堆儿，老老少少都挤在一块儿。也没有人召集他们，这完全是地皮的力量”[②]。从几千年的聚族而居到大地震聚族而集，这说明千百年的洼狸镇所代表的乡土中国农村里，农民心灵情感血脉中贯通的依然是乡土中国的宗法家族伦理文化。洼狸镇每一个农民情感心理和行为逻辑的背后是深深的家族定位和情感归属。这就是洼狸镇及其每一个农民心灵世界深处最大的精神隐秘。不从这一意义来阐释洼狸镇，就无法读懂洼狸镇，无法读懂洼狸镇人种种荒谬与悖

① 鲁枢元：《从深渊到峰巅——关于〈古船〉的评论》，《当代作家评论》1988 年第 2 期。

② 张炜：《古船》，人民文学出版社，1987 年，第 10 页。

论行为背后的内在逻辑。

在洼狸镇三个家族来说，赵家无疑是后起之秀。而赵家人物又以赵炳和赵多多最为突出。赵炳是《古船》所塑造的以往乡土中国文学史所没有的一个具有多元精神维度的人物形象，既不同于以往的高大全式的阶级革命干部，又不同于坏事做绝、村人痛恨式乡村恶霸，而是一个传统封建文化、乡村民间文化和现代革命文化相交织融合的文化"怪胎"，是一个家族辈分最高的、深得乡土中国权术文化三昧的、在一次次斗争运动中树立起绝对威权的、被洼狸镇农民奉为"神圣"不可侵犯的乡村枭雄。从某种意义上来说，简单地评价或定义赵炳的好与坏、是与非，都难以触及这个独特人物形象"乡土中国式"灵魂，无法对其形象所蕴含的精神世界的丰富性、复杂性、悖论性做出有效的解读。这也正是赵炳形象独特的"这一个"魅力之所在。

"在《古船》的众多人物中，我对'四爷爷'此人很感兴趣。此人是恶的，但在恶之中尚有对含章的畸型的爱。这爱虽然有权势为后盾，但又决非单纯的占有和蹂躏。这个坚实的高不可攀的人物也有着虚弱与孤独，在寻找一厢情愿的依托，在心地平和地走向归宿"①。赵炳的确是一个极为复杂的存在。从阶级成分来说，赵炳是一个标准的贫农无产者，因为世交吴家的资助得以到学堂学习，在风起云涌的阶级革命中从书房先生转变为洼狸镇高顶街无产阶级革命的领导者。从个体禀性来说，赵炳天资聪慧，不仅能够在学堂里学有所成，而且能够随机应变，在土改时期一跃为革命领导者，在"文革"时期不打自倒，倒而威严丝毫不减。从乡村民间文化来看，赵炳按辈分是"四爷爷"，在高顶街赵家辈分最高，在宗

① 陈村：《我读〈古船〉》，《小说评论》1987 年第 4 期。

法文化体系中天然地居于最高位置行列。在洼狸镇,农民内心里从小就受到的教导就是这种宗法伦理文化,人与人之间按照宗族辈分来互相称呼,而不是按名字或官场中的职务来称呼。乡村的领导可以换,但是,在乡土伦理文化体系中,宗族辈分却是一生都要遵循的、永远无可改变的血缘关系和伦理秩序。这正是四爷爷赵炳在洼狸镇享有巨大无比影响力的最重要、最隐秘的因素。赵炳在现代性的阶级革命语境中得心应手、呼风唤雨,但遵循的依然是乡土中国伦理文化:敬畏生命、遵守"规矩"、奉行中庸之道等等。在对黑五类分子和异见人士的态度上,赵炳在极尽折磨之下,依然葆有对生命的敬畏,依然认为天地之间存在着不可"太过"的"规矩"。在对隋抱朴等人的问题上,赵炳不同意赵多多的统统消灭想法;在对待李其生揭露"大跃进"欺骗的事情上,赵炳在惩罚之后把一息尚存的李其生救回来。在大饥荒的岁月里,赵炳冒着生命危险亲自出马"劫粮";在"文革"毁坏古城墙的紧急时刻里,赵炳做出打断闹事者的腿的果断建议,这无不显现出赵炳那种民间草莽英雄和高顶街拯救者的精神气质。随着时间的推移,赵炳渐渐退出洼狸镇政治舞台,开始醉心于读书交友、饮茶养花、按摩养生、安心乡土的士绅化生活,但是丝毫没有损害他在乡民心中的威权,反而更加脱俗和富有情趣格调了,快六十岁了还"无比健壮,虎气生生"。当然,从赵炳读书、谈话、做事来看,他的情趣格调依然是一般士绅化的俗气,没有实现真正的脱俗和高雅,依然有着一种狭邪之恶。因而,他在守"规矩"的同时,也破了"规矩"。对自己与含章的畸形性关系,赵炳内心也做好了结束畸恋与接受惩罚的准备。"站在一个更高的层次上来看,赵炳这类人物也是民族痼疾上长出的一个痈疽,历史长河中翻起的一股浊浪,是无法避免的”[①]。从这个意义上说,赵炳形象的悖论、复杂和多样化,都可以在乡土中国伦理文化血脉中找到其生命的精神基因。

赵多多形象没有逾越以往的文学史叙事,但是也有很多新意。赵多多的贪婪、凶狠和淫荡是毫不掩饰的,时代风云之变同样给予了这样的人施展邪恶的机会。我们不仅疑问:赵多多就是恶人吗?他有没有功劳?他如何对待自己的“恶”?这都是绕不开的话题。人之初,性本善;性相近,习相远。赵多多一开始并不是恶人,是与赵炳一样的贫苦农民,而且有着更为贫苦的生活。小说写赵多多吃过“田鼠、蜥蜴、刺猬、癞蛤蟆、蚯蚓、壁虎”,这一方面点明其身上的“怪味”,另一方面也说明了赵的极度贫困。这并不直接与人格的优劣挂钩。即使几十年后的70年代人,我也吃过青蛙肉、麻雀蛋、蝎子、蚂蚱等等野物,这在乡间不足为奇。恰恰相反的是,赵多多在土改中是与赵炳一样冲在前面的,做的是民兵头儿的,干的是打人、杀人活。这是“阶级革命”的需要。在改革开放初期,赵多多也一度担当了改革先行者的重任,支持企业的工业化改造,同时也存在着贪污行为。问题在于,赵多多没有摆脱阿Q式的“子女玉帛”的欲望,甚至有着比阿Q更多的凶残和贪婪。他对自己的恶不仅不反省,而且遗憾于没把老隋家的人全部干掉。以至于赵炳都看不下去,认为其做的“太过”,没有好结果。果不出所料,赵多多最后死于非命。我们看到,即使这样的凶残无比的狠角色,在一些重大事情的处理上,依然听命于四爷爷赵炳。这正是洼狸镇所遵循的内在伦理文化秩序。赵多多死了,一个新的“赵多多”正

① 宋遂良:《真实的人生,完整的人性——〈古船〉人物漫议》,《当代作家评论》1987年第2期。

在成长之中：带枪看泊的二槐，“风格就活像赵多多”。这才是洼狸镇所代表的乡土中国可怕之处，恶不仅没有得到清除，反而继续在生长繁衍。

与老赵家族截然不同的是老李家。赵家可以说是一个政治家族，而老李家是一个技术家族，在洼狸镇一直是怪怪的存在。“多少年来，这个家族简直成了邪僻古怪的代名词，让人不好理解，功过难评。远的不讲，近几十年里老李家就出过老和尚李玄通、给资本家开机器的李其生，如今又有个李知常”①。这就是洼狸镇的精神隐秘，人物个体的命运与家族的基因密切相关，有着深层的内在联系。《古船》对李其生跌宕起伏的人生命运、各种奇思妙想的技术革新以及天资中的灵气、狂气和扭曲变异的心灵的描写，生动逼真，令人唏嘘不已。老李家与洼狸镇传统文化、现代革命文化以及新时期开始的技术革新，都有着密不可分的关系，是洼狸镇社会伦理文化结构承担重要使命的宗族群体。

在《古船》整部小说结构中，老隋家才是张炜所倾心描写的重点所在。老隋家是洼狸镇数百年来传统文化和近代工业文明的代表者，创立了远销海内外的白龙牌粉丝，是在洼狸镇名副其实的贵族大户。隋迎之是老隋家最后一个贵族。作为具有深厚传统文化思想和现代文化视界的他已经意识到一个新时代的到来和家族不可避免的衰败，因而选择为家族过去的“罪恶”进行“赎罪”的行为，即把隋家的绝大部分家产无偿捐献给共产党，但依然没有被饶恕。弟弟隋不召则是洼狸镇中的一个另类，长期离家去闯荡海洋，多年后带着干瘦的身躯、一部《海道针经》和种种奇闻回到了洼狸镇。与哥哥隋迎之沉重的精神负担不同的是，隋不召过着一种简

---

① 张炜：《古船》，人民文学出版社，1987年，第110页。

朴、富有情趣与自我个性化的生活，以一颗童真、善良、阔大的心灵容纳一切，安然于世，并最终赢得了洼狸镇众人的心。懂“原理”的隋不召临死时念念不忘叮嘱隋抱朴寻找遗失的铅筒，呈现了另一种可贵的生命担当和深厚文化情怀。下一代的隋抱朴及其兄妹三人，以各自的方式维系着老隋家命运的安危，发出了百年来乡土中国历史深处的灵魂呐喊和生命的“天问”。正如坠落地下的芦青河一样，坠入洼狸镇社会地狱中的隋家人依然闪耀着高贵的思想之光、不竭的探索创造精神和无可遏制的爱欲冲动。“老隋家的人啊——”，隋抱朴一次又一次喊出这样的话语，这是老隋家人的宿命。

洼狸镇家族中的各色人物，既个个不同，又无可避免地打上了深深的家族烙印，流淌着乡土伦理文化的血脉。这就是洼狸镇的最大精神隐秘。

四、隋抱朴：追问乡土中国救赎道路的人

在汪政、晓华、王晓明、陈涌等学者看来，历史叙述是《古船》重要的内容。王晓明甚至提出来20世纪历史就是《古船》小说的叙述主角。《古船》里的洼狸镇历史固然是一部乡土中国百年动荡历史的精神缩影，里面有着极为可贵的新历史主义的叙述特征和秉笔直书的“实录”精神。这些固然是极为可贵的。但在我的阅读感受和生命体验中，《古船》中的主人公隋抱朴形象深深打动了我的心灵。隋抱朴就是《古船》叙述中心的焦点，是凝聚了张炜所有心力和精气神的灵魂之所在。可以说，隋抱朴是张炜用力气最大、思考最深、开掘最严的人物形象。隋抱朴所具有的精神特质、思想深度和生命呼吸气息，是百年中国文学史所极为少见的凝聚着肉体和精神之痛的、闪烁着灵魂光芒的乡土中国思想者形象。“初读《古船》，脑子里留下这样一个印象，这个印象又清晰又模糊：两座

并列的雕塑——罗丹的《思想者》和'思想者'隋抱朴"[1]。纵览全书，我始终感觉到一颗凝聚着无限苦难和忧伤的心灵，以一双硕大的眼睛注视着历史、文化和思想的深处，发出灵魂般的沉重呼吸与叹息。作为读者的我，不时被这双深邃的眼睛所发出的巨大光芒和思想疑问而深深灼伤。

"老河道边上还有一处处陈旧的建筑，散散地矗立在那儿，活像一些破败的古堡。在阴郁的天空下，河水缓缓流去，'古堡'沉默着。一眼望去，这些'古堡'在河岸一溜儿排开，愈来愈小，最远处的几乎要看不见了。可是河风渐渐会送来一种声音：呜隆、呜隆……越来越响，越清晰，原来就是从那些'古堡'里发出来的。它们原来有声音，有生命。"[2]《古船》第一章在有限而珍贵的笔墨里，多次提到"古堡"似的磨屋。洼狸镇的"古堡"，不仅有声音和生命，而且"凝聚了洼狸镇的全部精气、全部晦气，活活联结着镇子的荣辱兴衰"[3]。"古堡"老磨屋发出的呜呜声，讲述的不仅是洼狸镇的历史，更是老隋家的历史。而老隋家的历史就与洼狸镇的历史休戚与共，隋抱朴就是连接"古堡"和粉丝作坊历史与现实的纽带。这不仅是因为老隋家的人从小就生活在粉丝作坊的氤氲空气里，熟悉粉丝的气味、温度和火候，而且从小在父亲隋迎之教育下的隋抱朴心中深深打下了传统文化的影子。父亲写给他的"毋意毋必毋固毋我"，在隋抱朴的精神世界中确立了仁义的儒家文化结构。作为资本家的儿子与深受传统文化濡染的隋抱朴在土改后的一系列运动如残败的古堡，遭受众多的覆灭性打击，被弃之于革命阵营之外。

在隋家失去粉丝作坊之后，隋抱朴就走进了"古堡"般的老磨

① 基亮：《关于〈古船〉叙事形式的分析》，《小说评论》1988 年第 5 期。

② 张炜：《古船》，人民文学出版社，1987 年，第 2 页。

③ 张炜：《古船》，人民文学出版社，1987 年，第 9 页。

屋,并一待就是很多年。“老磨屋缓缓转动,耐心磨着时光。远处,那段高耸的城墙与岸边的老磨屋久久对视,沉默无言”。几千年的古城墙、出产古船的老河道、残败的古堡与木头人似的隋抱朴,看上去较好吻合在一起。但是,事实上恰好相反,“木头人”般生活在历史和现实“古堡”里的隋抱朴思想极为活跃,不仅深夜阅读《天问》《海道针经》和《共产党宣言》,而且一遍遍地“算账”,算一笔老隋家亏欠洼狸镇人的“大账”。隋抱朴延续父亲隋迎之的“欠账”,认为父亲尽管把所有的产业交出去了,但依然没有还清旧账。让读者无比震惊的是,隋抱朴不仅要去为老隋家的“旧业”赎罪还账,而且要为洼狸镇人所制造的新的苦难与罪恶“还账”。从幼年时期到成年,隋抱朴经历了从现代到当代的最苦难、最血腥、最荒谬的岁月。从父亲的咳血而死到后母茴子服毒自焚的决绝而死,从土改、反右到“文革”的一次次大批判运动,倾巢之下的隋抱朴早已经成为“惊弓之鸟”和“罪孽深重”的罪人。比这更为可怕的是一次次的集体式的血腥屠杀行为。先是被发动起来的农民,群情激奋,打死了“面脸”“叫驴”“瓜儿”等地主,一个老汉用镰刀割下了“面脸”一块肉煮汤给儿子治腰病;尽管王书记竭力阻挡群众暴力,但是依然打杀了十余人。之后,还乡团“红着眼睛”回来了,不仅把革命者栾大胡子“五牛分尸”,而且把他的肝炒菜喝酒;四十多个人被铁丝穿成一串,活埋在红薯窖,剩下的妇救会苏主任被轮奸,亲眼看着孩子被劈成两半,昏死过去。从行为方式和逻辑思路上看,几乎是一模一样的血腥与暴力(虽然代表党的王书记竭力反对,乃至以死抵制,但也阻止不了暴力的汹涌),都烙印般打在七岁的隋抱朴的心灵深处,大山般沉重。“我常常想起那股味儿,有时走在路上,不知怎么就闻到了那股味儿。这当然是错觉……那个人烧死了”;那四十二个活埋的人呼喊的声音让隋抱朴“一辈子都在心里,会压得你喘不过气来”[①]。作者没有过多的情感判断,而是尽可能去呈现和复原历史的原生态真相,从而具有了更丰富和多景观的“复线历史”功能。正如英国诗人约翰·邓恩所言,每一个人都不是一座孤岛,每一个人的逝去都是一种损失。请不要问丧钟为谁而鸣。丧钟,为你而鸣;丧钟,为我而鸣。无论是“革命”与否,每一个死去的人都是洼狸镇的损失,都是洼狸镇人的伤悲。在古老的乡土中国伦理文化系统里,人命大于天,除非有不共戴天之仇,不可伤害人命,不可伤天害理。但是,这一伦理文化系统,在诉苦机制下的革命阶级斗争文化里崩溃了,肃杀和血腥的气息处处弥漫窒息了人的理性。

谁来为血腥的历史埋单?谁来回味与反思历史的血腥?谁来为曾有的血腥赎罪?如何终止历史的罪恶与血腥?曾经发生的、耳闻目睹的血腥苦难,“可从现在人们的脸上看不出来。老庙旧址上泥土的颜色也看不出来。人哪!人哪!有的这么容易忘事儿”。是啊,“洼狸镇曾经血流成河,就这么白流了吗?就这么往镇史上一划了结了吗?不能,不能轻易忘记,得寻思到底是为什么。大人小孩、男男女女都要寻思,辈分高的和辈分低的都要寻思”[②]。隋抱朴作为一个接受传统文化教育的乡土中国民间的思想者,在经历种种苦难之后,拥有的不是恨,而是一种乡土中国知识分子式的博大的爱。“我是老隋家有罪的一个人!”[③]隋抱朴不仅继承父亲的理念,把自己视为一个要为隋家家族“罪恶”“赎罪”的“罪人”,而且还要把洼狸镇这个乡土中国近现代百年来的历次苦难、血腥杀戮的“罪恶”承担起来,寻求终止洼狸镇百年“罪恶”的救赎之路。

① 张炜:《古船》,人民文学出版社,1987年,第222—223页。

② 张炜:《古船》,人民文学出版社,1987年,第223页。

③ 张炜:《古船》,人民文学出版社,1987年,第82页。

以暴制暴，恶恶循环，绝不是终止罪恶的方式。隋抱朴在如何反思、终止罪恶，救赎罪恶的道路思考中，苦苦探索。

如同研磨时光的老磨屋，在“古堡”里枯坐的隋抱朴没有像见素一样怨恨赵炳、赵多多，没有寻求一条复仇式的重新崛起的道路。无论是赵炳、赵多多的恶，还是还乡团的恶，这些恶都有一个很重要的文化土壤和特定的时代政治气候，都有着背后部分民众的支持与推波助澜。鲁迅曾经斥责为“吃人”的文化，分析“革命革革命”的荒谬逻辑，没有简单地指责哪一个人的罪恶。正如《墓志铭》中的“反啮自身”的人一样，鲁迅反思自身内“鬼气”“毒气”，反思自身的内在之恶。恶不仅存在于历史、存在于他者，而且存在于我们每一个人的内心，即阿伦特所言的每一个平常人所具有的“平庸之恶”[①]。正是基于此，隋抱朴“不是恨着哪一个人，我是恨着整个的苦难、残忍……我日夜为这些不安，为这些忧愁，想不出头绪，又偏偏拗着性子去想。我恨有些人去为自己拼抢，因为他们抢走的只能是大家的东西……一个人千万不能把过生活当成是自己一个人的事情，那样为了自己就会去拼命，洼狸镇又会流血。老隋家的人都是受过大苦的人，他们再也不敢为了自己活着……我永远不会抛开镇上人……我只会一块和他们想过生活的办法”[②]。苦苦思索的隋抱朴有了想与大家一起过生活的朴素想法，这与《共产党宣言》的内在理念是不谋而合的。从阅读《天问》，到深夜苦读《共产党宣言》，再到对父亲、叔父、赵炳、见素等不同的人

① 汉娜·阿伦特曾谈到德国纳粹势力的罪行时指出：“毫无疑问，极权主义政府及其令人无法容忍的公开罪行是由群众支持的。”即，我们每一个个体之于历史罪恶所应承担的“平庸之恶”。见《极权主义的起源》，生活·读书·新知三联书店，2008年，第17页。

② 张炜：《古船》，人民文学出版社，1987年，第228—229页。

生道路的反思中，隋抱朴渐渐寻找出一种区别于以往复仇式、循环式的新救赎之路。隋抱朴终于从“古堡”中走出来了，不再是哈姆雷特式的犹豫，不再是俄罗斯“多余人”的空想，而是担当起了重新振兴洼狸镇粉丝企业、实现集体富裕道路的使命。这无疑是一种基于乡土中国伦理文化和儒家仁义文化的一种中国式“大爱”，闪烁着《天问》的求索光芒和《共产党宣言》的精神智慧。

“自由，自由，多少罪恶假汝之名。”“革命”没有产生期待已久的“宁馨儿”，而出现的是赵炳式“文化怪胎”、众多吃人魔兽和一出出残忍的人间悲剧。有意味的是，隋抱朴这枚珍贵的思想果子，恰恰诞生于“革命”的血泊之中。这正是“革命”的吊诡之处。“人类血战前行的历史，正如煤的形成，当时用大量的木材，结果却只是一小块”①。鲁迅话语真是惊人的预言。但是，我们也不仅疑问，从“古堡”中走出来的隋抱朴真的找到一条乡土中国的救赎道路了吗？结合 20 世纪 90 年代以来的新时期中国 30 多年的发展史，我对此依然充满忧虑。尽管我们告别了革命、终止了以阶级斗争为纲的思想路线，开启了以人为本的人本主义新思潮，但是悬殊巨大的贫富差异、当代中国青年面临的生存性巨大压力、资本对个体精神世界的逼迫，都让我们重新思考革命、阶级、解放问题。当代“底层”等左翼话语的重新激活，无疑是一个颇耐人寻味的文学和思想话题。基于个体的“善”和群体的解放为一体的隋抱朴的追求，是一种不可否认和忽视的“大善”，在新世纪的今天有着极为重要的启示意义。当然，仅仅要求以个体的一己之“善”来纾解社会的矛盾，是不公正的，也是不现实的。社会的矛盾需要个体的“善”的建构，但更需要社会制度对人的基础保障和全面解放。在乡土中

① 鲁迅 :《鲁迅全集》第三卷，人民文学出版社，1981 年，第 277 页。

国的文化语境中，连接社会与个人之间的制度建设，与来自个体心灵的善的追寻同等重要而迫切，而制度建设尤为严峻与艰辛[①]。或许没有一种探索是终极的，隋抱朴的价值就在于他是“革命”的反思者、批判者，是新时期改革的建设者，是承担起所有历史罪恶的“罪人”与“救赎者”。在这个意义上，隋抱朴已经接近于地藏王菩萨、佛陀或耶稣基督，闪耀着神性的光芒。

五、叙述的复调：《古船》独特的艺术构造

《古船》通过洼狸镇这样一个具有古老历史文化的封闭性小镇来呈现百年来乡土中国波诡云谲、错综复杂、血腥苦难而蜕变新生的现代化转型史。这无疑是一个极为宏大的文学主题，体现了齐鲁文化孕育出来的山东作家所具有的磅礴厚重大气的精神气质，以及对中国现代转型重大伦理文化问题的深刻历史反思和文化使

① 倪伟在肯定张炜早期小说的道德批评及其重建价值的基础上，谈到：“‘现代人’通常被简单等同于一个拥有现代的（西方的）知识视野、具有强烈的个体意识、把自我价值的实现作为人生首要目标的自主主体，而在个性解放的旗帜下，个体欲望也被认为是人性的基本部分而获得了正面的肯定。这样的‘现代人’是以欲望为内驱力的利益主体。把现代化落实为首先是人的现代化，实际上是有意无意地忽略了连结个体与国家的社会制度和社会组织的变革和重建，其结果必然是‘觉醒’后的个体成为逐利型的原子式个人。在这一套现代化话语的规划图景中，农村的现代化被等同于城市化、工业化，‘现代农民’则被想象成与乡土社会的传统价值体系决裂、自觉接受现代城市文明及其价值体系的叛逆主体。这种农村现代化模式实际上是向城市文明的全面投降，当乡土社会的传统价值根基遭到摧毁、赖以团结社会成员的中间组织被破坏之后，农村社会所迎来的决不是‘现代化’的美好允诺，而是社会解体后的凋敝和破败。”因此，倪伟主张：“要解决农村社会的‘道德’危机，显然得从根本上完善制度的建设，建立起公正的制度平台，使每一个农民的正当、合法的权益得到切实的保障。”见《农村社会变革的隐痛——论张炜早期小说》，《文学评论》2005年第3期。

命担当。小说中的人物形象隋抱朴呈现出中国当代文学史所没有的、具有开创性的、浓郁深邃的历史反思的思想家式独特精神气质，是当代文学人物形象画廊中的一道极为亮丽的精神风景。《古船》文本的可贵与独到之处就在于，在血泪的苦难、深重的罪孽和深邃的思想之下，还能够在文学天空中自由飞翔、畅快呼吸。这无疑是一个奇迹。可以说，小说《古船》呈现出了极高的叙述技巧和艺术水平，通过古代、现代与当代文化的交融，政治描写与人性书写的缠绕，尤其是内心情感和性心理、性行为的描写，在政治与人性、父子与兄弟、传统与现代等不同向度构成了一种具有内在对话性的叙述复调。因而，《古船》能够漏光、透气、生风，能够在光与影、善与恶、虚与实、缓与急、现实与浪漫之间纵横交错，自由变换，风生水起，蔚为大观。这正是《古船》小说迷人的艺术魅力之处，也是其耐人寻味、玄机灵妙所在。

《古船》小说不仅一开始就叙述古老的古莱子国的历史及其精神表征，如"城墙""古河道""古堡""古船"等，而且以李玄通讲古的方式，呈现出不同凡响的奇异之处。李玄通的"讲古"和后来隋不召引述《海道针经》的"海洋话语"，都是在迷狂状态下的夹杂着丰富文化信息的古老语言密码，这与改革开放后出现的采矿队的李技术员、"胡言乱语"的关于当代导弹技术、"星球大战"、红外遥感等当代科技话语，构成了最古老与最新鲜的两极对立性话语。而中间关于土改、"大跃进"和"文革"的话语依然让人不寒而栗。这些不同时代、不同文化背景和不同精神密码的话语交织在一起，一起呈现于隋抱朴等这一代人的精神世界之中，构成预言、文化和思想的内在冲突与张力。尤其是李玄通、隋不召的话语以一种极为鲜明、丰富蕴藉的独特语言形态一一矗立在小说的话语世界里，个个独立，与众不同而又遥遥相望，纵横贯通，摇曳生姿。

文化不仅有着时间维度的划分，而且从分为官方文化和民间文化。对于洼狸镇高顶街而言，正统文化已经从隋家转移到了赵家，赵炳所代表的阶级斗争已经成为正统、主流文化。但有意味的是，即使在赵炳最有权势和影响力的时候，赵炳在代表正统文化的同时，也在遵循着民间文化内部约定，如隋大虎祭奠的民间仪式，赵炳依然要来祭奠。死者为大和乡里乡亲大事彼此关照、互相体恤的观念依然无形之中在制约着赵炳。当然，这丝毫没有削减赵炳作为正统文化代表的巨大光芒。从别人极为小心拭掉赵炳身上的草屑的细节，可以看出其正统文化的巨大威力。赵炳参加隋大虎的祭奠仪式本身，就是一个官方文化与民间文化的生动对话。《古船》小说几次写到了死亡祭奠仪式，具有浓厚的民间性文化意味。而民间性文化意味最浓的无疑是对张王氏的行为描写。张王氏会做泥老虎和野糖，能够接骨、按摩（而且是为四爷爷赵炳按摩，这在洼狸镇无疑是一个很荣耀的活儿），这是一个典型的民间手艺技术的传承者。更为人称道的是，张王氏还是一个高级调味师。小说不厌其烦地描绘了她的具有高度民间化的调味技术：在讲述面酱和酱油的制作原料、过程、时间、色泽、味道后，小说娓娓道来，结合民间谚语和故事，趣味横生，张王氏指挥男人把锅烧旺，“蹲在锅边，抛进锅里茴香、葱白、香菜、豆角、花生、蒜瓣、黄瓜、鸡爪、猪皮、橘皮、苹果、梨子、辣椒……约有二十多种东西。有一回人们传说，她放这些配料时正巧有一个大绿蚂蚱从锅边蹦过，她上前一步抓到扔进了锅里，眼皮也不眨一下”①。就是这样一位民间调味“大师”，在四爷爷的安排下，承接了洼狸镇前所未有的、最高级别的接待任务。张王氏接待省里领导的菜肴制作就是一首美妙无比的

① 张炜：《古船》，人民文学出版社，1987 年，第 187 页。

散文诗，洋溢着诗情画意。“藤上瓜”“糊涂蛋”“怪味汤”“一窝猴”“山海经”“吊葫芦”，这些富有浓郁民间文化意趣、兴味的菜肴加上四爷爷缓急有致的个性语言、精神特质就征服了来自省上的领导。张王氏的民间文化性体现在很多方面，如算命、看相等方面的描写，极为传神。张王氏突然看到赵炳肚子里养着一只长虫，呈现出她对人性的内在深刻理解和浪漫化想象。民间文化不仅与官方文化对话，并互相交融在一起。小说关于张王氏的算命、手艺品制作、烹制宴席的描写，或简洁传神或不厌其详地精雕细琢。这让小说的叙述结构和叙述语调产生了灵动的意趣和那来自民间的独特“野味”“野性”与浪漫，同时也在很大程度上纾解了来自政治与现实的沉闷与滞重。除张王氏之外，中医郭运同样具有很强的乡土中国民间文化性质，尤其是他的读“气”法看书，看似荒诞而实得中国文化之别样精妙。

在政治话语之外，《古船》有着极为浓郁强烈的性话语叙述。即在隋抱朴、隋见素、赵炳、赵多多等政治人物的政治话语叙述之外，小说展现了这些人物作为一个鲜活的、个性化的存在，特别是关于人性世界中的情欲力量内在冲突的描写，极大丰富和延展了人物性格的内在深度和话语的多声部特征。《古船》中的性话语、性心理与性行为描写集中体现在众多女性人物形象的建构之中。隋抱朴与桂桂、小葵和闹闹的情感纠葛，成为展现隋抱朴心灵世界的重要窗口。隋抱朴与小葵感情的火山爆发式冲决一切，又无疾而终，来自传统文化和四爷爷的威慑在无形之中“阉割”了隋抱朴继续爱下去的能力。这与洼狸镇的政治、历史大账交织在一起，无时无刻不在吞噬着隋抱朴高贵而痛苦的心灵。闹闹无疑是《古船》小说中一个极为重要的叙述角色，她如一个快乐的声部始终萦绕在隋抱朴的身边，为小说沉重的主题和痛苦的心灵带来无可替代的心灵慰藉。而隋见素与割荆棘的姑娘的浪漫史，小说叙述的关于“带黄紫两色条杠的针织裤头”、月光下“小小的臀部浑圆结实”与“呜呜的哭”等细节描写①，透露出情感的震颤和爱的美丽光辉，无比动人。老隋家的人不仅承受着心灵的恐怖、精神的折磨，而且还忍受着来自情感和性欲的痛苦；而老隋家的人又特别容易动情，即使在战场中的隋大虎都在无意识中走向了无可控制的情欲魔圈。隋见素与数个小姑娘的爱情都是没有结局的终结。正如哥哥的爱情一样，见素与大喜、周燕燕的感情也一再面临考验。不仅老隋家的性话语时刻伴随着政治话语，并互为因果进行着对话。老赵家四爷爷的性描写话语同样也构成一种独特的、怪异的声部。小说通过中医郭运的口，说出了一种民间性很强的性话语：赵炳两任妻子都是婚后第一年面色发黄，第二年灰瘦反常，卧床不起，早逝。其中的原因就在于，“世上就是有你这样一种毒人，与之交媾，轻则久病，重则立死。这种毒人罕见之至”②。这一说法，在后来的陈忠实《白鹿原》开头就有这样的类似描写。这些性行为、性心理与性话语描写，包括赵多多等人对洼狸镇女性的猥亵、隋不召的“荒唐”、隋含章的“屈辱”、张王氏的“风流”与跛四的笛声等等，构成与《古船》凝重的政治话语截然不同的、丝毫不游离小说整体框架而又能够带有强烈解构性的私人化、狂欢化的性话语声部。

《古船》小说的对话性和多声部还体现在人物形象的设置方面。这主要体现在隋抱朴与隋见素，王书记与赵炳、赵多多，史迪新与隋不召等一组组对立人物形象的塑造方面。隋见素与隋抱朴是同父异母的兄弟，都是“老隋家”的人，有着“老隋家”的多情善

① 张炜：《古船》，人民文学出版社，1987年，第56页。

② 张炜：《古船》，人民文学出版社，1987年，第116页。

感、英俊潇洒和风流倜傥。但是从性格上来看，隋见素与隋抱朴呈现了截然不同的特征，抱朴犹豫、拖宕、正直无私，有着深深的罪感和赎罪意识，而见素却是豹子般勇猛、迅捷、敏锐、大胆，敢于突破禁忌，挑战权威，开创新生活，有很强的复仇意识和重新占有财富的野心。隋抱朴和隋见素不仅在思想性格上构成了富有张力的二元对立性关系，而且在小说叙述结构中，隋抱朴和隋见素二人的长语段、大篇幅对话，体现了具有浓郁个人精神气质和各自的思想意识，从形式和内容等不同角度确立了人物形象的性格深度和小说结构的内在对话性特征。在《古船》最核心、最苦难的血腥屠戮中，与斗争激情爆发的革命群众不同，也截然不同于杀气腾腾的"还乡团"的，是卓然独立于汹涌革命浪潮中的真正革命者——王书记这一人物形象。对于赵多多的残酷刑罚，洼狸镇革命领导者王书记终止了赵的行为，说："我们是共产党，可不能重复敌人那一套。"这遭到栾大胡子的质问，"我们整天发动群众，真发动起来了，你又怕了"。"王书记也严厉地说了一句：'发动的是群众的阶级觉悟，不是发动一部分人的兽性！'……对这场运动的眼光再放长远些，告诉群众决不能乱打乱杀图一时痛快，而是彻底拔掉剥削根子，建设一个新社会"①。坚持党的土改路线的王书记，在斗争激情汹涌澎湃的革命群众面前，坚持党的土改原则和"巡回法庭审判制度"，不幸被镰刀砍中了臂膀，鲜血直流。王书记的形象与赵多多、栾大胡子及盲动的革命群众，血腥的还乡团杀戮，形成了鲜明对比，体现了对"建立新社会"新革命的深刻认知和革命人道主义的精神光芒。王书记的形象及其真正革命者的思想与恪守传统文化思想的隋抱朴构成了一种呼应性的对话关系，即基于最高的善的

① 张炜：《古船》，人民文学出版社，1987 年，第 236 页。

精神对话。小说中的隋不召和史迪新是“宿敌”关系，一个浪迹天涯、颓唐不羁，另一个则是固守传统，抵制任何新异事物，是一种对立性的对话关系。

在巴赫金看来，任何长篇小说都是一种“杂语”性存在，优秀的小说还具有内在的对话性和不同的多声部[①]。《古船》小说，不仅存在着各种不同身份、文化、历史、人物性格的“杂语”，而且在政治与性、古代与现代、官方文化与民间文化、人物形象群组之间形成了众多类型的对话关系和众声喧哗的多声部存在。内在有机的对话性关系、多声部与小说叙述结构中的虚实穿插、不断重复、腾挪变换融汇在一起，建构了一种富有极大艺术魅力的叙述复调。这与小说恢宏阔大的主题彼此辉映，铸就了一部雄浑的乡土中国百年叙事交响乐。

结　语

近四十年过去了，今天重读《古船》不仅让我再次感慨万千，我深感《古船》提出的问题之重大、之超前和深刻，一点也没有过时；而且深感《古船》依然有着很多可以阐释的空间和进一步追索的问题。我从乡土中国伦理文化视角来审视《古船》，来重新阐释洼狸镇这个空间的内在历史的丰富性及其复杂博大的精神密码特质，而且从乡土理论文化角度来思考隋抱朴、赵炳、赵多多、张王氏等人物形象的内在情感逻辑和精神隐秘，看到了隋抱朴形象所具有的而以往当代文学史所匮乏的“神性”精神气质。更可贵的是，隋抱朴这种“神性”是基于几千年乡土中国文化传统和百年来乡土中国社会转型、文化变迁的精神背景下的独特而深邃的生命体验

① 巴赫金：《长篇小说的话语》，《巴赫金全集》第三卷，河北教育出版社，2009年，第109页。

与思想认知。从文化的博大、思想的深邃、情感的震撼和结构的精妙来说,《古船》无疑是获得巨大成功的,较好传达了张炜对乡土中国文化传统和百年乡土中国历史的新思考、新批判。但是,如果我们与另外一个文学经典《红楼梦》相比较的话,我依然觉得存在着一些不足与遗憾,同样是家族小说,《红楼梦》中的家族是真正作为一个完整的家族整体来书写和呈现的,具有家族文化及其谱系的内在完整性、丰富性和饱满度,而《古船》中的家族书写是以点带线的,存在着谱系不够完整,家族内部文化的差异性、多样性及其内部复杂运行机制呈现不够的问题。当然,这是基于对文学大家尊敬前提下的更高要求。事实上,《古船》在思想价值和精神深度等方面已经远远超越《红楼梦》等众多文化典籍和当代文学作品,是一部关于乡土中国精神密码和文化基因的经典力作。随着时间的流逝,《古船》的思想光芒和精神启示意义必将越来越清晰,必将得到更多的思想者的心灵共鸣。

正如苛刻的批评家王彬彬所言,"数年前,读张炜的第一部长篇小说《古船》,我有了一次读文学作品时并不常有的体验。这部作品给我以强烈的震撼。那时,我私下以为,《古船》不但是近数十年中国长篇小说中最优秀的几部之一,而且也是七十多年新文学史上的长篇佳作。昨天,我重读完《古船》,时隔近六年之后重读,虽不再像初读时那样激动不已,但仍然对我有着很大的吸引力。重读之后,我觉得我当初对它的估价并不算过高。我仍然坚持我的估价。现在把它写在这里。我相信,时间将会证明我的估价出入并不大"①。这也是我在今天的阅读感受和价值判断。《古船》没有叙说出任洼狸镇粉丝公司总经理隋抱朴的新成绩,而是向我们

① 王彬彬:《悲悯与慨叹——重读〈古船〉与初读〈九月寓言〉》,《当代作家评论》1993 年第 1 期。

呈现连接"古堡"和海洋的芦青河又出现了，一条通往海洋的新通道即将新生。虽然幽暗、在地下，但是"最重要的是自己不阻拦自己。这比什么都重要。我们满身都是看不见的锁链，紧紧地缚着。不过，我再不会服输，我会一路挣脱着往前走。哪怕我的胳膊被这些锁链捆折了，两手淌血，我还是要挣脱"①。

在这种新思想视野下，我们看到了"那条波光粼粼的宽阔河道上，阳光正照亮了一片桅林"，"古船"重新焕发生命，驶向大海②。

第四节　陈忠实：寻找民族文化精魂的"关中大儒"

陈忠实出生在一个世代农耕的家庭里，从小就浸染在关中乡土文明之中。从 1962 年高中毕业回乡，他先后担任过乡村学校的教师、公社干部、区干部、省作协干部。在这个过程中，他对绚丽多彩的关中世界有了更加深刻的认识。关中悠久浑厚的历史文化、雄浑壮美的山河风景、勤劳朴实的关中人民的情感世界，都为陈忠实走上文学创作之路奠定了坚实基础。从 1965 年 1 月在《西安晚报》上发表散文《夜过流沙河》开始，他以"关中大儒"的精神姿态，把自己对中国农村与中国农民的认识、对发生在关中大地上人民的不屈不挠斗争的理解和对文学满含情感的热爱诉诸笔尖。陈忠实创作了短篇小说《接班以后》《信任》《猪的喜剧》《心事重重》《立身篇》《尤代表轶事》《珍珠》、中篇小说《康家小院》《梆子老太》《初夏》《十八岁的哥哥》《四妹子》《地窖》等之后，更

① 张炜：《古船》，人民文学出版社，1987 年，第 366 页。
② 张炜：《古船》，人民文学出版社，1987 年，第 368 页。

创作出了《白鹿原》这样具有划时代意义的经典作品。这些作品带给了陈忠实众多的荣誉:《康家小院》获1982年"《小说界》首届优秀作品奖",《十八岁的哥哥》获1985年"河北《长城》文学奖"等,《白鹿原》更是荣获"第四届茅盾文学奖"。巨大的文学成就让陈忠实当之无愧地成为陕军东征的"三架马车""五虎将"的主力。

陈忠实的文学创作成就,来源于关中灿烂文明的精神滋养,也在于他始终不渝的文学信仰和对文学的执着坚守。他没有将文学作为赖以谋生的手段。他的文学创作是出于对文学的热爱。文学是他的信仰,是融入他生活与生命的存在,是超越生命的,要创作出"死后可以垫棺做枕"的不朽经典。因此,他主张文学创作应该从生活体验深入到生命体验,寻找符合自己的"文化心理结构",用不同视角的叙述形态来剖析人们的心理嬗变。可贵的是,在继承国民性批判的传统的过程中,陈忠实对传统文化进行了一种现代性的叙述、探索与反思。这表现在他的文学创作生涯中始终在尝试剥离既有的叙述框架、冷静的分析文学观与历史观的建构。正是通过透视传统文化心理内部的"病因",陈忠实将批判性的文化审视与现代性的文化反思相结合,去探寻民族文化的精魂所在,终于寻找到了属于自己的声音、属于自己的叙述方式①。

① 作为一个具有时代精神标志的大作家,在纷繁复杂的文化百态与文学转型中,陈忠实致力于寻找属于自己的文化心理结构叙述模式,经历了由"文学与政治紧密相连"到"从社会文化方面进行论述",再到"深入文化内心"三次文学观念的转变,最终创作出《白鹿原》。《白鹿原》书写的"乡贤""大儒"和革命者等独特人物形象,是百年来急剧变迁下中华民族文化精魂的坚守者、探索者和创造者,共同构成了一系列人物谱系,彼此映现,熠熠生辉。陈忠实以"关中大儒"的文化自觉,来寻找民族的文化精魂,展现了百年乡土中国人复杂的内心世界和命运的多舛嬗变,书写出了中国当代文学史的经典。

一、追随生活和大师的成长脚步

“历史和现实的沉重，亲历的和感受的沉重，都不能不激励作家去向着民族的文化和历史的深处思考。正是在这样一条严肃文学的征途上，陈忠实心无旁骛。无论多苦多难，他坚忍不拔，一路走来。”[①]中国当代文坛有着百般变化，是冲破既定的革命叙述框架、寻找迷茫中的启蒙再叙述、应对西方文学思想的冲击，还是在传统文化立场上进行现代性反思等等，这都是陈忠实在文学创作之路上不可回避、必须解决的问题。可贵的是，陈忠实没有随波逐流，而是从自己的生命体验出发，借鉴融合了东西方小说家的经典作品的内核，立足于底层的立场，融入关中人独特的“乡土情结”和文化观念，展现出他“忠、孝、仁、义、礼、智、信”等民间文化意识的独特思考与精神信仰。陈忠实一直在坚守着自己，不断地寻找、探索属于自己的独特文学创作之路。

早年的成长环境和工作经历为陈忠实的文学创作提供了丰厚的土壤。作为生长在灞河川里的汉子，他像柳青、赵树理、路遥一样沉浸在民间习俗与文化艺术世界中。“关中历史悠久，文化灿烂，英华竞秀，河山壮美。在这块古老而神秘的土地上，勤劳、勇敢的关中人民，不仅创造了辉煌的古代文明，而且在近代进行过不屈不挠的革命斗争”[②]。陈忠实记录着关中的文明变革，记录着关中人在这变革中的生活感受和认知。陈忠实热爱着秦腔艺术、喜欢喝西凤酒，有着陕北汉子的朴实。他热爱着陕北的风土人情，赞美

① 王仲生、王向力：《陈忠实的文学人生》，陕西师范大学出版总社有限公司，2012年，第396页。

② 冯望岳：《陈忠实小说：在东西方文学坐标上》，中国社会科学出版社，2009年，第69页。

陕北的名人,如孙蔚如将军、作家柳青等;他赞美陕北的动物,如朱鹮、鹭鸶等;他赞美陕北的植物,如高原柳树、柿子树等。他生长在这块土地,对农村、农民的命运有着深厚的同情与关怀;对关中世界有着发自内心的崇敬和认知。这种浓厚的关中乡土情节深深地扎根在陈忠实的文学创作之中。正是由于对关中文明的热爱,陈忠实能够灵敏地捕捉到社会转型时期关中大地的变化、关中人民内心的变化。

中篇小说《初夏》描绘了转型时期的农村领导班子的变革。冯家滩党支部书记冯景藩因为当年扎根奉献农村,主动把调往县里的名额让给了冯安国。在后来的农村变革运动中,冯景藩却开始逐渐地改变想法,想尽一切办法让自己的儿子冯马驹能够走出农村,成为公家人。但是对村庄有着深厚感情、决心为村庄服务的冯马驹和冯德宽、牛娃等人却坚持要留下来。冯马驹学习恋人冯彩彩的父亲冯志强,一心一意地为村子办实事,放弃了当司机的机会,毅然留在了乡村,为乡村的建设与发展奉献自己的力量。

《蓝袍先生》则描绘了乡土中国社会转型时期人物内心的变化。蓝袍先生,一个出身于书香门第的私塾先生。十八岁的他便当起了同龄人的先生。随着时代的变迁,他的威严也在逐渐丧失。1949 年后他进入速成二班进修,脱掉了蓝袍子,穿上列宁服,变成了自由人,而且获得机会出演恶霸地主黄世仁。这在他从小接受的教育之中是不可能出现的,对他内心的冲击是令人震撼的。他认识了田芳,并确定了恋情,所以坚持要和家中妻子离婚,但是遭到恪守君子之道的父亲以死相逼,坚决不同意。他的内心开始挣扎、痛苦。在后来的运动中,他被打成右派,同学刘建国变成了顶头上司,妻子主人翁意识与权利意识增强。这一系列的变化让他难以相信,甚至几乎不能适应。在想起父亲送的“慎独”二字后,他便释然了，选择了一辈子"慎独"，退回自我精神空间。生活在祖辈的框架之中，是安稳的。而一时的释放，变成了自由人，却遭遇到了更多问题。蓝袍先生在乡村变革中是迷茫的，不知所措的；但他依然坚守不忘的是作为关中人的那种对于优秀品质的执着。陈忠实一方面记录着文化的变革，另一方面也惋惜关中文明的消逝。在《惹眼的〈秦之声〉》一文中，他提到："然时至今日，专演秦腔的数家剧院几乎终年冷清，据说许多享誉三秦、有口皆碑的名角也到秦腔茶社里表演去了（秦腔茶社作为一种新的演出形式，可待观察）。"① 言语中流露出无限的惋惜之意，但是"可待观察"的内心仍包含着一丝传承的希望。

跟随文学导师的脚步，吸收西方文学思想，通过学习东西方大师的经典化的文本来探寻文学的真谛，这是陈忠实在纷繁复杂的文学世界依然能够清醒地找寻到自己方向的重要途径。"我人生历程中所发生的第一次崇拜就在这时候，他是赵树理。也就是在阅读赵树理小说的浓厚兴趣里，我写下了平生的第一篇小说《桃园风波》，是在初中二年级的一次自选题作文课上写下的。我这一生的全部有幸和不幸，就是从阅读《三里湾》和这篇小说的写作开始的"②。对大作家赵树理的崇拜，让陈忠实对文学产生了浓厚的兴趣。这种文学创作的兴趣更是伴随了陈忠实的一生，即使是在"文革"动乱时期，也没有削减。陈忠实在《创作感受谈》中提到："文学是个迷人的事业。入迷是抛开了一切利害得失的痴情。我迷恋

① 陈忠实：《悲欢离合总关情：陈忠实说文化》，华中科技大学出版社，2013 年，第 86 页。

② 雷达主编，李清霞选编：《陈忠实研究资料》，山东文艺出版社，2006 年，第 64 页。

文学几十年,历经九死而未悔。”①

而对陈忠实的文学创作理念、手法影响最大的作家则是柳青。陈忠实的早期作品中体现出如柳青一般的政治思想性的情节,采用的依然是一种革命叙事模式,如短篇小说《信任》故事的情节叙述。小说描写了在四清运动中,党支部书记罗坤被罗梦田冤枉打倒。但是在平反之后,罗坤却以德报怨。罗坤作为支书一直心系罗村,坚决不允许村里派别的出现,鼓励生产,让大家互相信任、互助合作。小说里的主人公罗坤有着很高的政治觉悟,有着超乎常人的政治道德。这种政治理想化人格,体现出柳青对他小说审美理念的巨大影响。

陈忠实的中篇小说《初夏》的故事结构和柳青的《创业史》有着许多相似之处。主人公冯景藩就像梁三老汉,冯马驹就像梁生宝。冯景藩年轻时曾经也是积极地参加农业合作化运动。但是晚年的他却成了一个反对自己儿子热衷农村集体事业的“落后人物”,想方设法让马驹进城当工人。冯马驹则是像梁生宝一样的带有着一定的政治理想色彩的人物,无私地投身于乡村建设;对待自己的恋人冯彩彩也和梁生宝对待徐改霞一样,工作为主,感情为次。陈忠实的作品中延续了柳青的政治视角的运用,将生活、艺术、政治相融合。陈忠实曾经说:“柳青是我最崇拜的作家之一,我受柳青的影响是重大的。在我进行小说创作的初始阶段,许多读者认为我的创作有柳青的味儿,我那时以此为荣耀,因为柳青在当代文学上是一个公认的高峰。”②

① 雷达主编,李清霞选编:《陈忠实研究资料》,山东文艺出版社,2006年,第3页。

② 雷达主编,李清霞选编:《陈忠实研究资料》,山东文艺出版社,2006年,第31页。

一个好的作家不会只跟在崇拜的对象后面亦步亦趋，那样将永远不会有属于自己的个性，也难以取得更大的成就。陈忠实在继承了中国传统文化和中国大作家的影响的同时，也通过阅读外国文学来开启新的视野，不断为自己的文学写作注入新的活力。“随着阅读范围的扩大，我的兴趣就不仅仅局限于验证自己的生活印象了。一本本优秀的文学作品，在我眼前展开了一幅幅见所未见、闻所未闻的画卷：顿河草原哥萨克人矫悍的身影（《静静的顿河》），使人惨不忍睹的悲惨世界（《悲惨世界》），新世界诞生过程中铁与血交织着的壮丽的人生篇章（《钢铁是怎样炼成的》），人类争取自由幸福所表现出来的顽强无畏的气概（《牛虻》）……所有这些震撼人心的书籍，使我的眼睛摆脱开家乡灞河川道那条狭窄的天地，了解到在这个小小的黄土高原的夹缝之外，还有一个更广阔的世界。我的精神里似乎注入了一种强烈的激素，跃跃欲成一番事业了。”[①] 从这些文学作品中，我们不难发现外国文学经典作家的影子。但是，如何将外国文学的经典化手法与寻找自己的叙述句子相结合，这是陈忠实需要独立探索的。由此，陈忠实的小说创作不断趋于开放，借鉴外国文学去展现现实主义，用不同身份的人，以一种“复调式的结构”来描绘特定社会环境下人性的转变。《两个朋友》中为爱报复吕红的王育才，一直在劝解蒙在鼓里的吕红的丈夫、自己的发小王益民。王育才的报复是无声的，却又是强烈的。这三个人的感情纠葛将社会转型期人物的矛盾冲突及其内心变化展露无遗，道德仁义逐渐让位于自我的决定意识。《蓝袍先生》中通过描写徐慎行、田芳、刘建国三个人眼里的“蓝袍先生”，

① 雷达主编，李清霞选编：《陈忠实研究资料》，山东文艺出版社，2006年，第64页。

来展现一个处于时代变革时期的传统知识分子的命运变迁。除此之外，陈忠实对小说的文本叙述进行了创新。《到老白杨树背后去》《毛茸茸的酸杏儿》《旅伴》《回首往事》等短篇小说，都是通过一种闪回式的叙述手法回忆展现历史。

“转益多师是吾师。”陈忠实正是在从自己的生活经验出发，结合关中文化所给予的精神营养，在学习赵树理、柳青和西方现代派文学经典的基础上，逐渐领悟到艺术的奥妙，为更艰难、奇险、瑰丽的精神跋涉提供了充足的文化储备和思想资源。长篇小说《白鹿原》的横空出世绝不是偶然的，而正是在这些基础之上，通过众多人物的故事叙述，展现出了中国民间社会的绚丽多彩，其间对于中国乡间民谣、俗语的运用也恰到好处，将多种元素糅合在一起，构成一部多重“复调”的长篇史诗。

二、寻找“属于自己的句子”

陈忠实的文学创作植根于传统文化的土壤，通过自我的生活和生命体验，像海明威一样，在文化世界中寻找自己的位置，寻找真正“属于自己的句子”，寻找民族传统文化的精魂之所在。陈忠实在《也说中国人的情感》一文中提到“在我的整个心理情感世界里，充溢着对我们民族和国家的尊严的敬重”[①]。可以说，通过文学去追寻和发现民族传统上的精魂所在，是陈忠实坚持的文化使命，是他对文学认知的新理念和新追求。他用神圣的文学来探寻历史发展进程中文化的变更，表现人们内心的战栗状态与嬗变过程，尤其是对社会转型期的民族精魂与人性深渊的深刻体悟。在此过程

① 陈忠实：《梅花香自苦寒来：陈忠实自述人生路》，华中科技大学出版社，2013年，第176页。

中,陈忠实的文学创作与创作思想也经历了三次形态的转变,由“文学与政治紧密相连”到“从社会文化方面进行论述”,再到“深入文化内心”,他进行了一次又一次精神与心灵上的剥离,但是他始终坚持的是“为人生”、解剖文化心理结构的文学理念。“其独特的文学历程不仅表现了创作主体正派、硬气,坚韧、雄强的生存意志和自我反省、自我解剖、自我‘剥离’、自我超越的现代意识,而且表现了创作主体与时俱进、自觉‘拿来’、探险历练、综合创新的非凡智慧和才情”①。

从“文革”中公开发表短篇小说开始,到20世纪90年代长篇经典小说《白鹿原》的问世,陈忠实的小说创作在取得重大成就的同时,他的文学创作理念也愈加成熟。他创作初期的文学作品带有一种“文革”中极左的叙述色彩,有着浓重的政治倾向性情节。短篇小说《无畏》创作背景是1975年到1976年的“全面整顿”到“反击右倾翻案风”。陈忠实在这篇小说中塑造了一个在“造反”中起家的公社党委书记杜乐,认为全面整顿是一种“反革命逆流”,在农村应该继续进行“文化大革命”,坚持通过大批判和斗争来促进生产。小说结尾写道:“就在那个窑洞玻璃窗下,我们无畏的战士杜乐同志,提着双手胳膊肘搭在桌沿上,正在全神贯注地收听广播,小小半导体收音机里,传出激越人心的以毛主席为首的党中央的声音:回击右倾翻案风!”② 在《接班以后》《高家兄弟》《公社书记》等早期创作的小说中,陈忠实以政治的视角展现符合社会发展的具有崇高人格的人物形象,这种政治化、革命化的叙述在某种程

① 冯望岳:《陈忠实小说:在东西方文学坐标上》,中国社会科学出版社,2009年,第2页。

② 陈忠实:《无畏》,载《人民文学》1976年第3期。

度上限制了陈忠实的创作。不过，很快，陈忠实清醒认识到了这种创作中的问题。为了突破这种创作理念的拘囿，他谈到："关于文学关于创作的理解，也应该完成一个如政治思想界'拨乱反正'的过程。我能想到的措施就是阅读，明确地偏向翻译作品，与大师和名著直接见面，感受真正的艺术，才可能排解剔除意识里潜在的非文学因素。"[①]在此之后，陈忠实阅读了大量莫泊桑、契诃夫等著名作家的经典作品。正是这种对于经典的阅读、与真正艺术的接触，陈忠实意识到作家要体验生活，从生活中出发，去感受、提炼、总结，从政治中表现人物个性开始转到从社会文化中探索民族精魂。

中国文坛在20世纪80年代出现了"寻根文学"，文学创作应该深入到最广阔的生活中去，寻找"民族之根"。但是，陈忠实认为，"民族之根"不可能在没有人民的地方。所以，陈忠实说，"'寻根文学'的走向是越'寻'越远，'寻'到深山老林荒蛮野人那里去了，民族文化之根肯定不在那里……应该到钟楼下人群最稠密的地方去'寻'民族的根"[②]。除了主张作家要体验生活，陈忠实还认为应该在自我的反思中寻求艺术创作的突破。他发现一个作家在作品中实现自己对于生活的体验不难做到，但是难以深入的是作家的生命体验。他强调："我后来比较看重生命体验，这是我写作到80年代后期自己意识到的。无论是社会生活体验，还是作家个人的生活体验，或者两部分都融合在一块了，同时既是作家个人的生活体验，又是作家对社会生活的体验，在这个层面上，我觉得应该更深入一步，从生活体验的层面进入到生命体验的层面。进入

① 陈忠实：《梅花香自苦寒来：陈忠实自述人生路》，华中科技大学出版社，2013年，第36页。

② 陈忠实：《梅花香自苦寒来：陈忠实自述人生路》，华中科技大学出版社，2013年，第38—39页。

生命层面的这种体验，在我看来，它就更带有某种深刻性，也可能更富于哲理层面上的一些东西。"[①]从生活体验到生命体验，从精神表层深入到内部心灵，陈忠实就是这样，逐步在独立而艰难的精神探索中，以自己的文学创作找到了民族之根，以文学的精魂去触摸民族文化之魂。

随着外国文学思潮与中国当代文学的融合，20 世纪 80 年代出现的"文化心理结构"理论，为陈忠实的文学创作提供了坚实的理论基础。个人作为一个社会中的独立存在，有着独立的心理结构。虽然，人与人之间的心理结构差异巨大，但是文学与文化的发展却能够影响人们心理结构的形态发展变化。民族的文化发展中释放出文化凝聚力，就能够使本民族人民的文化心理结构趋于相同，有着共同的认知。这尤其体现在社会文化转型期。陈忠实不断进行自觉的精神剥离，提高人文素养，去探索现代人格的精神境界和文化心理结构。他"致力探掘并揭示民族'文化—心理'结构，热切期待和呼唤中国社会转型时代新的道德规范、荣耻观念和价值观念，及其滋润下的和谐、文明、合理的生存环境和生活秩序"[②]。

在 1985 年前后，陈忠实将这种文化心理叙述新形态充分运用到了他的中短篇小说创作中。中篇小说《四妹子》中就体现出了陈忠实不再局限于启蒙批判的角度，而是冷静地剖析在社会大环境下人物内心的心理结构形态。四妹子由边缘的陕北嫁到富庶的关中，有着陕北的野性与自由精神。而她的公公吕老八则受传统儒家文化影响，传统规矩。吕老八看不惯四妹子和儿子吕克俭卿

① 陈忠实：《梅花香自苦寒来：陈忠实自述人生路》，华中科技大学出版社，2013 年，第 98 页。

② 冯望岳：《陈忠实小说：在东西方文学坐标上》，中国社会科学出版社，2009 年，第 28 页。

卿我我；四妹子偷贩鸡蛋也招致吕老八的强烈不满。这是一种边缘的民间文化与传统文化之间的碰撞，但是作者并没有将这两种文化心理结构极端地对立。四妹子开办养鸡场，为吕家带来了幸福。在四妹子遭到兄嫂算计后，吕老八醒悟了，对四妹子表现出关切和认同。陈忠实肯定了四妹子的个性独立，也没有否定吕老八。他找寻到了一种民族文化心理结构的平衡状态。“人格世界里的那些已经固定了的东西，和尚未固定的东西之间所形成的心理结构是有差异的，人与人之间的根本差异就差在这个上头，而不是差在脸上的形状。而且就是同一个人，随着生活的发展，他在一个时段里头，和发展了的生活时段里头，前一个心理平衡点被颠覆了以后会形成新的平衡点，当这个平衡点再被颠覆了的时候，这个颠覆就不是对前一个颠覆的简单重复，而是在新的平衡点上颠覆了新的道德观和价值观”①。

短篇小说《害羞》，表现出陈忠实已经清醒地认识到了在80年代中后期的商品经济大潮中，一种以经济利益为核心的文化价值观给中国传统的文化心理结构带来了巨大的冲击。将要退休的王老师以卖冰棍为副业，想在全民皆商的大潮中赚点钱。却没有想到学生何小毛为了帮他卖冰棍，偷偷世故地鼓动大家。一个才三年级的孩子的心理已经这样的世故，让王老师内心胆颤，不禁发问：“其实何止小孩子！难道在我，在你们，在我们学校，在我们整个社会里，不是应该保存一点可爱的害羞心理吗？”② 陈忠实表现文化心理结构的作品还有《山洪》《石狮子》《失重》《轱辘子客》

① 陈忠实：《梅花香自苦寒来：陈忠实自述人生路》，华中科技大学出版社，2013年，第120页。

② 陈忠实：《陈忠实短篇小说选萃》，西安出版社，1993年，第299页。

《舔碗》等等。通过这些作品，“他像审慎的心理医生一样对人物的心理冲突进行深入而精细的解析，揭示出隐含在人物的心理结构中的文化冲突，描绘出一幅幅在现代社会的商品价值观念冲击下传统中国人的精神失重和价值倾斜的心理图景”①。20 世纪 80 年代，陈忠实的短篇小说和中篇小说的创作探索，让他经历了一次次的心灵与精神的自我剥离。这种由生活深入生命的体验让他对艺术世界充满了向往，进一步激发了他的文学创作欲望。

经历了长期的文学创作经验的积淀、生活的丰富积累和心灵一次次“精神剥离”，一部凝聚着陈忠实个人生命体验、独特精神探索和时代文化心理结构的文学经典，已经呼之欲出了。

三、“寄情白鹿，叩问人生”的民族精魂书写

1990 年代初长篇小说《白鹿原》的出版，在文学界引起轩然大波。之后，该书在稍作修改后，荣获“第四届茅盾文学奖”。这是一部描绘关中大地 50 年风云变迁的传奇史诗，在关中古老的大地上，在触目惊心、交错缠结的时代变动中，描绘着中国乡村和乡村人民涅槃与重生的历史画卷。在谈到《白鹿原》创作的时候，陈忠实说：“我要为自己死的时候找一个枕头，与别人没有关系，完全是出于我对于文学创作的热爱，包括我个人的生命意义、心理满足。”② 在小说《白鹿原》中，陈忠实刻画了在困顿苦难中仍秉持仁义的族长白嘉轩、家族压抑下心灵扭曲的白孝文、勤劳朴实的仁义长工鹿三、决绝抗争的长工之子黑娃、善于权术阴谋的乡绅鹿子

① 李遇春：《陈忠实小说创作流变论——寻找属于自己的叙述》，《文学评论》2010 年第 1 期。

② 陈忠实：《梅花香自苦寒来：陈忠实自述人生路》，华中科技大学出版社，2013 年，第 69 页。

霖、徘徊在压迫与抗争之间的悲剧田小娥等一系列生动人物形象。《白鹿原》以新历史主义创作理念，创作了以往的中国当代文学史上被遮蔽和被压抑的“乡贤”“仁义地主”等乡土中国世界人物形象，丰富了中国当代文学史的人物形象画廊，描绘出了百年来中国人内心世界的复杂挣扎、裂变与新生。

乡绅与地主作为历史中的一个独特社会阶层，成为当代文学中一个非常重要的文本叙述对象。乡绅与地主在不同的时期、不同的文学作品中，有着不同类型的存在。鲁迅《阿Q正传》中的赵老太爷“未进秀才的时候，准其点灯读文章；其二，便是阿Q来做短工的时候，准其点灯舂米……所以阿Q在动手舂米之前，还坐在厨房里吸旱烟”[①]。《祝福》中的鲁四老爷是“一个讲理学的老监生……一见面是寒暄……说我‘胖了’之后即大骂新党”[②]。20世纪初文学作品中的地主形象，多是一种封建落后的代表，与劳苦大众存在非常尖锐的社会矛盾。事实上，地主“恶霸化”、乡绅“劣绅化”，并非从解放区文学时期开始。而早在晚清，随着科举制的废除，乡土中国传统的“乡贤文化”就已经受到了极大的侵蚀。尤其是随着现代化步伐的加快，人才、物力、文化等各种资源都开始向城市聚集，乡村乡贤文化逐渐萎缩，向“权绅”“官绅”和“劣绅”化转变。“打倒土豪劣绅”早在20年代就已经成为农民运动的有力口号。当然，乡村地主的形象在解放区文学中逐渐成为剥削压迫劳苦大众的代名词并贬义化。《白毛女》中的黄世仁、《红色娘子军》中的南霸天等，这一类地主都是无产阶级斗争的对象，是劳苦大众的仇人。

当代学者高王凌研究发现，中国北方和南方的租佃关系是有

① 鲁迅：《阿Q正传》，选自《呐喊》，北京燕山出版社，2004年，第62页。

② 鲁迅：《祝福》，选自《彷徨》，北京燕山出版社，2004年，第109页。

较大差异的。黄仁宇在他的历史著作中说,关中除了一些罪大恶极的"恶霸"之外,一些自耕农出身的小地主与农民的差别并不大。陈忠实在《白鹿原》中对族长白嘉轩的形象刻画,则是打破了传统的地主、乡绅形象。在《白鹿原》中,白嘉轩是受人尊敬的一族之长,具有良好的品质,是传统道德规训的代言人和发声筒,是秉承了诗书传家、仁义道德等传统儒家文化思想的、在乡土民间世界德高望重的"乡贤"。白嘉轩勤俭持家,靠着聪明才智和吃苦耐劳挣下了一份大的家业。对待乡邻,他光明磊落、宽厚待人。在交农事件中,"他对他们的苦楚的家人并不表示特别的热情,只是冷冷的重复着同一句话'我马上到县府去投案,我一定把他们换回来'"①;对待自家的长工鹿三情同手足,坦诚交心,"鹿三回到白鹿村,白嘉轩在街门口迎接他,深深地向他鞠了一躬:'三哥,你是人!'"② 白嘉轩作为一族之长,在历次的运动中,经历了被斗争、丧妻之痛、被撞断腰等苦难,但依然不肯弯下他那内心坚挺的脊梁,那么直那么硬。他凭借着他的高尚品德和人格魅力屹立在白鹿村中,体现并践行着儒学的规范与精神。他请教朱先生,建立村规民约,以此来更好地发展白鹿村,并不是靠着压迫与剥削。"白嘉轩所代表的是一个应当早就退出历史舞台的阶级,但随着这个阶级的被推翻,他们的不少道德、思想、哲学主张等却显示了确定无疑的价值。这种价值与其说是属于封建阶级的,不如说是属于整个中华民族的"③。

陈忠实对于黑娃、鹿兆鹏、白灵、田小娥等新一代年轻人的描

① 陈忠实:《白鹿原》,作家出版社,2006 年,第 70 页。

② 陈忠实:《白鹿原》,作家出版社,2006 年,第 69 页。

③ 费秉勋:《谈白嘉轩》,人民文学出版社编辑部编《〈白鹿原〉评论集》,人民文学出版社,2000 年,第 262—268 页。

写，也体现着他独特的文学形象塑造方式。不同于前辈，他们是新一代的青年，有着更加明显的自主与自我意识。他们对于传统束缚的冲破是坚定的，他们对于自我的追寻是明确的。黑娃是一个天生的叛逆者，由着自己的性子，不接受白嘉轩安排的读书机会，远赴外地做长工；带回田小娥被逐出村庄，也仍不低头，宁愿住在破窑洞中；在白鹿原上搅起"风卷雪"，砸毁乡约碑，砸断白嘉轩的腰，拉杆子上山当土匪；后来招安修儒学，依旧是爱憎分明，不愿意与土豪劣绅混在一起。黑娃作为反叛者，力图活出最本真的自我，但是却走不出欲望和自我的泥淖。

共产党人鹿兆鹏则是作者理想化的反抗状态下建构的现代人格的存在。他接受了五四文化的洗礼，挣脱了与鹿冷氏无爱的婚姻，冲破了封建的家庭束缚，追求新思想的解放，加入了无产阶级的革命斗争之中。他由一个乡绅的儿子变身为坚贞的无产阶级战士。陈忠实也将他塑造成一个成熟的共产党员，但是也因为人物的理想化描写而略显苍白。同样是共产党员的白灵，和鹿兆鹏相似，执着地追求着自己的理想，勇于冲破黑暗的牢笼。她一直有着自己明确的主意，走的每一步都是在抗争，实现自己的价值与意义：读洋学，挖墙逃跑摆脱父亲安排的婚姻，与鹿兆海私定终身；在看清了国民党的本质的时候，又为了共产党，断绝了与国民党员鹿兆海的关系。即使在最后内部肃反中被活埋的时候，白灵依然是她自己，依然正气凛然，如盛开的冰山雪莲，闪烁着逼人的英气。

如果说白灵是从白家走出的不服安逸的抗争者，是闪耀着仙光与英气的雪山白莲；田小娥则是从抗争中挣扎求生存的悲惨斗士，是一朵最为艳丽的罂粟花。田小娥寻求着自我的解放，这种源于生命、生存的意志的抗争不仅是一种本能的争取，也是一种有自我解放意识的追求。陈忠实笔下的田小娥是一个敢于释放自己情欲的女人，也是被赋予性描写最多的人物形象。为了更好地表现田小娥，释放天性的性描写是必不可少的。但是性描写在中国文学中都是一种隐晦的描写，在陈忠实的作品中更是少有出现。陈忠实说："克服这种心理障碍，坚持按原先构想写完作品的主导因素便是这部作品的主旨，这是重要的一个部分而不能或缺。另外，就是前述的那些县志上数以千计的贞妇烈女。中国在走向现代文明的同时，其中也仍然有一个性文明的问题。这样，我就获得了撕开写的勇气。"① 从一开始作为郭举人的养生工具，到与黑娃结合，再后来勾引白孝文以及身陷鹿子霖，田小娥真的是个荡妇么？不是的。她在某种意义上像白灵一样，也是有着自己的独立主体意识。对黑娃，田小娥不计名利，只求与相爱的人厮守终生，表现着一个真情女子的侠骨柔肠；对狡诈的鹿子霖，她尿了他一脸，发泄着她内心的鄙夷与愤恨。最后被自己的公公鹿三用梭镖刺死，"那一瞬间，小娥猛然回过头来，双手撑在炕边，惊异而又凄婉地叫了一声：'啊……大呀。'鹿三瞧见眼前的黑暗里有两束亮的光，那是她的骤然忽闪的眼睛。"② 田小娥一直没有得到公公鹿三的承认，但是临死之际喊出的"大呀"，证明田小娥一直以鹿三为"大"。她从一开始冲破禁欲到最后被逼纵欲，最终堕落为娼妇，这不是她的本意。她只是想像别人一样过上平凡幸福的生活，可是那个时代、那个空间、那种文化，连这也得不到满足。田小娥更像是一个真实的女人，其所表现出的力量和冲击感是非常震撼的。这是陈忠实对于国人内心的叩问，也表现出在社会文化转型时期国人文化心理

① 雷达主编，李清霞选编：《陈忠实研究资料》，山东文艺出版社，2006年，第33页。

② 陈忠实：《白鹿原》，作家出版社，2006年，第230页。

与人格的精神嬗变，从中可以看见人性的深渊，听到灵魂的呐喊与生命的深切疼痛感。

在《白鹿原》中，陈忠实还刻画了一类“中间人”的形象。这类人虽然作者着墨不多，但是陈忠实通过对他们的描写将叙述视野扩展到社会的其他方面，所以他们不仅仅是为了推动故事情节的发展的棋子。每个人物的出现都是不可或缺的，是白鹿原人物谱系中的重要组成部分。白嘉轩的第七个老婆仙草，一辈子都在顺从。她顺从爹的意愿嫁给白嘉轩，却也有着自己的主意。在新婚之夜为了顺从白嘉轩，毅然“一把一个扯掉了腰带上的六个小棒槌”。她虽然也担心白嘉轩克妻的传言，但还是说出了“哪怕我明早起来就死了也心甘”① 的话。仙草是白嘉轩的贤内助。可以说如果没有仙草，就没有白嘉轩。她站在白嘉轩后边一辈子，直到被瘟疫夺去了性命。“仙草的沉静令白家主仆二人震惊慑服”②。她临死前“摸着他的手歉疚不堪地说：‘谁给你跟老三做饭呀！’”③ 唯一的愿望也是：“你把马驹跟灵灵叫回来让我看一眼……”④ 仙草是传统中国女性的代表，温柔、隐忍，也有着终其一生为白嘉轩奉献的执念。另一个人物就是冷先生。他既不是地主，也不是农民，而是一个介于两者之间的医生。为了营救女婿鹿兆鹏，他与乡约田福贤周旋。“我一辈子还没弄过二回头的事”，“冷先生坐在车厢里淡淡地说：‘我没点数儿。我向来不数钱。这几年攒的钱全端出来了。让田总乡约慢慢儿点去。’” ⑤ 他有着自己坚韧的品格和孤傲的气

① 陈忠实：《白鹿原》，作家出版社，2006 年，第 28 页。
② 陈忠实：《白鹿原》，作家出版社，2006 年，第 300 页。
③ 陈忠实：《白鹿原》，作家出版社，2006 年，第 300 页。
④ 陈忠实：《白鹿原》，作家出版社，2006 年，第 300 页。
⑤ 陈忠实：《白鹿原》，作家出版社，2006 年，第 213—214 页。

度。为了救女婿，不畏权贵，视金钱如粪土。但是他自己的女儿被鹿兆鹏冷落在家，最后和公公鹿子霖扒灰，疯掉了。他开的却是虎狼之药，没有解救女儿的意愿。一辈子冷冷地、极力地维护着自己的名声。《白鹿原》中的“文化大儒”朱先生，是百年来乡土中国本土知识分子对民族国家、地域文化危机做出文化反应和现实应对的独特人物形象，体现了陈忠实对乡土中国文化和关中历史、文明的创造性继承和理想性建构，是超越历史、现实、政治，是指向未来的，对于新世纪中国社会转型和文化重建具有重要意义和价值。

《白鹿原》书写的这些生动、鲜活、独特的人物形象，是百年来急剧变迁下中华民族文化精魂的坚守者、探索者和创造者，共同构成了一系列人物谱系，互相映衬，彼此映现，熠熠生辉。作为民族文化精魂的书写者，陈忠实通过他们展现百年中国新乡土变迁中的中国人复杂的内心世界和命运的多舛嬗变，为中国当代文学史创造了不朽的艺术经典。

结　语

作为从陕北灞河川里走出来的汉子，陈忠实创作来源于对人生的坎坷经历、关中浑厚文化的深刻理解、中外文学名家经典的启示，来源于他对文学信仰的虔诚与对艺术真谛始终不渝的精神探索，而最终发出了百年来的，乃至是几千年最有力、最沉痛的心灵呐喊，呈现出了中华民族的“集体无意识”和百年来中国人文化心理结构的深刻裂变。

陈忠实正是历经一次次精神探索后，找到了属于自己的句子、自己的语言、自己的叙述方式、自己的故事与人物形象，打通了历史与现实、自我与他者、个体与民族、时间与空间，在历史和灵魂的多重“精神剥离”与撕裂中，回归本真，肉身成道，化为当代中国的文化大儒。对于一位作家而言，一部经典足矣。

在探寻文学真谛和民族文化精魂的道路中，陈忠实将独有的关中生活体验升华为深刻的生命体验、独特的审美艺术想象，通过文学穿透历史时空，去探索人生的命运走向，以现代人的现代性身份去叩问传统文化、民族文化，为我们提供了20世纪中国社会变革中的生命体验和艺术想象，体现出了一种基于关中历史、现实和文明的文化自觉。陈忠实对民族文化精魂的探索，对百年中国历史的独特思索，对乡土中国人物世界和乡贤文化的重新体悟，为我们打开了认知传统民族文化的新视角，创造了以往文学史中被遮蔽的、被污名化的人物形象，书写了乡土中国独特、多样、复杂的"民族文化心理结构"，为21世纪中国社会转型和文化重建提供了新的精神资源和可能的文化发展路径。

如今，斯人已逝，民族文化发展的现实与未来的问题，却依然急需解决。而当今世界人们太过浮躁，作家自我认知与探索的能力有某种减弱的趋势。文学在商业化、市场化的冲击下，渐渐地向利益靠拢，向经济、权势妥协。文学神圣，还存在吗？文学，应如何更好地表现民族文化、表现人生？当代中国作家如何提高文学作品的质量，再创作出像《白鹿原》一样的经典作品？这些问题都需要我们回答。陈忠实以"关中大儒"的文化自觉所开辟的文学之路，进行心灵与精神的剥离，对民族文化心理结构和民族文化之精魂的不断探索，正是文学的正途所在，是文学的精魂所在。

第五节　莫言《生死疲劳》：当代农民主体性意识的欲望诉求与精神抗争

"在早期新文学的叙述中，尤其是以鲁迅、沈从文、废名等书写‘乡土中国’为代表的作家的想象中,‘农民’始终只是一个被动的、沉默的客体。作为叙述主体的新文学知识分子,他们未能对‘农民’的阶级归属和历史身份展开有效的追问与反思”[①]。五四新文学的追问与反思是建立在“启蒙与被启蒙的模式”之中,这类写作是有着作家写作的特定时代历史维度的。“鲁迅的乡土小说呈现为两种形态:其一是以《阿Q正传》为代表的虽然不完全排斥情感内容,但更具有积极主动批判意识的、充满着理性之光的形上之作;其二是以《故乡》、《祝福》为代表的虽然不缺乏理性的烛光,但更显消极被动批判意识的、充满着情感形式的形下之作”[②]。鲁迅的作品呈现出对传统的“乡土中国”的两种情感,即“深刻的批判”与“深刻的眷恋”的矛盾式的混合。事实上,无论是展现时代背景之下的鲁迅笔下命运多舛的阿Q、祥林嫂,还是“十七年文学”中体现农民自身主动性的小说《红旗谱》《创业史》,农民的自主性的形象或是一种受时代压迫的“哀其不幸,怒其不争”的两个极端的“被启蒙者”,或是受到强大的外力或者政治环境影响的“积极分子”,真正体现农民自身在历史的裹挟之下对自我欲望的诉求和精神抗争的自我意识却凤毛麟角。“‘十七年’的文学是感受不到‘写作主体的存在’的文学”[③],“中国当代文学创作同样陷入了五四新文学的接受困境之中,与最广大的农民群众存在着巨大隔膜。当代文学要么是不关注农民,要么是与农民格格不入;农民一方面对

① 李祖德:《“农民”叙事与革命、国家和历史主体性建构——“十七年”文学的“农民”叙事话语及其意义》,《中国现代文学研究丛刊》2011年第1期。

② 丁帆:《浅论鲁迅乡土小说中价值与审美的悖反现象》,《长江学术》2014年第4期。

③ 丁帆、王世城:《十七年文学:“人”与“自我”的失落》,河南大学出版社,1999年,第11页。

文学艺术有着巨大的精神需求，另一方面却发现没有为他们‘量身定做’的合适的文艺作品”[①]。

“忽略”“隔膜”并不等同于没有存在。无可否认，中国农民固有的自我的思维与主体性一直处于遮蔽之中。面对着各种“主义”的“启蒙”，没有话语权的他们只能被动接受，他们潜藏在灵魂中的对自我主体性追求的欲望，常常压抑在意识中的某个位置，一旦有了合适的机会便释放出来。正如贺仲明在《“农民文化小说”：乡村的自审与张望》中曾讲到的：“中国的农民文化除了绝望，它的坚韧生命力和执着文化精神也是不可忽略的，它是农民文化生存的勇气所在。”[②] 贺仲明先生所说的这种农民文化所体现出来的精神就是一种农民自身的主体性精神特征所在。

当代作家莫言以具有强烈历史感的生命经验与文学感受力，创作出了一个体现当代中国文化特色与民族精神的“东北高密乡”。他的小说从一开始的《透明的红萝卜》中灵动的黑孩，到《红高粱》中营造的那种洒脱与自由的想象境界，都体现出了他作为一个能够站在历史维度来体察农民的当代知识分子的精神视野。而他的长篇小说《生死疲劳》正是体现出了作家对中国当代农民的主体性意识的深入反思。“我觉得莫言根本不是一般地在写某个现实层面上的东西，他写的就是中国劳动人民世世代代在苦难中挣扎的这样一种生命的歌。”[③] “在我看来，《生死疲劳》无疑代表着小说写作的一种难能可贵的境界，——一种完全没有任何束缚和拘

① 张丽军：《文学何以走向农民——赵树理对新世纪文学的启示》，《文艺争鸣》2007 年第 1 期。

② 贺仲明：《“农民文化小说”：乡村的自审与张望》，《文学评论》2001 年第 3 期。

③ 陈思和：《莫言与中国当代文学》，《扬子江评论》2014 年第 5 期。

束的、随心所欲的自由境界。”① 此外，作为一直致力于中国乡土小说史研究的丁帆先生在他的《乡土小说的多元与无序格局》中也认为莫言的文学创作从《红高粱》开始就具有了“野性思维”，“一旦被打开，作家的理性便处于失控状态，它们跨出了有秩序格局的精神家园的藩篱，在清新自由的野性的旷野和荒原中呐喊着，彷徨着。诚然，这种野性思维的滥觞带来了审美的变异和新鲜感，带来了乡土小说多向度的审美渠道和文化内涵”②。总之，无论是“自由的小说”，还是“民间立场”，还是丁帆的乡土小说格局的“野性思维”，这些观点都指向了一个极为重要的核心问题，即审美想象视域下的农民主体性。“启蒙主义的真正要义，也就在于超越信念和理想的认知主体的建立。从这一意义上说，人的主体性的发现更重要于理想和信仰的启蒙”③。

莫言的小说《生死疲劳》很清晰地呈现了中国农民主体性问题的深刻思考。如果把小说中的西门闹、蓝脸、蓝千岁三个人物形象看作是农民整体参与历史过程的三种不同的思想意识的话，这三个人物恰是代表了新中国成立五十年来农民心灵深处的对精神主体性强烈的诉求与显现。无论是隐藏在内心深处压抑自我欲望通过动物来展现的西门闹，还是对土地与生命自我的执着坚守与精神抗争的蓝脸，还是对以往历史经验的重述与展望的蓝千岁，它们都表明当代中国五十年来农民在历史的发展中用自己的力量与方式积极见证、参与、融入历史的主体性意识。《生死疲劳》就是通过三种不同类型的农民来体现农民自我参与历史的不同方式和对

① 吴义勤、刘进军：《“自由”的小说——评莫言的长篇小说〈生死疲劳〉》，《山花》2006年第5期。

② 丁帆：《乡土小说的多元与无序格局》，《文学评论》1994年第3期。

③ 丁帆：《中国乡土小说史》，北京大学出版社，2007年，第369页。

历史进行的自我欲望诉求、精神抗争。

一、从人性到动物性：缺席的在场者西门闹

《生死疲劳》中农民的主体性意识体现在西门闹身上，首先是一种人性与动物性争相通过肉体来表达自我情感的双重痛苦与折磨；其次是人性欲望与动物性欲望的转换；最后是将这种潜在的不能觉察的人性欲望以动物之身释放出来而不受道德约束的自由。西门闹的转世故事是农民原始欲望与不能够实现的一种想象表达。由于时代的原因，地主并不能够再次活在历史现场，但是这种欲望并不会因为肉体的消失而消失。西门闹以五个动物的转世身份活在西门屯，亲眼见证了中国五十年的历史，并用动物的身份做出了很多惊天动地的事情，因为他同时拥有了人性与动物性的双重特质。他的人性的原始表达就是历史遗留下来的暴力"复仇"，他的动物性则通过动物的欲望传达出来。尽管以动物的形式活在人间并非西门闹的本意，但是这种强烈的原始欲望是不能够活生生地被表达出来的，这是一种隐藏在农民精神深处的欲望诉求。

小说中第一世讲了西门驴的故事。西门驴这一世是西门闹最难以适应的阶段。他经历着人与驴的双重精神意识的分裂与折磨。一方面是他极力想让自己成为一个回来的西门闹，但是他的肉身却已经成为了一头驴，他的"冤情"与"控诉"根本无法实现，同时他又必须面临着身为驴的各种动物性的贪欲。西门驴的这种折磨更来自于他一方面要不断地回忆起自己的土改痛苦经历：见证农村合作社所带给他的各种肉体与精神的打击。西门闹不断地"喊冤"。他认为自己是那么地乐施好善，最终却落得了这样的一个下场。他的心中充满了"仇欲"，但是他压抑着这种欲望，并且通过驴的方式转化成为"爱"而斗的"性欲"，即他作为一头驴竟然能

够打败饿狼。但是驴的这种“壮举”成果却被其他人窃取，最终无果。这也反映出了西门闹的这种原始欲望的受打压与失败。这一世的欲望对于西门闹来讲，是不共戴天的“仇欲”通过肆意妄为的“性欲”和智勇双全“斗饿狼”来释放的。西门闹在被土改成员枪毙之后，他的灵魂并不能够接受这样的安排，而是极力地抗争着被随意安置的命运。

在西门牛这一世中，相比较西门驴则体现了牛的特点：踏实，稳重。西门牛的欲望通过一种对土地的执拗坚守传达出来。西门牛拥有高超的耕地技巧，它能够丝毫不差地把单干户蓝脸的土地耕得很好。他对人民公社化运动、对狂热的“文化大革命”保持着一种冷淡，把更多的精力放在了对土地的依恋与倾听中。面对着自己的儿子西门金龙的肆意伤害，他选择了一种父亲对儿子般的忍耐。西门牛的死更是体现出了潜藏在农民自我意识中的主体性的追寻。“西门牛，你抖抖颤颤的地站立起来，你肩上没有套索、鼻孔里没有铜环、脖子上没有绳索，你作为一头完全摆脱了人类奴役羁绊的自由之牛站立起来。你艰难的往前走，四肢软弱，支撑不住身体，你的身体摇摇晃晃，你的被撕裂的鼻子滴着蓝色的血、黑色的血汇集到你的肚皮上……是一种伟大的信念在支撑着你，是精神在行走，是理念在行走……牛走出了人民公社的土地，走进全中国唯一的单干户蓝脸那一亩六分地里，然后，像一堵墙壁，沉重的倒下了。”① 也许此种壮举只能是西门牛所为。因为狂热的“文化大革命”时代里，西门牛能够保持着一种理智与清醒，同时又有一种忍耐与坚韧，这种动物身上的“牛性”与那个时代狂热的民众形成了鲜明的对比。

① 莫言：《生死疲劳》，作家出版社，2013 年，第 19 页。

到了第三世西门猪，是另一种更为酣畅淋漓的自我欲望的表达。西门猪的一生经历了两个重要的分界点，也就是“文革”的结束与改革开放的开始。这两个截然不同的历史时代使得西门猪有着不同的参与历史、进入历史的姿态。西门猪有一个特技就是能够上树，这使它获得了更为开阔的视野，看到了隐藏在社会表面的不为人知的历史，通过猪的各种所见所闻来展现时代历史对农民的影响。这种独特的视野让西门猪有了一种极为理性与正义的特质。这是潜藏在中国农民身上的一种“天理”意识。西门猪在这两种不同的时代变革中，经历了不同的社会变迁。如果说第一世与第二世是西门闹必须依靠着蓝脸而存在，那么到了第三世西门猪则基本上完全独立于西门屯。尽管他仍然没有摆脱猪的特性，但是他能够独当一面，有着自己独特的思想，甚至自己的超强感受力与洞察力，让他变得更为理智与洒脱。西门猪在两个时代的关键点上暂时离开了西门屯，带领着整个猪群，开创出了一个阵势浩大的猪王国，而且自己也当上了猪大王。这正是体现出了作为“本我”的西门闹，虽然作为人缺席了整个历史进程，但是他却用着另外一种方式，如火如荼地进行着自我内心深处的最为潇洒恣意的审美的乌托邦想象。

西门猪的“壮举”正是中国农民通过一种审美的乌托邦的方式抽象地表达出来的。“文革”时期的自然灾害使得猪面临粮食的短缺，但是西门猪却通过另外一个视角看到了自己吃的猪饲料的真相：“金龙下令把猪的尸体变成猪的粮食……我承认，对猪这种相对愚蠢的动物来说，食自己的同类，算不了什么惊心动魄之事，但对我这样一颗奇异的灵魂，就产生了许多痛苦联想。但求生的本能很快便抵消了精神的痛苦。其实我是自寻烦恼：如果我是一个人，那么人食猪肉天经地义；如果我是一头猪，那么别的猪吃起同类尸体来津津有味，我有什么孙子可装？吃吧，闭眼吃吧……1973年春天，大批的饲料粮食调拨下来，杏园猪场恢复了生机。在此之前，六百余头沂蒙山猪，化成了蛋白质、维生素以及其他各种维持生命必须的物质，延续了四百头猪的生命。让我们集体嚎叫三分钟，向这些悲壮牺牲的英雄们致敬！”①猪吃猪才能够活下来，在那个时代也是一种无奈之举，但人又何尝不是在互相伤害着同类?！鲁迅在《狂人日记》中讲到自己又何尝不是在不经意之间吃着自己的亲妹妹的肉。西门猪用自己的动物性表达出了内心深处的作为一个人要参与到历史中的强烈愿望。“蓝脸用他的顽固不化使自己卓然不群，我公猪十六，也要用我的大智大勇和超常体能，干出惊天动地之事，以猪的形体，挤进人的历史。”②这是隐藏在西门猪精神深处的最伟大宣言！

经历了一场大瘟疫之后，西门猪带领着众猪们去了一个名叫吴家沙嘴的河心洲。在那里，西门猪称了王，这是农民深处一种欲望的再次膨胀，当西门猪回到高密乡思旧探故里的时候，他发现整个社会环境完全变了，“生产大队已经土崩瓦解，人民公社已经名存实亡。农村改革已进入分田到户阶段。蓝脸土地两侧的土地，已经分到了个人名下，植桑还是种粮，完全由个人做主”③。

在农民推崇的“革命与反叛”的潜意识中，有一种来自于农民们内心的那种善良。农民的“本我”，除了对“反抗”“自我主体性的追求”之外，还有与之相对的个体的“同情与关爱”。他们能够本能地救助他人、保护着自己的下一代，甚至不惜牺牲掉自己的生

① 莫言：《生死疲劳》，作家出版社，2013年，第270页。
② 莫言：《生死疲劳》，作家出版社，2013年，第306页。
③ 莫言：《生死疲劳》，作家出版社，2013年，第348页。

命。这种“同情与关爱”也是一种欲望的表达,只不过这种欲望是一种善欲。这体现出了农民们本我的另一面。小说中西门猪发现孩子们在河边玩耍,不小心掉到了水里的时候,他奋不顾身地跳到了河里去救孩子,“我此时不是猪,我是一个人,不是什么英雄,就是一个心地善良、见义勇为的人”,“我把这孩子,已经窒息的孩子勉强的推上冰面。一片血红中我看到,那些人,有金龙,有互助,有合作,有蓝脸,还有许多……都像血人一样,那么红,手持着长竿、绳子、铁钩子,拥上前来,他们在冰面上爬着,向孩子靠拢……真聪明,好人们,我此时对他们心怀感激,连那些整治过我的人都感激”。这感人的场景与之前的人吃人形成了鲜明的对比。西门猪在临死的一刻也看到了人世间温情的一面,这也许是他这一世中最美的礼物:用爱来化解精神深处的欲望远比仇恨要好得多。

西门狗的这一世就比较平缓,大多是从狗的视角来看自己的儿孙一代在时代浪潮之下的各种变化。西门狗是县城狗协会的会长,他依然能够洞穿一切世事,作为一只狗的他履行了看家、给主人蓝开放引路上学的职责,作为人的他则是用一种独特的视角看待自己的儿孙在多变而复杂的社会环境影响下的种种变化,不管是西门金龙与自己情妇开发的西门屯的“文革”旅游馆,还是作为国家干部的蓝解放与庞春苗奋不顾身的爱恋,这一切都让西门狗有了一种更为理性的看法,没有了西门驴的狂躁、西门牛的执拗、西门猪的洒脱,西门狗更多的是一种知天命的生命自觉。

西门狗这一世的欲望开始逐渐地减小,他不再将欲望作为一种复仇的工具,而是逐渐地以一种平和的心态看待整个西门屯,看待周围社会的急剧变化。“我已经感觉到,我狗小四管领风骚的时代已经结束,一个新的时代,一个充满了刺激和狂想的时代已经开始。狗的世界如此，人的世界大致相同。”① 西门狗的一世表现出了消费时代的农民欲望与现代转型。即农民身份的转变，不再是仅仅依靠着土地生存，对土地有了一种消费心理，农民的伦理观念也发生了变化：追求自我的爱情，不再受到原来婚姻的限制。这一切与前三世形成了鲜明的对比。西门狗的死也是一种宗教般的神圣。“我走到自己的墓圹前，跳下去，沉下去，一直沉到那座灯光辉煌的蓝色宫殿中”②。西门狗的死是一种灵魂的救赎，当西门闹第五代转世西门猴的时候，西门猴更多的是作为一个从猴到人的过渡。他只有两年的生命，由于蓝开放不能接受自己的爱人庞凤凰是西门金龙的女儿而开枪打死西门猴。整个动物的生死链条由此结束。作为农民的本我的欲望就此告一段落。从西门闹到西门驴、西门牛、西门猪、西门狗、西门猴五十年的投胎转世，让西门闹的仇恨意识也逐渐地减弱直至消失。也让西门闹的欲望由恶性变为良性。张旭东认为：“从小说中可以看到，西门闹的六次轮回过程，是‘人’的意识越来越淡的过程，刚开始变驴的时候，‘人’的意识非常强，到了‘牛’这里就稍微淡一些，或许变‘猪’的时候恰巧是‘人’和‘动物’的意识各占一半，非人非猪，半人半猪。”③ 如果从农民的主体性意识角度理解的话，这也许不仅是一个人性减弱或者动物性增强的过程，更是一个人性借助于动物性来体现人性的过程。因为小说的最终还是体现人性，而且是体现人的尤其是农民的潜意识的自主性。有些历史恰是人看不到的，只有动物可以在现场看到，而且不受人的避讳和限制。

---

① 莫言：《生死疲劳》，作家出版社，2013 年，第 511 页。

② 莫言：《生死疲劳》，作家出版社，2012 年，第 544 页。

③ 张旭东：《作为历史遗忘之载体的生命和土地—解读莫言的〈生死疲劳〉》，《现代中文学刊》2012 年第 6 期。

西门闹的五次转世表明,农民的欲望诉求是伴随着时代而来的历史产物。在不同的社会时代,农民也有着不同的潜意识与欲望。这种体现在农民身上的本我的欲望的表达恰是体现出了农民灵魂深处对自我主体性的追逐与释放。

二、从坚守到捍卫:在场的缺席者蓝脸

《生死疲劳》中的蓝脸就是五十年来中国农民自我意识的真实写照。事实上,几千年来,农民的愿望很简单,就是能够拥有土地,在赖以生存的土地上种粮吃饭从而拥有衣食保暖、平稳安定的生活。但长期以来的历史社会上的各种战乱、烧杀抢掠,让农民饱受了生活的艰难与困苦。农民因此无法享受这种简单的安宁生活,甚至"天下太平"都成了农民心中的无法实现的乌托邦。农民不得不为了自己的土地而进行各种斗争。无论是解放以来的土地改革、土地合作化运动、人民公社化运动、"大跃进""文化大革命",还是改革开放以来的种种土地政策,都在某种程度上掺杂了太多的政治因素,农民被动地成为时代浪潮下的沉淀物,并不能够真正地作为一个真实的被尊重的个体站在历史的现场,见证历史,参与历史,融入历史。在历史的长河中,农民往往成为了被往前驱使的泥沙,无力,松散,微不足道。但依然有这样的一些农民,并未像众多被河流引导而冲刷的泥沙一样,随波逐流,有时他们也会形成一股强大的力量,用自己的坚定的信念,用自己的强大的精神守护着自己对土地的信仰。《生死疲劳》中的蓝脸,就是这样守护自己的土地的普通农民,他用自己的行动守望着自己对自由土地的信仰。但同时,蓝脸身上还有一个符号:"全中国唯一一个单干户。"这在那个时代并不是一个光荣的称号,而是与广大"人民"相对立的异类,是阻碍中国社会发展的"绊脚石"。蓝脸的行为成为了轰动一

时的新闻,他因此也遭受到了一些非人的折磨与精神压力。但是即便是面对着这样的情形,蓝脸并没有退缩,他依然坚持着自我的信念,他去上访,去寻找帮助,他依然认为毛主席是倡导大家入社,并不是强制入社,既然入社是自由的,蓝脸就有自己的权利不入社。表面上看是入社与不入社的区别,实际上正是对自由的选择的问题。由于时代的原因,全体农民陷入了狂热的“集体无意识”之中,有几个能够保持着清醒的头脑,知道自我作为一个个体,身上是有着可以保持自我独立性的一个真正的“人”?蓝脸就是这样的能够有着自我主体性的农民个体。尽管他只是一个被人收养的长工,他并没有强烈的要“出人头地”的思想,他只是将目光放到了属于自己的土地上,为着这块土地,他可以做出任何事情。他守护这个一亩六分的土地实际上是在守护着自己作为一个农民、作为一个人应该守护的自由。有多少农民在外在环境的强大压力之下放弃了自我,委曲求全地追随着强大的政治“旋风”随波逐流?有多少农民从来没有思考过自己与土地的关系?有多少农民没有想到自己作为一个个体所具有的应得的权利与义务?蓝脸做到了。

当蓝脸被逼入社的时候,蓝脸讲到:“但毛泽东的命令是入社自愿,退社自由,他们凭什么强逼我?他们的官职,难道比毛泽东还大吗?我就是不服这口气,我就要用我的实际行动,试验一下毛泽东说话算数不算数。”① 事实上,在当时的社会环境中,有多少农民敢“以身试法”?有多少农民能够静下心来真正地反思一下我们的土地与国家?如果当时多一些像蓝脸一样的农民,也许中国的历史上就会少一些流血牺牲了。蓝脸并不是一个反对社会发展的

① 莫言:《生死疲劳》,作家出版社,2013 年,第 109 页。

农民，相反他是一个内心非常关心土地的农民。“我不反共产党，更不反毛主席，我也不反人民公社，不反集体化，我就是喜欢一个人单干。天下乌鸦都是黑的，为什么不能有只白的？我就是一只白乌鸦。”① 蓝脸讲到自己愿意做一只白乌鸦，并不是要刻意的求新，而是他看到了隐藏在中国社会的巨大的威胁与恐惧，他看到了土地的危机，当所有人都像《皇帝的新衣》故事中说皇帝穿着世界上最美的衣服的时候，蓝脸愿意做那个说实话的小孩子。因为，社会的进步与发展是要靠着每一位公民脚踏实地的辛勤劳动得来的，而不是靠着谎言与自欺欺人来实现的。蓝脸恰是勇敢地迈出了敢于说实话、敢于追求自我的第一步。

虽然蓝脸的这种行为受到了巨大的外界压力，蓝脸自身也遭受了非人的痛苦，但他用自己的方式守护着土地，恪守了一个普通农民对自由、民主的坚定追求。解放后尤其是人民公社化运动、“大跃进”“文化大革命”运动实际上都是对农民的这种自我主体性的破坏。没有了这种自我的主体性，农民便丧失了对土地的依赖与信任，农民成为了政治社会环境斗争的个体。蓝脸没有随波逐流，蓝脸的精神可以用小说中的话语来体现：“蓝脸的一亩六分地，依然顽强地表现着个性，在两边桃林的夹峙下，地里那些庄稼显得既弱小又倔强。他种植的竟然是几近绝迹的一种庄稼，这是䅟子，抗旱抗涝耐贫瘠，其生命力之顽强不逊野草。在人们饱食肥餍的时代，这种粗糙的粮食，也许会成为救命的良药。”② 蓝脸的行为在时间的见证之下得到了认可，他对于土地的坚守使得他获得了灵魂的安宁与生命的皈依。正如评论家樊星所说：“在思想解

① 莫言：《生死疲劳》，作家出版社，2013 年，第 305 页。

② 莫言：《生死疲劳》，作家出版社，2013 年，第 470 页。

放、物欲横流的当代,人们在世俗化浪潮中活得越来越本真,也很能说明问题。中国人,其实从来都是很有主见,也很能固执己见的。虽然,这同时也意味着有些与生俱来的‘劣根性’痼疾难除。当我们惊叹于农民们在政治风暴中顽强保留了自己的心性时,我们也不能不为他们能够把那些历史遗留的痼疾保留得那么长久而长叹。社会在变,人心也在变。可尽管有了千变万化,仍然有许多‘农民性’岿然不变。这不能不说是文化的奇迹。”①

因此,蓝脸的形象是中国农民参与历史的“自我”外现,是农民对自由土地与自主生存的坚定守望。从土地合作化到人民公社、“文化大革命”再到改革开放以来,蓝脸一直坚守自己的内心与思想,他对自己的所作所为的影响后果都非常地清楚。但是,单干并不是一种求异心理也不是一种简单的偏执,而是一种农民自我主体性的张扬。从某种程度上讲,固然他一直在场,但蓝脸是缺席于历史现场的。缺席有时也是参与历史的另一种方式。因此,农民虽然站立在历史的现场,并不是全部地依附于政治,而是以自己的实际行动坚持了自己对民族、国家、历史、土地的信仰。这正彰显出了农民自我主体性与高尚的人格。这种人格不是一天塑造的,而是几千年来祖先流传下来的伟大精神,是不屈服于任何社会、脱离了时代限制的一种精神。因此,蓝脸的缺席并不是与历史背道而驰,而是丰富了历史的多样性,同时更展现出一个普通农民的自我人格追寻。如蓝解放所说的那样:“从 1967 年至 1981 年,我爹那一亩六分地,像一枚眼中钉,如一根肉中刺,插在人民公社广阔的土地中央。我爹的存在,既荒诞,又庄严;既令人可怜,又让人尊重。”蓝脸用自己的实际行动彰显了中国农民的一种新型的道

① 樊星:《当代文学中的“农民性”问题》,《文史哲》2009 年第 6 期。

德力量。这种力量正是现代中国的一个缩影。

蓝脸坚持单干、缺席于历史现场，并不是要与历史背道而驰，也不是单纯地反抗，他对国家民族的爱同样不低于对土地的爱。当得知了毛主席逝世消息时，蓝脸没有流泪，但是并不代表他对毛主席没有感情；"他死了，我还要活下去。地里的谷子该割了……最爱毛主席的其实是我，不是你们这些孙子。"之后，"蓝脸以手捶地，嚎啕大哭：'毛主席啊，我也是您的子民啊，我的土地是您分给我的啊，我单干，是您给我的权利啊！'"[①] 这就是蓝脸。他虽是一位普通的农民，却也想用自己的方式在民族国家的历史中，捍卫"自由"，表达着自己内心深处的爱。

"到本书的最后，蓝脸和西门狗，以及西门—蓝氏家族和与这个家族亲近的所有死者，都葬在蓝脸一生独自耕耘的'那一亩六分、犹如黄金铸成的土地'上。是什么珍贵的事物，使那土地'犹如黄金'？是何种决然的愿望，使那里成为共同的归宿？至此，蓝脸这个现当代中国小说里前所未见的形象，得以勾画完成。他是一个以永不屈服地捍卫私产权来反对被设置的生活、捍卫'自我'之根基的倔强农民，他强韧的行动力与意志力，他的'独立本身即是目的'的尊严意识和个体自觉，彰显了中国文学从未赋予此一阶层的一种新型道德。"[②] 在这片土地上，似乎像蓝脸脸上的蓝色印记一般，提醒着人们不要忘记苦难，不要丢掉祖先用生命捍卫的自由精神。莫言曾饱含忧患地说："农民这次逃离土地有很深的悲剧性。我是被饿怕了的人，我总是感觉到饥饿岁月会重新出现，但是问题怎么解决我也不知道。农民跟土地这种深厚感情的丧失是一

① 莫言：《生死疲劳》，作家出版社，2013年，第334页。

② 李静：《不驯的疆土——论莫言》，《当代作家评论》2006年第6期。

个凶兆，如果没有热爱土地的农民，我觉得国家的发展是没有稳固基础的。”① 不管时代如何变迁，不变的永远是人们心中的那种坚定的信念和对自我主体性的不断追求。这种精神不会因为物质利益而改变，不会因为生活困顿而改变，是一种永恒不变的民族精神。

三、从结束到开端：重述历史者蓝千岁

《生死疲劳》中的蓝千岁虽然着墨不多，但是他却贯穿了整个故事的始终。蓝千岁实际上是西门闹的一个最终的投胎转世，但是他也是一个独特的存在，它的独特性体现在他能够清晰地叙述整个五十年来发生的历史，也能够作为一个新型的中国农民的原型。他的身上寄托了几代中国农民奋斗的愿景。

蓝千岁身上所具有的惊人的记忆力与重述历史的超能力正是农民内心深处对历史的一种展望，即幻想着一种理想的方式参与到历史进程之中，成为历史的主宰，掌握历史的发展脉络。这正是体现出了农民身上的那种主体性意识。如果西门闹是潜藏在农民身上的那种无法言喻的主体性的意识，蓝脸是作为一个真实的个体在巨大的历史洪流中抵抗外在压力孤独的、坚守自我的农民个体，那么蓝千岁恰是这两种本我与自我的复合体，它既有着农民要参与到历史发展之中的自我诉求，也有着回望历史、诉说历史经验的强烈反思心态，更体现出了农民在追寻自我主体性的过程之中的对自我的完美展望与追寻。这是一种展现在农民内心深处的“超我式的展望”。显然这种“超我”的形象有些理想化，可以说是潜藏在农民内心的一个完美的“幻象”，但至少可以表明中国五十年来，中国农民在经历了生与死的搏斗之后对历史的一种回顾与

---

① 张英：《莫言：我是被饿怕了的人》，2006 年 4 月 20 日《南方周末》。

反思，而能够站出来诉说“真实的发生的历史”，更是一种强大的主体性精神的显现。

蓝千岁的身上虽然寄托了无限的希望，但他自身却有着永远无法治愈的痼疾。小说《生死疲劳》中蓝千岁生来就有怪病，百药无效，任其死去，只能靠着祖母黄互助“拔下自己的头发，炙成灰烬，用牛奶调匀喂他，同时也撒在他的出血之处。但这种病不能根治，只能救一时之急”[①]。这又是对中国当代农民的巨大隐喻。改革开放以来，中国的整体实力都得到了巨大的提升，农民的生活水平也有了一个显著的提高，但是这种物质的提升并不是与精神的提升相一致的，当代中国农民身上依然存在着由于历史原因或者文化原因造成的疑难杂症，就如蓝千岁的这个病因不明的血友病一样，农民身上的太多的隐性疾病虽然暂时并没有给中国的当代社会造成困境，但并不是代表着一切都健康无恙。这种潜藏在中国社会的痼疾一旦有了合适的时机必然会卷土重来。我们当然不希望中国社会再次遭受到任何的“人为风暴”。任何的暴力“革命”必然会带来流血与牺牲，最终受到伤害的还是中国的普通百姓。蓝千岁的病表面上看没有什么大的问题，但是依然存在着巨大的隐患，不得不引起我们的重视。

蓝千岁的病因从他的血缘关系就可得知：他的父亲与母亲是蓝开放与庞凤凰。他是一个近亲结婚的产物。如据此追踪一下蓝千岁的父母以及上一代的血缘关系，我们便可以很清楚地看到：蓝开放的父母是蓝解放和黄合作；庞凤凰的父母是西门金龙和庞抗美。蓝解放的父母是单干户蓝脸和迎春；黄合作的父母是民兵、生产队队长黄瞳和吴秋香；西门金龙的父母是地主西门闹和迎春；庞

① 莫言：《生死疲劳》，作家出版社，2013 年，第 571 页。

抗美的父母是志愿军英雄庞虎和王乐云。也就是说蓝千岁的身上流淌着单干户、民兵生产队队长、地主、志愿军英雄以及改革开放以来的县长、贪污书记、大老板的血。从某种程度上讲，蓝千岁实际上也是当代中国五十年以来的所有的人物的一个后代。他是一个非常复杂的、凝结了中国五十年所有的类型的人物基因的综合体。当这样的一个生命的结晶出现在中国当代社会中的时候，我们也不会怀疑他作为一个孩童讲述中国五十年的历史的真实性，在某种程度上，他的确是真正地"见证了"中国的历史。他讲述的历史就具有了可信性。

同时，小说中众多的血液基因成分掺杂在一起，使得蓝千岁既是一个聪明智者，又是一个生命岌岌可危的小孩。一方面多种实际上不相容的血液混杂在一起共同地运行，让一个孩子健康成长，可见其难度是非常大的；另一方面，多种基因的混杂，又使得蓝千岁变成了一个脑袋奇大无比、聪明伶俐的"神童"。这是一个复杂的产物，他的利与弊是缠绕在一起根本无法分离的。也许最理想的状态就是让蓝千岁体内的混杂的血液能够共同运转，这是保证蓝千岁的生命最好的方法。

小说中蓝千岁的生命就与互助的头发紧密地联系在一起。"发在而活，发亡而死……这孩子生来就不同寻常。他身体瘦小，脑袋奇大，有极强的记忆力和天才的语言能力。"① 因此，蓝千岁是一个复杂的历史"产物"，他的超能力正是农民身上的那种人格最高层的、道德化的超我形象。他是一种理想化的状态，他能够非常理性地讲述历史，无所不知。

事实上，蓝千岁的身上被给予了太多的隐喻。五十年来，中国

---

① 莫言：《生死疲劳》，作家出版社，2013 年，第 571 页。

的“阶级斗争”让同样的中国人分成了帮派,互相仇恨,甚至都能够不顾人性,更不要说亲情与友情爱情了。时代的发展,让中国人重新地走到了一起,成为了一个新的结合体。正如作者在小说中所写到的那样:“这是一个自然降生的世纪婴儿。同一时刻,县医院也有两个世纪婴儿诞生,但他们是产科医生剖开产妇的肚皮掏出来的。”作为唯一一个在新年里顺产生出来的孩子,蓝千岁无疑有了一种历史自然性。这种自然性表明了五十年来的中国历史并不是偶然性使然,而是一种偶然与必然的结合。这种自然性是历史的产物,夹杂了太多中国人尤其是中国农民身上的因素。历史以蓝千岁的出生开始了一个新的轮回。而蓝千岁身上所流淌的这些基因恰是五十年来的中国的一种精神隐喻。在消费时代的当下,农民与土地、农民与历史的关系似乎像西门闹的几个动物转世一样,与土地的关系越来越远,农民的身份与精神境遇也逐渐在时代的变化下发生微妙的变化。唯一不变的就是作者赋予了蓝千岁讲述真实历史的超能力和惊人的记忆力,这充分说明了中国农民的内心深处依然希望着能够正视真实历史,反观真实历史,敢于重述历史。

面对着这样的一个五岁孩子,也许我们更多想到的是他以后的生命是怎样的。他在讲述完五十年的历史之后,接下来应该做些什么,是见证历史还是参与融入历史?他是一个恶魔还是天使?各种不确定的因素与疑问萦绕在我们的脑海中。蓝千岁身上的复杂性,是当下中国社会时代复杂性的隐喻。今后的中国农民应该如何走?如何参与、融入历史?蓝千岁的特异功能表明了中国农民参与历史的理想境遇,说明了他们在潜意识里面想要重新审视历史的姿态。但是历史的吊诡正在于蓝千岁与其他的孩子不同,他是一个拥有混杂基因的复杂组合体。他的身上潜藏着太多的历史遗留下来的不确定性血液与基因。他可能会是一个能够进入历史、融入历史的天使，但也可能会是一个给历史带来新的灾难的恶魔。他的出现可以是一个中国农民的精神境遇的新的开端，但也可能是一个毁灭性的结束。但同时我们也会思索：五十年来的中国历史到底经历了哪些故事？中国的农民到底是怎么看待这段历史的？是选择“暂时性”的失忆，还是选择勇敢地反观历史？蓝千岁的形象恰是体现出了作为新型的农民应该具有的敢于直视现实的历史观和一种对历史的理性思索的精神。通过前五十年的精神境遇的显现，我们可以发现，在这五十年中，无论是有着本我人格结构缺席在真实历史中却又无时无刻不在场的西门闹，还是有着自我人格结构生活在真实历史现场却坚持“单干”的蓝脸，还是拥有着超能智慧和重述历史的能力、自身性命却又岌岌可危的蓝千岁，他们唯一不变的就是他们都对自我的主体性不断追寻，这种主体性承接了五四以来中国现代性的发展，农民身上的这三种精神境遇恰是一种在中国现代性的指引之下，对自我主体性的追寻，是一种独立的人格结构的提升，更是农民对民主、自由、幸福独立生活的向往。

蓝千岁给我们的思考，是作为一个当代中国的新型农民，当土地不再是唯一的生存依托，应该何去何从？而潜藏在中国新型农民身上的众多的复杂的血液基因该如何运转？蓝千岁一样的中国的未来应该走向何处？

结　语

莫言小说《生死疲劳》引起众多研究者极大的关注，不是没有理由的。正是因为小说以西门闹、蓝脸、蓝千岁三个惊世骇俗的艺术形象，呈现了半个世纪以来农民意识深处的精神世界里对自我主体性追寻的三种不同表现形态。正如陈思和所说,《生死疲劳》“是将西门家族由衰败写到盛兴,再从中兴写到重新衰败,然后再写到新生,经过了几个大的波折起伏,包容了复杂、丰富的时代信息:这里有残酷的阶级斗争风暴、农民对土地极其深厚的感情,轮回转世的各种牲畜的悲惨故事,中国农村集体所有制的解体和乌托邦理想的破灭,改革开放以后各阶层人们面临新的困惑和灵魂挣扎,还有一代青年人的迷茫和悲哀、三代中国人在时代裹挟下的生活方式和思想感情”①。

在以往的“红色历史叙事”里,人变成了实现历史目的的符号,个人消失在“人民”这个空洞的能指里,生命在政治权力的驱使下失去了自主性和原始活力。从1950年代到1970年代,虽然全民性的运动不断,但运动主体是历史观念和社会理想,群众只是被运动。所谓闹,并没有生命的狂欢。狂欢是在传统农民西门闹转世的“西门驴”“西门牛”“西门猪”等家畜身上生动地展现出来的。人畜生命情态的对比,显出人的可悲。然而1980年代开始的“后革命”年代里,人似乎获得了“解放”,此际真正获得解放的是欲望而不是人,出现价值真空的人很快堕入了物欲的囚笼,物欲的囚徒成了“时代英雄”。由欲望主体造出的狂欢必然通向悲剧。走出了“革命历史主义”的人们,走进了永恒的“生死疲劳”②。

《生死疲劳》中农民在原始欲望的驱动下,想作为主体参与、主宰历史的想法在西门闹与他的六世轮回中彰显出来。之后的蓝脸坚持“单干”,守护自己的土地信仰,正是对自我主体性的一个坚定

① 陈思和:《“历史—家族”民间叙事模式的创新尝试》,《当代作家评论》2008年第6期。

② 毕光明:《〈生死疲劳〉:对历史的深度把握》,《小说评论》2006年第5期。

守望。经历过半个世纪的历史进程以后,对历史的自我反思、对历史的重述与表达、对自我能力的想象与追求正是以蓝千岁对历史的一种主体性的整体叙事。

可贵的是,面对历史的种种革命暴力、命运无常与人性之恶,《生死疲劳》没有走向以暴制暴、恶恶相向,而是用一种宗教的宽容与爱的救赎力量来试图化解。这种向善的力量是几代人用生命换来的。西门闹被残忍枪毙;西门驴被饥民瓜分而食;西门牛被烧焦而死;西门猪是为了救西门屯的孩子而溺水死去;西门狗自主地走到了坟墓里,安然地走向死亡。西门猴虽然是被蓝开放用枪打死,但是西门闹的灵魂从此转向人界,投胎成了一个集智慧与聪明于一身的大头儿蓝千岁。当西门闹与他的动物转世逐渐地将仇恨随着时间的流逝而消解,他开始以一种更为宽容的方式面对这个世界,对死亡、欲望也逐渐地更为理性。蓝脸的死亡也成为了一种自然行为,他安详地躺在自己安排好的坟墓里,获得了一种灵魂的安宁。而蓝千岁作为一个新生的孩童,他的生死与未来则显得异常复杂与多变,正如21世纪中国农民的道路一样更加变化莫测。但有一点是明晰的,蓝千岁知道父辈对主体精神不懈追寻的“修行”历史以及付出的惨痛历史代价。这正是莫言《生死疲劳》的意义与价值所在。

第六章　新世纪乡土中国社会的艰难转型与“地之子”的痛苦蜕变

第一节　贾平凹《带灯》:“新乡镇中国”的“当下现实主义”审美书写

如何书写当代中国经验,如何呈现新时期中国已发生和正在发生着的前所未有的历史剧变,这是新世纪每一个具有文学自觉意识的中国作家所无法回避的,而且也是亟需回答的问题。遗憾的是,新世纪中国作家没有对此作出很好的回答。比较于现代文学和“十七年文学”,新世纪中国长篇小说每年生产的数量已经渐渐达到了3000多部,文学叙事能力和技巧也得到了较大程度的提升,但是其内在质量却并不如人意。新世纪文学深入表现现实生活的能力、展现正在裂变的城市中国和乡土中国的能力、剖析生命个体灵魂的深度叙事能力,以及文学语言形式实验的先锋探索精神都在不断地受到削弱和侵蚀。虽说莫言获得诺贝尔文学奖,实现了百年中国文学的“诺奖”梦想,但是对新世纪中国文学书写现实的质疑,却丝毫没有减弱。德国汉学家顾彬斥之为“当代文学垃圾”[①]。有学者认为“在处理当下中国面临的最具现代性问题的时候,‘50后’作家无论愿望还是能力都是欠缺的”[②]。也有学者提出新世纪文学写作“中年困境”的观点,认为“50后”“60后”许多作家“就像人的生命总是会进入中年时期一样,文学的中年期也总是会到来,只是我们这一代的作家碰巧遭遇了这个时机”[③]。而在“70后”作家那里,关于当下的长篇小说创作依然是一个难以突破的瓶颈。显然,新世纪中国长篇小说困境根源是多方面的,既有时代的整体文化语境原因,也有着作家个人如何突破创作瓶颈、超越自我的问题。困境既是作家文学创作的危机,又是作家深入现实、突破自我、进行精神深度思考的生机。从某种意义上说,困境恰好是作家返观自身、叩问心灵、反思时代、升华自我的不二法门。

新时期以来贾平凹以“商州”地域民间风俗文化书写赢得较大声誉。《废都》出版后,评论界褒贬不一。这给贾平凹创作带来较大困扰。贾平凹就是这样一位化困境为生机、涅槃重生的作家。

---

① 关于德国汉学家顾彬的“中国当代文学垃圾说”的观点,顾彬在凤凰卫视的“铿锵三人行”节目中做过解释:“那个时候,2007年,有一个住在德国的中国记者跟我访谈一些中国当代作家的问题,他具体提了三个女作家的名字,我说她们的作品是垃圾。”“但是其他人的作品,我没有说他们全部都是垃圾。”见凤凰卫视的2010年3月22日的“铿锵三人行”节目之“顾彬:我没说过中国当代文学是垃圾”(http://news.ifeng.com/opinion/phjd/qqsrx/201003/0322_6443_1583115.shtml)。有意思的是,顾彬这个被断章取义的观点,却获得了众多网友的认同。新浪网的调查:“您赞同德国汉学家称中国当代文学是垃圾的看法吗?”有87.3%的网友表示赞同,认为中国当代文学大师缺乏、名篇稀少,在群众中影响力明显衰减,是垃圾(http://survey.news.sina.com.cn/result/13441.html)。

② 孟繁华:《乡村文明的变异与“50后”的境遇——当下中国文学状况的一个方面》,《文艺研究》2012年第6期。

③ 陈思和:《从“少年情怀”到“中年危机”——20世纪中国文学研究的一个视角》,《探索与争鸣》2009年第5期。

21世纪以来,贾平凹以《秦腔》《高兴》等新长篇小说开启了对新世纪乡土中国现代性社会转型的审美书写。如果说《秦腔》关注的是新世纪乡土中国农民的命运走向,《高兴》关注的是失去土地的进城农民如何重获新生问题,那么贾平凹的长篇小说新作《带灯》则开启了一个新的审美领域——"新乡镇中国",呈现了一位有着强烈现实主义精神和使命意识的书写者对21世纪正在剧变中的新乡土中国的独特审美思考和精神探寻。贾平凹《带灯》的出现无疑是令人耳目一新的。《带灯》不仅在题材上拓展了以往文学创作领域,从"乡镇叙事"的一隅性地域空间审美书写,拓展为整个"新乡镇中国"的整体性空间及其现代性命运的全息性呈现,而且在文学叙事技法、叙事理念、人物形象、语言形式等方面进行了新的艺术探索,意在打破文学与时代、现实、生活疏离的"厚障壁",重建当代文学的现实主义精神维度。《带灯》是一部关注当下、关注现实,关注"中国问题""中国经验"的"当下现实主义"文学作品,"就对现实观察的广度与深度、思考与批判的力度,以及描写的精细与准确度而言,《带灯》堪称是同类题材现实主义小说中不可多得的力作"①。

一、乡镇:百年乡土文学忽略的叙事空间

百年乡土中国文学绝大多数是以乡村为单位,聚焦于农民生存悲剧与苦难命运的、展现乡村民俗民风的乡土文化审美书写。关于乡镇的乡土文学,可以说是少之又少。即使偶尔书写的"乡镇",也是文化批判意义上的传统文化空间表征。《祝福》中的"鲁

① 吴义勤:《"贴地"与"飞翔"——读贾平凹长篇新作〈带灯〉》,《当代作家评论》2013年第3期。

镇”是一个封建礼教文化堡垒的代名词,“鲁镇”的鲁四老爷则是封建礼教专制和精神迫害的文化符号。在鲁迅影响下,20世纪20年代“乡土文学”中的“乡镇叙事”是野蛮、不人道的传统民俗文化景观书写,“既不是浅层次的‘惟农最苦’的怨哀,更不是‘农家怡乐’的陶然,这是反封建的理性的呐喊”①。到了40年代,沙汀《淘金记》等作品笔下的四川乡镇已经从鲁迅的礼教文化批判转向对乡镇土豪劣绅的政治性批判,间接指向了国民党腐败统治。“乡村”是解放区文学叙事的基本单位。解放区乡土文学更多指向了以土地革命为中心的政治批判、经济变革和新农民主体精神的成长。国民党在乡村实行以乡村宗族文化和乡绅威权之下的乡民自治,政府的统治触角并没有延伸到每一个单子化的乡村。所以,这一时期的“乡镇文学”不仅少,而且也多是关于“乡镇”民俗文化的审美批判。

新中国成立后,从初期的人民公社到现在的乡镇政府,国家不仅建立起具有主体性质的乡镇一级政府机构,而且把管理的触角延伸至每一个乡村,在村庄建立党支部和村委会,从而实现了国家统治的全面覆盖和无缝化管理。在中央、省、市、县、乡的五级政府机构中,乡镇是最基层、级别最低的一级政府机构,也是直接与村庄农民打交道的、矛盾冲突较为集中激烈的国家机构。所以,当代文学的乡土叙事渐渐出现了一类现代文学所没有的人物形象群体,即乡镇干部形象。刘澍德写于1961年的短篇小说《拔旗》较早塑造了当代文学中的乡镇干部形象。《拔旗》以新中国初期力争上游的社会主义建设为背景,通过金鸡公社的上游红旗被碧鸡公社拔走的内部矛盾冲突,展现了欣欣向荣、干劲十足的社会主义乡

① 陈继会:《中国乡土小说史》,安徽教育出版社,1999年,第91页。

镇新生活气息。金鸡公社书记张太和形象生动,工作顺利时“粗心大意”“目空一切”;工作失利时又“小心眼”,放不下架子来[①]。小说情节跌宕起伏,人物形象富有浓郁生活气息和鲜明性格特征,较好呈现了新中国建设初期“乡镇中国”的精神气象。同时期作家郭澄清的《公社书记》小说,塑造了一位“笔杆子练好了,锄杆子、枪杆子还都没撂下”、与群众打成一片又自觉学习文化理论的新中国公社书记形象。由于篇幅所限,《拔旗》和《公社书记》对于乡镇内部的运行机制、干群关系、社会矛盾等方面并没有深度触及,字里行间洋溢着一种单纯的理想主义气息。

新时期中国取消人民公社制度,在人民公社基础上重建乡镇体制,乡镇被确立为农村基层行政单位。伴随着改革不断推进和村民自治等政策的出台,乡镇政府所承担的事务和功能日渐增多,渐渐成为各种矛盾交织的中心和焦点。因而,这一时期关于乡镇的审美书写增多,作品表现现实生活的深度也愈益深刻。古华的《芙蓉镇》是80年代关于乡镇审美书写的代表作,无论是叙事长度、故事容量、叙述语言和精神意蕴都是茅盾文学奖获奖作品系列中的优秀作品。《芙蓉镇》是明确以“镇”为故事叙述空间的文本。在古华笔下,乡镇内部的权力体系、运行机制的描写已经浮出历史地表。但是由于《芙蓉镇》作品所用力揭示的是芙蓉仙子胡玉音悲欢离合的身世命运,其关于乡镇社会生态的呈现依然是浮光掠影式的,乡镇内部的复杂社会关系及其运行方式依然处于隐晦幽暗状态。

1989年林和平发表的《乡长》,为读者揭示了很长时间以来“幽暗隐晦”的乡镇社会生态及其运行方式,是一部较为成功的、接

① 刘澍德:《拔旗》,刘绍棠、宋志明主编《中国乡土文学大系》当代卷,农村读物出版社,1996年,第287页。

地气的“乡镇叙事”作品。小说以吃“陆海空”（狍子、野鸡、红蛤蟆）特色火锅起笔，描述“我”和代乡长梁义的相识。对于这顿火锅，梁乡长剔着牙说“这一顿饭，够老百姓过半年的”“唉，现在的一些事呀”的话语，从一开始就拎出了一个“与众不同”的乡长以及新时代文化心理氛围[①]。小说通过“我”这一个挂职副乡长的旁观者视野向读者勾勒出了心存良知而又无可奈何的乡长形象，令人惊讶于作者叙述的绵密和深刻。可以说，《乡长》这部短篇小说恰似惊鸿一瞥，向我们呈现了令人瞠目结舌、壮怀激烈而又无限悲情的新时期“乡镇中国”社会生态。

20 世纪 90 年代中期，刘醒龙、谈歌、何申、关仁山等作家的“现实主义冲击波”作品，如《分享艰难》《信访办主任》《乡殇》等都较深程度地涉及了乡镇严峻的现实局面和社会生态。关于“乡镇叙事”的文学写作渐渐汇聚为一股较大的审美潮流。“热浪与凉风正处于相持阶段，一会儿凉风扑面，一会儿暑气袭人，进进退退地叫人怎么也安定不下来”。正如《分享艰难》所描写的冷热交织、让人无法安定的天气一样，90 年代的“现实主义冲击波”审美思潮在官方与民间、欲望与道德、揭露与歌颂等方面，存在价值倾向游移、深层批评维度缺失和整体性审美观照不足的问题。

随着改革进程的渐次展开，乡土中国现代性转型越来越显现出波谲云诡的复杂精神面貌。乡镇社会生态渐成为新世纪中国改革进程备受瞩目的焦点。2003 年，时任湖北监利县棋盘乡党委书记的李昌平上书国务院总理，指出“农民真苦，农村真穷，农业真危险”。至此，“三农问题”成为思考新世纪中国问题的“关键词”。

① 林和平：《乡长》，白烨主编《中国当代乡土小说大系》第一卷（1979—1989），农村读物出版社，2012 年，第 1178 页。

但是,在文学领域关于乡镇中国问题的整体性审美叙述却处于缺失状态,依然是被遮蔽与忽略的叙述空间。

二、"新乡镇中国"的整体性审美书写

《带灯》的出现打破了乡土文学叙事的缺失状态,成为新世纪关于乡镇中国当下现实的整体性叙述和现代性框架命运思考的首部作品。作为贾平凹最新的一部力作,《带灯》呈现了一个无比鲜活的、庞杂的、被当代文学史叙述所遮蔽和忽略的"新乡镇中国"及其"乡镇人"群像。《带灯》的"新乡镇中国"是一个以樱镇"镇街"为叙述中心,活跃着各类人物形象的多维的、整体的叙事空间。"镇街"空间看似是一个平面性的,但细究起来,却是一个小型的不同层级的社会系统网络,存在着"镇街"官方集体空间、"镇街"民间个人空间和"镇街"周边村庄空间三个部分,由此出现了"乡镇干部""镇民"和"镇街"周边农民三类人物群像。"乡镇干部""镇民"和周边农民由于利益纷争、商贸流通和文化交流在"镇街"这一空间中彼此交集在一起,构成一个立体的、鲜活的"新乡镇中国"。

乡镇是由一个个乡村组成的。以往的文学史叙述焦点在村庄,人物形象是农民形象的个像或群像。但是,《带灯》所呈现的叙事空间"镇街"①,是以往乡村叙事和城市叙事所忽略和遮蔽的。贾平凹把叙述中心聚焦于乡镇"镇街"这一新审美空间,乡村则成为《带灯》叙事的远景。这无疑是贾平凹对新世纪中国乡土文学

① "镇街"较早见于卢延发表于《成人教育》1982年第4期的文章《青青原上草　沃土育新苗——安达镇街职工教育散记》,这可以侧面说明乡镇崛起及镇街空间的出现是20世纪80年代改革开放经济发展的新事物。但文学作品大量运用和生动描写"镇街"空间,贾平凹无疑是具有较强创新性和开拓性的。

叙事题材、表现领域和审美空间的创造性发现，是对以往单一、狭隘、地域化的乡土文学审美想象的突破与拓展。“土路似乎不是生自山上，是无数的绳索在牵着所有的山头”，把镇街空间和一个个村庄空间连接在一起就是一条条土路，而在一条条土路和镇街之间奔波的是流动的农民。乡镇空间除了社会管理功能之外，还有一个重要作用就是承担村庄与村庄之间、农民与农民之间进行物资、信息、精神交流的集市功能。正是在政府乡镇所在地的管理职能和集市交流功能的作用下，《带灯》乡镇“镇街”空间渐渐扩展为具有一定的政治、经济、文化、娱乐等多元属性的复合空间。在逢集市的日子里，乡镇“镇街”空间变得热闹非常，盛满了各种声音。大自然的天籁之音，在风的吹拂下失去了节奏语言，集市“街面上人们都在说话”，“这就是市声”。

贾平凹在描绘了“镇街”及其“市声”之后，还向读者展示了镇街空间里的“镇民”。“镇民”是贾平凹所创造的文学形象新名词①。在我们日常世界的词汇里，有城市中的“市民”，有农村里

① “镇民”较早使用的是唐长孺、黄惠贤发表于《历史研究》1964 年第 1 期中的《试论魏末北镇镇民暴动的性质》，此文中的“镇民”，有着特殊历史时期的含义，即“镇是驻防军区的组织形式，所有居民全部隶属于镇，亦即隶属于军府，所以镇民也叫做府户”，而非今天的含义。赵世瑜发表于《清史研究》2009 年第 3 期的《村民与镇民：明清山西泽州的聚落与认同》中，“镇民”已经基本接近今天的含义，但也不完全一致，“也许‘镇人’才得到了重新定义，即从原来的郭峪村人变为以外地商人为主的移民，而郭峪本地人被重新定义为‘村人’”（第 13 页）。“镇民”在文学研究中的出现，较早见于对外国文学作品的分析，如解读福克纳的短篇小说《献给爱米丽的一朵玫瑰花》，见陈栩在《长春工程学院》（社会科学版）2010 年第 1 期发表的《男性凝视下的艾米丽》。如同“镇街”一样，“镇民”在本文中是中国当代文学研究中的较早使用，也呈现出新时期中国经济发展对乡镇人口、经济、文化构成的新影响。

的“农民”,但是很少有人使用过“镇民”这一词汇。贾平凹所谓的“镇民”就是特指乡镇“镇街”空间里的、区分于市民和农民的一类新民众群体。可以说,“镇民”,既不是市民,也不是农民,但是又与市民和农民紧密相连,是介于市民和农民之间的中间性存在。毫无疑问,“镇街”及其“镇民”是新时期改革开放以来新乡土中国经济发展的缩影和见证,是现代性深入乡土中国社会空间的产物。樱镇的“镇街”,由镇中街村、镇东街村和镇西街村这三个乡镇中心驻地村所组成,里面除了乡镇政府及其附属机关以外,还有钢材铺、肉铺、杂货店、饭馆、饺子店、米粉店、镶牙馆、私人诊所和中药铺等许多个体企业,显现出乡镇经济的繁荣景象。这些私营经济实体组成了“镇工商业界联合会”,是乡镇“镇民”队伍的中坚力量。“镇街”上的“镇民”,如拉布兄弟、元黑眼兄弟、曹老八、张膏药、王后生和陈跛子,就是小说文本世界中的主要人物。《带灯》在拉拉杂杂的叙述中呈现了一部“镇街”空间下的“镇民”民间生活史,如拉布戴墨镜的幽默、元黑眼与马连翘的偷情、陈跛子与张膏药儿媳的暗恋和曹老八媳妇的邋遢等等。每一个镇民都有一个属于自己的故事,合在一起就是一幅新世纪乡镇民俗风情的生活画卷。

可贵的是,作者没有停留在对“新乡镇中国”民俗画卷的简单描绘上,而且还呈现了“新乡镇中国”正在发生剧变的新生态图景,即一种迥异于20世纪五六十年代和八九十年代的新世纪乡镇中国精神风貌。对21世纪乡土中国正在发生的政治生态的整体性呈现,是《带灯》所带给新世纪读者最大的思想冲击力量所在。在娓娓道来的细节性描绘中,贾平凹生动呈现来自于樱镇“镇民”的民间风情画卷,而在“镇街”这个日常生活空间发挥主导作用的、对“镇街”民间空间和周边农村发号施令的是“镇街”的乡镇政府及其政治代理人乡镇干部。所以，贾平凹在自然平和地呈现“镇街”民间风景的背后，以更大的力量来整体性、多视角展现樱镇“乡镇干部”“镇民”和周边农民的复杂纠葛和利益冲突所构成的“新乡镇中国”生态图景。

“樱镇废干部”。《带灯》借助于副镇长马水平这个“老樱镇”的叙述视角，从一个侧面呈现出了樱镇二十多年来矛盾丛生、铩羽而归的乡镇官场生态。正如带灯所言，以往有仁义礼智信、马列主义毛泽东思想、阶级斗争为纲的政治运动，社会倒也安定，“现在讲起法制了，过去那些东西全不要了，而真正的法制观念和法制体系又没有完全建立，人人都知道要维护自己利益，不该维护的也胡纠蛮缠”①。无论是“访民”还是“镇政府”都处于一种怪谬的“错位”存在状态：患了矿粉尘肺病的农民不去上访，上访的尤其是缠访的竟然多是有不良企图的“刁民”；可怜而又悲哀的是，镇政府采取了以钱止访、息访的思维方式和行为做法，不辨是非曲直。《带灯》向我们展示，不仅镇民不够理性、胡搅蛮缠，而且“镇政府”也以非正义、非法治的方式参与到这场非理性的利益冲突之中。“镇政府”的非理性无疑进一步加剧了“新乡镇中国”社会生态的恶化，让“镇民”心生彻底失望之感。显然，樱镇民事纠纷和访民的大量出现，不仅是干群关系紧张和经济利益冲突加剧所造成的，更是从上到下精神信仰的缺失、未完成的现代法治和公民意识匮乏所造成的。

哀大莫过于心死。比起急剧变迁的社会革命和法律制度的修改而言，民俗文化的嬗变更为缓慢，但其显现出来的持续性和浸染性的心灵变量更为巨大，因而更需特别重视民间文化生态的演变。

① 贾平凹：《带灯》，人民文学出版社，2013年，第39页。

面对礼崩乐坏的春秋时期，孔子说“礼失而求诸野”，把恢复良性的文化、政治生态寄希望于民间。纵观近百年来，我们会惊悚地发现，传统文化颠覆了，百年来所形成的新传统在文化消费主义面前不堪一击。物质、欲望、享受成为一种可怕的“新意识形态”肆虐侵蚀着从城市到乡镇、农村的当代中国人心灵[①]。《带灯》向读者呈现了民间文化生态令人忧虑的一面。

《带灯》生动有趣地讲述了当地“给儿娃结婚就得作践爹娘”的习惯，同时向读者揭示了新世纪中国乡镇民间文化心理结构的恶变。王中茂办婚宴，没请孩子舅舅。当一老者问起来，正在街上担尿桶的舅舅生气地说：“没钱的舅舅算个屁！”“老者说，这就中茂不对么，这么大的事不给当舅舅的说。担尿桶的突然流一股眼泪，把尿桶担走了，脏水淋淋，巷道里都是臭气。”[②]“巷道里都是臭气”，无疑是一个樱镇民间文化生态的精神隐喻。王中茂败坏了仁义的民间文化生态，前来吃酒席的客人也做出了令人惊诧的、伤风败俗的举动，即吃完了饭，把碗碟扔到了尿窖子里。竹子对此很不理解，带灯从厕所墙边的一棵光秃秃的核桃树上折枝，说：“这些枝条子又黑又硬的，以为是枯的，可要折断又很难，你知道为啥吗？竹子说：为啥？带灯说：心里活着么。”[③]由于文化的惯性，邻里亲戚依然碍于仁义传统而不得不做做样子，但内心里已经盛满了怨怼，被种种欲望所主宰。如果说过去尚可“礼失而求诸野”，新世纪的乡镇中国所面临的问题是，民间乡野的“礼”及其精神内核也正在失去。贾平凹细致描绘这一民俗事件，隐晦地表达出深层的精

① 王晓明：《九十年代与“新意识形态”》，《天涯》2000年第6期。

② 贾平凹：《带灯》，人民文学出版社，2013年，第48页。

③ 贾平凹：《带灯》，人民文学出版社，2013年，第49页。

神文化忧虑。好在如带灯所言,树叶秃了,枝枯了,心里活着,呈现一种希望与期待。然而,我们也不禁追问,叶秃了、枝枯了的树,它的心还能活多久,还能否重新枝繁叶茂焕发生命活力?

从自然律令下的抗旱与水灾等自然事件,民众自在状态的民间日常生活,到乡镇政府的计划生育检查、党建、选举等常规性政治活动,《带灯》揭示出乡镇民俗生活画卷之下“像赶一辆马拉车,已经破旧,车箱却大,什么都往里装,摇摇晃晃,咯咯吱吱,似乎就走不动了,但到底还在往前走”的整体性恶化的“新乡镇中国”。“现实的危险早已在人的本质处影响着人了。框架的统治对人的威胁带有这样的可能性:它可以不让人进入一种更加本源的揭示,因而使人无法体会到更加本源的真理的召唤”①。

三、“新乡镇中国”的当下现实主义叙事逻辑

“高速路修进秦岭。”这是《带灯》小说第一小节的标题。《带灯》整部小说结构迥异于普通小说的清晰章节结构,只分上中下部,没有章节顺序,只是在每一小节前用一个黑框和几个黑体字来表示文章叙述节奏的变换。“高速路没有修进秦岭,秦岭混沌着,云遮雾罩。高速路修进秦岭了,华阳坪那个小金窑就迅速地长,长成大矿区。大矿区现在热闹得很,有十万人,每日里仍还有劳力和资金往那里潮。这年代人都发了疯似的要富裕,这年代是开发的年代。”② 要想富,先修路。具有现代转型意义的道路改造已经从20世纪80年代的普通公路,转换为21世纪初期的今天气势汹汹的大资本、现代性的高速路。正如小说所言,没有高速路的秦岭,

① [德]海德格尔著,郜元宝译,张汝伦校:《人,诗意地安居》,上海远东出版社,1995年,第136—137页。

② 贾平凹:《带灯》,人民文学出版社,2013年,第3页。

依然是一个混沌的世界；有了高速路，就是一个“发了疯似的”“大开发”的新时代。

高速路无疑是乡土中国现代性社会转型的“先锋”。“高速路”一旦开启，众多现代性事物所混合组成的现代性审美理念和叙事逻辑就无可阻挡地到来了。樱镇镇街西村的元老海带领几百人成功地阻止了莽山隧道的开凿，是一个阻挡现代性入侵的英雄。他自然受到了“英雄宴”待遇，然而随后就被投进监狱，并在释放前死在狱中。樱镇松云寺的古汉松第二年春天开出了“樱镇人还从来没有见过的”花朵，“半个月里花开不退，树上地上，像撒满了金子”①。这在隐喻性赞扬元老海英雄壮举的时候，也进一步加深了元老海阻止修路行为后继无人、前功尽弃的悲剧性。

《带灯》不仅没有明晰的章节结构，而且叙事方式上打破了故事原有的叙事动力结构系统。贾平凹有意寻求对原先创作技法的突破。“《秦腔》、《古炉》是那一种写法，《带灯》我却不想再那样写了”，“那怎么写呢？”贾平凹说，“其实我总有一种感觉，就是你写得时间久了，又浸淫其中，你总能寻到一种适合于你要写的内容的方法，如冬天必然寻到棉衣毛裤，夏天必然寻到短裤T恤，你的笔握在自己手里，却老觉得有什么力量在掌握了你的胳膊。”② 正是在对当下乡土中国乡镇生活浸淫过程中，贾平凹寻找到了一种适合于《带灯》的写作方法和审美理念——“当下现实主义”的审美叙事逻辑。《带灯》打破了小说通常借助于故事传奇性和矛盾冲突来推动情节向前发展的传统叙事模式，让小说按照大自然和日常生活的内在性逻辑，自然而然推进情节、故事结构和人物形象的

① 贾平凹：《带灯》，人民文学出版社，2013年，第5页。

② 贾平凹：《带灯》，人民文学出版社，2013年，第361页。

建构，即让当下的、活生生的生活成为故事情节发展的推动者和叙述人。

仔细爬梳小说，读者就会寻觅到一种来自当下老百姓日常生活与大自然季节更替变化的关于生活原生态的、原始时间理念的审美叙事动力源模式。《带灯》的这种无可更改而又周而复始的原始自然节令逻辑处处展现在作品世界之中。从春天的松花到夏天的冰雹，从抗旱到抗洪，从腊月里白仁宝等人“说日子”感慨“这日子过得快”到夜观天象来揣测“天意”，无不呈现了这种自然律令节奏在大地上、民间生活以及人们心灵结构中的真实存在。贾平凹没有故弄玄虚，没有去设置奇异化、陌生化的叙事结构，而是在对乡土中国民间生活的探寻中，回归了这一日常性的、本源性的审美叙事逻辑。

进一步深究，我们就会发现贾平凹《带灯》笔下的“新乡镇中国”，存在着一种“复调”叙事结构，即不仅存在着亘古不变的原始自然律令节奏的叙事逻辑，而且还有着更深层的、更隐秘的叙事逻辑——当下现实主义审美逻辑。如果说《带灯》中回归原始自然律令节奏，是一种来源于大自然理念之下自然时间维度的审美叙事逻辑，那么具有鲜明的“当下现实主义”审美逻辑则是根源于当代人类所主导的现代性精神维度的叙事理念，即在自然时间维度之下更深层的推动人物形象命运、情节演变走向加速度裂变的现代性逻辑。在《带灯》小说里，现代性逻辑在很大程度上远远逾越了自然律令节奏的力量，乃至颠覆了原始自然律令节奏。小说以“当下现实主义”审美逻辑向读者展示了 21 世纪“新乡镇中国”现代化建设热潮中，现代性庞然大物般、势不可挡地加速度到来。高速路修到了华阳坪，华阳坪就变成了急剧扩张的“吃人”大矿区；高速路修不到的樱镇，也在各种欲望的涌动下，开启了具有现代性叙事逻辑的大型工业园建设。

围绕着给工业园供沙的利益问题，樱镇的元家和薛家展开了一场十五年来全县特大恶性暴力事件。至此，小说中的原始自然律令节奏和现代性的叙事逻辑交汇在一起，构成了《带灯》的叙事高潮。泛滥的河水、利欲熏心的镇民、没有法治理念的乡镇企业和朝令夕改的政府官员等因素搅合在一起，构成了这场恶性流血冲突的复杂原因。在流血冲突发生之后，樱镇书记见到受伤者不是关切，而是掌掴、脚踢元老四等人，骂道："一群狗东西要死就死么还坏我的事！"以经济发展、物质利益为主要目标的GDP主义及其背后的现代性理念，导致了从民众个人到政府官方的短视化、物质化存在。没有民主、法治、正义制约的现代性，如同打开了的潘多拉魔盒，正走向它的反面和悖论，这正是当代转型中的乡土中国，也是当代人类世界的"当下现实主义"叙事逻辑。当代华尔街富豪阶层和食利者的贪婪，也呈现了所谓民主、法治社会的现代性悖论。这是贾平凹在《带灯》所苦苦追索与呈现的"现代意识，人类意识"。《带灯》传达了贾平凹对当代"中国问题"和普遍"人类困境"的深刻思考。应该看到，贾平凹这种"复调"叙事结构在使《带灯》获得了描绘"新乡镇中国"的多元维度和精神深度的同时，也因为这种"复调"结构内部之间的矛盾、冲突而带来了叙述的纷乱和阅读的困难。

喻示着现代性维度的樱镇工业园建设是不会终止的。这种现代性恶果才只是刚刚露出端倪，大规模的、致命性的、整体性的恶果还没有完全到来。具有反讽意味的是，樱镇工业园这一现代性怪物，是被元天亮以繁荣发展家乡的美好愿望推介引进的，是樱镇政府寄以厚望、为之癫狂的"聚宝盆"，是除了王后生等极个别人以外的樱镇人渴望走进现代新生活的路径。这正是现代性的悖论和现代性叙事逻辑的可怕之处。它以一种复杂含混的方式，以高扬的物质欲望紧紧攫住了樱镇人的心灵，侵蚀着人与人之间古老的质朴的社会关系、伦理道德和思想灵魂，是支配樱镇人所有言语行为、所有血腥事件背后的最强有力的叙事逻辑和最大精神隐秘。不可遏制的、不可阻挡的、内在悖论性的现代性叙事逻辑，就是樱镇的“当下现实主义”，是当代樱镇所有事件的最为隐秘的历史主线。

四、“新伦理政治”与野性精神之恋

“哪里有危险，拯救的力量就在哪里生长。”① 面对“新乡镇中国”的整体性危机及其现代性叙事逻辑，与之抗衡的反现代性力量何在？精神救赎的力量何在？小说的主要人物形象带灯就是贾平凹为樱镇这一“新乡镇中国”危机安排的目睹者、亲历者，也是危机的拯救者和探索者，如一只黑夜“带灯”且独行的萤火虫一样幽暗明灭地闪现在樱镇的世界里。

来到樱镇镇政府工作“发誓不做男人婆”的带灯就是“藏污纳垢”的乡镇官场中摇曳多姿的“花朵”，以其独有的方式影响和改变着“新乡镇中国”的政治生态。身为镇综治办主任的带灯，是樱镇政治生态运行体系的中心人物之一。正是通过综治办工作视角，读者从带灯所经历的各种维稳事例中，能够自然真切了解到纷纭复杂的“新乡镇中国”政治生态外在表象，看到无比清晰的政治生态内在肌理。小说采用的最简单、最原始、最直观的社会学条目式写作方法，意在呈现化繁为简、返璞归真的独特叙事美学效果。

---

① ［德］海德格尔著，郜元宝译，张汝伦校：《人，诗意地安居》，上海远东出版社，1995 年，第 137 页。

维稳已经成为樱镇这一“新乡镇中国”叙述空间的中心工作。可现实问题是,越是维稳越是不稳,越是不稳越需要维稳,从而形成了一种恶性循环。维稳何时成为压倒一切的政治任务?维稳的出路何在?贾平凹没有告诉我们答案,而只是向我们呈现新时期以来,特别是新世纪以来“新乡镇中国”维稳的现状和困境。纵观新中国乡镇文学书写,从柳青《创业史》中的带领农民走集体合作化致富道路的梁生宝、郭澄清小说中的农民革命者本色不变的“公社书记”,到 20 世纪 90 年代前后的《乡长》中的梁乡长,我们看到了新中国 60 年乡镇叙事基调从明朗乐观到阴郁悲凉的审美嬗变。我们不禁疑问,赵树理在《李有才板话》中所讲述的与最穷苦的人打成一片的“老杨同志”到哪里去了?密切联系群众、一心一意带领农民致富的“梁生宝”哪里去了?如何重建“新乡镇中国”的“乡镇政治人”与中国农民的良性社会生态?贾平凹在带灯的形象审美建构中凝聚了关于当代“中国问题”的精神思考。

作为综治办主任的带灯并不认同“头疼医头,脚疼医脚”的扬汤止沸式维稳方法,以及对待农民的截访打骂、威逼利诱的简单粗暴方式,而是尽可能地从源头上化解矛盾,从情感上关怀农民生活实际困难和内心苦痛,创造性地建立了一张乡镇政治人与各村农民的“老伙计”联络网。“老伙计是樱镇男人之间的称呼,带灯却把她觉得友好的村寨里的妇女也称老伙计”[①]。带灯与农民所建立起来的“老伙计”关系,无疑是从中国政治文化传统中所发展起来的新型“官民”关系,具有中国文化特色。“四海之内皆兄弟也”,这是孔子对人与人伦理关系的理想表达。在梁漱溟看来,乡土中国是一种“伦理本位”的社会,“外则相和答,内则相体念,心理共鸣,

① 贾平凹:《带灯》,人民文学出版社,2013 年,第 55 页。

神形相依以为慰，是所谓亲亲也”，“君臣间、官民间相互之伦理的义务”，“又比国君为大宗子，称地方官为父母，举国家政治而亦家庭情谊化之”[①]。可见，带灯与农村普通妇女的“老伙计”关系，体现了带灯对中国传统文化的深刻理解，是建立在与农村妇女平等相待、无私帮助、心心相印的情感基础上，经历了日常生活实践磨砺和时间检验的可以掏心窝子的友情关系，是汲取人格平等与彼此尊重等西方现代人理念的、从乡土中国“差序格局”世界生长出来的当代乡土中国“新伦理政治”[②]。“我们不得不追问，带灯（这样的形象）来自何处？从哪里来，到哪里去？”[③]可以说，带灯与农民的“老伙计”关系，闪现着中国传统文化的智慧光芒，是中国现代革命文化的“官民平等”“军民鱼水情”在新世纪文化语境中的崭新转化，是对21世纪新乡镇中国政治生态的创造性重建。在学者林毓生看来，新的现代文化不可能脱离传统文化母体，只能是传统文化的创造性转化。因此，带灯的“老伙计”联络图及其“新伦理政治”无疑有着巨大的精神启示意义和思想价值，“既要介入社会主义新农村建设，又要承载着当今困难重重的政治伦理建构的重负”[④]。

显然，带灯与农民所建立的“老伙计”关系，不仅为带灯提供了21世纪中国乡镇政府人进入乡村日常生活世界开展工作的现实桥梁，而且更是深入了解樱镇农民心灵疾苦、精神诉求的情感渠道。带灯不仅给老伙计解决现实的困难，更重要的是以平等之人

① 梁漱溟：《乡村建设理论》，上海人民出版社，2006年，第25—26页。

② 费孝通：《乡土中国　生育制度》，北京大学出版社，1998年，第24页。

③ 陈晓明：《萤火虫、幽灵化或如佛一样——评贾平凹新作〈带灯〉》，《当代作家评论》2013年第3期。

④ 陈晓明：《萤火虫、幽灵化或如佛一样——评贾平凹新作〈带灯〉》，《当代作家评论》2013年第3期。

格、理解之同情纾解农村妇女的精神焦虑和痛苦,给她们以抚慰和尊严。带灯尽管与农民建立一种新型的伦理政治关系,赢得了乡村"老伙计"的"心",但是樱镇大工业化的现代性物质主义发展逻辑是她所阻挡不了的,以致被这一工业化物欲潮流所裹挟、伤害,患了夜游症,与疯子一起"驱鬼"。

值得思考的是,贾平凹不仅在小说中建构了一个在"新乡镇中国"政治空间里的肉身带灯形象,还通过作品中所大量穿插的"给元天亮的信"的形式呈现了另一个隐秘的精神世界的带灯形象,即从日常生活世界和个体情感心灵世界来展现带灯这一生命个体的复杂存在。比较于樱镇政治空间的丰富具体而又琐碎坚硬的存在,带灯在与元天亮的信中坦承自我内心世界的情感轨迹,显现为一种自我想象的虚幻化、阴柔性存在。读完《带灯》之后,我就疑问,贾平凹为什么运用大量的篇幅来一遍遍地展示带灯给元天亮的短信,而且这些信都毫无例外的是带灯向元天亮发出的单向性的生命情思诉说。除了开始的简单回复之外,元天亮只是带灯与外部世界进行精神联系和情感倾诉的虚空化对象和符号。中部"星空"开篇就是"给元天亮的信",这无疑显现了带灯个人精神世界在作者审美建构中的分量和位置,同时也极大改变了贾平凹以往小说中常有的本能欲望叙事及其性描写的故事架构。这些信呈现着一种不受世俗所约束的蓬勃泼辣的野性精神之恋,传递出了带灯内心情感世界的荒芜、悲伤、无尽的温情与爱。

在现实的乡镇政治生态中,乡镇政治人最需要警惕的就是同情和爱心。带灯不仅无奈地卷入了这种需要剪除爱意的政治生活,而且在家庭生活中过着无爱的生活。双方父母双亡、丈夫形同虚设、没有儿女,带灯作为一个女性来说,其母性和妻性是缺失的、遗憾的。作家把带灯的女性柔美的一面尽可能放大到与元天亮的精神交往中，而对其与丈夫的家庭生活近乎一字不提。这样一来，带灯的女性形象就是虚处极力放大，实处又极力缩小了，从而虚幻化了带灯的女性化存在。这在一般意义上，可能说是贾平凹在带灯等女性形象塑造中缺憾的一面，即无法进入女性性别本身及其日常生活世界，进行深层的审美叙事和灵魂拷问。当然，贾平凹这样来建构带灯形象，或许有着他自己的独特的、超越女性性别意识的更宏大的精神建构追求。

作为一个在这种逼仄的、压抑的、无爱生活中的女性，带灯只能在与元天亮的通信中“纵一苇之所如”，尽情释放自己的生命激情，在自我想象的、文字所建构的精神世界中获得抚慰和满足。元天亮是否真实存在、是否出现在带灯的眼前已经不重要了，已经化为一个精神符号，一个可以倾诉的对象化存在，如同山间的一朵花、一片云、一缕擦肩而过而又无处不在的风。带灯像不屑浮华的王宝钏一样，“在人生道路上把许多的背影看做心头至爱”，让“那条干枯泪腺里的石头瓦块”融化为汹涌的爱的河流[①]。可见，“给元天亮的信”已经成为带灯“回家”的道路途径，是与大自然、世界进行生命对话的精神方式，是超越世俗生活之爱与美的艺术化生存，是抗衡现代性的物质发展主义的精神之恋。带灯“心灵的充盈、饱满、圆融与自得其乐，让她可以诗意地栖居在这个尖锐的世界上，并对这个世界构成一种更深层次的批判”[②]。诚然，带灯形象呈现出了贾平凹作为一个文人作家的精神寄托和宏大愿望。但是，过于虚幻化的带灯形象是否真的或多大程度上达到了贾平凹的理想效用？元天亮之于带灯是虚无飘渺的，带灯之于贾平凹是否也是无

① 贾平凹：《带灯》，人民文学出版社，2013 年，第 96 页。

② 李云雷：《以“有情”之心面对“尖锐”之世——读贾平凹的〈带灯〉》，《小说评论》2013 年第 4 期。

法企及的美丽幻影？这依然是存有悬疑的。

小说结尾说，樱镇河湾出现了萤火虫阵，场面十分壮观。“飞来的萤火虫越来越多，全落在带灯的头上，肩上，衣服上。竹子看着，带灯如佛一样，全身都放了晕光。”① 佛的意象和精神底蕴，是贾平凹小说女性形象的理想性化身，如《浮躁》的小水、《秦腔》里的白雪、《高兴》的孟夷纯。《带灯》延续了这一审美思维模式及其局限，同时开启了超越性的艺术之思。正如陀思妥耶夫斯基所言，“世界将由美来拯救”。《带灯》所塑造的超越凡俗女性的、汲取天地灵气、具有神性的带灯形象，是反抗现代性、拯救和照亮“新乡镇中国”的爱与美的使者。萤火虫阵及其所组成的“如佛”形象，既是对带灯的赞美，也是对樱镇的“镇民”、大地与“新乡镇中国”未来的期许②。

面对百年以来乡土中国社会的巨大变迁，面对当代中国已经发生和正在发生的历史剧变，新世纪中国作家对“中国经验”和“中国问题”做出历史的、审美的回应，可以说是责无旁贷。然而，“表达当下、尤其是处理当下所有人都面临的精神困境，才是真正的挑战，因为它是‘难’的”③。这正是新世纪中国文学遭受众多质疑、批评乃至否定的症结之所在：一方面是巨大呼唤与热情期待，另一方面却是无所作为与无能为力。

正是在新世纪文学创作与接受期待的巨大反差下，在老作家陷入“中年困境”和年轻作家无法突破审美瓶颈的背景下，贾平凹

① 贾平凹：《带灯》，人民文学出版社，2013 年，第 352 页。

② 在陈众议先生看来：“《带灯》是一部写给未来的小说。”见陈众议《评贾平凹的〈带灯〉及其他》，《当代作家评论》2013 年第 3 期。

③ 孟繁华：《乡村文明的变异与“50 后”的境遇——当下中国文学状况的一个方面》，《文艺研究》2012 年第 6 期。

站了出来，以勇于挑战自我的精神，立下了“为中国当代文学去突破和提升”、写出当代正在剧变中的“中国经验”的誓愿。基于一种“现代意识”和“人类意识”的追求，贾平凹选取樱镇作为取景窗口，对新世纪“新乡镇中国”的政治、经济、文化、民俗、心理进行整体性审美观照和原生态描绘，呈现了当下活生生的中国现实及其内在的现代性悖论，重建当代文学的现实主义精神维度。贾平凹对带灯这一形象及其“老伙计”联络图的描绘，寄寓了其对抗衡现代性力量和走出“新乡镇中国”困境的独特审美思考，对于新世纪正在开展的城镇化运动和新型政治伦理建构都具有重要的思想启示意义。可以说，《带灯》不仅仅是贾平凹个人的重大突破，也是新世纪中国作家“推开门窗，直面现实”[①]，重建文学与社会、时代、现实、乡土血肉联系的重大突破[②]，呈现为一种关于“新乡镇中国”的独特可贵的“当下现实主义”。这或许正是《带灯》之于贾平凹、百年乡土文学和当下新世纪文学的独特价值之所在吧。

第二节 梁鸿“梁庄书写”：新世纪乡土中国现代性蜕变的痛苦灵魂

从2010年作品发表以来，《中国在梁庄》在新世纪中国所引起的巨大反响，大大超出了作者梁鸿的预料，为其带来极大的声誉[③]。

① 王晓明：《是推开门窗的时候了》，《当代作家评论》2011年第1期。

② 钱理群：《重建文学与乡土的血肉联系——李伯勇长篇小说〈旷野黄花〉序》，《小说评论》2009年第3期。

③ 《中国在梁庄》获“2010年度人民文学奖”“《新京报》2010年度文学类好书”“《亚洲周刊》2010年度非虚构类十大好书”“第七届文津图书奖”等众多奖项。

紧随其后出版的《出梁庄记》，作为《中国在梁庄》的姊妹篇，延续了《中国在梁庄》的出版奇迹，获得大量好评，创造了乡土中国文学写作的“当代传奇”①，在新世纪中国文化界连续刮起思想的旋风，乃至在欧美文化界引起了精神的回响。梁鸿在这两部作品中所叙述的“梁庄”，不仅逾越了文学的界限，而且进入了社会学、文化学和思想史的诸多领域，成为继“费孝通的江村、梁漱溟的邹平、陶行知的晓庄、于建嵘的岳村”之后，研究当代中国社会变迁史、文化史、思想史和文学史都不可逾越的新世纪乡土中国的精神缩影②。正所谓，不读“梁庄”，何以认识21世纪中国？何以认识当代乡土中国的历史、现在和未来③？

梁鸿叙述的“梁庄”，是重新认识这个庞然大物般正发生在“千年未有之剧变”的古老乡土中国现代转型的一把精神钥匙，是照亮面目模糊、杂乱无章而又混沌幽暗的被现代性遗忘与遗弃存在的一道精神之光。因此，从乡土中国百年来文明转型、文化变迁和审美嬗变的角度来认识和思考“梁庄”，阐释梁鸿所建构“梁庄”的巨大精神意义和价值，将不仅仅是像梁鸿一样艰难重返故乡的思

① 近几年来，梁鸿的“梁庄”，不仅在文学界，而且在社会学、公共管理、历史、思想史等人文社科领域引起强烈关注。梁鸿本人也在《南方周末》、“凤凰网”名人面对面、中央电视台、中央人民广播电台等多媒体接受采访，受邀到国外讲述“中国梁庄”的故事。2013年，梁鸿凭借《出梁庄记》获得“第十一届华语文学传媒大奖”的“年度散文家”奖和首届非虚构写作大奖等奖项。

② 在《中国在梁庄》的褐红色腰封上，赫然印着两行大字体的白色字，上面一行是“费孝通的江村、梁漱溟的邹平、陶行知的晓庄、于建嵘的岳村”，下面一行是“梁庄——让我们再次回望村庄”。这无疑是对“梁庄”的一种来自深层文化传统和学术内在肌理的精神建构与价值阐释。

③ 李敬泽在《中国在梁庄》的封底推荐语中，郑重写下了这样的话语：“梁庄质疑，修正了关于农村的种种同行定见，不曾认识梁庄，我们或许就不曾认识农村，不曾认识农村，何以认识中国？”

想之旅，也是对梁庄叙事所裸露的乡土中国灵魂的探魂、追魂与铸魂之旅。“每一个悲剧都与自己的血液相连，每一样痛苦都直抵心底。要下多大的决心才能将故乡的阴暗与隐痛和盘托出……这是对心力的最大考验，是对神经系统的强大挑战。”① 粗大的关节、厚茧的手掌、黧黑的面庞、木刻般的皱纹，我与梁鸿一样喟然感知那些父老乡亲、兄弟姐妹温热的心灵、痛苦的灵魂与无声的叹息。痛苦与欢乐、忧伤与悲恸、战栗与不安、惶恐与焦虑，一次次灼伤与撕裂我的心灵。从梁鸿所描述的梁庄生活出发，我们不仅触摸到微渺而又坚实存在的自我生命之根，而且感受到广袤的大地上乡土中国现代性蜕变的痛苦灵魂。

一、百年“乡土中国”审美叙述的变迁

“鸟飞返故乡兮，狐死必首丘。”乡土中国以农为本，农民是社会人群的主体。故乡、农事、乡情是乡土中国文学叙述与抒情的主要内容，即周作人所言的“泥气息”“土滋味”。乡土中国文学典型体现了一种以农耕为主的生产方式和以宗法亲情为主要联系纽带的农业文明社会的精神文化特征。18 世纪英国工业革命使人类社会演进发生质的变化，从原来的人力、畜力、水力等自然动力资源的使用转变为蒸汽机等机械动力资源的创造性应用。人类社会由农业社会进入了一个全新的工业社会，人类从农业文明进入了新的工业文明时代。从此开始，几千年来历代文人所吟咏、歌颂的传统乡土文学土壤发生了质的变化，农民、农业、乡土生活成为了终将被淘汰、终将没落消逝的边缘性、落后性的存在，取而代之的是市民、工业、城市化生活。

① 申霞艳：《“梁庄”与中国想象》，《文艺争鸣》2013 年第 7 期。

人类文明的巨大演变对乡土中国这一传统农耕社会产生了极大影响，导致了近现代以来一系列丧权辱国事件的发生和乡土中国社会形态、思想文化的剧烈嬗变，可谓“千年未有之巨变”。作为彰显了中国新文学运动创作实绩的鲁迅较早认识到了这一文明更替、文化剧变的巨大深刻精神内容，在文学创作中鲜明表现出来。鲁迅的《故乡》，一开始就写出了“故乡”的那种萧瑟、忧伤与“焦灼”，奠定了与古典悲剧感“绝然相异”的20世纪乡土中国文学的现代“悲凉”美学特征①。“悲凉之雾，遍被华林”。20世纪20年代，受鲁迅影响的“乡土文学”，以对乡土中国愚昧、落后民风民俗的叙述为主题，呈现了国民劣根性，表达了五四一代人的“启蒙文学观”。正是在这种精神维度下，20世纪三四十年代沈从文的乡土文学写作，尽管描绘了一个优美善良的湘西和湘西姑娘翠翠等人，但在最深沉的精神内里依然可以感知到背后的无比忧伤。

随着“革命文学”的兴起，鲁迅式的“乡土文学”及其所塑造的“闰土”“祥林嫂”“阿Q”等落后、愚昧的“老中国儿女”形象受到了激烈的批判。一种以描绘觉醒与反抗的“乡村革命者”形象的新的无产阶级革命文学美学开始出现。茅盾的《春蚕》、叶紫的《丰收》《星》、蒋光慈的《咆哮了的土地》、萧红的《生死场》和萧军《八月的乡村》等作品展现了从“老中国儿女”到“觉醒农民”之间的艰难思想蜕变过程和从“一潭死水”到“吹皱一池春水”的不安的、躁动的中国时代变革过程，呈现出了变动中的乡土中国新的美学特征。在连续不断的时代变革和残酷的战争环境里，“老中国儿女”不仅要经历思想启蒙、阶级启蒙和民族启蒙，而且要实现人性解放、民族解放和社会解放的多重功能和全面解放的使命。

① 黄子平、陈平原、钱理群：《二十世纪中国文学三人谈》，人民文学出版社，1988年，第14—15页。

不同于20世纪初期的乡土中国文学的悲凉美学意味，20世纪40年代的解放区文学和1949年后“十七年文学”的乡土书写则展现了一种新的、异质性的喜剧美学基调。“解放区的天是明朗的天，解放区的人民好喜欢”，《解放区的天》这首歌鲜明呈现了40年代解放区文艺创作的喜剧美学特征。赵树理、孙犁、马烽、西戎等人的作品描绘了获得解放的乡土中国农村农民的翻身喜悦和人性之美。这种美学特征直接进入了“十七年文学”，而且获得了更加阔大的文学地理空间。在毛泽东提出“农村是一个广阔的天地，在那里是可以大有作为的”[①]之后，无论是在政治意识形态上，还是在文艺审美创作中，农村成为社会主义新中国关注的中心。乡土作家赵树理写了《愿你决心做一个劳动者》的一封公开信，希望女儿“在一个社里落户，当一个有文化的青年社员”[②]。风靡一时的豫剧《朝阳沟》也向我们描绘了战胜享乐主义思想、立志下农村奋斗的知识青年银环形象。乡村、农业和农民，在这场“广阔天地”的政治召唤中，达到了乡土中国喜剧性审美想象的最高潮。做有文化的社会主义新农民，建设社会主义新农村，无疑是当时乡土文学作品审美想象的精神价值导向。当然，无论是赵树理的信，还是豫剧《朝阳沟》，我们都从里面感受到另一种强烈的不同声音与思想的存在。

事实上，城乡越来越严重的二元对立，让越来越多的人感受到乡村农民生活的困窘与无奈、农村的凋敝和荒芜。因而，新时期乡土文学作品较深刻展现农村生活的艰难和农民被剥夺生命尊严的

① 毛泽东：《毛泽东文集》（6），人民出版社，1999年。

② 赵树理：《愿你决心做一个劳动者》，《赵树理全集》，北岳文艺出版社，1994年，第270页。

痛苦。在新旧的对比中,新时期乡土文学呈现出了改革开放政策下乡村生活的新变化和农民主体性的新觉醒。高晓声的《陈奂生上城》《李顺大造屋》、何士光的《乡场上》等作品表达出了新时期乡土中国的变革和希望的先声。至此,新时期初期的乡土文学呈现出一种理想主义的纯真喜悦之情,这与十七年时期的乡土文学有着某种内在相似之处。

随着改革的深入和中国城市化进程的加速,乡村生活、生产方式及其文化伦理越来越被抛掷于城市化、现代化进程之外,陷入存在的虚空和消逝的废弃世界之中。从王润滋《鲁班的子孙》开始,到阎连科的《乡村故事》,那个带来希望、生机和生命尊严的乡村不见了,取而代之的是鲁迅所描绘的可怕的、死气沉沉的"无物之阵"。而到 20 世纪 90 年代后期,乡村从内在伦理到外在物质都已经呈现空心化、荒漠化,乃至基层社会发出了"农民真苦,农村真穷,农业真危险"的警示性话语。贾平凹的《秦腔》描绘了被淤泥吞没、与土地相拥抱的乡土中国"最后一位农民"夏天义。迟子建的《额尔古纳河右岸》则以最后一位女酋长的身份深情回忆了鄂温克民族及其狩猎文化伦理的消亡故事。阿来的《空山》三部曲则描述了原始状态的藏族"机村"被现代性所吞没的忧伤与无奈。这无不昭示我们思考在文明的拐弯处,我们是否遗失了什么?如何在新文明语境中重新打捞和承继优良的传统文化?至此,乡土中国文学的美学基调,已经不再是一个悲凉的感伤,更不是喜剧性欢悦,而是一种加速度的、无可阻挡的、"无可奈何花落去"正在消逝的悲恸挽歌之音。

二、梁庄:丢了魂的"乡土中国"

"谁人故乡不沦陷。"在这种乡土中国文学叙事陷入前所未有的精神危机下，这句话近乎一夜之间在中国大地上到处流传，成为当下中国人表达“乡愁”的流行语。事实上，这一话语传递了一种可怕的现实，那就是，在21世纪的中国几乎没有一个村庄没有受到现代性与城市化大潮的猛烈冲击，没有一个村庄不处于“沦陷”的状态。但是当我们进一步追问，21世纪之初的乡土中国到底是怎样“沦陷”的？有着什么样的隐秘的精神秘密？有着怎样的内在逻辑肌理，怎样的痛苦、挣扎与抵抗？这又陷入巨大的黑洞之中，几乎无人能具体回答这些疑问。“当我们面对当前的农村时，便不能不感到陌生。而这样的状况应该说是相当普遍的。”① 这是新世纪剧变中的乡土中国对当代作家提出的一个巨大挑战。这种认知难度对于众多在城市中出生的知识分子是不言而喻的，即使是出生于农村的文化人而言，也是难度极大的。因为今天的教育现代化已经把乡村孩子“哺育”得城市化了，他们已经回不去了，即使勉强回去，也早已经是“客人”了。早在20世纪40年代的费孝通就已经指摘这种城市化教育的文化弊病。而在21世纪的今天，更大的、更内在的挑战，则来自于文学内部生态的剧变。在21世纪的今天，生活现实远比小说还要精彩、生活荒诞远远超出小说荒诞的时代，文学还有何用？作家为何创作，如何创作，这是作家必须追问和思索的当代性课题。正是在这个意义上，作家梁鸿以《中国在梁庄》和《出梁庄记》这两部非虚构作品回应了新世纪乡土中国文学所亟需回答的问题，向我们展现了古老的乡土中国在当代文化剧变语境下跳动的脉搏、沉重的呼吸与裸露的伤痕累累的灵魂。

梁鸿是以故乡女儿的身份重新进入梁庄的，这就注定了梁鸿

① 李云雷：《我们能否理解“故乡”？——读梁鸿的〈梁庄〉》，《南方文坛》2011年第1期。

与梁庄存在着千丝万缕的割不断的情感联系。这片土地里有着来自生命记忆深处的美好的记忆,也是一生都抹除不了的刻骨铭心的记忆。梁鸿对梁庄的书写,是一种对生命之根、情感之魂的精神追寻之旅。故乡、家园、亲情,就是从未断绝的古今中外的、永恒的文学母题。但是,这对于21世纪初期的梁鸿而言,显然遇到了极大的难题。故乡已经发生了千古以来从未有过的质变!那个山清水秀的梁庄,那个河岸开满菊花的湍水,那个有着大片大片浓密树林、湖上有成对野鸭的湖洼,都统统不见了;取而代之的是"黑亮亮的,像汽油,像常年擦拭、却从未洗过的抹布的颜色"的"黑色流动"的河水[①]。梁鸿一方面向我们展现回忆中的带有鲜花、灵性诗意的梁庄,另一方面向我们展示当下的、现实的、建立在黑色淤泥之上的污浊梁庄。这对于作者和读者而言都是一种严重的"迷失"和"触目惊心"的"异乡异地之感","如果不是有家人、有老屋、有亲人的坟在这里,我几乎不敢相信这是自己生活了二十年的村庄"。在及膝的杂草和灌木的老屋,"我"看到了妹妹学写字时写在墙上的"错字连篇"的诗,找到了童年存在的痕迹;而在母亲的墓地,"远远望去,一片苍茫雾气,开阔,安静,有一种永恒之生命与永恒之自然的感觉。每次来到这里,心头涌上的不是悲伤,却是平静与温馨,有一种回家的感觉"[②]。苍茫的雾气、荒凉的大地、永远沉睡的母亲,让"我"迷失的心灵与"异乡异地"的感觉获得暂时的纾解与安宁。藉于此,"我"让儿子跪在坟前磕头,向儿子讲述"外婆"是"妈妈的妈妈,就是妈妈最亲的人";而且还能与姐妹们"坐在一起。闲聊一会儿家里的事","家庭的概念,亲情的意义总是在瞬间

① 梁鸿:《中国在梁庄》,江苏人民出版社,2011年,第40页。

② 梁鸿:《中国在梁庄》,江苏人民出版社,2011年,第9页。

闪现出来”[①]。“质变”的梁庄被永恒的死亡、被稳固的亲情所消解了，回到了生命的原始和自然状态。这正是梁鸿这种现实和回忆对比叙事所带来的既冲突对立而又消解融会的独特艺术魅力。而能让这种截然不同的矛盾消解的东西，就是对故乡、大地与亲人的绵绵无尽的怀念之情。所以，《中国在梁庄》一书体现了一种独特的结构张力和叙述艺术魅力，而其最大秘诀就是梁鸿作家所灌注于梁庄、灌注于整个梁庄叙事的无限眷恋的“女儿之情”及其所带来的饱满的生命之气。

“如果没有这些，没有故乡，没有故乡维系、展示我们逝去的岁月和曾经的生命痕迹，我们的生命、我们的奋斗、所有的成功与失败又有什么意义呢？”[②] 在这里，梁鸿向我们呈现了作者对于故乡、生命与存在的内在复杂而极为重要的精神联系。梁鸿很好地把曾经存在的故乡展示给我们，同时带出来了一个故乡正在沦陷、消逝与变质的无比危险的现实。更为重要的是，这在很大程度上，危及了作者对故乡的“维系”，危及了作者“曾经存在的生命痕迹”，也危及了其对故乡的过去与未来的想象，危及了当代人和后辈人基于梁庄这一空间所生长出来的生命之根与情感之魂。

“变质的”梁庄，不仅体现于对有形的自然地理空间的污染，而且更隐蔽地表现为对乡土文化内核和生命肌理，乃至对文化魂魄的致命伤害。几百年前，梁家兄弟带着七个儿子来到梁庄定居，几代下来，已经发展为 150 多户的 640 多口人的村庄。这也是中国北方很多村庄的发展史缩影。时至今日，这种一代代繁衍生息的乡土中国村庄发展史被彻底打破了。梁庄人从 20 世纪 80 年代后

---

① 梁鸿：《中国在梁庄》，江苏人民出版社，2011 年，第 9 页。

② 梁鸿：《中国在梁庄》，江苏人民出版社，2011 年，第 9 页。

期开始了大规模进城打工的新生活。人去楼空、夫妻分离、父母与子女分离已是“一个家庭最正常的生存状态”。“村庄里的新房越来越多,一把把锁无一例外地生着锈。与此同时,人越来越少,晃动在小路、田头、屋檐下的只是一些衰弱的老人。整个村庄被房前屋后的荒草、废墟所统治,显示着它内在的荒凉、颓败与疲惫。就内部结构而言,乡村不再是一个有机的生命体,或者,它的生命,如果它曾经有过的话,也已经到了老年,正在逐渐失去生命力与活力”①。梁庄生命活力的萎缩不仅仅体现在成年劳动力的流失,更体现在未来一代乡村孩子的身上。鲁迅曾经在20世纪初期发出“救救孩子”的声音,可是在21世纪的今天,梁鸿依然在《中国在梁庄》直接以“今天的‘救救孩子’”为题,再次发出这一最为沉痛的声音。这不仅仅是因为梁鸿在采访中接触到了强奸八十多岁老太太的王家少年、被六十多岁老头性侵的九岁黑女、淹死在挖沙河流漩涡的五奶奶孙儿等一系列触目惊心的事例,而且也从昔日的“教书育人”的梁庄小学如今变成“梁庄猪场”感受到自己曾经历过的生机勃勃的梁庄正在走向颓败衰落。“对梁庄而言,随着小学的破败,一种颓败、失落与涣散也慢慢弥漫在人们心中。在许多时候,虽然它是无形的,但它最终却以有形的东西向我们展示它强大的破坏力”②。

可贵的是,梁鸿在发掘这些不足为外人道、不被外人知的乡村隐痛的同时,还力图进入乡村文化深处的精神内核,从跳动的文化脉搏去把握21世纪乡土中国伦理文化心理结构的内在裂变。理想、志向,这曾经都是我们这些从乡村长大的人一步步向前迈进的

① 梁鸿:《中国在梁庄》,江苏人民出版社,2011年,第21页。
② 梁鸿:《中国在梁庄》,江苏人民出版社,2011年,第73页。

最大精神动力源。路遥在1980年代发表的《平凡的世界》曾经鼓舞了无数乡村少年。《中国在梁庄》的毅志就曾是这样的文艺青年，他的日记记录下了这个时代乡土中国青年的心灵幻灭史：“现在呢？什么金光大道，道路是越走越窄，在家挨饿受穷；出门，被人瞧不起，我们这样的乡村青年走进一个死胡同了。”[①]何止是毅志一个人这样质疑“理想”，梁鸿的曾经在一起“看月亮”“写文章”的初中同学菊秀，也这样反思和质疑自己的生活“理想”。菊秀不仅没能过上“物质生活与精神生活结合在一起”的“比较让人满意的生活”。残酷的生活把菊秀变成了挣钱的机器。菊秀喊出了“世界上最坏的东西就是理想”的心灵控诉[②]。这无疑是锥心泣血之言。理想的破灭，不仅是对毅志和菊秀；伤害的是无数乡土中国青年的心灵，极大地破坏了一代人对未来、对生活、对生命期许的那个心灵深处最内核、最紧要的东西。那颗曾经努力进取的心破碎了，那个满怀无限生机与活力的魂魄散了。

如果说这依然是无形的东西的话，那么乡村青年妇女青梅的自杀清晰地呈现出乡土中国伦理文化结构的内在巨大危机。费孝通在《乡土中国》中提炼出“差序格局”的经典性观点，但是对于乡土中国人的情感心理，尤其是性心理方面并没有进行深刻的阐述。在中国新文学作品中，郁达夫的《沉沦》曾经因为公开的性心理描写引起轩然大波。鲁迅对此有过深刻而精彩的论述，中国人甚少公开谈论性，但在私底里却有着丰富的想象力。接受现代文明教育的城市中国人尚且如此。在“男女授受不亲”的古老乡土中国世界里，性，特别是之于一个乡村青年女性而言，无疑是洪水猛兽，

① 梁鸿：《中国在梁庄》，江苏人民出版社，2011年，第89页。
② 梁鸿：《中国在梁庄》，江苏人民出版社，2011年，第94页。

是不可言说，也是无法言说的巨大黑洞性存在。所以，无论是青梅的婆婆，还是村里的其他人，都不理解年轻女性青梅一年半以来没有见到丈夫的心情。更有甚者，婆婆对青梅思念丈夫所表现出的"花痴"给予公开的、当面的辱骂，导致青梅喝敌敌畏自尽。梁鸿通过青梅自尽事件的描写，向我们呈现了一个无比巨大的事实，即21世纪初期的乡土中国在性心理方面处于一种巨大的心理困扰和深深的压抑之中，乃至到达了可以忍耐的极限。新时期以来乡土中国创造了无比辉煌的、前所未有的经济奇迹，但是我们何曾想到这是以无数乡土中国农民的妻离子散、骨肉分离为代价的，又有哪位经济学家把这种来自极度的本能压抑、强烈的生命隐痛、惨烈的内在精神创伤计算在内?！"这背后有多少悲欢离合，有多少生命被消磨殆尽？……怎样进行性生活吗，则是难以想象的黑暗问题。"① 事实上，在青梅的自杀行为中，来自邻村的外出打工者得性病、查艾滋的事情，成为彻底压垮青梅焦虑内心的最后一件恐慌与绝望的稻草。青梅之死和邻村因此上吊自杀的媳妇，都是这一乡土中国文化心理"内疾"发作的时代表征。

一段段散发着臭味的河流，一片片黑色淤泥的洼坑，一处处上锈的铁锁与颓圮的房屋，一个个非正常的死亡事件，让我阅读《中国在梁庄》过程中感觉到一种可怕的、黑色的、绝望的、窒息般的死亡气息。这并不是梁鸿一个人的体验。贾平凹在《秦腔》中描绘了这样一个场景，乡村小学老师夏天智深夜把从乡村医生处买来的"大力补气丸"埋在墙屋的四角，力图给心竭气衰的乡土中国"补气"②。这无疑是一个精彩绝伦而又无比沉痛的精神隐喻。在

① 梁鸿：《中国在梁庄》，江苏人民出版社，2011年，第103页。

② 贾平凹：《秦腔》，作家出版社，2005年。

梁鸿看来，更深层的危机还没有开始显现。仅从经济上看，毫无疑问，农民收入提高了，乡村经济发展了，“但是，无论是传承意义上的道德和习俗，还是求知方面的文化，却处于一种断裂与衰退之中。人们总是用‘转型’这一个词来概括、形容这一断裂，却忽略了这一转型背后所造成的‘黑洞’效应”①。这一可怕的“黑洞”效应即是故乡的沦陷。“村庄的溃败使乡村人成为没有故乡的人，没有根，没有回忆，没有精神的指引和归宿地。它意味着，孩童失去了最初的文化启蒙，失去了被言传身教的机会和体会温暖健康人生的机会。它也意味着，那些已经成为民族性格的独特个性与独特品质正在消失，因为它们失去了最基本的存在地。村庄，在某种意义上，是一个民族的子宫，它的温暖，它的营养度，它的整体机能的健康，决定着一个孩子将来身体的健康度、情感丰富度与智慧的高度”②。正是在这个意义上而言，新世纪以来中国村庄与日俱增的消逝，不仅是日出而作，日落而息，“帝力于我何有哉”的乡土中国乡民千年日常生活景观的彻底打破，而且是千百年来乡土中国文学审美所依赖和凭寄的艺术母体的消亡，乃至是中华民族千年文化母体与宗族血缘根脉的断裂。“皮之不存，毛将焉附？”从鲁迅《故乡》开始的现代性之殇，百年乡土中国的“村庄”文学史被迫走向了终结与消亡的前所未有的、根本性的巨大历史转折点。

“20 亿农民站在工业文明的入口处：这就是在 20 世纪下半叶当今世界向社会科学提出的主要问题。”③ 对于梁庄人而言，对于 21 世纪的乡土中国，这将是一个艰难的、长期的、痛苦的蜕变过程。

① 梁鸿：《中国在梁庄》，江苏人民出版社，2011 年，第 220 页。

② 梁鸿：《中国在梁庄》，江苏人民出版社，2011 年，第 221 页。

③［法］H. 孟德拉斯：《农民的终结》，社会科学文献出版社，2005 年，第 1 页。

何以化解？何以慰藉？何以助力？梁庄未来的道路，乡土中国未来的道路在哪里？这是梁庄“女儿”梁鸿和我们每一个关心乡土中国、关心第三世界的人所追问与思索的时代性、中国性与全球性问题。

三、出梁庄：乡土中国城市化的迷途

正是带着这一巨大焦虑与疑问，作为梁庄“女儿”的梁鸿又开启了新的追问生命之根和情感魂魄的故乡之旅。梁鸿这次探访的是离家梁庄亲人所到的城市之地，是作为进城农民工的“出梁庄人”的第二故乡。中国人强调既来之则安之，存身处即是心安处。乡土中国进城的农民工希望能在城市的异乡把焦虑困顿的心灵安放下来，化异乡为故乡。但遗憾的是，农民工之于城市而言，是一种陌生化、他者性的存在，无法获得“心安”，也从未“理得”，反而是不断地被污名化、被区隔与遮蔽。这是梁鸿的故乡亲人们，即进入城市打工的“出梁庄人”，也是数以亿万计的进城农民工的残酷野蛮、悲哀无助的现实境遇。在梁鸿看来，只有把这部分来到城市打工的“出梁庄人”的生活命运的遭遇呈现出来，才是一个真正意义上的、完整的梁庄，而且也为正在凋敝、颓败和日趋消亡的梁庄探索一种全球化、城市化的现代性发展框架下未来发展的可能性。“出梁庄人”的新生活及其未来发展的可能性，不仅仅关系着梁鸿的留在梁庄的老人和孩子的命运，也关涉到古老而辽阔的乡土中国和数以亿计中国农民的未来。

西安的德仁寨是梁鸿在《出梁庄记》中采访“出梁庄人”的第一个聚居地。与《中国在梁庄》相同的是，梁鸿在《出梁庄记》中延续了作为“梁庄女儿”的叙述者身份。梁鸿在遇到德仁寨打工的二哥的一瞬间，关于梁庄的心灵记忆一下子浮现于脑海之中。二哥、梁庄小学、班主任老师、击中“我”额角的铁皮黑板擦、发怒的牛一样的圆眼、一堆唾沫与急速运转的话语等等记忆的浮现，联通了现实的我与童年的我、跟前发福的二哥和童年记忆中的二哥，也快速搭建起了我与在外打工的“新梁庄人”进行心灵沟通的精神渠道。与《中国在梁庄》不同的是，《出梁庄记》中不再以“我”的童年记忆为叙述的主线，而是以“出梁庄人”的现实生活为主线，进一步凸显了“出梁庄人”的主体性身份，加大了“出梁庄人”话语份额及其“自我表述自我呈现”力度，更加客观展示了“出梁庄人”在城市中国的空间流转与其情感嬗变的复杂心路历程。“二哥”在自我叙述中，向我们清晰呈现了他在河北邢台小铁厂“又烤又烧，每个人都像鬼娃儿”翻铁砂，安阳小刨光厂噪音大得“刺耳刺心”，到南窖地为铁路“挖电缆线”，去新疆摘棉花、阿勒泰种哈密瓜弄得人“黑瘦黑瘦、受罪哩很”，一直到现在西安骑三轮车拉货的血泪心酸打工史，中间夹杂了在青岛镀金厂打工“内脏全都坏了”的弟弟小柱死亡故事。“二哥”的打工史，无疑是乡土中国农民从乡村大地走出来，在城市中国游走闯荡的寻找新活路的城市生活史。在闯荡了大半个城市中国之后，“二哥”来到德仁寨之后就没再走了，是因为这个钱是活钱，不受气。但实际上，“二哥”“大哥”等“出梁庄人”在这里依然受到来自方方面面或明或暗的压榨，乃至是“抢劫”。“黑狗子”“托儿”“抢劫”是梁鸿从“大哥”那里听到的话语的关键词。“黑狗子”，“就是不是警察、却被警察雇来行使警察职责的人，协警、城管、治安员、拆迁队员，都是类似身份和职能的人”，他们身份暧昧但可以公开执法。“出梁庄人”在城市中的生活，本来可以正常地、光明正大地凭借自己的劳动和汗水挣钱，赢得生存的尊严，但是城市中这些“黑狗子”的暧昧存在使他们的生活蒙上会随时到来的极大阴影，乃至是巨大危险。“出梁庄人”抱成团，以集体的、原始的反抗方式，应对着来自方方面面的“抢劫”与迫害。“出梁庄人”在21世纪城市中国的生存逻辑，依然是残酷、血腥与原始的“丛林法则”。可怕的不仅是现实的、肉体的血腥与暴力，更可怕的是来自城市中国对“出梁庄人”等农民工的来自内心深处的精神歧视与情感敌意。这不仅体现在具有隔离墙性质的德仁寨围墙，而且呈现于围绕着农民工问题所带出的城市意识形态话语霸权的内在歧视。贾平凹的作品《高兴》就曾以“垃圾”来隐喻城市中的农民工的“不洁性”[1]。不仅如此，即使作家梁鸿，也没有隐晦对“出梁庄人”这种“不洁性”现实存在的“反胃”。这让我们重新想起毛泽东的“讲话”[2]。我们不能不质问，从什么时候起，我们开始有了作为城市人的精神优越感和对乡村、农民的厌恶与遗弃。事实上，这不仅有来自乡土中国传统文化深处的问题，更有着来自20世纪50年代以来所建构的城乡二元对立体制的制度

---

① 吴义勤、张丽军：《“他者”的浮沉：评贾平凹长篇小说新作〈高兴〉》，《西安建筑科技大学学报（社会科学版）》2008年第3期。

② 杨庆祥在分析《出梁庄记》中同样谈到了毛泽东的“讲话”，认为梁鸿等知识分子与底层存在着“典型的断裂”。可贵的是杨庆祥同时也以自己生活中的例子分析自己身上存在的与底层的“断裂”，并认为消除断裂方式，是“当下中国因为匮乏而尤其需要倡导的一种实践态度，一种生活和工作的方式：一个人不仅应该写，还应该像他写的那样去生活”。当然对此，杨庆祥自己也是表示怀疑的，“或许没有人能真正做到这后一点”。这就是问题的关键所在。我们不能要求梁鸿等知识分子，既过农民工那样的生活，又要求以“作家”的精神气质和审美趣味来写作。在知识分子和底层之间存在着一个可以沟通的精神渠道和可以息息相通、忧患同存共担的命运一体感。事实上，底层也不是一个精神维度的，也混合着“统治阶级”的思想意识。正是从这个意义出发，梁鸿的“梁庄书写”呈现新世纪中国知识分子的一种极为宝贵和重要的精神传统，即从《诗经》到“五四”以来的现实主义文学传统和士志于道、忧国忧民的“士”精神。见杨庆祥《出梁庄，见中国》，《当代作家评论》2014年第1期。

性安排与强化，以及由此逐渐派生出来的城市人的“生存优越感”和“意识形态话语霸权”。从三轮车必须给小汽车让路的报道中，梁鸿看到了“清理”这个词汇。“‘清理’，这是城市管理对二哥他们所经常使用的字眼。这就是大哥二哥的历史形象，是属于要被清理的那一部分”[①]，这就是那种更为可怕的属于城市中国的“意识形态话语霸权”。“在规则、惩罚和羞辱之中，农民内心及对这种被损害麻木的承受赤裸裸地呈现出来。最后，它变成了一种生活方式和一种象征”[②]。“出梁庄人”如同“出埃及记”中的先民一样，在乡土中国秩序崩溃的生存困境下，到新的象征着文明和现代的城市中国中去寻找新的生机，寻找流淌着奶和蜜的地方。结果他们发现，城市的奶和蜜不属于他们，属于他们的是低贱、劳碌、疾病和屈辱。因此，即使挣了钱，“出梁庄人”依然对所挣钱的地方充满了仇恨和敌意，“大家谈起梁庄，提到梁庄的很多人……二哥、二嫂、父亲两眼放光，大家都很兴奋，呈思考状、紧张状和幸福状。梁庄才是他们精神的中心，梁庄的人和事闪闪发光”[③]，唯有“梁庄”才是心灵可以安放的地方。

毫无疑问，梁鸿向我们描述的“大哥”“二哥”是比较早离开梁庄到城市中国各处闯荡历练的老一代中国农民。他们渐渐学到了与这个异质性城市打交道的生存模式，已经安然麻木于这种无奈的、带有某种屈辱性的生活，而把希望寄托于曾经热恋而且至今怀有深厚感情的故乡与下一代孩子的未来身上。梁鸿描述的民中这个年仅 18 岁的三轮车夫，却有着与老一代“出梁庄人”截然不同

① 梁鸿：《出梁庄记》，花城出版社，2013 年，第 41 页。
② 梁鸿：《出梁庄记》，花城出版社，2013 年，第 41 页。
③ 梁鸿：《出梁庄记》，花城出版社，2013 年，第 21 页。

的生命体验、思维方式和情感态度。民中一开始以一种拒绝的姿态吸引了“我”的注意。“一个年轻人,上身穿着紧身的黑色T恤,下身一件腰间有金属链的深蓝色牛仔裤,额前的头发挑染出一撮鲜亮的黄色,脚上穿着一双人字拖。”① 从衣着服饰来看,民中已经完全实现了从乡土中国农民到城市中国“现代青年”的转变。更重要的是,民中对生活的理解与思考已经完全没有了老一代“出梁庄人”的乡土依恋情感,而是从审美趣味到内在精神气质的“城市化”。可惜的是,民中汲取的不是“城市”的民主、开放、平等与自由的现代性精神,而是深深感染上了“城市”中的“邪恶”霉毒质素。这点非常像苏童《米》中的五龙形象,一个内心追求稻米之香却被城市之恶吞噬的人。问题并不能完全归咎于五龙和民中,因为这个“城市”没有展示它文明和善的一面,反而处处是“恶”与“侮辱”的一面。这是民中和现代城市的双重悲哀:一面是民中力图拒绝父辈的乡土生活、追求城市新生活的梦想的难以逾越的现实壁垒,另一面是现代城市歧视性意识形态所造成的精神壁垒与可能的巨大风险。正如梁鸿所言,老一代“出梁庄人”认可了存在的区隔、“羞耻”与侮辱,乃至以此为存在身份获得一份可怜而卑微的存在,从而达成与现实的某种和解;但是民中“一瞥而来的眼神,那仇恨、那隔膜,让我意识到我们之间无比宽阔的鸿沟”,意识到他“羞耻于父辈们的自嘲与欢乐”,“不愿重复他们的路”,“在城市的街道上,他们被追赶、打倒、驱逐,他愤恨他也成为这样的形象”②。民中接到小兄弟出事电话时说的话语与“霸气,冷酷、镇定”的声音,让“我”意识到某种正在临近的巨大危险性。“我”对民中说“你要好

① 梁鸿:《出梁庄记》,花城出版社,2013年,第52页。
② 梁鸿:《出梁庄记》,花城出版社,2013年,第54页。

好的”明年见，民中“嘴角牵起一个诡异的微笑”，说“什么好不好的，再见我，说不定就在监狱里了”①。民中对自我未来的可能性走向有种无比清醒的绝望感，呈现了新一代农民工与现代城市、被侮辱生活的无可和解性。虽然，民中与老一代“出梁庄人”表现出极大差异，但是在反抗方式上竟然是惊人一致的原始、野蛮与血腥的“丛林法则”；不同的是，更加仇恨，更加血腥与凶狠。

事实上，不仅仅是民中等新一代“出梁庄人”是一个心理高危人群，在富士康工厂打工的新一代“出梁庄人”梁平同样被折磨成了一个“机器人”，成为马尔库塞所言的“单面人”。毕业于信息工程职业学院的梁平，尽管有着城市背景的教育经历和职业素养，但是“其实用处不大”，依然从事最低廉的工作，乃至不得不到处寻找打工机会，混同于一般的农民工。梁鸿在“国仁工友之家”，找到了一群类似民中、梁平的“新生代农民工”。“这些年轻人喜欢上网、聊天、打游戏，喜欢穿着帅酷的劣质衣服，染着黄头发，穿着牛仔裤，挣一点钱就去买手机，在城市的大排档和同伴大声地聊天、喝酒。他们宁肯在城市闲逛，也不会回农村定居”②。这就是“新生代农民工”的生存现状和精神状态。昔日的工人老大哥时代已经是遥远的历史，今天的“新生代农民工”即使在“工友之家”这样的力图增进交往友谊、培养现代意识的群体机构，依然感到孤独、无助，“无法激发他的某种意志力，无法改变他无力的生命状态”，成为一群在城市社会空间里游荡的绝不回父辈故乡而无家可归的“孤魂野鬼”。“离弃村落的人们流浪太久了，/ 许多人说不定死在半路上”③。如果说老一代“出梁庄人”尚且有个故乡挂念着、眷恋着，那

① 梁鸿：《出梁庄记》，花城出版社，2013 年，第 55 页。

② 梁鸿：《出梁庄记》，花城出版社，2013 年，第 197 页。

③ 梁鸿：《出梁庄记》，花城出版社，2013 年，第 272 页。

么我们的新一代“出梁庄人”、新一代“农民工”的出路在哪里？未来又在哪里？来到城市寻求新生的“出梁庄人”，依然处于城市化的迷途之中。

四、梁庄未来道路的思考

“整个乡村给人一种温暖自在的感觉，虽然有触目惊心的感觉。它的确有变化，但也是有自在的变化。没有时间与速度，因此也就没有危机感与焦虑。几位妇女在村头的树下打牌，有的人带着孙子到处闲逛聊天，有的人在田地里干活，青年也在各自忙碌。我预想的悲伤、痛苦、无奈都慢慢消解，甚至被我自己给否定了。因为在这里，这些都只是生活的一部分。”① 梁鸿的“梁庄女儿”的回忆性叙述视角与其描绘的梁庄人“在场者”叙述视角在这里产生了认知对立与冲突。到底哪一种更真实，哪一种成分更大呢？梁鸿说“一种明晰的感觉背后又有说不出的困惑”，“我的观点是如此犹豫，不确定”。这正是生命世界的复杂性，既有常态，又有变异。或许，悖论就在于只有离乡者才能对当代乡村的剧变有着如此“触目惊心”的感受与思考。可贵的是，梁鸿没有进行绝对性判断，没有把一切归结为社会的问题，而是从变中感觉到常，看到了“这里面蕴含着更为复杂、多义的东西，它不仅仅与政府相关，也与传统、文化、道德，与这块土地、这片天空、这片原野相关，它与已经深深扎根于土壤中的几千年的民族生活息息相关。它是一种久远的密码，它是一种民族无意识，而时代政治、政策以及由此带来的变迁则只是一个横截面，是暂时的影响，一旦这种强大的外力消失，一切可能又恢复到过去”②。

① 梁鸿：《出梁庄记》，花城出版社，2013 年，第 213 页。
② 梁鸿：《出梁庄记》，花城出版社，2013 年，第 215 页。

真的还像千百年前的乡土中国变迁一样，“一切可能又恢复到过去”吗？尽管我们晚清就惊呼“千年未有之巨变”，从五四时期鲁迅的“故乡书写”就呈现一种感时忧国的“悲凉美学”，但是，我要说的是，当下所面临的“梁庄”为缩影的乡土中国乡村从外在生态污染到内在伦理文化的裂变，都已经处于岌岌可危的状态，更何况正在兴起的“城镇化运动”正在大量地吞噬无数的“梁庄”。今天的中国，每时每刻都有大量的“梁庄”正在走向消亡。梁鸿的“梁庄”正在经历着前所未有的“剧变”，但是身在其中的“梁庄人”却对此熟视无睹、爱莫能助。在梁鸿看来，我们忽视了一个最为重要的问题，“即中国农民对政治的冷淡”。“在农民眼里，社会仍然是别人的，他们不属于其中。所有的好与坏，他们都只是被动地接受。他们只是‘被拯救者’，而不是主人公。乡土中国不仅是地理意义的农村，而且是整个中国社会文化的基本特性”①。在与穰县县委书记的交流中，梁鸿感受到政府对社会主义新农村建设的热情与重视；然而，遗憾的是，梁鸿看到的是农民对此热情的冷漠，“政府—干部—农民之间始终是三张皮，没有形成有机的统一体”，“当代的农村政策不停地变，身在其中的农民不知道哪一种东西还真正属于自己，包括土地。因为没有拥有过权利，农民也不认为都是自己应该关心的事情，国家给一点，当然好，不给也是自然”②。

无疑，百年来乡土中国农民拥有权利最彻底、最多，参政热情最高涨的时期就是解放战争时期和新中国成立初期的时间里。正是中国共产党推翻封建地主土地所有制的土地革命政策，让乡土

① 梁鸿：《出梁庄记》，花城出版社，2013 年，第 215 页。

② 梁鸿：《出梁庄记》，花城出版社，2013 年，第 224 页。

中国农民彻底翻身解放,第一次成为土地的拥有者和新诞生政权的国家主人。一切权利归农会,把农民参政的热情和积极性真正发挥到前所未有的热度,召唤出了千千万万农民对中国共产党、对解放战争的巨大热情。得民心者,得天下。我们不仅赢得了解放战争的巨大胜利,建立起了人民当家做主的新中国,开启了如火如荼的新中国一个个建设热潮。但即使如此,20 世纪 50 年代的毛泽东所提出的“农村广阔天地大有所为”和豫剧《朝阳沟》倡导的“知识青年扎根农村”都成为最微弱的声音。在路遥的《人生》和《平凡的世界》中,农村成为青年终要逃离的梦魇。但事实上是,即使逃离乡村,来到城市,依然受到了来自城市意识形态的物质盘剥和精神歧视。在城市中的“出梁庄人”,依然感到茫然、无助和冷漠,从未成为城市的主人。新一代出梁庄人是想成为主人而不能。这就是当代乡土中国的最大危机所在:梁庄人无论是在梁庄,还是出梁庄到城市,都不是真正意义上的主人。因此,于建嵘提出“我们是否背弃了曾经的对工农的承诺”① 的质疑,并提出相应的精神解决框架,即重新继承那份红色政治遗产,重建农会等自主性管理机构,让农民成为真正的主人。正如《国际歌》中所唱,从来没有什么救赎主,拯救梁庄的力量,只能是梁庄人自己,而不可能寄托于外力的作用。

事实上,面对黑色淤泥之殇的梁庄,留守的梁庄人依然每天都要承受,都要继续生活下去。梁鸿从众多对话者的抱怨性话语中依然感受到“掩藏在背后的爱与宽容”,“仍然有一种非常细腻的感情”。梁鸿留意到芝婶对留守孙子的“疼惜、怜爱的眼神”,“芝婶绝

① 于建嵘:《终结革命:背弃承诺抑或重构价值——解读 20 世纪中国工农运动》,2002 年 12 月 19 日在北京大学所做的演讲, http://www.tecn.cn/data/detail.php?id=852.

不是没有意识，她只是把这种疼痛、这种伤感深深埋藏起来。她没有抱住孙子整天哭，也没有对木齐的儿子过分表示安慰，因为在乡村生活中，她们必须用坚强来对抗软弱”①。但对于乡土中国农民而言，“他们不表达，不但对外人，对儿女更不表达。这一切，是属于地层之下的，被深深埋藏起来的，连他们自己也意识不到。乡村的生命，其韧性之大，是与自然界生物相等并齐的”②。正是这种掩藏于地层深处的岩浆般炽热的情感和与大地万物一样广博深厚的生命韧性，支撑了梁庄人与苦难、血泪、屈辱相抗衡的生命力量和永不停息的日常生活世界。

不仅如此，老一代“出梁庄人”坚忍地生活着，把故乡梁庄作为皈依的心灵家园，把希望寄托在回乡和下一代教育上。新一代“出梁庄人”的生活空间和精神空间更为偏狭，没有故乡皈依感的他们，在异乡的空间漂泊，处于鲁迅《影的告别》所言的“无地之地”。比较而言，流落在城市中的算命者贤义的生存空间与精神空间的拓展，倒是耐人寻味。从出梁庄、回梁庄到再出梁庄，贤义对新生活道路的探索经历了反复的多次磨难，在身体也不行了又不想回农村的情况下，选择起了算命这个职业，这不仅超乎梁鸿的观念，即使是贤义本人也没有预料到。悖论不仅在于一个追求现代梦想的年轻人最终选择了现代都市最古老的职业，更在于这个最古老、与现代性格格不入的职业让贤义获得了巨大的生存空间，建立起了自己精神尊严和安宁的内心生活。与“我”同来的贤仁对哥哥的算命职业是鄙夷嫌弃的，即使有着现代包容意识的“我”从内心深处依然是“嘲讽”“轻视”与“否定”，贤义把释迦牟尼、毛泽

① 梁鸿：《出梁庄记》，花城出版社，2013 年，第 61 页。

② 梁鸿：《出梁庄记》，花城出版社，2013 年，第 204—205 页。

东等图像并置在一起加重了这种质疑。但是,“贤义是如此坦然,他的神情是如此明朗、开放,他对他的贫穷生活如此淡然,他对事物的独特超然理解又使得这几种相互冲突的事物融洽地相处在一起”[①]。贤义平和的语气、眉宇间安静与超脱的气质,他与儿子的良好关系、儿子的健康成长、小家庭的温暖,显现出其生活的“开放性和光明性”。这不仅有别于他的姊妹们的只有现在、只有金钱、没有未来的麻木生活,也与其他出梁庄人的冷淡、孤独、仇恨心理和苟且生活拉开了距离,而多了“一重空间,一重光亮、开阔的空间”。“心灵的痛苦从来不是法律和制度的范畴,而是最古老的方术”[②]。贤义对自己的城市生活进行着来自古老乡土中国文化基因的现代阐释,慰藉了自己的和同乡人的心灵。“在这个现代算命人身上,还存在着某种光亮,古老的光亮,它曾被我们熄灭、遗忘,被我们扭曲、误解,在狭窄的钢筋水泥的缝隙中,它挣扎着,以孱弱而又顽强的姿态向我们传递着久远的信息”[③]。贤义这个现代算命者是值得我们深思的,以梁庄人为代表的中国人所需要的不仅仅是物质主义的发展,更重要的是来自心灵深处的信仰皈依。资本主义在发展的上升期形成了关于物质发展的终极归宿问题的新教伦理,成为一种普遍的伦理信仰和道德规范。今天的乡土中国也处于经济迅速发展的上升期,我们仅仅有“发展是硬道理”的物质发展主义,而没有形成具有终极意义、可皈依的文化伦理和道德规范。在天地君亲师的“天地君”都不再具有威权的祛魅时代,还有什么是可以敬畏的?还有什么是不可以突破的?梁庄旧的伦理文化正在

① 梁鸿:《出梁庄记》,花城出版社,2013 年,第 79 页。
② 梁鸿:《出梁庄记》,花城出版社,2013 年,第 81 页。
③ 梁鸿:《出梁庄记》,花城出版社,2013 年,第 83—84 页。

崩溃，而新的伦理文化还没有形成，这种没有灵魂、没有信仰的时代伦理文化困境，才是当代乡土中国最大的危机所在。梁鸿描绘的贤义形象就告诉我们，古老的乡土中国文化并没有失效，它依然在发挥着不可替代的作用，新世纪乡土中国伦理文化的重建依然需要从母体文化基因中寻找精神遗传密码。

结 语

今日中国知识分子能够做什么？如何呈现今日之中国，如何阐释今日之中国，这是我们最迫切、最重要，也是最根本的问题。“周虽旧邦，其命维新。”21世纪乡土中国“新命”何在？这是当代中国思想家、当代中国知识分子不可回避的当代使命。作为当代知识分子，梁鸿以其“梁庄书写”诠释了她对“新命”的担当与思考。

从晚清开始的乡土中国现代性之变，随着中国改革开放新时期的到来，时至今日而愈演愈烈，呈加速发展之势。这就是无可阻挡的现代化洪流，是从农业文明到工业文明、后工业文明的人类生产范式、生活方式和伦理文化结构发生的质的巨变。在这个古老的乡土中国里，这种前所未有的现代性之变所引发的社会深层结构和心理文化结构深处的撕裂之痛、文化震荡、伦理重建，尤其艰难。在越来越难以整体把握时代精神，越来越难以处理时代经验的审美困境下，学者型作家梁鸿的“梁庄书写”提供了这个时代鲜活经验、微观镜像和精神深度的文学文本，描绘了“梁庄”乡土世界中的最卑微、最孤苦无依而又最被忽视和遮蔽的“梁庄人”，为我们呈现了乡土中国百年来的最为细致真切的灵魂裂变蜕化史。梁鸿的“梁庄书写”已经实现了“让‘乡土中国’具象、个性、丰富”，

"'梁庄'再度成为符号,成为'乡土中国'的隐喻"[1]。

梁鸿作为梁庄"女儿"的叙述身份,不仅为梁庄的"非虚构写作"提供了尽可能进入与融入梁庄人日常生活和心灵世界的最有利条件,而且为这一非虚构文学文本注入了最为饱满的生命之气。"对于乡村书写,乃至对于任何文学作品来说,这种感情都是弥足珍贵,也是构成优秀文学的基本品质"[2]。当然,主观情感的介入也是一把双刃剑,在带来叙事主体的人文关怀和精神元气的同时,也可能危及非虚构写作的客观性尺度和叙事情感的平衡。可贵的是,学者型作家的梁鸿时刻对"梁庄女儿"身份保持着警惕,其在"梁庄书写"过程中所呈现的审美自律和历史反省意识,在很大程度上规避和批判了来自主观情感介入的叙述局限。梁鸿大胆真诚的内心情感世界的书写,为文本提供了元气淋漓的诗意性审美境界;同时,又把"我"与叙事对象的情感隔膜与无可融入的心灵"厚障壁"毫不隐瞒地呈现出来,本身就获得了一个反思与批判的客观性品格。这种"非虚构写作"在给作品带来叙述的历史客观性、真实性、民间性和文化性品质的同时,在某种意义上削减了作家审美虚构想象的自由空间以及由此带来的文学性品质的弱化。"梁庄书写"从本质上说是一种空间性书写。它作为"中国的非虚构文学,其内涵和表现形式,远远超出了西方的同类文学形式的限定"[3],也不同于以往中国文学叙述,没有中心人物形象和故事时间的贯穿,贯穿全文的是线索性人物"我",书中真正意义的叙述中心

---

① 申霞艳:《"梁庄"与中国想象》,《文艺争鸣》2013 年第 7 期。

② 贺仲明:《如何让乡村说出自己的声音——读梁鸿〈中国在梁庄〉〈出梁庄记〉有感》,《文艺争鸣》2013 年第 7 期。

③ 房伟:《梁庄与中国:无法终结的记忆——评梁鸿的长篇非虚构文学〈出梁庄记〉》,《文艺争鸣》2013 年第 7 期。

和主角是“梁庄”，一个个人物都是梁庄的活生生的生命个体与生命叶脉的一部分。梁庄就是“梁庄书写”中的最大主人公形象，是所有现实与精神问题的归结点，也是所有生命发源地和心灵的皈依地。

梁庄向何处去？这是一个没有答案的、没有终结的问题。乡土中国现代转型远远没有终止，梁庄人和出梁庄人在继续经历现代性撕裂痛苦的同时，也将迎来全面挣脱束缚、全面解放的新历史动力、新可能性与新使命。让故乡不再沦陷，留住乡愁，留住青山绿水，留住乡土中国村庄最微小的文化有机体，阐释和建构从生存伦理到终极伦理的新生态文明理念，这就是今天的“旧邦新命”。城乡融合、共享城市化和工业化文明，建设一个物质适度、精神开阔的“有生命的空间”，这是人口密集型的东亚国家的乡村未来道路思考。“围绕9亿农民的生活与他们生存价值的重建，乡村建设将具有无比宽阔的空间”，这“不单是一项应对中国现代化挑战的权宜之计，而是关乎中华文明崛起和世界未来出炉的庞大工作”①。

《出梁庄记》结尾部分书写了一个99岁的“老党委”奶奶的去世。报小庙、报大庙、送路、送葬，“死者为大”，梁庄人在严格遵循着乡土伦理秩序庄重宣告一个世纪老人生命的终结。梁庄人在送葬的路上绵延成一条线。梁庄每个人都在经历着一场死亡，活着的人与死亡的人融为一体，完成一个宗族血缘的生命共同体的文化认知和精神皈依。魂去兮，魂归兮。死亡在此时也意味着新生。从梁庄到乡土中国，这个古老的文化有机体和生命共同体正在经历着死亡和新生的蜕变痛苦。

---

① 贺雪峰：《什么农村，什么问题》，法律出版社，2008年，第374页。

梁庄，正站在旧文明的终结处与新世纪文明的入口处。

第三节 刘玉栋“新乡土叙事”：新世纪乡土中国的温情乡愁

一

许多访谈者和评论家在评价刘玉栋时都不约而同地使用了“安静”“厚实”“沉稳”这样的词语。作为一名“新锐作家”，“刘玉栋本人给人的现实感觉一点也不新，一点也不锐，平实无华，本分。腼腆倒也不腼腆，大方也说不上多么大方。一如刚下了学的中学生，安静、耐心、仔细”①。“厚实、稳重、沉静是刘玉栋个性的体现”②，而他的文字也一如其人，带有一种安静、温暖又忧郁的特点。“他的表达，他的人物，都非常的温和，就像他写的‘齐周雾村’一样，雾蒙蒙的，显出一种温柔之美”③。“刘玉栋的小说充满了某种温暖的情感之力……在刘玉栋的笔下总是流淌着款款的温情和隐隐的愁绪，映射着浓郁的体恤之情和悲悯之态，既有生存的艰辛和凝重，又有生命的怀想和暖意，从而使他的小说显示出一种别样的审美情趣”④，一种温情的乡愁。

① 逄金一：《双倍的生活》，东南大学出版社，2003 年，第 272 页。

② 吴义勤：《“道德化”的乡土世界——刘玉栋小说论》，《小说评论》2005 年第 4 期。

③ 张丽军、马兵、赵月斌等：《“走向内心的写作”及其突围之路——“70 后”作家刘玉栋的创作研讨》，《绥化学院学报》2010 年第 2 期。

④ 洪治纲：《苦难背后的温暖——刘玉栋小说论》，《济南大学学报（社会科学版）》2005 年第 3 期。

在“70后”作家中，刘玉栋确实是一个比较特别的存在①。这个从鲁北平原走出来的文学青年，一开始就带有一种沉静内敛的思想者气质。这种安静又有些内敛的性格就让他更多时候充当的是一个观察者、沉思者的角色，而他的温暖与安静又使他时常能够沉入人的心底，触及人心中那块最柔软、最疼痛的地方。土地的博厚和乡村的温情让他养成了宽厚、温暖的天性，生活中那些处于弱势地位的人似乎更能吸引他的目光。不论是写乡村还是写城市，他始终坚定而执着地讲述一个个弱势者的故事，为那些处于黑暗中却无法为自己发声的柔弱者点燃一簇温暖的炉火，给他们以温暖，安抚他们心灵的颤栗与恐惧，也让我们借着这一点光亮看到柔弱者美好的品质与尊严。于是，小人物平凡生活中世俗的安慰、脉脉的温情和真实的疼痛，都在刘玉栋的文字中得以呈现。这些俗而又俗的凡人琐事，刘玉栋却将它写出了一种诗意的感觉。

刘玉栋的写作与他个人的生命体验有着密切的联系，他的写作很大程度上是一种个人化写作。十七岁由乡入城的经历又让这个天性敏感的青年深切地体会到中国城市化进程中，进入城市的那一部分人心灵的痛苦与挣扎。“十几年前，我从外地来到济南，住在东郊的一个地质队的野外基地里，等待命运的重新安排……

① 新世纪以来，“70后”作家所表现出的特殊性、异质性日渐清晰，逐渐成为中国文坛异军突起的审美新力量，刘玉栋是其中的突出代表。刘玉栋在关注日常生活的细微的同时实际上已经从“70后”作家这种对细微的执着中脱颖而出。在城市题材小说中，刘玉栋表现的是城市人“生如浮萍，无所依傍”的无根生存状态；在农村题材小说中，他直击人内心的是庄稼人“劳我以生，息我以死”的温情与苦痛；当农民脱离土地，进入了梦寐以求的城市时却发现自己“发旺如花，年日如草”。刘玉栋力图表现出片段化生活背后人性的美及其背后潜藏的生命深情，构成一种别致的、温情的乡愁。他笔下点点滴滴的日常斑痕，最终汇聚成一片耀眼夺目的光斑，让日常生活中的“微物”散发出宏阔的、神性的光芒来。

那座楼里常住的就我一个人。因此在那里住了两个多月,常常连个说话的人都没有,因无所事事,我感到孤独和无聊。”① 孤独之中遇到的几个文友成了刘玉栋灰暗城市生活中的一抹亮色。“说真的,我一下子就爱上了小说这个东西,因为它最有意思,可以编个故事来安慰自己。”② 小说就成了安慰这个刚刚经历高考失败、对城市生活处处不适应的青年的心灵。刘玉栋初入城市时的这种心态,在他之后创作的很多小说中都有所体现。《年日如草》中曹大屯刚刚来到城市时的孤独、彷徨和无助,可以说是刘玉栋刚进城时内心的真实写照。“他整天皱着眉头……肩头不自信地耷拉着,看上去就是一个小老头。”③ 曹大屯觉得非常的孤独,他觉得自己的城市生活浑浑噩噩,十分糟糕,面对城市错综复杂的街道,他恐惧、迷茫、提心吊胆,还要处处迎合别人的生活方式和观念。城市并不如想象中那么美好,这里和乡村世界不一样。20 世纪初,当古老的中国在西方的炮火下惊醒,痛苦地开始由传统农业社会向现代工业社会转变,中国人对代表文明与现代的城市的想象就开始了。城市在乡村世界的憧憬与想象中已经成为“现代文明”的象征,城市生活也被误解为是一种在高度发达的物质基础上的安逸与享乐。然而,“城市既是一个巨大的事实,又是现代性的公认象征。它既构成了现代的困境,又象征着这一困境:置身于人群之中的人,既无名,又无根,切断了过去,切断了他曾拥有的人际关系纽带”④。城

① 刘玉栋:《公鸡的寓言》,山东文艺出版社,2005 年,第 19 页。

② 刘玉栋:《公鸡的寓言》,山东文艺出版社,2005 年,第 20 页。

③ 刘玉栋:《年日如草》,作家出版社,2010 年,第 98 页。

④ [美]斯皮尔斯:《狄俄尼索斯与城市》,张英进著,秦立彦译《中国现代文学与电影中的城市:空间、时间与性别构形》,江苏人民出版社,2007 年,第 127 页。

市的生存，是漂浮的，维系人际关系的纽带已经断裂。

这个带有沉思者气质的文学青年从城市的日常生活中深刻地体会到了城市情感地基的薄弱，这里的人情味太淡了，人在城市里的生活就像水中的浮萍一样无依无傍。1993年刘玉栋发表的《浮萍时代》对城市冷漠疏离的人际关系进行的思考今天看来仍然具有意义。一个叫红羊的女人带来了朋友“鬼子”死亡的消息，在大脑一片空白后，“我”陷入有关鬼子的遥远的回忆，但“过去总会被岁月的沙砾冲击得七零八散。我们回忆过去没有任何价值，但我们往往会被这无价值的东西搞的惆怅满怀”[1]。“我”为埋葬鬼子的灵魂和落实他的遗嘱而奔走在雾似阴冷的城市，但无论是在鬼子的父母、旧时恋人亚还是朋友红羊那里，鬼子的存在或消失都是那么没有意义。当人与人之间充满温情的往昔被归于“无价值”“无意义”，友情、爱情、亲情这些人类所珍视的情感在纯粹线性向前的城市人记忆面前轰然瓦解。城市人无根的生存状态，不禁让人发出“浮萍”之叹。这篇小说传达出的声音实际上一直回响在刘玉栋日后所创作的城市题材小说中。

城市人际关系的疏离是刘玉栋早期城市题材小说表现的主要主题之一。《生活无痕迹》中“我”在一个天气爽朗的下午，想起了曾经的朋友——一个在三年前离奇失踪的带有理想主义色彩的青年冯雷。对冯雷的失踪人们说法不一，是死是活也不能确定，然而“这一切似乎都与我没什么关系了……人们都很忙，一些事，很快就会被忘掉的”[2]。一个生命究竟是消失还是消逝竟不能让“我”关心，只让我觉得“他就像满街的灰尘一样令人心烦”。城市人情

① 刘玉栋：《年日如草》，作家出版社，2010年，第6页。

② 刘玉栋：《年日如草》，作家出版社，2010年，第19页。

感的淡漠可见一斑。《傍晚》中与妻子离异又失去爱女的编辑牟同因想自费出版一本诗集作为亡女的礼物而求助于曾经最要好的同学，但是当他在出站口看到接自己的牌子和后面那辆奥迪轿车时，他逃离了。“他明白，即便跟自己的同学坐到一块儿，他面对着的也只能是一个市长，不会再有什么同学，更不会再有什么纯真的友情”①。《肉体与时光》中，“高楼”竟不记得自己的老师，当得知老师的死讯后，高楼的心情并未受到丝毫影响，他“揉揉眼睛，伸伸懒腰，打个哈欠，去刷牙洗脸蹲马桶”②。人们的记忆似乎被施了魔法，那些温情脉脉的过往全都消散如烟，留下的只是日常的琐屑与平庸。那个布丁街最有出息的古一先生给别人送了一辈子花圈，“到头来，别人却没给他送来一个”。《傻女苏锦》中，苏锦唯一愿意主动与他说话的就是主人公的儿子，但苏锦从他三岁时就同他说话，他却从来没有理过她。多年后，当听到苏锦死去的消息时，儿子却十分平淡地说：“我终于摆脱了那支手枪。”《玫瑰街角的两个老人》中修车的老齐和卖烤地瓜的女人在寂寞清贫的日子里结成了一段友谊，子女们并不理解老人为儿孙的付出，只埋怨他自找罪受。女人老伴留下的房子不少，但她现在却只能蜗居在厨房里，偌大一个家竟没有她的容身之处。城市老人的晚年并不幸福。

“在文学表现的所有感情中，爱情最引人注意……从一个时代对爱情的观念中我们可以得到一把尺子，可以用它来极其精确地量出该时代整个情感生活的强度、性质和温度。”③如果用爱情这把尺子来衡量刘玉栋笔下的城市世界，那它一定是脆弱、虚伪、冰冷

① 刘玉栋：《年日如草》，作家出版社，2010 年，第 30 页。

② 刘玉栋：《年日如草》，作家出版社，2010 年，第 33 页。

③ ［丹麦］勃兰兑斯著，张道真译：《十九世纪文学主流》第三分册《法国的反动》，人民文学出版社，1986 年，第 221 页。

的。刘玉栋笔下的都市爱情多淹没于物质的苟且与琐屑，围城内外的男女或为肉欲的狂欢或为现实的利益而肆意放纵。爱情的永恒性被消解，婚姻的神圣性被颠覆，都市里的男女关系更加混乱与随意。城市里这种冰冷的男女关系可能对刘玉栋造成了很大的冲击，因此在他城市题材或者有关城市的小说中，我们常常可以看到有关离婚、偷情和婚外恋的情节。

《向北》像是对婚姻所做的一个终极寓言。“我”与刘苹准备在今天早上去登记结婚。二人结婚的决定是在一家名叫“随意”的小饭店里定下的。没有鲜花与掌声，也没有月光与誓言，二人决定结婚只是因为两人年纪都不小了，不能再这么鬼混下去，需要办个“营业执照”。去登记的那天早上，“我”百无聊赖地等着磨磨蹭蹭的刘苹。这个本该有意义的日子与昨天和前天没有任何不同。看着精心打扮的刘苹我却发现，她笑起来其实难看极了。“在阳光下，我还发现刘苹眼角上皱纹很深，尤其是今天。”[①]接下来作者有意对他们一路的言行及琐事进行了描写，婚姻的神圣消解于无形。到了区政府二人却被告知结婚登记需向北走，几经周折，在北的尽头却是一条漂浮着白色泡沫散发着刺鼻气味的污水沟。期待与现实其实差别很大，婚姻的尽头也许并不那么美好。这条肮脏的污水河正隐喻着都市婚姻未来的面孔。《后来》中郭明的妻子因结识了有钱的玩具商而与他离婚，后来郭明遇到同样离异的唐棣，二人已经决定在一起。但当郭明看到唐棣因在火车上推销首饰而疲惫地把头靠在一个男人的肩头睡着了时，他突然觉得这又是和上一次婚姻一样无意义的重复，“那仍是一张皱纹和疲惫的脸”。“后来”并没能拯救郭明。《黢黑锃亮》中“我”在一个雨天乘车去看我

① 刘玉栋：《浮萍时代》，济南出版社，2012年，第135页。

曾经最好的同学，当在他家里见到他的妻子时我觉得她似曾相识。雨天氤氲的天气、旅途的劳顿以及随之而来的感冒让我很快陷入了一种晕眩。在“我”病中乱七八糟的回忆中我们才明白原来这是“我”曾经的女友。遗忘似乎已是都市现代人的通病，对待爱情也不例外。《淹没》中崔莺莺以为的“艳遇”其实只是丈夫精心设计的圈套。《危楼听歌》中的姜鹏和《打野鸡》中的小孟都遭到了妻子的背叛，不同的是姜鹏选择了决绝的方式，在婚姻、辞职、求职中茫然、失望；而小孟却始终被蒙在鼓里，依旧过着“快乐”的日子。究竟哪种方式更好，作者似乎也没有给出答案。

从这一时期的小说中，我们可以看出刘玉栋关注的是“怎么写”而不是“写什么”的问题，他还处在一个四处探索的阶段。此时的刘玉栋就像一个刚刚进入城市、进入小说的青年，他更多的是持一种观望态度，但是这种被“隔”在外面的旁观却也正符合城市生活淡漠疏离的本质。刘玉栋早期的创作对小说“外在”的关注可能也就成了他始终没能走到“里面”去的原因，他早期的城市题材小说读起来始终有一种很“隔”的感觉。但是，这些小说写作上的尝试与试验提升了他的写作能力和技巧，为后来视野转向农村后的勃发打下了坚实的基础。

二

经过初期城市题材写作的锻炼与积累，刘玉栋的小说写作日渐成熟。1999 年后，他把目光又拉回到了农村。这种转向不仅仅是他个人情感的需要，更是创作的需要。因为城市题材的小说刘玉栋更多关注的是“怎么写”而不是“写什么”，这就使他的写作一直游离在生命情态之外。“1998 年冬天，我心里特别迷茫和困惑，我对自己的创作特别不满意，我觉得我的小说缺少一种深入人心的力量……也就是说，我的情感还没有真正回到内心……我决定，写离自己内心最近的东西。于是，我自然而然想到了童年和故乡。”[①]《我们分到了土地》《平原六章》《葬马头》《火化》《给马兰姑姑押车》等都是这一时期的成功之作。回归心灵之后，刘玉栋看到了乡村日常生活中那些“微物”宏阔而诗性的光，小说中采用的童年视角和乡村醇和温静的氛围让刘玉栋笔下的齐周雾村充满诗性和温情。然而，齐周雾村并不全是美好，我们的乡村不是“桃花源”。底层生活的窘迫让许多农民日复一日地辛劳，直到死亡才能过上“幸福的日子”；传统文化中闭塞、愚昧、野蛮落后的一面催生出许多震慑人心的悲剧；乡村不只有美好，也有痛苦甚至是罪恶。作者饱含痛苦地指出乡村道德日益败落、温柔敦厚的传统氛围正在消逝的现实……在这美与丑交织的乡村中，刘玉栋触摸到了人性背后的某种真实。

在乡土中国，劳动是农民获得物质生活资料的方式，也是他们证明自我价值、从中体验到快乐与满足的方式。农耕文明中决定土地产出的除了“老天爷”就是农民自己。农民付出的劳动和心血越多，他脚下的这片土地给他的回报也就越多。劳作既带给他身体上的劳绩，又带给他精神上至高无上的抚慰。勤劳能干的人在乡村世界总是受到更多的赞誉和表扬。一句“这个人多能干呀！”在乡村就是最高的褒扬，它能让一个农民鼓着劲干上好一阵儿。刘玉栋从小接触的就是这些乡村世界中再平凡不过的小人物。这些小人物勤劳本分，朴实无华，但粗粝的外表下仍有一颗柔软的心。他们对生活的愿望非常简单，只是希望踏踏实实地过好日子，牢牢攥住手心里这一点儿安稳，但命运有时连这样简单的要

① 刘玉栋：《公鸡的寓言》，山东文艺出版社，2005 年，第 17 页。

求也不愿意满足他们。他们像是土地上细弱又无名的野草,随便一阵风就能将他们刮得东倒西歪,原本平静的生活也因此发生翻天覆地的变化。农民苦作惜时的天性也成为他们悲剧命运的原因之一。对土地的热爱以及困苦生活的催逼往往让他们没日没夜地劳作,他们往往在有生之年都不舍得轻易“放纵”一天,不舍得过一天他们向往的生活,直到死亡的那一日才能借灵魂的游荡,过一天向往已久的“幸福的日子”。

《幸福的一天》讲述了菜农马全的故事。一天早晨,菜农马全从不安的睡梦中醒来。一个古怪而苍凉的梦让他睡意全无。他身着铠甲孤身一人站在四周满是白雪的荒野里,陪伴他的只有一声声凄厉的呜咽。那呜咽千丝万缕地将他紧紧缠住,简直将他的心压得透不过气来。开篇的梦境似乎就是一个不祥的预兆。窗外黑洞洞的,他心里说不出的难受,但他却不得不在夜最深沉的时候摸黑从暖烘烘的被窝里爬出来。菜农必须在每天凌晨四点起床火急火燎地过上喧闹的一天。“只有到晚上,他回家以后,才能看到老婆晃动的身影。可是两杯酒下肚,一天的疲倦和困意就像潮水般涌上来……他已经想不起上一次跟老婆亲热的时间了。但马全没办法,他只能这样拼死拼活的一天到晚地卖菜。”[①] “四点钟”这符咒一般的存在,让菜贩子马全不得不在一天中最冷的时候,开始他“新”的一天。

开篇那个古怪的梦让马全的心难受极了,棉衣棉帽在冬日刺骨的寒风中宛如虚置,他觉得全身绷着的皮肉都快被这寒风给戳透了。精神上的压抑和肉体上的“苦行”让马全不由地想起父亲临死前从牙缝里蹦出那几个字:“人活着,真他娘的苦啊。”这样神

① 刘玉栋:《公鸡的寓言》,山东文艺出版社,2005年,第54页。

思恍惚的驾驶让马全不幸出了事故，他的车翻到了路边的水沟里。死亡让他从生活的重压中解脱，但作者却采取了“灵魂出窍”的方式让这分明悲惨的一天变成了“幸福的一天”。醒来的马全从肉体的沉重中解脱，他的精神也从日常生活的庸碌中挣脱开来，那些在他心中压抑已久的委屈和渴望爆发了。“多少年了，天天披星戴月，一天到晚忙忙碌碌吵吵闹闹，为了一分钱，也能争个脸红脖子粗。从一大早，把满满的一车菜推进那个黑洞洞的菜市场，到傍晚时，再推着空车从里面走出来。这么多年，说句夸张的话，连太阳都看不见，当然，更感受不到那暖烘烘的阳光了。”① 这么多年谈论最多的是城里人的“幸福生活”，马全今天也体验了一把。“当暖暖的水像无数的樱桃小口似的亲吻马全的肉体时，马全幸福得几乎掉下泪来”。虽然花了很多钱，但马全觉得他这一天没白活。“人不能光受苦受累，也得体验一下幸福生活。”然而，天池搓澡的小伙子满身的疤痕和滴雨美发厅小姐脖子上那圈疤痕都向我们展示了生活冰冷、严酷的另一面，这些创伤也让小人物马全所谓的“幸福”大打折扣。灵魂出窍后的马全做了那些他渴望已久的事情：不挤公交车而坐出租车、去“凤都楼”吃早点、买新衣新鞋、去天河池泡澡堂子、去滴雨美发厅“享受”。当“幸福的”马全回到家中看到门板上自己的尸身时，“他一头栽倒在门板上。接着，他觉得身体就有了重量”，“生前生活之重与死后生活之轻，虚幻中自身生命之欢愉与他者生命之隐痛，亡灵不能承受之轻与尸身依旧承担生命之重，既互相接续，又能对比映照，显现出了作者的高超的审美技巧和生命哲学理念”②。

---

① 刘玉栋：《公鸡的寓言》，山东文艺出版社，2005 年，第 57 页。

② 张丽军：《新世纪农民对城市的审美想象与情感律动——以刘玉栋〈幸福的一天〉和〈跟你说说话〉为例》，《绥化学院学报》2010 年第 2 期。

传统的中国农民必须是一个勤劳、时刻忙个不停的人,“手不离活”是对其进行道德评价的重要标准。《跟你说说话》中,在孩子王大手的记忆里,“我爷爷好像天天都在干活儿。不,是每时每刻每分每秒都在干活儿,他就像家里那台老座钟上秒针似的,整天‘吧嗒’个不停”[①]。他不是打磨农具就是侍弄庄稼,“在他的眼里,似乎只有地里的庄稼和家里的农具”。在不干活的时候,他“活像一把干柴火”,可一旦干起活儿来就看出了他手脚的利落劲儿。劳动成了这个农民证明自身存在意义的方式。《年日如草》中曹大屯的母亲吴翠芬虽然进了城,有了城市户口,但还是一颗农民的心。多年来风吹日晒,卖烤地瓜、卖包子、卖煎饼果子……她从土地上带来的那一套生活方式并没有改变。游手好闲的“二流子”在农村是会遭到人的鄙视的。《通往天堂的路》中,农村妇女高芦花高大粗壮,挑水、种地、喂鸡、养鸭、侍弄小猪,农活家事料理得井井有条,但是她的“能干”却更反衬出她生活的不幸:丈夫孙二九是个不务正业的赌鬼,高芦花照顾他像照顾“儿子”。

土地的博厚和乡村的温情让刘玉栋养成了宽厚、温暖的天性,生活中那些处于弱势地位的人似乎更能吸引他的目光,生活中这些不那么完美甚至是有某些缺陷的人也能得到他的宽宥和谅解。《笑不出来的喜剧》中连根爷爷因为“相面的侉子”随口一句“预言”,原本硬朗的身体一夜之间就垮掉了。在“最后的日子”里,连根爷爷最大的心愿就是能够入土为安,但生活却偏偏跟他开了个不大不小的玩笑——必须火葬的决定下来了,他将成为村子里第一个死后还要被火烧的人。对火化恐惧让连根爷爷寝食难安。可是,他的这种恐惧根本不被人理解,村子里的人都把连根爷爷这种

① 刘玉栋:《公鸡的寓言》,山东文艺出版社,2005 年,第 221 页。

忧虑当成笑话。唯一没有把连根爷爷的痛苦和恐惧当成笑话，并且真切地给予了同情的，可能只有刘玉栋自己。他太了解农村老一辈人了，他知道他们情感需要与伦理观念，知道他们在突然面对“火化”时内心的不安与恐惧。所以刘玉栋没有把连根爷爷当成一个笑话，他真诚地给这个小人物送去了安慰，让他最终没有成为第一个被火化的人，而是继续平静地生活下去。生活中弱势者表现出的美好品质可能更加可贵。《葬马头》中瘸子父亲刘长贵在村子里处处受到人的嘲讽和捉弄，甚至在他的妻子那里也不被尊重，但就是这个毫不起眼的瘸子却在全村人都陷入对马肉的疯狂中时，仍然在自责与痛苦中保持着清醒。他坚守住了对滚蹄子马的情谊，那个在夜色中独自一个去村外埋葬马头的身影，让我们感受到了处于弱势地位的人的尊严与高贵。《七色玻璃球》中铁椎用七色玻璃球打死了姐夫二奔，但作者也给了铁锤以道德上的宽宥，因为他是为了保护姐姐。

刘玉栋安静内敛的气质决定了他笔下的冲突也不是强烈的，他的作品中鲜少激烈对抗的矛盾，这种冲突往往被他内化了，冲突所激起的浪涛往往涌动在人的内心。这也使他的小说总是在不知不觉间流露出一种“暖伤”的情调，即他所写的故事是悲的，但却仍让人感到来自人性深处的某种温暖。那些黑暗中的点点光斑，最终汇成一片宏阔的光。

《我们分到了土地》是将个人经验与民族历史联系起来的成功之作，它涉及了乡土世界中最核心的东西——土地。农民对土地的热爱是从根上就被决定了的。施宾格勒在《西方的没落》中指出了农民与土地的深刻联系：“人自己变成了植物——即变成了农民。他生根在他所照料的土地上……敌对的自然变成了朋友；土地变成了家乡。在播种与生育、收获与死亡、孩子与谷粒间产生了一种深刻的因缘。对于那和人类同时生长起来的丰饶的土地发生了一种表现在冥府祀拜中的新的虔信。”① 用“庄稼人”来对应“农民”是十分贴切的。农民自己就像植物，对土地潜意识里的热爱与依恋让老一辈农民将土地看作自己的生命。《我们分到了土地》中，作者真切地表现了农民对土地的这种热爱。爷爷在生产队分地的那一天心情一定是十分激动的。他早早地就蹲在院子里看分到自家的枣红马，还告诉孙子刘长江今天可以不去上学，因为刘长江今天要代替他去生产队抓阄。“他手干净，脑子也干净，没有私心杂念”，而自己的手则“糙得跟锅底似的”，爷爷还特地让刘长江换上了一身新衣服。抓阄前的准备活动非常郑重，充满了仪式感，可是刘长江偏偏抓了个“1”号——那是最差的五块“地头子”。原本对分地期待那么大的爷爷，此时的心情是怎样的，作者偏偏没有写，他留下了一块空白。家人直到晚上才发现爷爷一直没有回来，母亲最终在家里分到的那五块“地头子”上找到了爷爷，他已经奄奄一息了。一个原本健康的老人，一夕之间就萎缩了。这是土地带给他的巨大情感冲击，爷爷那干巴瘦小的身躯无法承受这个打击，他在床上躺了一个多月后就死了。小说最激烈的应该就是分到土地后爷爷的心理活动，可是刘玉栋偏偏没有正面处理这段冲突，而是留下了一段空白，文本也因此显示出巨大的张力。这种将冲突内化的艺术表现手法也许正是刘玉栋作品独特的魅力。

在农民那里，表达自己的爱意与温情似乎是件格外困难的事，他们羞于表达出与粗砺外表不相符的细腻情感。于是，亲人之间爱意的表达往往用责骂甚至是暴力代替。《火色马》为我们展现了

① [德]奥斯瓦尔德·斯宾格勒著，齐世荣等译:《西方的没落》，商务印书馆，1963 年，第 198 页。

乡村中美好的夫妻爱、母子情。丈夫的突然去世打破了女人原本平凡的幸福生活，孩子们也懂事了，他们怕母亲一个人侍弄不了这二亩菜地，因此都想帮她分担。而做母亲的却因为疼爱孩子，认为他们的骨头还没长好，叫骂着把孩子从土地上赶走。她不能让孩子再像丈夫一样受累。女人因爱而激发的打骂和孩子因爱而生的执拗产生了激烈的碰撞，母子之间淳朴的深情在女人爱的责打中达到高潮。《高兴吧弟弟》中弟弟刘长河为了减轻哥哥的负担隐瞒了自己收到县一中的录取通知书的事实，哥哥刘长江在得知弟弟优异的成绩却说不想上学了后，急切的心情让他打了他一个耳光。这对农家兄弟之间的深情没有用言语表达，而是用了农村那种独特的表达爱意的方式。《早春图》中冯宝才对家人的感情也没有表达出来。他已经不在乎妻子不能说话的缺陷，而是从心底里感激“哑巴”这么多年来为家庭的付出；他记挂着小时候对母亲的承诺，想让儿子二厚去天津时给母亲带上一斤“狗不理包子”解解馋；他牵挂着即将搬进城里的儿媳和孙子，明知他们是进城“享福”了但却依然为他们感到担忧。最让冯宝才操心的可能是儿子二厚。二厚年年进城打工，难得在家，可临走之前自己还跟他怄气。小说中处处可见冯宝才对家人的爱和歉疚，但他就是没有表达出来。“爱要怎么说出口？”在那些可爱的乡村人那里，表达“爱”真的成为了一个无解的难题。

童年和故乡是最贴近刘玉栋内心的东西，当他写到那个乡村世界，写到齐周雾村时，文字一下子就清新鲜活起来，故乡的花草树木、土地河流全都在诗意的文字中复活。乡土在刘玉栋笔下不仅仅是个与城市相对的文化符号，它更是一个饱含生命、充满着情感与爱意的世界。他不讲惊心动魄的故事，只说平常人家的悲喜。《丫头》讲述了一个被称作“丫头”的少年慢慢成长的故事。丫头对自己的名字由拒绝到接受，表现了他的成长与变化。他开始理解亲人这样称呼自己的意义，年轻的心感受到了这原本以为“羞耻”的称呼背后深沉的爱，他打心底里不排斥“丫头”这个名字了。《给马兰姑姑押车》讲述了因过度兴奋而在给姑姑马兰押车时睡着了的孩子——红兵的懊恼与成长。虽然最后该得的东西一点都没少，但“我隐隐地感觉到，这些令人向往的事情，结果并不是那么令人高兴”。《公鸡的寓言》中哥哥陈大宝以独特的方式对父母即将分崩离析的婚姻做了挽留。

然而，刘玉栋建构他的乡土王国时也没有回避其中的苦难与丑陋。《雾似的村庄》中人们在瞎子乃木赖以谋生的饭缸中侮辱性地放进大便，摧毁了善良的乃木的生存意志，击碎了他对人的信任，最终造成他的死亡。乃林因性格柔弱内向而常被村里人欺负，年纪轻轻就在一个关于他媳妇儿的梦中死去了。乃森则在对这一切失望后彻底离开了乡村。小说集中展现的是乡村丑陋、罪恶的一面，恶之花在这里遍地开放。汝东不明白的是为什么他的家庭他的村庄他的家乡不像这乡村的景色一样美丽可爱，“为什么人就不能多一些同情，多一些温暖？战争似乎也没有这样残忍”[①]。《通往天堂的路》中高芦花十六岁的大女儿孙美秀在镇上电器厂中被厂长孔胖子欺辱，最终带着身孕喝药自杀。《跟你说说话》中叔叔对婶婶的抛弃导致了她的自杀，而姐姐进城以后也堕落了。《怪胎》中已经生了三个女儿的高庆祝因刚生下的“怪胎”女儿死去而难掩喜色。刘玉栋没有刻意回避乡村的愚昧、落后和丑恶，他恰恰是看到了乡村中不好的一面。这善与恶、美与丑交织的乡村，也许才是真实的乡村。

---

① 刘玉栋：《我们分到了土地》，山东文艺出版社，2001 年，第 25 页。

对于乡村，作家既不需要用理想的模式去刻意美化，也不需要将它的苦难过分夸大。农民有苦难，但也不等于农民就没有童年、没有欢乐。刘玉栋用他自己的创作表明，他想要建构的并不是一个至纯至美的诗意乌托邦，而是一种温暖的乡愁与诗性的审美。温情的乡愁不是不写恶，而是在展示生活冷酷、苦难，甚至罪恶的同时，寻找能够抵御这严酷和寒冷的一簇炉火，让人永不丧失对人的信念，在暗夜里也不惮前行。

三

中国特殊的户籍制度在20世纪造成了一种独特的现象：“出生和出生地决定了一个人的地位，除了极少的状况，这种城乡区别长期固定着，甚至沿袭后代，形成具有世袭等级色彩的身份制度。”①城市与乡村这种巨大的差异和阻隔就使得城市在乡村青年的心中“圣化”。对农村人来说，城市神秘而又遥远，城市代表高楼大厦、车水马龙，意味着干净整洁的服装和精致的商品粮。城市什么都好，“进城”就成了几代农民心中的梦想。然而当他们真正走进城市以后，他们才发现自己对城市是多么的不适应。作为由乡入城大军中的一员，刘玉栋也被这股时代洪流卷入其中。面对城市，他没有表现出身份转变后的狂喜，反而感到了困惑和迷茫。他深切地感受到由城市文化和乡土文化两种不同文化的碰撞而造成的一部分农民灵魂的痛苦与颤栗。这些进城的农民，有的随时可以退回去，而有的却是毫无退路的。20世纪后期中国特有的“农转非”现象让一部分农民没有退路地进城扎根，寻找他们的“城市

① [美]范芝芬：《流动中国：迁移、国家和家庭》，社会科学文献出版社，2013年，第57页。

梦”。他们的内心经历了怎样的痛苦与挣扎？刘玉栋的长篇小说《年日如草》表现的正是乡土中国城市化的大时代背景下，这一部分农民的“寻找之苦”与“融入之难”。

农民对土地的依恋越深，对城市的融入就越难。他们像在广袤的野地里扎根的草，被风意外地吹进城来，城里的钢筋水泥根本让他们无法扎根。依恋土地与摆脱土地成了新旧农民之间的无法弥合的缝隙，这就在特定时空里上演了一部分进城农民的悲喜剧。作品中的奶奶是一个传统农民的形象，她在进城之前死去，以生命拒绝了城市。其实这一情节在刘玉栋的其他小说中也出现过。可以说，“奶奶”象征的正是传统农民对土地的依恋与热爱，她对乡村土地的情感十分深厚，一辈子就想扎根在这个村庄里，不愿意踏进城市一步。她愿意在乡村的泥土里长成一棵大树，而不愿成为钢筋水泥地上一株无法扎根的小草。“奶奶”拒绝的是城市的摇摆与漂泊。曹大屯的母亲吴翠芬虽然有了城市户口，但她的心还是农村人的心，她的城市融入之旅更加痛苦。来到城市后，她总觉得“迷迷糊糊、提心吊胆”，眼前像是蒙着一层阴翳，城市狭小的天空和拥挤的人群让她觉得憋闷。尽管她不用再披星戴月地在土里刨食，但她却觉得心里空落落的。农民是不能离开土地、离开劳动的。在城里做一点小生意让她又看到了自己的价值，她卖烤地瓜、卖包子、卖煎饼果子……多年来风吹日晒，直到老年她这个新市民才算变得越来越像样子，但命运偏偏没有给她享福的机会。曹大屯的父亲曹有祥是进城的第一代，他靠读书从农村来到城市，毕业后分配到了地质队工作。但是，曹有祥的家庭和孩子却都在农村，家庭是“农村一伙，城里一伙”。几十年来老曹在城里并没有家，他的工作让他总在野外乱窜，“跟流浪汉似的”，被紫外线晒得黝黑的皮肤让人难以将他和“知识分子”挂上钩。他更像一个生活在乡下的城市人。家庭的温暖和亲人的温情他几乎感受不到，家庭中这种城乡分隔的状况让妻子和孩子与他甚是隔膜。这种居无定所、漂泊无依的生活让他自己也觉得厌倦，觉得自己这大半生根本不是为自己过的。随着小说的描写，我们对曹有祥的这种“失败”感受得也越来越深。

曹大屯是作者浓墨重彩推出的一个二代农民形象，作者塑造出了一个以往表现农民与城市关系的作品中所没有表现的新形象。他在与城市的碰撞中渐渐褪掉乡村伦理的底色，逐步适应城市的生存法则，不失狡黠但又没有完全丧失善良本性。他不再黑白分明，而是退到了一个模糊的灰色地带让人不能一下子把他分辨出来。曹大屯十八岁的时候因父亲单位的政策，由“农”转“非”，成了城市人。但真正来到这个梦寐以求的城市，他才发现一切并不那么美好，他像是被父亲老曹丢在这个完全陌生的地方了。可以称为他人生“导师”的伟哥告诉他，“漂亮的城市虽说就在眼前，但实际上离我们远着呢”。刚来到城市里的曹大屯真切地感受到了这一点，他一肚子的烦恼无人诉说，“他整天皱着眉头……肩头不自信地耷拉着，看上去就是一个小老头”。曹大屯觉得非常的孤独，他觉得自己这几年的城市生活浑浑噩噩，十分糟糕。这几年，“他就如同一个龌龊卑下的小丑似的，整天贴着墙根走，时时在偷窥别人的正常生活。他孤独，连个说话的朋友都没有，面对车间里庞大的机器设备和城市错综复杂的街道，他恐惧、迷茫、提心吊胆，莫名其妙地出虚汗，还要处处迎合别人的生活方式和观念”①。几年前他满怀豪情地想在这座城市里扎根，但几年过去了，他“还是如同一根摇摇晃晃的草，可怜的根须又细

① 刘玉栋：《年日如草》，作家出版社，2010年，第98页。

又短。这里依然不属于他”[①]。与师傅一家的相处让他感受到了家庭的温暖和城市市民生活的“派头”,但一场意外的责任事故却又将他推入了深渊。曹大屯对城市的寻找与融入似乎格外地艰难。

与袁婷婷意外的婚姻让曹大屯似乎渐渐融入了这座城市,他成了别人眼中整天乐呵呵的曹老板,“迈着四方步,叼着香烟,或者端一杯茶”,他也觉得自己成了这城市的主人之一。但是,当婷婷的前男友棒子重新出现后,曹大屯觉得“面前这种平静的城市生活立刻变得虚幻起来。这几年他自己以为充实的一切,竟在顷刻间变化成一种幻象,如此脆弱!”[②]他依然生活在城市的影子里。与袁婷婷离婚时,他按照自己的道义和原则,没要任何财产,净身出户,甘愿让多年的打拼重归于零。他依然自卑,只有在农村姑娘王小改那里他才重新找到了自信。二十多年,曹大屯在城市漂泊的状态并没有改变,他成了苍老的浮萍,想在城市安定下来的渴望越来越迫切。生活中那些非常现实、沉重的问题逼着他一点点地对外界妥协,他开始认同并且遵循城市的游戏规则了。储小青的“买凶杀人”为曹大屯提供了一个转变的契机。见到储小青时,曹大屯发现当年那个穿着火红的羽绒服走在白雪里的青春女孩已经不见了,她“那双清澈的如同挂着露珠的黑葡萄似的大眼睛”变得“浑浊暗淡”。当她“咬牙切齿,眼露凶光”地咒骂丈夫的小三时,曹大屯对青春美好的记忆也被埋葬了。人人都变了,“我”为什么不能变呢?储小青递来的崭新三万块钱钞票让曹大屯也变了,钱的“香气令人陶醉”。解决现实问题的迫切需要让曹大屯再一次妥协了。

---

① 刘玉栋:《年日如草》,作家出版社,2010年,第66页。

② 刘玉栋:《年日如草》,作家出版社,2010年,第181页。

当然,这种“变”并不意味着曹大屯彻底丧失了本性的善良,只能说他是在不违背本心的情况下,来适应城市。因为杀人是犯法的,曹大屯如果真的帮储小青办了这件事,那就是把两个人都推上了不归路。从某种程度上来说,收下她的钱但不帮她办事也是保护储小青的一种办法。曹大屯已经适应了城市的生存法则,开始以城市人的方式来处理人情。因此,从这个意义上说,曹大屯真正适应了城市,就像小说的结尾处袁婷婷说的:“你个狗日的,总算开窍了。”乡土中国社会转型与文化重构大背景下的小人物曹大屯真正的城市生活就要开始了。这里依然闪烁着卑贱者的微弱的精神光芒。

结　语

从创作初期城市题材的左冲右突到转型后对乡村土地的深情凝视,再到对微时代中生存者微弱精神光芒的执着追寻,刘玉栋的文学创作经历了一个意味深长的转向。这种转向既体现了刘玉栋的个人成长,也为我们提供了作家风格转向背后丰富的文学史和时代的信息。在刘玉栋早期城市题材的作品中,我们看到的是以一种扭曲化的处理方式重塑日常生活。这里的日常生活是充分陌生化了的,充满了怪诞、悖论和疑团,这正是当时烜赫一时的先锋文学给中国文坛造成的影响。但是,这种形式上的试验注定不能走得太远,特别是对于刘玉栋这样一个由城入乡的作家来说。于是,现实主义与个人经验结合的写作手法使得刘玉栋的作品在新的时代语境下又重新获得了生命力,他的乡村创作至今仍让我们觉得惊喜。那些平凡无奇的小人物的生命故事,柔弱、卑贱者在困境中人格尊严的凸显,使刘玉栋的乡村书写散发出一种奇异的人性光泽,一种温暖的诗性乡愁意味。

“文学史，就其最深刻的意义来说，是一种心理学，研究人的灵魂，是灵魂的历史”①，而“日常生活是一个时代真正的‘肉身’”②，抓住日常生活才能使得“时代的肉身”与“人的灵魂”沟通起来。“日常生活世界是与人类历史相始终的一个具体而复杂的领域，它具有比任何特定历史形态更为长久的生命力，也是推动历史前行的巨大潜流”③。“70后”作家对日常斑痕的关注已经“汇聚成一片耀眼夺目的光斑”。这是“70后”作家的长处，但同样也是他们需要克服的缺陷。如何将个人的、琐碎的情感，上升为普遍的情感，让作家的创作既包含现在，又能延伸至过去、拓展至未来，使其创作既有暂时性，又包含永久性，是摆在“70后”作家面前的一道难题。正如朗松所说：“个人才华最美好最伟大之处，并不在于把它孤立起来的那个独特性，而是在这个独特性中凝聚着一个时代或一个群体集体的生命，是它的象征，是它的代表。”④作为“70后”作家之一，刘玉栋的可贵之处就在于他在关注日常的同时也摆脱了那种对细微的执着，他发现了日常生活背后的意义，并将之上升为一种对于人类共同审美体验的追寻。于是，我们在刘玉栋笔下的平凡的人物和琐碎的日常中就看到了某种神性的光芒。

在这条追寻“精神光芒”的文学道路上，刘玉栋继续走着，我们有理由相信他会越走越远，呈现出他独特的审美诗性之光。

---

① [丹麦]勃兰克斯著，张道真译：《十九世纪文学主流》第一分册《流亡文学》，人民文学出版社，1997年，第2页。

② 谢有顺：《中国小说叙事伦理的现代转向》，复旦大学博士论文，2010年。

③ 乔焕江：《日常的力量：后新时期文学与文化反思》，广西师范大学出版社，2011年，第63页。

④ [美]昂利·拜尔编：《方法、批评及文学史》，中国社会科学出版社，1992年，第7页。

第四节　叶炜“农村三部曲”：新乡土中国巨变的精神守望与艺术探索

“20世纪中国乡土文学形成了两大基本叙事传统：一是乡土写实传统，从鲁迅到韩少功，以知识分子立场、文化批判形成启蒙传统；二是乡土浪漫传统，从废名、沈从文、孙犁，到汪曾祺、贾平凹，以知识分子的立场、人性审美形成诗化传统。”① 传统乡土文学描写下的乡村在一定程度上与城市文明的联系不大，是一种近乎独立于城市之外的乡土存在。当下的乡村却和以往的乡土存在不一样，已经和城市建立了密不可分的联系。这就要求文学创作者寻找新的叙事观念，既能够展现写实的乡土，又能够在当下复杂乡土环境中保持一种浪漫的想象。叶炜的乡土书写恰恰是融合了现实与浪漫的书写。叶炜是从农村中走出来的文学创作者，因此对乡村有着深切的体验，能够较为真实地刻画乡村普通生活和鲜明的乡村人物。同时，他又是一位对乡村有着深厚感情的作家，通过描写位于苏北鲁南地区一个叫“麻庄”的小村庄，揭露着受到现代文明冲击的农村和农民的命运。

作为新乡土小说创作者，叶炜立足于自己的故乡，建构起了以麻庄为中心的文学叙事框架、乡村格局和独立的精神空间②。这是

① 白忠德：《浅析中国乡土文学内涵及其叙事传统》，《作家》2010年第6期。

② 叶炜作为新乡土小说的创作者，是一个对乡土的忠实守望者。他从农村的生命体验出发，对以麻庄为中心的乡土世界进行了原汁原味和富有乡土大地逻辑理念的审美书写。通过他的作品《福地》《富矿》《后土》，我们可以领略到苏北鲁南大地上乡村生活的丰富多彩和乡村人的情感纠葛。叶炜三部小说展现了现代文明与农村文明的交锋。被动地接受与主动地融入交织在一起，都在体现着农村文明变迁的多样性与复杂性。叶炜在继承传统叙事手法的基础上，推陈出新，通过描写一个小乡村的变化，呈现出对乡土中国大地正在发生的巨变的深刻思考。

一个具有独特审美意义的地域，展现着苏北鲁南的风土人情。虽然只是描写了一个小村庄，但是这个村庄背后出现的问题却是普遍性的，是鲜活的，是与外界有着紧密联系的。叶炜对农村的书写又是不脱离本土的，他遵循着农村发展的内在传统，在继承乡土书写精髓的基础上推陈出新，新颖中给人一种扎实亲切的感觉，"显现为一种新世纪乡土中国现代性历史裂变、中国农民灵魂挣扎与救赎的审美镜像，即新世纪历史文化语境下中国新现代性的'中国经验、中国之心'"①。

一、回归本真的、原汁原味的文学书写

"乡土文学创作者谁也无法否认民间文化对其创作的影响。"②叶炜在他的作品中描写的是当下社会新农村的农民的生活状态，展现的是乡村土地和经济发展之间的矛盾。作者不是以一种"城市看农村"的视角来描写农村，而是从农村内在的生命体验出发。不是将农村推向城市，而是在运动变化中改造农村，去适应新时代。作者希望农村不是空的，而是饱满且不落后的，那么对于农村的书写便是非常"接地气"的，是回归农村本真的原汁原味的文学书写。

叶炜小说里的麻庄是一块风水宝地，麻庄的人们在这片土地上过着普通琐碎的生活。叶炜在这三部作品中对于乡村民俗的描写非常精彩。《福地》中细致地描写了麻庄人过年时的规矩。过年时的吃食便是非常讲究，"初一吃素馅的饺子，初二吃荤馅的；初三

① 张丽军：《新世纪乡土中国现代性裂变的审美镜像——读贾平凹的〈秦腔〉与〈高兴〉》，《文艺争鸣》2009年第2期。

② 韩春燕：《文字里的村庄：当代中国小说的村庄叙事》，上海人民出版社，2011年，第31页。

中午净手焚香，祭祀拜祖，全家团聚共饮……”[①]晚辈给长辈拜年需要磕头行礼，长辈则给晚辈压岁钱或者礼品食物。中国传统农村对于风水、良辰吉日是非常看重的。最直接的体现就是在婚丧嫁娶上，《后土》中对于曹东风迎娶刘小妹的描写，便是对农村婚礼的一个真实的展现，提亲—测生辰八字—“见面钱”—测日子—送“大柬”—男方下“催妆衣”—女方“回盒”—迎娶。所有的流程都要做的一件事儿就是“查好日子”，选一个良辰吉日。因为农村人相信在良辰吉日，所做的一切事情都会顺顺利利。叶炜笔下的农民是真正带着“土气”的，在土地上生，在土地上死，始终围绕着土地展开。日常的生活遵循着农村特有的传统，似乎永远都有事儿干，闲不住。只有在下雨天，村民们没法出门劳作，只能在家睡大觉或者和自己的女人纠缠在一起。这种日常化的叙述直观地展现了农村人们真实的生活习惯。另外，大量民俗、民谣、谚语的引用，让小说更加接“地气”。“堆呀堆，堆雪人，圆圆脸儿胖墩墩……我们一起做游戏”[②]，每当民谣响起，给人一种身临其境的感觉。作者还将苏北鲁南地区的曲艺拉魂腔引入到小说中，“东凫山，西凫山，天连水来水连天……”[③]还有地方柳琴戏，“大陆上来了我陈世铎，赶会赶了三天多……”[④]这种来自于人们生活、深受人们喜爱的曲艺，代表着乡村人们的娱乐生活，也代表着乡村人们那种朴实无华的心态，表现出作者对于农村的深深热爱之情。

叶炜的小说中出现了许多对于乡村男女之间性关系的描写。在叶炜的小说中，长期的精神压抑得到了一定程度的释放，男女之

① 叶炜:《福地》，青岛出版社，2015 年，第 278 页。

② 叶炜:《后土》，青岛出版社，2014 年，第 337 页。

③ 叶炜:《后土》，青岛出版社，2014 年，第 289 页。

④ 叶炜:《后土》，青岛出版社，2014 年，第 55 页。

间的基本生理欲求得到了一定程度的满足。叶炜在小说中讲述了多种性关系。《福地》中老万四个孩子都已成人，却从窑子里领回来了才十三岁的冬菊。“冬菊理理额前的散发，笑笑：俺都十三了，不小了！”① 这一“理”，这一“笑”，已经不是一个十三岁的女孩的气质，是经历过大难、流转于风尘之地之后的坦然。《福地》中嫣红的丈夫万禄常年在外，生死未卜。在万禄离开后，守活寡的嫣红内心是极其痛苦的。“老万看了看有些失落的嫣红，心里想自打万禄这小子走了以后，嫣红在家里就没怎么高兴过。也不知道傻小子啥时候回来，再不回来，可苦了嫣红了。”② 虽然嫣红在万家不愁吃穿，但是自己的男人却不在身边，因此与从小一块长大的陆小虎一直藕断丝连。由一开始的被迫到最后交易似的默许了，她也是有着生理欲求的。《后土》中如意的丈夫王忠厚死去，她与吴计划偷腥。翠香死了男人，独自拉扯女儿。在遇到村长刘青松后，翠香获得了生理和精神上的满足。《富矿》这部小说中描写的煤矿上几乎没有女人，全是年轻力壮的劳力。百无聊赖的矿工们既有着生理上的需求，也有着精神上的空虚，于是在“那个以煤矿为中心建立起来的初具规模的小城镇里，每天都发生着许多男人和女人的故事”③。随着城镇化的推进，大量的青壮劳力涌入城市之中，成为农民工的一份子。他们的妻子有的就留在了家中照顾老小，但是她们也有着基本的需求，就像是在《后土》中被抓的下乡老师高翔说的，“她对我说自己男人出门了，她在家鼓躁得慌。还说不光她自己，现在麻庄的小媳妇都不老实，她们的男人出门太久，都闷得慌。

① 叶炜：《福地》，青岛出版社，2015 年，第 135 页。

② 叶炜：《福地》，青岛出版社，2015 年，第 138 页。

③ 叶炜：《富矿》，青岛出版社，2015 年，第 28 页。

现在整个村子都看不到几个壮劳力，净剩下些老人孩子妇女”①。在叶炜笔下，还有一种性关系是把性作为一种交易。有权色交易，《后土》中三远在任村支书期间，利用手中仅有的权力，和多名同村女人发生过性关系，包括妇女主任李玉花、会计刘建设的媳妇桂花等等。“有最厉害的，真真是过着‘天天夜里当新郎，到处都有丈母娘’的神仙日子”②。

老人在乡村生活描绘中一直是重要的角色。叶炜的这三部小说都刻画了一个受人尊敬的老者形象。老者往往是时代的见证者，熟悉村庄的过去和村庄人的生活，有着丰富的经验。“年老智者在村庄叙事中常常充当村庄之神。时间和阅历让他们富有经验，因为了解村庄的过去，他们对村庄现在和将来的判断就有了权威性。经验在村庄生活中具有着重大意义，同样德行也是村庄生活中一个重要的度量衡”③。在《后土》中，老村长虽然退居二线，但是在村里有重大决策的时候，作为村支书的曹东风都会去问一下意见。在《富矿》中，二姥爷活着的时候一直是麻庄里麻姓家族的主心骨。二姥爷去世了，村里举行了隆重的葬礼，大半个村庄的人都来帮丧，这就足以见得村民们对二姥爷的敬重。在《福地》中，老万作为麻庄的守护者，得到了村里人们的拥护，甚至是成了麻庄人们共同的信仰。这些村子里有名望的老人“具备了所有地方和所有个人皆有的大体相似的内容和行为方式。换言之，由于它在所有人身上都是相同的，因此它组成了一种超个性的心理基础，并

① 叶炜：《后土》，青岛出版社，2014 年，第 350 页。

② 叶炜：《后土》，青岛出版社，2014 年，第 335 页。

③ 韩春燕：《文字里的村庄：当代中国小说的村庄叙事》，上海人民出版社，2011 年，第 115 页。

且普遍地存在于我们每一个人身上”①。这也符合中国乡村社会里一般的农民总是随着辈分高的人、有名望的人的决定而行动。所以，作者刻画的这些老者，往往在一定程度上成了整个家族、整个村庄的精神信仰，进而体现出作者对以老者为代表的传统文化的敬重。

二、两种文明的交锋、冲击与新希望的萌生

城镇化的推进和工业文明的侵入使得乡村正在发生着前所未有的变化。“不管现代化的前景如何，现代化都已成为中国乡村的宿命。现代化不只是物质的，还是文化上的，在文化上现代化就是要‘化’掉中国乡村，‘化’掉中国乡村文化传统，在这一过程中，村庄作为一个现代化进程中的传统空间，必然会发生文化上的冲突和碰撞，必然在这冲突和碰撞中改变自身”②。在传统文明与现代文明的交锋中，其矛盾冲突也逐渐变得十分尖锐。首先是封闭式的小农经济生产模式被打破了，农村的人口开始脱离世代依靠的土地；其次是农村在现代文明冲击下开始适应性地变革。然而几千年的农耕文明根深蒂固，现代文明与农耕文明的交锋，使生活在夹缝中的乡村人民急切地适应、无奈地接受。叶炜在他的小说中，对这两种文明的交锋都做了一定程度的探索。值得注意的是，在叶炜的笔下，乡村的发展并不是绝望的，虽然经历过磨难，也存在着各种各样的问题，但是却是有着希望的。

现代文明侵入农村，村庄开始适应性地变革。“现在，全镇都

① [瑞士]荣格著，冯川、苏克译：《心理学与文学》，生活·读书·新知三联书店，1987年，第53页。

② 韩春燕：《文字里的村庄：当代中国小说的村庄叙事》，上海人民出版社，2011年，第67页。

在搞经济，天天把招商引资、发展乡镇企业挂在嘴边。各村都争着上报村财政发展的数字，争着搞各种村办工厂。为了不落后，麻庄上马了村办砖厂”[①]。随着农村改革的开始，传统的村庄面临着重重挑战，农村文明正在走向衰落。耕地文明被彻底地打破，一方面表现在对耕地资源的过度开采，对自然的索取变得越来越无止境。《后土》中的砖厂、《富矿》中的煤矿一步步地侵蚀着麻庄的土地，由一开始占用荒地到最后征用耕地。这些现代文明的进入所导致的灾难也日渐出现，《富矿》中开篇就向我们展示了受到煤矿污染的严重，本来四季分明的麻庄几年不下雪，“麻庄女人的乳汁已经逐渐变成了黄色、褐色、黑色，吃这种乳汁长大的孩子，脸膛黑得像煤块”[②]。村庄原来的生态结构被打破，耕地的减少直接影响的是农人的生存资料，环境的改变则影响着农人们的生命质量。煤矿机器的轰鸣声扰得村民们睡不好觉，男人们骂，女人们也开始焦躁不安起来。另一方面又表现在对剩余耕地的荒废。农民种地的成本增加，收成又受到多种不稳定因素的影响，最后算下来，耽误了大量的时间却不能收获满意的结果，单纯地只靠土地生活已经满足不了人们的需求，以土地为根本的农民开始对土地失望，村民们正在一步步地脱离着土地。原来的粮食种植变成效益更高的瓜果蔬菜，村里的一些有眼光的人开商店、开发廊。这些现代文明的产物逐渐在村庄里生根。由此导致的劳动力的流失，使本来就不多的土地被闲置。农村的生态平衡被打破，生活在村庄里的人的思想也开始被外来文明逐渐地异化。表现在原始信仰逐渐地淡化和脱离，“每到礼拜天，她们都喜欢到如意家里的小教堂去祷告。如

① 叶炜：《后土》，青岛出版社，2014 年，第 67 页。

② 叶炜：《富矿》，青岛出版社，2015 年，第 4 页。

意家里越来越热闹了，与土地庙的日渐冷清形成了强烈的反差”①，村民们逐渐地开始不再信奉土地爷、村约这类原始的信仰。天主教、基督教等外来宗教逐渐地攻破了村庄传统文化城堡，一步步进入村庄文化中。如意在信仰“主”后开始清心寡欲，逐渐断了和吴计划偷情的关系。如意好似找到了一种重生的感觉，把自己的家改成了一个信“主”的聚会之地。在这里，她们获得了精神上的洗礼，在拯救自己的同时也拯救了别人，这在她们从前的生活中是从来都不曾有过的。《富矿》中麻庄的人们羡慕的是以矿工们为代表的现代文明人手里大把的钱和他们的生活习惯。就连传统的老人也开始慢慢地接受这种文明所带来的种种改变。这些传统的老人在新现代文明浪潮的裹挟下显得茫然，不知所措，只能无可奈何地接受。这体现了现代文明的强大的征服力量，这也是现代文明进驻乡村所带来的矛盾。而“在城镇化的推进过程中，面对中国乡村生态环境的破坏、自然资源被人类无节制的开发与掠夺、人与自然的关系不断恶化的现象，如何‘建立一种人与自然的亲和、和谐的生态树审美关系’，甚至‘建立一种人与自然、社会、他人、自身的生态审美关系，走向人的诗意的栖居’成为了当代中国乡土叙事中的新思考”②。叶炜的文学叙事中的生态叙事非常的深刻，在他的小说中就蕴含了对乡村生态、文化、文明的担忧以及思考。

农村主动走出去。“麻庄从前年开始，陆陆续续的出去了五六个，都是年轻力壮的小伙子。一开始很能挣钱，隔一个月都往家寄好几千块，村里其他年轻人看着都眼红，也都准备出去呢”③。叶

① 叶炜：《后土》，青岛出版社，2014 年，第 368 页。

② 曾繁仁：《中国当代生态美学的产生与发展》，《中国图书评论》2006 年第 3 期。

③ 叶炜：《后土》，青岛出版社，2014 年，第 103 页。

炜在小说中描写的村庄只剩下女人、孩子、老人。从农村走向城市的人们，如果没有学历，只能是吃着最简单的饭菜，做着最苦最累的活儿。女人运气好的可以当个保姆或者钟点工，运气差的可能就出卖自己的身体。“有人说，麻庄女孩在城里从事的工作就是当‘鸡’，她们或主动或被动地走上了用身体换钱的不归路”[①]。就像是梁鸿在《出梁庄记》中提到的，这些难以融入城市的人其实生活过得并不好，毕竟是生在农村、长在农村的人，无法真正地适应城市的生活。城市生活对于这些来自乡村的人是包容的，也是限制的。不过虽然来自乡村的人在城市生活中缺少很多生活的保障，但是至少是觉得进城了，便不想再回到自己的乡村，甚至愿意死在城市里。偶尔有回到村庄的，也是短暂的停留。也恰恰是这种停留，为城市的灯红酒绿的生活做出了一种宣传。于是在这批人重新回到城市的时候，又带走了村庄的一批人。“1990 年代初以来，中国社会进行了步幅巨大的经济和文化改革，与传统乡土文明关系密切的生活方式和价值观念受到了根本性的冲击，现代城市文明成为了社会文化的主导”[②]，城市现代文明对于农民的巨大诱惑，使得一个个的村庄变空。村庄失去了生机与活力，一片萧瑟。叶炜虽然对农村人在城市中的生活描写得不多，但是我们仍然可以看到作者在这方面的用心。叶炜通过对从农村走向城市的一类人的描写，以小见大，与乡村文明形成鲜明的对比。表现出作者对于乡村文明开始巨大嬗变的感叹，其中在《后土》中对女孩菊花的描写，“她的身上穿着一个包臀的短裙，黑色的丝袜罩在修长的腿上……她身上哪还有以前那个土得掉渣的菊花的影子”[③]。菊花代表着从

① 叶炜 :《后土》，青岛出版社，2014 年，第 179 页。

② 贺仲明 :《重建我们的文学信仰》，广东人民出版社，2014 年，第 263 页。

③ 叶炜 :《后土》，青岛出版社，2014 年，第 178 页。

农村到城市中的女孩子的一种境遇，从事着特殊的职业。一个“哪还有”表现出惊讶之感的同时，也表现出一种强烈的冲击感。虽然小说最后写到长得那么俊的菊花终于“出门子”（出嫁）了，嫁给了一个“二茬子”（二婚的人）。菊花算是幸运的，然而还有很多不幸的，她们没办法，只能将“生意”一直做下去。“整个中国，不论上层下层，大小规模，多少正在演着性质相似的悲剧……大有横绝难收之势了——这就是我想说明的损蚀和冲洗我们乡土社会的过程”①。然而这种悲剧只是城乡发展中的一方面，作者在这里也没有把悲剧全面地展现，依然是保持着对乡村的回归和守望的态度。

叶炜笔下的农村，虽然在现代文明的冲击下出现了各种各样的问题，但是并不是绝望的，是有着希望的。“在乡村，人如同庄稼一样，当一茬老去、消失的时候，永远会有另一茬孩子鲜活地成长起来，生命在乡村周而复始地循环着，而乡村的活力、生机与希望，永远是因为有那些成长起来的孩子们”②。在《后土》中，麻庄在上一代领导班子的组织下停了砖厂，改建鱼塘，而且眼光独到的村支书曹东风建立了麻庄新村。大学毕业回来做了村长助理的刘非平和早年外出打工衣锦还乡的王东周就是村庄的新希望。作为大学生村官，刘非平决定在麻庄建立农家乐，把村庄几十年没有开发利用的小龙河、苇塘、马鞍山、果园和鱼塘开发出来，带动乡亲们共同致富。而衣锦还乡的王东周手里有钱，希望为村庄做出贡献。两人不谋而合，成立了麻庄旅游开发股份有限公司。有了楼房和工作，麻庄的外出打工人员开始被吸引着回乡。麻庄的人们又对自

① 费孝通：《乡土重建》，岳麓书社，2011年，第65页。

② 韩春燕：《文字里的村庄：当代中国小说的村庄叙事》，上海人民出版社，2011年，第95页。

己的村庄充满了希望和憧憬。在《富矿》中描写的村庄深受现代文明，也就是煤矿的影响，但是在小说最后由国家投资对煤矿挖煤形成的矿坑、塌陷区进行农业综合的开发，把这些地方改造成鱼塘和风景区。麻姑生产了一个胖小子，笨妮也出狱了，两家来往逐渐又稠密了起来。生活逐渐变得和谐，也是充满了希望。“乡土社会在具体的生态环境中形成了相应的规则，有时候当这些规则产生了较强的负功能时，它也未必能顺理成章地自动消除，因为观念的自动流变需要较长的时间，同时也并不是每个地方，每个情势之下都能出现一批‘吃螃蟹的人’。因此在适当的时机，适当的外力的介入很可能打破这个非理性的连环扣，从而成为新的观念和规则生成的契机”①。叶炜对于当下农村文明与现代文明是有着清醒的认识的，恰到好处地描写了这种“外力的介入”，在乡土书写中很好地调和了农村文明与现代文明的交锋，使得乡土文明能够以一种崭新的姿态和形式继续延续下去。

三、源自乡土大地的叙事理念

叶炜笔下的乡村总是明暗交织的。乡土文明与现代文明交锋，乡村文明在逐渐衰落，但是明暗善恶却一直存在。区别于贾平凹的《秦腔》那样很原生态化的农村写作，叶炜的具有“乡土味”的写作，使得人们可以不用像读《秦腔》一样需要极强的耐心。作为一个站在农村内部往外看的书写者，叶炜更多的是偏向于农民不要离开土地。不管是在故事的结构还是刻画的人物上都显示着叶炜对于农村独特的理解与思想偏爱。这是叶炜对于乡土书写的一种新的探索。

① 董明磊：《村将不村——湖北尚武村调查》，见《中国乡村研究》第五辑，福建教育出版社，2007年，第177页。

叶炜小说故事结构方式巧妙采用源自乡土大地的自然逻辑理念。在《后土》章节中，作者通过二十四节气这个时间线索串联整部作品，以“惊蛰”节气作为开始，又以“惊蛰”节气结束，中间将二十四节气打乱，每一个节气下都会发生一段符合这个节气特点的故事。用二十四个节气串联起三十年左右的历史，整个小说的结构形成了一个闭环系统，叙事完整而且有趣。尤其是“惊蛰”节气，“惊蛰”即是上天打雷惊动冬天蛰居的动物的日子，象征着一切动物活动的正式开始，小说也由此展开。“惊蛰”又暗含着开始即是有希望的，小说最后村支书曹东风和村长刘青松有意将位子让给年轻一代，把麻庄的希望寄托在了刘非平和王东周这两个年轻人身上。这既是一种寄托，又是一种期待。在《福地》的目录中，作者采用的是中国古代传统的天干地支纪年法，用来表明故事发展的时代。然后在每个章节用干支计时，讲述发生于每个具体时间的事件。采用了一个家族连接一个村、用一个村展现近百年历史的写法。老万的四个儿女，万福、万禄、万寿、万喜的命运和麻庄深深地连在一起。老万一生守护麻庄，但到最后老万在麻庄的香火却断了，孙子辈的后代没有一个还是真正的万家人。老万守护麻庄的主线与四个儿女的命运变化的副线交织在一起，繁复却不杂乱，显示出叶炜强大的讲故事的能力。小说的叙述的高明之处还在于，将琐碎的生活用灵魂的人物或事件串联起来，采用的是用人物引出事件、用事件回忆人物的叙述模式。在这种叙事模式下，叶炜似乎偏爱强调女人的重要性。叶炜的这三部小说中，女人是非常重要的叙事构成，乡村中的女人是家庭日常中的主要角色，通过描写女人的命运以及与男人的关系来组成整个小说的线索。《富矿》通过对麻姑和笨妮两个女人的命运的描写，便将整个故事串联起来。麻姑，一个一开始不想进矿的人最终却成了矿长的妻子，留在了矿上。笨妮，一个一心想在矿上过上好日子的人，最终回归到村子里与六小过着简单的日子。“富矿”是一种隐喻的意象，是煤矿资源，也是女人。作者将两个女人的命运做对比描写，展现出乡村文明和现代文明冲击下人们的境遇的尴尬与悲剧。在《后土》中，对刘小妹、赵玉秀、如意……的描写，既体现出她们作为妻子对于自己丈夫的依赖，又体现出她们作为女人本身对自我的追求以及自我意识的表达，还原了乡下女人的基本真实面貌。由一群能够真正体现农村色彩的农民构成的农村小说，才会更加的自然。

叶炜小说展现了一种本土性魔幻性叙事色彩，与乡土大地的民间信仰有着内在的吻合。作者在这三篇小说的开篇都先是介绍了这个村庄的由来和守护神。在《福地》中，一棵有着五百多年树龄的老槐树被当作了村庄的守护神。村庄里的人遇到大大小小的事儿都会到槐树底下商议，这棵槐树给村民们一种神圣感、安全感，仿佛经过老槐树见证的决定就是最好的。“在人类的文化心理中，自然本身就是强大的，神秘的，而时间则会给自然界的一切增添更多的强大和神秘，人老成精，树老成怪，植物和动物只要存活的时间够长，就可能获得某种神奇的力量。在当代文学的村庄叙事中，老树常常成为村庄自然神崇拜物”①。在叶炜的小说中，这种对原始信仰的崇拜、对土地的热爱和坚守、对神灵的敬重表现得淋漓尽致。《富矿》中描写的村庄尊官婆为守护神。《后土》中描写的是土地爷。这三部小说的神灵描写都透露着对于土地的一种信仰与坚守。坟场是人的最终的归宿，在乡村中，人们除了拜祭神灵，就是拜祭自己的祖先。坟场是村庄的一个非常重要的区域，生命

① 韩春燕：《文字里的村庄：当代中国小说的村庄叙事》，上海人民出版社，2011 年，第 200 页。

的轮回、命运的回归，都在这里进行着。叶炜这三部小说中，有许多关于“坟场”的描写，而且将活着的人物与死去的人物通过坟场连接起来，仿佛死去的人还未离去。在《福地》中，老万家的坟场是整部小说中重要的一个空间。“坟场不小，四角长满了茅草，足有一丈高。里面大大小小的坟头好几个，老万家的几代先人都埋在这里了”[①]。老万在重要的时间节点都会来到自家的坟地，有时是对着万家的列祖列宗祈求保佑和祝福，有时是对着自己的媳妇绣香的坟诉说心中的苦闷。坟场作为老万的精神寄托，直接关系到他在领导保护乡村时的作为。“几乎每天，麻庄人都要和果园里的坟头相对。他们去那里祭奠亲人，去那里给亡人添坟，去那里给坟头除草……所以死人和活人的区别无非在于生活的场所不同，其他什么都一样”[②]。《后土》中的村庄、坟场、果园虽然是三个空间，但却是连在一条线的。坟场似乎生活着故去的亲人的灵魂，他们看着村庄的变化，提醒着自己的子孙后代。叶炜在小说中将村庄的灵魂与梦境连在一起。《福地》中的老万在对麻庄和孩子们的守护过程中，每遇到重大的事情就会梦到自己的妻子绣香。《后土》中刘青松作为土地爷的转世凡身，土地爷经常在梦中指导刘青松，给刘青松以解决困难的启示。《富矿》中麻姑梦到官婆和自己的谈话以及最后梦到传说中的洪水淹没村庄，受到了灭顶之灾，也是对这一建构的刻画。作者将神灵、坟场、梦境与日常化的农村生活结合起来，架起了生死的桥梁。以神灵和亡人的视角看待如今的现实的世界，针对现实世界出现的问题提出改进的意见，更加地深刻而发人深省。

① 叶炜：《福地》，青岛出版社，2015 年，第 47 页。

② 叶炜：《后土》，青岛出版社，2014 年，第 171 页。

在人物的刻画上,叶炜小说是贴近乡土生活的真实描写。作者没有故意地拔高道德人物,也没有描写绝对的恶人,不把人物类型化处理。这既展现出乡村人们的朴实的美好性格,又展现出其集体无意识的一面。以小见大,来展现乡间的明与暗、乡人的善与恶。《后土》中的村支书曹东风之所以处心积虑地想当上村里的一把手,是因为他本身是一个外乡人,想要在村里获得地位。另一方面,他确实头脑灵活,有本事,也是真的想为村子里做点事情,带领村子里的人一起致富。原村支书王远虽然做下了很多恶事儿,但他毫不犹豫地救治了刘青松落水的女儿,完全没有计较刘青松也是谋划扳倒他的人中的一员。作者将他们在能力上的优势和内心的私欲结合在一起,不再是“高大全”的形象,显得更加的真实。《福地》中描写恶贯满盈的刘老黑时,也对他前期的勇猛机智进行了描写。人都是有缺陷的,但正是因为有了缺陷,才显得更加的真实。

另外值得注意的是,叶炜在小说中所用的富有张力和弹性的语言,与民间相应的场景和适合的人物一起,推动着故事情节的发展,带来丰富的思想蕴藉。叶炜的语言是有着灵性的。虽然看上去显得朴实而粗犷,但细细地品味,又有一种独到的细腻,在不知不觉中感染着读者。尤其是在描写细节的时候,语言与人物的动作相结合,仿佛小说里的人就呈现在了眼前。《后土》中描写的王忠厚带头反对征地,与刘青松、曹东风对峙时的情节,就展现了叶炜对语言运用的巧妙:“刘青松指指王忠厚:‘还是让忠厚说给你吧。’王忠厚梗梗脖子:‘我说就我说。’”① “指指”人、“梗梗”脖子,两个简单的动作就把人物处境描写得惟妙惟肖。刘青松在把王忠厚领到曹东风面前时,有些话他是不合适说的,如何使得场面

① 叶炜:《后土》,青岛出版社,2014 年,第 183 页。

不僵,那就是要显得随意。而这种在平常生活中随便用的“指指”,表现出这种目前所在的处境并不是那么地针锋相对,一下子就把气氛缓和下来。“梗梗”脖子,则直接把王忠厚内心的坚持和蛮横表现出来。“刘青松看到曹东风额上冒出了一层细密的汗珠”“刘青松看看曹东风额头上不断冒出的青筋”①,通过作者的描写,我们仿佛看到了曹东风内心的挣扎。还有就是对于苏北鲁南方言的引入,虽然不多。作者将方言进行艺术化的处理,使得方言没有给人一种陌生化的感觉,而是更好地和文本融为一体。羚羊挂角,无迹可寻。作者深爱苏北鲁南的文化情结,带着作者的这种文化认同和作品融洽地结合在一起。

四、问题、局限与未完成的审美想象

叶炜的这种回归乡土的写作带给了我们一个真实又复杂的苏北鲁南农村,这已经是一种带有着很强乡土气息的“原汁原味”的文学书写,呈现出一种对乡村书写的新精神探索。但是,苛刻地说,作为乡土中国伟大的乡村叙事传统,和众多乡土文学经典对比而言,仔细阅读这三篇小说,我们可以看出依然存在着一定程度的不足和局限。

首先叶炜的这三部小说描写的乡村生活,力求真实的同时却又被这种日常化的叙述所束缚,表现的内容存在着简单的重复。比如小说《后土》的前半部分叙述就显得有些拖沓。琐碎的事情描写得太多,就容易偏离甚至淹没故事的主线。小说虽然具有了规整的结构,但是却像是记流水账一般成了简单故事的罗列。故事的发展也会缺乏激烈的矛盾冲突,虽然是写乡村,但是当下的乡

① 叶炜:《后土》,青岛出版社,2014 年,第 184 页。

村中也是暗流涌动、矛盾激烈，并非是在不温不火地发展。通过小说的展现，叶炜是热爱乡村的，对当下乡村问题也有着一定的认识，但是对乡村问题的深刻性表达稍显不足，进一步探索文化价值超越性的力度也稍显不够。在《富矿》中，对于男女之间的关系，似乎主要是一种“性”的联系。以矿山为代表的现代文明对农村文明有着强烈的冲击，但是如此复杂的男女性关系的描写似乎就成了重复的叠加，从而使得批判的力度有所减弱。

其次是人物形象刻画方面，存在着枝节过多、主要人物形象不够丰满、性格逻辑不够鲜明等问题，缺少核心人物形象与内在尖锐冲突。叶炜小说中成功刻画了几个复杂的人物形象，像《后土》中的支书王远、曹东风、刘青松，《福地》中的老万等等。但是对于非主要人物的刻画，却缺少鲜明的个性，仅仅是为了补充事件而出现的。像在《富矿》中的矿上医生肖秀，和笨妮一块去矿上的福妮、宝妮，在小说故事情节需要的时候出现得比较唐突，在失去作用的时候命运便会发生突然的转变，要么是出走，要么是死亡，有种类型化的倾向。

第三，小说的精神维度和思想高度未得到进一步拓展与提升。作者虽然指出了在现代文明冲击下农村出现的问题，但只是将问题浅显地表达出来，并没有触及问题的根本。“当下文学更需要提供高于现实的高贵的诗意、真诚的大爱、诚恳的关怀、怦然心动的感觉或会心一笑的理解……感情越是高尚，思想越是崇高、清晰、广阔，人物越是杰出而又富有代表性，这个书的历史价值就越大，它也就越清楚地向我们揭示出某一特定国家在特定时期人们内心的真实情况”①。在刻画处理农村出现的问题时，过于简单化理想

① 孟繁华：《文学革命终结之后——新世纪文学论稿》，现代出版社，2012年，第33页。

化。比如在小说中,叶炜进行了大篇幅的农村日常化叙述,小说思想的升华力度就显得不够。表现在作者对于传统文化中蕴含的乡村文化是热爱的,但是面对文化的消亡,没有继续去探讨这种乡村文化的再生可能性。比如,“土地爷”作为一种文化意象,所代表的乡村文化逐渐地衰落,这是不可避免的。那么“土地爷”是不是应该继续存在?他所代表的精神价值何在?这都值得去表达出来。另外对小说结尾的处理上稍显仓促,乡村生态文明受到破坏,作者采取的是一种理想化改良式的解决方法来作为小说的结尾。在《后土》中,建立现代文明小楼,吸引乡村青年回村,但是这些青年真正能够心甘情愿地回到村子里吗?这不过是一种美好的想象罢了。进入了城市,受到了城市的浸染,这些青年早就已经回不去了,始终处于一种融不进城市、又回不到乡村的状态。《富矿》和《后土》中,叶炜都是将矿场造成的大坑改造成鱼塘,这种想法是浪漫的,也是符合生态发展模式的,但在现实中却是难以实现的,无疑在给人们希望的同时将希望扼杀。这种对受现代文明冲击下的乡土发展结局的刻画,体现出作者对于这种当下现实世界的一种无力感。乡村展现出的现代性,这本身是一个十分复杂的问题,不能够为了迎合阅读,而将其处理成一个通俗的大众的问题。对于农村的问题过于理想化,就是忽略了问题本身的复杂性,容易演变成为肤浅的乐观主义,从而削弱了所要表达的内在意蕴。

“新世纪村庄社会的现实书写更加强调作家个人经验感受,更加强调个人话语言说,由于作家对村庄社会现实的审视角度不同,思考的思维方式不同,创作立场不同,所以作家笔下就有了丰富多样的村庄社会形象”①。叶炜用本土化日常化的描写,展示出一个

---

① 韩春燕:《文字里的村庄:当代中国小说的村庄叙事》,上海人民出版社,2011年,第78—79页。

朴实恬静，又暗含着物欲横流的乡土小村。描写乡村的美好，表现出作者对于乡土本身的热爱；而对乡村和乡人们所遭受的苦难的刻画，则表现了作者对乡村未来的深深的思考。虽然存在着一定程度上的不足，但是可以看出叶炜是一直在探索乡村书写的路上。在现代文明的冲击下，乡间的明与暗、乡人的善与恶交织在一起，乡土文明在一步步地走向衰落。当“面对当代中国已经发生和正在发生的历史剧变，新世纪中国作家对‘中国经验’和‘中国问题’做出历史的、审美的回应，可以说是责无旁贷”①。所以跨入新世纪并不意味着乡土书写的终结，乡土是人们的根，人们不能够脱离土地去过生活。只要还在土地上生存着，那么就与土地有着扯不断的联系，乡土叙事就是未完成的审美想象，会一直继续下去。叶炜的农村三部曲《福地》《富矿》《后土》既是一个过去创作的有标示意义的终点，又是一个重新起步的坚实新起点。我期待“70后”新锐作家叶炜对这一关系到人类未来文明走向的大问题进行持续思考，做出具有深刻生命体验与自己独特思考的新乡土小说。这是新世纪乡土中国对于叶炜、对于新一代作家的召唤。

第五节　付秀莹《陌上》：乡土中国隐秘的心灵断代史

中国“70后”实力派作家付秀莹的长篇小说新作《陌上》是非常丰富和精彩的，呈现了一个我们这个时代的重要问题。乡土中国在今天已经发生了很大的变化，这是我们人人共知的，就像今天

① 张丽军：《“当下现实主义”的文学研究》，北京大学出版社，2014年，第61页。

人们所言的“谁人故乡不沦陷”。今天的乡愁,远远不同于以往的文化模式,既不是鲁迅式的,也不是沈从文式的,也不像莫言、贾平凹写的乡村。今天谁来书写乡村?书写出什么样的乡村来?现在我们看到的是一种书写乡村的困境。一些在农村长大的人,来到城市后,他们接受了城市的教育,已经回不去乡村了;一部分留在乡村的人,他们也写不出乡村。那么到底谁来写出这个活生生的、正在发生着巨大变化的乡村?我们就像处在一个盲区、黑洞一样,没人来写,写不出来。“50”“60”后作家,他们写自己童年时代的乡村;“70”“80”后的作家,他们写的也是自己想象的乡村,不是真实的乡村,那么真实的乡村到底由谁来书写,能不能写出真实的乡村?这是我们今天面临的一种挑战,从这一点来说,付秀莹写出了那种正在变化着的乡村。《陌上》是付秀莹成长的一部重要作品,是当代中国乡土文学的一种巨大收获。

当代“70后”实力派作家付秀莹的《陌上》长篇小说,是对以往“芳村”系列小说的一种扩充、一种发展、一种创造,写出了“芳村”空间下乡土中国一代人的精神断代史。《陌上》不是我们以往说的那种全景式的展现,付秀莹只写了一代人情感的裂变和发生,写得特别细。她没有写他们的童年,而是写正在发生的故事。我们讲历史有通史,有断代史,“芳村”写的就是这一代人的心灵断代史,是这一时代人的内心情感变化。这个断代史,它包含很多新的信息,像当下中国的城市化进程、中国剧变引起的人的内心的巨大变化,那种内心疼痛的、撕裂的东西。这种东西是非常隐秘的,是当代乡土中国在现代性和城市化背景下隐秘的心灵史。大家会觉得有什么变化?表面上没有什么变化,大家都笑嘻嘻地生活,可是内心不一样了,时代变化了。人们的伦理道德观念发生了巨大的变化,人们的评价方式、生活方式,甚至最内心的那种伦理、情感、文化发生了巨大的裂变，这就是我们当下的东西。它饱含着具有“当下现实主义精神”的、活生生的、心灵裂变的精神史。大家都能看到，都能感受到，即人人可见、可感、可观，但是却又写不出来的东西。这就是作家付秀莹在当代乡土中国文学书写中的独特价值和意义。

《陌上》小说就是一幅《清明上河图》般的乡土中国“浮世绘”。“芳村”是一个空间，从一开始就写芳村一年四季春夏秋冬的变化，很大气。就像一幅图景，是一个生命的轮回、季节的轮回，也是一些情感的轮回。像《清明上河图》一样，小说里面有各种各样的人物和事情，空间画面感非常强。她写出了“芳村”这一代人，从西到东、从南到北的人家，是这个时代的日常人的“浮世绘”，把日常生活的意义描绘出来。她是写芳村的横断面、剖面，对“芳村”这个空间下做的一个切面。就像年轮一样，看到这棵树的整个结构，它的成长的变化，是枯水期，还是丰水期，是稠还是密，那种植物的质感，它的纹理、密度。写“芳村”这一空间下的每个人情感的密度、情感的波动，就是一个内心的断面、剖面。所以，我们说这是文学形式上的《清明上河图》，就像树木年轮一样那种精神的断代史。

《陌上》里面写了很多的人物形象，写出了现代化语境下的当代中国的内在情感裂变。在市场经济、城市化的巨大推动下，我们看到一个生机勃勃的村庄。这种生机一方面来自大自然的生机，就像里面出现很多关于大自然的描写，还有人内心的欲望。作家并不是简单地呈现这种欲望，而是在肯定乡村欲望的情况下写出人们的精神状态。这个乡村是生机勃勃的，像大自然一样有那种生命力。人们追求幸福、美好、和谐、快乐。当然，我们看到这种追求的方式是不一样的。所以，书中出现各种各样的人物形象，写出他们内心情感的裂变，内心被巨大的东西所缠绕的那种撕扯和断裂、痛苦和纠缠。大全，包括像团聚、增志，是随着潮流应运而生的乡村企业家形象，他们有魄力，有能力，有意志力，会决策、打交道，聚集大量的财富。在这里，我们看到他们欲望的呈现，他们与各种女性之间观念上开放的交往，打破了以往伦理道德体系的一些东西。但是，他不是我们想象中的坏人，像大全回家对待自己的妻子，会讲到“娘家人”“亲戚”怎么交代，他也顾及到这一块。作者既不是对他“妖魔化”，也不是对他进行歌颂，而是写出情感的多变、多元，写出那种交替的东西，把这个时代人内心的裂变呈现出来，写出他们内心的挣扎。同是企业家，也写得不同，团聚要顾及他的兄弟：弟弟向我借钱能不借吗？就算骗了他，他也不愿意去问弟弟要钱，依然在坚守他的传统理念。小说写乡村政治人形象翟建信，一方面做了很多好事情，一方面是个人欲望的膨胀。建信妻子的侄子要结婚，各种排场，建信要照顾他们的利益、他们的心理、他们的情感，就算摔门而去还是要回来，他依然和土地有着千丝万缕的关系。小说里面其他的人物形象，比如刘医生，大学毕业回来还要做乡村医生。他也有自己的痛苦，他和妻子三钗没有孩子，和一些女性之间的关系又很暧昧。我们看到释放情感的多重性、多样性、多渠道性。作家把过去乡村隐秘的没有呈现给我们的东西呈现了出来，这恰恰是生活中真实的一部分。不是对他们进行“妖魔化”，而是原生态、多样化地呈现。

这是一个新的时代，里面的人都心事重重。我们看里面非常有能力走出乡村世界的香罗的形象，她开了一个发廊，挣了很多钱。当她回到家的时候，又很疼她的丈夫。她丈夫一直小心翼翼地，他们两个都是很珍惜彼此的，像沈从文的《丈夫》。作者并没有对她进行道德上的谴责，而仅仅是写了一种存在的事实和现象、一种内心的困扰。她何尝不想做一个好媳妇呢，但是她又不能。她母亲就是那样一个人，她有那种基因在里面，这是一种很复杂的存在。香罗的欲望被打开之后，就无法再走回头路了，走不回去了，无法再回到之前生活的旧的世界中去。小说里面提到望日莲这个女性，和香罗形成了鲜明的对比。望日莲的父母，是极端老实的人，他们是一直受压抑，从来被忽视、被忽略的小人物。望日莲不想像她父母一样过着那种生活，她要追求自己的合法利益。可是，怎样追求自己的合法利益呢？这个时代没有给她提供一种追求自己合法利益的渠道，她只能通过自己的身体。她何尝不渴望自己的爱情婚姻幸福呢？就像她想和大全的儿子学军的爱情能够有结果，但是她又发现学军是不可靠的，事实上她没有另一条道路。但在伦理的维度上，这些女性受到一种无形的谴责，生活得很痛苦。小说里面还有一种介于这两者之间的女性，她们不是出轨的女性，而是那种内心很传统的女性，但是她们内心中有这个时代的裂变，如书里面的嫌弃自己的丈夫无能的臭菊、翠台、小鸾。

小说对风景、对日常生活的描写，同样具有很大的艺术价值。付秀莹对生活的体验非常深刻，有很深的来自生活感受的东西，这在小说中得到了非常好的呈现。秋天到了，臭菊一家做茄子饺子、腌黄瓜，把那种日常生活的美呈现了出来。美就在日常生活之间。过去那种安宁的、世俗的、快乐的幸福，在今天已经打破了这种安宁，臭菊一直想让丈夫军旗去挣钱，有了钱才有一切。在这个生机勃勃、欲望勃勃的时代里，大地依然那么芳香，依然那么美好，那种人和自然安宁的一面，作者写了日常生活美好的一方面。婆婆和儿媳妇虽然也勾心斗角，也斤斤计较，是对我们日常生活的反映，我们就生活在这样的维度之下，那种日光流年的、那种生活流的感觉特别的真切和动人。这是小说另外一种巨大的力量。虽然我们说这个时代有欲望、有痛苦，有无奈、有挣扎，但是，人们内心依然在坚守另外一种力量。建信即使在外面有很多女人,很多勾勾叉叉的,但是他知道要回到哪里去,他知道他的根在哪里,他的最终归宿在哪里。这是日常生活的一种巨大的力量。

小说写到建信站在楼顶,脚下一滑摔倒了,这其实是一种隐喻。人的欲望再强大,内心还是需要一种安宁的力量。就像春夏秋冬一样,不管欲望多么膨胀,依然是季节的轮回。春夏秋冬每个季节都是每个生命要遵守的轮回,就像小说里面写了很多人重重的心事,那种浓重的夜晚、密密的繁星,每一种植物的描绘都蕴含着某种哲学性的东西,值得细细地体悟。

《陌上》中对风景的描写是对大自然真实的书写,饱含着作者的情感,它不是外在于乡村的,而是内在于乡村的。付秀莹是一个写风景的高手。这些风景饱含着深深的情感,这些风景是我们内心情感的一部分,是我们生命的一部分。这是一种大地的力量,把我们的内心拉回来,像里面浓重的夜色、密密的繁星、高大的树木、玉米地里的"大庄稼",还有对动物的描写。这不仅是一个自然家园,更是对精神家园的书写。它不是外在的,而是人内心更深层次的情感,是非常动人的。小说中这些风俗画、风景画,与乡亲们内心的风景相映成趣,构成一幅文学的"浮世绘"。

"芳村"这个地方,对于作者,对于读者,对于生活在乡土中国的每一个人来说,是那么地爱它,可是又那么地恨它。在我们心里那么地圣洁,可是又那么地污浊。我们对它魂牵梦绕的,可是我们又知道它带给我们无数的伤害。这是我们最亲最亲的大地,这里有我们最亲最亲的亲人们。这就是我们的乡土中国。这就是人性。作家付秀莹把这种东西写出来了。

《陌上》让我想到了《水浒传》《红楼梦》。像《水浒传》里面梁山泊上每一个人都有自己的个性和面貌,那种典型化的个性化的形象。付秀莹小说里面的人物同样具有这种个性化。在这种乡村断代史的情况下，每个人都心事重重。小说能够深入到我们的内心，去打动我们的情感，这是小说强大的力量。但是你会发现，这部小说依然缺少那种连贯性的东西，比如像《红楼梦》里面，林黛玉和贾宝玉是贯穿全书的人物形象，《陌上》这部小说，它有没有这样的人物形象呢？有一个人勉勉强强算，如建信，但是，他也不是在每一时刻都出现，只是出现得比较多一点而已。很多人物形象只出现了一次，后面的章节就不再出现了。这是小说的一个问题，主要的人物形象没有把小说贯穿起来。另外一个，就是那种对男性形象的无能化描写，或者很能而滥情。一个孤独的老人乱耕，写得较好。他不小心看到了孙媳妇的裸体，以后要怎么相处？他的孙子大喊着让他滚。他的委屈、他的痛苦、他的无奈，甚至他的荣耀、他的付出无人知晓。像这样的男性形象写得太少了。这里面没有一个理想性的人物形象。60年代的文学创作中，就像柳青《创业史》中的梁生宝，我们今天有没有梁生宝？有没有一个理想的维度、信仰的维度的人物出现呢？在这部小说里面是缺失的。“芳村”是一个日常化的、庸俗化的、物欲化的乡村。能不能写出那种理想化的、人文化的乡村？没有进行精神上的建构是这部小说很大的缺失和遗憾。男性人物要么无能，要么滥情，缺少深度挖掘。

总之，付秀莹的小说《陌上》每一个章节都是一篇精品。这部小说写得很柔，有很深厚的柔情，特别嫩，就像一戳就能出水一样，特别饱满和丰富，特别真切和动人。我们期待付秀莹能够走得更远，写出更好的作品来。

第七章　多元文化视域下文明模式转换、文化转型的审美书写

第一节　“第四世界”“第三自然”与东方生态智慧的诗性想象

在21世纪文化语境，重新思考中国少数民族的意识和经验对今天人类文明的发展具有一种独特的意义和价值。迟子建的鄂温克民族文明的文学书写，已经不能再用文化启蒙、文化改造、文化寻根来阐释了，而是具有一种精神更加广阔、危机更加深重、寻求自我拯救的生态文学之作。迟子建的《额尔古纳河右岸》以诗性语言建构了一个超自然之爱的“第四世界”和具有生态中心主义伦理的“第三自然”，为步出现代文明的精神困境提供了一种来自东方民族的内心思考和审美维度，一种不同于当代人类文明模式的历史经验和生态智慧。《额尔古纳河右岸》对于迟子建来说是一个突破。迟子建通过对这种边缘性的中国少数民族历史经验的诗性写作，用文学之灯来照亮曾经走过的历程，也照亮今后的文明历程。《额尔古纳河右岸》是当代中国生态文学的一个经典，具有里程碑意义。

迟子建的长篇小说《额尔古纳河右岸》用一天时间来描写鄂

温克民族一百多年的历史、四代人的生活，内容是极为庞大的。《额尔古纳河右岸》既有关于鄂温克民族发展的整体性面貌，也有一个人的生活史、心灵史的描述；既有日常生活的世俗恨与乐，也有原始神灵崇拜的精神超越；既是一个女性的心灵独语，又是人与万物的心灵对话；既有民族内部生存发展规律的呈现，也有民族外部侵扰轨迹的勾勒，多条线索交织在一起。《额尔古纳河右岸》在讲述鄂温克民族正在消亡的历史时，也传达了作为"第四世界"的游牧文明对当代精神危机的思想启示，展现了东方民族的独特的生态智慧。从这个意义上而言，迟子建为我们建构了一种与线形时间抗衡的心灵时间和"第三自然"空间，以及在这一心灵时间和"第三自然"空间所包蕴的永不消亡的、汇入未来人类文明的东方生态智慧之魂。

一、生态危机的精神背景与鄂温克"第四世界"的书写

五四时期，中国现代文学作家从思想启蒙、文化改造视角来对少数民族文学文化进行书写，如沈从文对湘西世界的呈现，即为精神血脉衰败的中华传统文化提供了新鲜血液。20 世纪 90 年代，在寻根文学思潮中，乌热尔图、韩少功、莫言等人转向少数民族或民间来追寻民族的文化之根和原始生命强力，这既延续了现代文学的文化改造命题，同时又具有新的走向民间的、重新接续传统文化的寻根意味。在 21 世纪中国文化语境中，当代中华民族文化信心越来越强，中西方文化处于一种平等的交流态势下，重新思考中国少数民族的意识和经验对今天人类文明的发展具有一种独特的意义和价值。显然，迟子建的鄂温克民族文明的文学书写，已经不能再用文化启蒙、文化改造、文化寻根来阐释了，而是具有一种精神更加广阔、危机更加深重、寻求自我拯救的生态文学、文化之作。

20世纪以来，随着工业化进程的加快，人与自然的关系日渐呈现为一种紧张关系：人类控制、改造大自然的能力进一步增强了，人类利用高新技术合成了许多人工化学物质，曾给人类带来福音，但也带来意想不到的副作用。1962年美国海洋生物学家蕾切尔·卡逊在《寂静的春天》中指出："合成杀虫剂使用才不到20年。我们从大部分重要水系甚至地层下肉眼看不见的地下水潜流中都已测到了这些药物。""在美国，合成杀虫剂生产从1947年的1亿2425.9万磅猛增至1960年的6亿3766.6万磅，比原来增加了五倍多……这一巨量的生产才仅仅是个开始。"[①] "不过在这千百万年的全部过程中，这种'难以置信的精确性（遗传信息）'从未遭受过像20世纪中期由人工放射性、人造及人类散布的化学物质所带来的如此直接和巨大的威胁的打击。"[②] 人工合成杀虫剂、人工合成化学物、人工制造的放射性物质，这些大自然中不曾有的或潜藏在地下的有毒物质被人类制造出来，广泛进入了地球的每一个角落，毒化着地球生态系统，并且引起生命遗传基因变异，改变了千百年以来生命基因的稳定性，从而带来可怕的生态灾难。"人既然使用自然做奴隶，但是人本身反而依然是一个奴隶"[③]。自然生态危机的内部根源是人类日益深重的精神生态危机。人如何对待自然，直接就是人在何种程度上成为人的问题。所以说，人与自然关系的严重疏离，其本质也就是人的精神生态处于一种深深的

① [美]蕾切尔·卡逊著，吕瑞兰、李长生译：《寂静的春天》，吉林人民出版社，1997年，第12—13页。

② [美]蕾切尔·卡逊著，吕瑞兰、李长生译：《寂静的春天》，吉林人民出版社，1997年，第184页。

③ [英]雪莱著，伍蠡甫、胡经之主编：《西方文艺理论名著选集》（中卷），北京大学出版社，1986年，第77页。

危机状态。海德格尔说："现实的危险早已在人的本质处影响着人了。框架的统治对人的威胁带有这样的可能性：它可以不让人进入一种更加本源的揭示，因而使人无法体会到更加本源的真理的召唤。""今天，人在任何地方都不能跟他自己亦即不能跟他的本质相遇了。"[①] 海德格尔的话也深刻地阐述了人自身所面临的严重的存在的困境：人类处在自然生态和精神生态的双重危机之中。自然生态和精神生态双重危机交织所造成的人类存在困境。

"哪里有危险，拯救的力量就在哪里生长。"[②]

比较于西方的生态文学而言，面对人类文明进程中存在的精神危机和当代世界巨大的生态危机，迟子建的审美思考呈现了一种新的思维模式，即不再是寻求一个人的力量来抗拒这个社会，而是从东方文明发展的历史留给我们的经验、有价值的东西中来寻求力量，从人类文明某种集体性的记忆中来对抗现代文明的异化，体现出了很浓郁的生态思想意蕴。

迟子建对现实苦难和生态危机的思考，在其早期作品中是建构人性力量来化解现实苦难。迟子建以前的作品中人性有虚无的一面，对现实苦难仅仅靠人性力量来转化是不够的。人性的力量有时很强大，但是面对现代文明的技术框架，它是抵抗不了的，有时是很无奈的，更多的还是绝望与虚无。但是，迟子建这部作品回到集体无意识和经验，回到人类曾经有过的集体性文明与历史经验的审美现象，提供了抗衡文明异化、技术框架结构的新力量。而这种力量、存在方式、生活理念，是我们东方民族过去曾经有用的，

① [德]海德格尔著，郜元宝译，张汝伦校：《人，诗意地安居》，上海远东出版社，1995 年，第 136—137 页。

② [德]海德格尔著，郜元宝译，张汝伦校：《人，诗意地安居》，上海远东出版社，1995 年，第 137 页。

现在只存留在一些少数民族部落中。

《额尔古纳河右岸》是中国第一部真正意义上的“第四世界”的小说[①]。迟子建对鄂温克民族“第四世界”的审美书写,为文明反思提供了启迪:在人类文明的过程中,我们是否遗失了什么东西?我们在丢弃图腾的东西,追求外在的东西,并视之为我们幸福和快乐体验的尺度的时候,是否丢弃了我们心灵世界中的灵魂?

迟子建的《额尔古纳河右岸》的“第四世界”是一个有灵魂的世界,是一个人与大自然的灵魂交相融合的世界,有着一种超越生与死、打通人与自然的灵魂之爱。鄂温克民族的“第四世界”是有信仰的民族,他们信仰的神统称为“玛鲁”,是一种原始的自然神信仰。迟子建在小说中为我们建构了一个人与大地、森林、山脉、河流、驯鹿、黑熊、风、雨、雪等等自然事物的灵魂世界,展现了这个“第四世界”里的超自然之爱。在这个自然神信仰世界里,人的灵魂称为“乌麦”。人若有病了,就要由通神的萨满巫师来为人招魂。人与自然、生与死都是相通的、可以相互转化的,是循环的。“我”的姐姐列娜生病了,萨满用一只驯鹿幼仔的死,医好了列娜。但是,那只幼鹿的妈妈从此不再生育,乳房干瘪,直至一天列娜重新被死神召唤走后,那只驯鹿才获得了转机,乳房鼓胀起来,重新开始生育。萨满妮浩始终有基督的牺牲精神。为了拯救他人的性命,作为通神的萨满妮浩不得不一次次披上神衣,执行拯救他人性

① 1984 年,地理学刊物《ANTIPODE》发行了“第四世界”专号,将世界范围的“土著民族”称为“第四世界”。所谓“第四世界”概念是 1974 年加拿大“土著人运动”领袖 George Manuel 提出的,意在表示“土著人”处于“三个世界”划分之外的境遇。“第四世界”普遍具有自然神信仰和人与自然和谐的原始生态思想。在张丽军、房伟、马兵的《额尔古纳河右岸》三人谈中,马兵博士曾谈到“第四世界”问题,参见《温厚 · 悲凉 · 清澈——〈额尔古纳河右岸〉三人谈》,《艺术广角》2009 年第 3 期。

命的职责。不过，每拯救一个别人的性命，就要牺牲一个自己孩子的生命。但是，每当有拯救需要的时候，尽管妮浩内心痛苦不堪，但还是披挂上阵。牺牲自己，拯救别人，这是东西方共有的大爱，一种基于神性的人类大爱。

二、东方生态思想意蕴的诗性审美想象

《额尔古纳河右岸》是从人类文化学的角度来思考人类文明的历史，展现了现代文明历史和前现代文明历史的对峙。文化人类学家马凌诺夫斯基、生态文学家梭罗等人强调“荒野”——没被发现、没被开拓、被我们遗忘的地方——对于当代人类文明、当代哲学的意义和价值。少数民族以往的文明历史，人和大自然的和谐是融为一体的，人和自然是没有分离的。万物有灵论就是这种前现代文明理念的具体体现。这种理念、经验在今天这种文明历史上位置何在？对今天人类文明的反思，它独特意义价值何在？

迟子建用艺术的审美的方式，展现了东方民族曾经拥有的生态世界观：在鄂温克人眼里，动物植物都富有一种自然的神性。“在我眼中，额尔古纳河右岸的每一座山，都是闪烁在大地上的一个星星。这些星星……它们跟人一样，也有自己的性格和体态。有的山矮小而圆润，像是一个个倒扣着的瓦盆；有的山挺拔而清秀地连绵在一起，看上去就像驯鹿深处的魅力犄角。山上的树，在我眼里就是一团连着一团的血肉”①，“我们的驯鹿，它们夏天走路时踩着露珠，吃东西时身边有花朵和蝴蝶伴着，喝水时能看着水里的游鱼；冬天呢，他们扒开积雪吃苔藓的时候，还能看到埋藏在雪下

① 迟子建：《额尔古纳河右岸》，北京十月文艺出版社，2008年，第170页。

的红豆，听到小鸟的叫声"[1]。这些动植物物象的展现，它不是背景，而是人内心中的一部分，它和人同化在一起了，而不存在主体和客体的关系，风景就是与我同在、与我共生的一种存在，即是生态神学家马丁·布伯所言的"我——你"的一体关系[2]。显然，这是我们东方民族的一种人与天地、大自然同在的天人合一的精神结构。

尤为可贵的是，《额尔古纳河右岸》小说用一种诗性语言来呈现作者对人类文明历程和当代精神生态危机的思考，从而以一种诗意的审美想象来建构东方民族的生态智慧理念。开头提到，"我"和雨雪是老熟人了。"我"的确没有固定的对话者，可是"我"说的话都有听众，大量自然物都是"我"心灵的对话者，都能听懂"我"的话，"我"也能听懂它们的话。而且随处都是对话者，一块石头、一片云彩，都是对话者。这种语言是无声的，"我"看到一片云彩飘过来，会想到我们祖先的灵魂。我们的帐篷是能看着月亮的，看着月亮才能安心睡觉，和下边的人住的房子是不一样的。这都是无声对话的语言形态。萨满妮浩唱的神歌非常动人，都是诗的语言。

清澈，是迟子建小说的特点。这一点我们可以追寻到沈从文，语言非常流畅，从澄澈心里哗哗流淌出来的感觉，没有任何外在的伪饰在里边，是心中流淌的一条河。只有在东北山林中生活、在大自然中生活的人才有这种灵性。后来我就想到沈从文。沈从文上小学，经过树林，经过小河，听到各种声音，闻到各种味道。一个作家的成长环境对语言的天赋培育是很重要的，迟子建语言的优美

① 迟子建：《额尔古纳河右岸》，北京十月文艺出版社，2008 年，第 205 页。

② [德]马丁·布伯：《我与你》，陈维钢译，生活·读书·新知三联书店，2002 年，第 5—6 页。

与她在东北大自然怀抱里的成长有密切关系。

《额尔古纳河右岸》对于迟子建来说是一个突破。这不仅从语言上,还从理性思考的深度,从对这种民族体长篇小说的驾驭能力,以及我们当代文学的理性反思能力上反映出来。我们以往的作品很难超越东西方对立的思考,从人类文明历史来反思,这也是我们现代性的一种体现,我们已经达到了反思人类文明的程度。迟子建提到我们这个民族自古有生态思想,万物有天人合一的思想,在少数民族中更能体现出来,这种思考对于人类文明是种贡献。迟子建用诗性语言通过审美想象的方式呈现出来,这是中国当代文学达到的一种高度。

在人类文明进展的旅途中、拐弯处,我们丢失的东西,我们去寻找回来,迟子建强调这种艺术的经验。文学是抗拒时间的,用这种方式来回到过去的时间。海德格尔提到,大自然是一种开花的精神之树。迟子建从这方面呈现出来的,是用一盏灯来照亮我们曾经走过的历程,也照亮我们今后的文明历程。《额尔古纳河右岸》是中国生态文学的一个经典,具有里程碑意义。

三、《额尔古纳河右岸》的现代性焦虑与“第三自然”的生态伦理

《额尔古纳河右岸》在展现鄂温克民族“第四世界”的原始文明理念和生态智慧的同时,也在小说的后半部分揉进了现代性因素,以一种叹息与遗憾的语调表现了鄂温克民族逐渐走向消亡的生存悲剧。读者不禁会疑问,鄂温克民族为什么会有这种悲剧变化？为什么一个民族会消亡？尤其我们看到鄂伦春族几百年、几千年生活下来,为什么到了现代,消亡得这么快？里面提到了有俄国人,有日本人,侵略、割地、瘟疫、战争,乃至战争胜利后,汉族工

人砍伐森林，资源枯竭，房屋、畜圈、医生、城市进入这个“第四世界”民族的视野之中，为什么非让他们过我们的所谓幸福生活？为什么非要强烈说服他们？为什么不让他们做自我选择？从总体上看，小说在结构上前松后紧，前边很舒展，后边便有些仓促。后半部分过于仓促的过渡与描写，使文本有一些僵硬的、概念性东西，如西班为什么会想到造字、依莲娜内心的现代性焦虑，迟子建没有很好地展现出来。

从艺术构思视角来看，鄂温克民族在面对现代性因素对“第四世界”文明理念的侵蚀的时候，一些人力图建构能够适应新的现代文明语境的鄂温克文化，西班开始有意识地造字就是一个现代性寓言。遗憾的是，战争、革命以及外部的建设高潮一次次打断了鄂温克民族内部的自我更新和自我建构的文化建设过程。西班造字没有能够开花结果，鄂温克部族就已经被动员下山定居了，就已经踏上了自我消亡之路。离开了大山、森林、河流、乌木愣的鄂温克人，正如离开了森林被圈养的驯鹿一样，失去了源自大自然的灵性和神的信仰。

现代文明吞噬一切的力量和速度，不仅使西班的自我拯救的历程打断，而且使鄂温克民族的年轻人陷入了现代性的欲望世界之中，原先人与自然和谐安宁的灵魂从此不再安宁。小说中“我”的孙女依莲娜的故事，尤其具有现代性焦虑的表征。依莲娜形象是有着深刻的艺术内涵的，体现了一种现代性的生存焦虑。作为一个画家，她已经介入现代人的生活，在大都市的生活。这里有一种现代性的焦虑：依莲娜这种画已经对本民族生态进行关注，遗憾的是它以脱离民族为前提，从民族生活中割离出来，作为一个他者来想象，来画；画呈现出鄂温克民族的语境来被他者欣赏、观赏。对于鄂温克人而言，依莲娜的画是和大自然融为一体的，画本来就是大自然的一部分。但依莲娜把它摘离出来，也许摘离出来就失去了生命，这也是她内心的焦虑不安。鄂温克民族的“自我意识”和外部城市的“他我意识”，同时并存于依莲娜的心灵世界之中，这正是她痛苦的根源。鄂温克这种文明、文化应该回到那种语境中去，回到森林中去，不应该把它摘离出来；但是她很痛苦，不能不去城市，只有那样她才能成为一个画家。

所以，依莲娜在成都呆久了就要回来，说“厌倦了工作、厌倦了城市，厌倦了男人”，而且领悟到，“让人不厌倦的只有驯鹿、树木、河流、月亮和清风”①。但是，回来创作了新的美术作品后，依莲娜抑制不住来到城市，寻找“他者”文化的欣赏者，也许这才是真正的悲哀，正是远离鄂温克文化语境，依莲娜的绘画才能成为艺术、文化；也许就是因为今天鄂温克文化消逝，我们才发现它的价值。只有建立在复魅自然神性基础上人与自然的和谐，才能使依莲娜的现代性焦虑得到缓解和彻底解除，才可能避免伊莲娜的悲剧。遗憾的是，依莲娜由于无法纾解这种内心世界中“自我与他我”的挣扎，而选择了在河水中放逐生命的方式、永远回归自然的方式结束了生命。

《额尔古纳河右岸》的“第四世界”文明理念向我们昭示一种东方的生态智慧：“人与组成大地生命共同体的石头、土壤、河流、植物、动物是平等的，都是需要受到尊重的，而且这个由石头、土壤、河流、植物、动物、人组成的共同体本身也是需要尊重的。每一自然物都是有着内在价值的生命体。人作为宇宙进化系统中具有反思意识的精神主体，有强大的反思能力。人视自然为可与之进行精神交往的、有生命的精神价值主体，是人类从自我中心走

① 迟子建：《额尔古纳河右岸》，北京十月文艺出版社，2008年，第238页。

出来、重新建构自我的关键一步。”① 美国生态哲学家罗尔斯顿认为：人视大自然为具有生命的内在价值主体，是人类理想的自我超越和自我实现，这样人的灵魂就已得到新的升华。“当人以一种欣赏的方式遵循大自然时，他们就超越了自然，因为大自然中的任何事物都不具有这种以欣赏的态度尊重生态系统及其他存在物的能力”②。在处理人与自然、人与人的精神交往过程中，人就可能从自我中心中走出来，才是“大自我”“生态的自我”，才拥有与一个最高物种相匹配的道德关怀。

如果说鄂温克民族“第四世界”的人与自然的和谐，是人与自然分离之前的一种自然、原始的“第一自然”；现代人与自然分离为基础所建立的现代技术框架，在为人类提供现代文明强大科技力量的同时也带来严峻的自然生态危机和精神生态危机，是“第二自然”；那么，当21世纪人类开始自觉、有意识地关怀自然，不再把大自然视为攫取资源的工具，而是一个与人类同样具有精神、气质与尊严的、需要伦理关怀的生命有机体的时候，就开启了一个人与自然的“第三自然”新时代、一个经历了原始和谐的“第一自然”和人与自然分离的“第二自然”的生态伦理时代。

“第三自然”自觉的、生态伦理从何处来呢？显然，这一生态中心主义的生态伦理根源就在于人类对大自然的神性之爱和对所有生命的敬畏之心。《额尔古纳河右岸》恰恰通过对鄂温克民族“第四世界”的描写，揭示了这一东西方人类共有的大爱，一种基于神性的人类大爱。正是对生命的爱和敬畏之心，使人类扩展了伦理

① 张丽军：《生态文学：存在困境的艺术显现，精神革命的审美预演》，东北师范大学文学院硕士学位论文，2003年。

② ［美］霍尔姆斯·罗尔斯顿著，杨通进译：《环境伦理学：大自然的价值以及人对大自然的义务》，中国社会科学出版社，2000年，第105页。

关怀的尺度，自觉地去做一个与自然互相融为一体的、处于一种“我—你”关系结构的“生态人”。惟有如此，人类的现代性焦虑才能得以彻底消除，灵魂得以安宁。

今天，我们能不能回到过去？如何对待人类文明中曾有过的人与自然和谐的历史？迟子建为我们建构的文学世界仅仅是怀乡的一个文化标本吗？美国作家梭罗给我们提供了一个思考例子。梭罗曾有两年多的时间在瓦尔登湖畔完全过一种简单的生活。他在《瓦尔登湖》中说，“简单，再简单些。物质很贫瘠，但精神生活可以很丰富”[①]。迟子建的《额尔古纳河右岸》恰好为我们步出现代文明的精神困境提供了一种来自东方民族的内心思考和历史审美维度，一种不同于当代人类文明模式的历史经验和生态智慧。

陀斯妥耶夫斯基认为，世界将由美来拯救[②]。“伟大的艺术和文学是生活和爱的灵感，以及与自然和谐的深刻来源。真正的艺术作品教眼睛去看，耳朵去听，心灵去吸收我们变动时代的新现实。它们穿透我们的智力，到达我们的心”[③]。《额尔古纳河右岸》正是以自己独有的审美方式，感性而又深刻地传达了鄂温克民族“第四世界”的生存经验和生态智慧，启示人类走向新文明的“第三自然”生态伦理。这是迟子建和她的小说独特而深刻的价值。

① [美]梭罗著，徐迟译：《瓦尔登湖》，吉林人民出版社，1997年。

② [俄]陀斯妥耶夫斯基：《为人类而艺术》，崔道怡等编《“冰山”理论：对话与潜对话——外国名作家论现代小说艺术》（上），工人出版社，1987年。

③ [美]欧文·拉兹洛著，王宏昌、王裕棣译：《第三个1000年：挑战和前景——布达佩斯俱乐部第一份报告》，社会科学文献出版社，2001年，第129页。

第二节 当代鄂伦春族社会转型下的心灵秘史及其文化伦理

天地之大德曰生。对于任何一个生命体而言,生与死都是最重要的事情。鄂伦春人的生死观,有着自己独特的认识,截然不同于现代文明。

“妈妈在白雪皑皑的大地上生下了我。”萨娜的长篇小说《多布库尔河》一开篇便拎出了整部作品的叙述主题。古迪娅的生命肉体在妈妈的子宫里,不敢动弹,尽管生命通道正在缓缓开启,“但是我不能出去,我的灵魂正在高空飞翔,若是它来不及进入我的肉身,我降生后只能成为可怜的白痴或怪胎”。“我紧紧地贴住妈妈,焦急地等待与灵魂重逢”。小说极为生动地讲述了古迪娅的生命在玛鲁神灵的指引下,感受大地、森林、白雪、灵魂是如何与肉身合为一体的生命诞生过程。一个生命的出生,是上世死者的灵魂长久流浪的结束,是重新经历了一次毁灭与新生的、属于大地的生命传奇。

生与死始终伴随着每一个生命,在一个生命获得新生的时候,也意味着另一个生命的结束。没有哪一个生命是永恒的强者。古迪娅的出生与母鹿的死亡不是偶然的。“玛鲁神灵说过,每一个生命都不是好惹的。”小说在第二节就向读者讲述死亡的故事。“我生下来就没有爸爸。”毫无疑问,这是一个重要的精神隐喻。“爸爸”的缺失,意味着鄂伦春人几千年来的权威的宗教信仰和生存法则受到了极大的挑战,是这个民族传统的消逝和现代的开始。这就是当代中国文明与文化整体性转型的新时代精神语境。

死亡的幽灵以不同的方式一次次光顾鄂伦春的柯尔特衣尔和

玛哈衣尔两个家族，卡思拉的丈夫、大儿子、小儿子各罗布、大女儿苏妮娅及其丈夫库列等亲人一个个非正常地死去。对于一个鄂伦春女人来说，死亡是无可抗拒的，“就像晚霞留不住太阳，大地留不住闪电”，但是卡思拉依然迎着死亡之神，并向他发起挑战，要让死掉的人重新活过来。在儿子各罗布的身上，看到丈夫的影子；在各罗布和苏妮娅这一双儿女死去后，卡思拉把苏妮娅与库列所生的儿子和女儿，分别命名“各罗布”和“苏妮娅”。让死去的人，重新获得新生，这既是鄂伦春人信仰中的生死观念，也是卡思拉这一个普通生命个体所做出的、也是唯一能够做出的反抗死亡的方式。

作为鄂伦春族人的萨满，乌恰奶奶是具有能够看透未来、预知命运，能抵御死亡、起死回生的生命能量和精神魔力的。乌恰奶奶对于本民族的保护神玛鲁神灵是不跪的，呈现出平起平坐的样子。穿上了萨满服饰的乌恰奶奶，在那一瞬间，又一次让“我”震撼不已。如果说乌恰奶奶的身体之谜是超越凡俗的“生命之美”，而穿上了萨满服饰的乌恰奶奶已经汇聚了天地日月、飞禽走兽等大千世界所有生命存在的精华，成为鄂伦春族人与天地神灵进行精神沟通的“生命之神”。这位鄂伦春人通灵的“生命之神”敲起了用自己“生命起点”做成的神鼓，跳起了驱赶病魔的神舞，赤脚轻盈行走在烧红的火炭上，向神灵发出祷告和呼唤。最终，查鲁醒来说话了，乌恰奶奶倒下去了，“他从那里回来，她就回到那里”。小说借助于“我”的第一人称叙述视角，以一个同样具有神性精神气质的鄂伦春少女的眼光仔细端详这位传奇的萨满及其抵抗死亡、拯救生命的过程。这样一来，既具有“亲历性”的叙述亲切感和接受的真实感，又具有精雕细刻的细节之美和彼此心灵对话的情感共鸣效果。即在一瞬间，生与死、爱与恨、肉与灵交会一处，作者、“我”这个叙述者、乌恰奶奶、部落族人和读者一起进行心灵的舞蹈，一起走向死亡，又一起新生。

鄂伦春人的“生命之神”乌恰奶奶，救活了青年查鲁，但是付出了生命的代价。正像卡思拉一样，作为“妈妈”的她依然无法守护住自己的孩子。事实上，无论是受伤的查鲁，还是卡思拉的丈夫和小儿子各罗布的非正常死亡，都不仅仅是某一个偶然因素所导致的事故，更是因为鄂伦春人所面临的普遍性的、日益严重的现代性的存在危机。各罗布等人死亡显然不仅是运气不好的问题，更有着一个更深广的危机：外边世界的人进入了多布库尔河，他们视为有灵魂的树木被大肆砍伐，传统的生存方式遇到了从传统文明向现代文明精神深处转换所带来的现代性危机。

妈妈老了，神灵走了，萨满乌恰奶奶也离族人而去了。安校长来了，带来了奶粉和面包，带来了让“我”上学的消息，“让古迪娅上学吧，安校长求妈妈说，她是太好的学生了，应该读书，绘画，走出大山”。是啊，妈妈的时代已经结束了，作为下一代的“古迪娅”应该走出大山，正如安校长所说“一个新的时代已经来临，你们应该过上幸福的生活”。新时代无可阻止地到来了，可是“幸福的生活”到哪里寻找呢？

从阿摩萨满的祈祷开始，古迪娅不仅领悟到鄂伦春人的生死大义内涵，而且领悟到了乌恰奶奶临终时说的“智者无家可归”话语的精神指向，“我终于理解了其间的含义，我们活着，并且终生行走在寻找的道路上”。不仅安校长鼓励“我”，而且妈妈、格帕欠老人，乃至查鲁都改变了主意，支持古迪娅，“再也不想让你过像她从前那样的日子了”。“我”跟查鲁告别的时候，听到查鲁愤怒的指责，但是“我”不责怪他。正是在查鲁的指责话语里，“我”读到了鄂伦春族人对过去岁月的无比留恋与忧伤、对现在生活的恐慌与不安，更读出了作为一个鄂伦春年轻人所应当承担的对民族未来生活的责任和使命。当然,"我"也从中品咂出了查鲁对我复杂而又无比深沉的爱。古迪娅知道了"我是谁",找到了未来生活道路的方向。

小说从第五章开始,转向了对古迪娅都市新生活的讲述。与这种都市生活时刻相伴的,是古迪娅那来自多布库尔河的原始思维及其多直接用神性眼睛看人与物显现于她的眼前,不需要任何中介,不需要任何引导。教美术的石老师在古迪娅的画上便用抖动的笔调画出抽象的、有生命的发亮的斑点,"画面上的多布库尔河开始变得神秘莫测,它完全超出了自然的形态,好似在满天大雪中悸动地舞蹈,整个画面成为让人捉摸不透的画谜和奇妙的陷阱"。古迪娅在这一瞬间感悟到了绘画的魅力和价值,以及绘画所能带给自己和鄂伦春民族的另一种现代性存在体验:"我的惊喜和感动,还有长期置身于黑暗,突然被一束光明照亮的醒悟。"

在都市新生活中,"我"一次次体验到那是来自"在森林里,在河流里,在岩石中生长的孤独",是多布库尔河流中的鄂伦春民族的"孤独"。正是有过这份与众不同的"孤独","我"一次次回归精神的故乡,与逝去的灵魂对话,在都市这个新的文化语境所提供的现代绘画中寻觅到了解答"孤独"的现代性答案。萨娜所塑造的古迪娅与迟子建《额尔古纳河右岸》中的伊莲娜,虽然她们到城市中都选择绘画,来呈现自己民族的精神世界;但不同的是,迟子建的伊莲娜形象没有能够从鄂温克民族的精神世界寻找到转化为现代新生活的精神因子,而在都市与森林、传统与现代之间苦苦挣扎,以致投水自尽;而萨娜的古迪娅在都市中找到了从原始绘画的原始思维到现代绘画的艺术思维之间转化的心灵通道,在现代性都市的他者镜像中确立了自我的价值与意义。

在现代文明与文化的现代性裹挟的洪流中,古迪娅深深感受传统不可挽回地逝去，现在时间飞速地流逝，而唯有艺术才能够重新回到过去的多布库尔河中，才能够把鄂伦春族人的过去、现在和未来连接在一起，成为一部完整的民族心灵史呈现于世人面前。

正如古迪娅在看完查鲁的坟墓时所说的，“在那里，我才敢回头看你，看我所有的亲人，看森林和多布库尔河，才有可能重新活一次”。这正是古迪娅，也是萨娜的《多布库尔河》意义和价值所在。在萨娜所塑造的古迪娅身上，我们看到了一部从传统文明走向现代文明的艰难跋涉的鄂伦春民族“心灵史”。

第三节　当代藏族生活与文化原生态的审美书写

西藏给人们留下的印象，历来都是一个充满未知的神秘的地方。次仁罗布作为一个土生土长的藏族人民，以藏族人的心境和藏族人的视角，运用新颖的叙事方式，结合西藏的神奇的传说，通过描绘西藏普通人的普通生活来展现西藏文化背后的意蕴，对当代中国社会转型和文化重建具有重要的启发意义。次仁罗布这种对西藏的充满着原生态的刻画具有着极强的吸引力，在他的笔下神秘的西藏虽然依旧充满着神奇，但是已经变得非常地“接地气”。

次仁罗布用充满灵魂的语言来描绘着神秘的西藏国度，在这里他颂扬藏族人民的敢于追爱、坚定信仰、勇于担当、对爱执着坚守的优秀的品质；他无时无刻不在表达自己对于藏族文化营造的多彩世界的热爱，当然，我们也可以看到次仁罗布在社会快速发展的大环境下对于当代藏族文化发展的担忧与深刻的思考。次仁罗布通过简单的小故事来描绘人生所必须经历的爱、苦难、生死等，不断思考着人性、命运和人生。

一、叙事形式的新探索

藏族文学的发展历程和中国当代文学发展的历程是相似的。西藏和平解放之后，以降边嘉措为代表的文学创作者的叙事方式多为一种带有“革命性”的叙述，讲述西藏人民以前遭受的苦难和解放翻身之后对于新生活的渴望与期许。到80年代中期，以扎西达娃为代表的文学创作者受拉美魔幻现实主义思潮的影响，结合藏族的独特的民族传说，叙事方式渐渐地开始变得多元化。次仁罗布也是在不断探索着关于西藏文学的创作与叙事方式。

次仁罗布的叙事手法是非常的新颖独特的，是多个视角、多个角度的讲述。他的小说中经常穿插着第一人称和第三人称的叙述，以笔录加访谈加回忆的形式，灵活运用插叙、倒叙。在《阿米日嘎》中，次仁罗布以警察的询问做笔录的形式来介绍故事，讲述了“我”作为一个警察去调查一件种牛被害的案件。整篇文章主要是由原告、被告、证人的询问笔录组成的，层层推进，悬念迭生，就像是在解密一样，带给人一种神秘感，吸引读者去探寻文章。文章最后说“我”断完案子之后出于善心也买了贡布家牛的牛头，在车上似乎和牛的灵魂进行了交流，带有魔幻的色彩，“少数民族对动物的温存、宽厚与怜爱源于对所有生命样态的理解和尊重，源于生存生活上与他们的密不可分，也源于动物本身所具有的通透灵气”①，体现出作者对于动物的悲悯之情以及对藏族人民之间那种宽容心态的敬意。在《炎述之惑》中，“我”以记者的身份去采访记录中的英雄加布，从不同的人的嘴里得到关于英雄加布的不同说法，原来的英雄形象变得让人感到疑惑。次仁罗布打破了英雄的叙述模

① 吕豪爽：《中国新时期少数民族小说研究》，河南大学出版社，2010年，第97页。

式，还原了一个英雄形象在普通人眼里的面目。作者在这里展现了关于英雄的看法和对于英雄真实的疑惑。英雄并不总是像人们说的那么高大，人们对英雄的看法也是不一样的。在《兽医罗布》中，他更是直接用魔幻的手法将“我”与兽医罗布的灵魂交织在一起，“我”经常梦到罗布，甚至有时候和罗布的妻子同时梦到罗布。通过罗布的城镇和牧区的两个妻子来讲述罗布的一生，两个妻子都给予罗布很高的评价来表现罗布的善良。“我”与罗布最后的相遇在幽暗的巷子里，更是充满了神秘的气息。“‘化腐朽为神奇’、‘变现实为幻想而又不失其真’是拉美魔幻现实主义的艺术原则，除了打破时空界限的结构主义叙事策略和象征隐喻的艺术技巧外，还存在很多。而将梦境与现实混同，以预示及征兆与现实相互铺垫、相互映照、相互阐释便是其中重要而常用的一种手法”①。他的这种多视角、多角度的叙事与魔幻的手段巧妙地结合在一起，将故事的起因、经过、结果更加全面地展现出来，可以给人更加全面的认知。

次仁罗布的小说标题也是充满着象征意味的。《尘网》中的跛子郑堆一直活在一种由“被爱”和“求爱”所交织的“尘网”之中，从被求爱的岳母达噶灌醉以致失身到遇到漂泊异乡的泽拉到最后娶酒馆的女人为妻子，跛子郑堆一生没有走出这个用“爱”编织的网。虽然郑堆最后突然死去，但是他什么都不惧怕了，也并不后悔来到这世界上走一遭。作者在这里用“尘网”做标题可谓是匠心独运，尘网象征着尘世间的羁绊。只有有了这种羁绊，人来世上走一遭的意义才会更加地独特。就像是钱锺书以“围城”做标题一样，次仁罗布在这里用“尘网”来形容人与人的爱的纠葛。这种纠葛

① 吕豪爽：《中国新时期少数民族小说研究》，河南大学出版社，2010年，第151页。

没有人能够逃脱它,那就正视它、拥抱它。《放生羊》中的“羊”已经不再是生物意义上的羊,而是“我”的妻子桑姆的化身。死后一直不得转世的妻子托梦给“我”,让“我”多祈祷,好让她及早地转世。放生羊也就是让妻子的灵魂得以转世,文中写“我”为放生羊所有的付出也表现着对妻子的爱。作者也非常善于用比喻的修辞,“雪山融化后从山上流泻下来的溪水,犹如一颗颗碎裂的玻璃珠子,明亮又晶莹”,将溪水比喻成碎裂的玻璃珠子,将洁白的牙齿比喻成海螺,将道路两边的绿比喻成奔腾的江河,狂泻而去,用曲郭山上的雪来隐喻日益变化的自然环境……表现出次仁罗布丰富的想象力。“意象作为兼备表象与意义的审美复合体并不是某种意义与某种意象的简单叠加,它在生成过程中经过了作家的选择和过滤,不但体现着作家本人的才学和意趣,更多程度上还与作家所处的文化环境、所属民族的文化思维方式和审美倾向存在着潜在的联系,在一定程度上它是一种社会文化的审美载体”①。他用这些新颖的形式和生动的意象来介绍西藏的风土人情,以一种全新的面貌来展现西藏文化背景下人们对事物的认识和理解。

二、藏文化的描绘与思索

次仁罗布书写藏族普通人民的普通生活所构建的艺术世界,充满宗教色彩,极具民族性。藏族是一个全民都信仰宗教的民族,所以宗教文化、宗教意识也就渗透到了藏族人民日常生活的方方面面。“藏族文化是一种以苯教为基础,佛教为指导,并吸收了汉文化和一些其他民族文化的文化……藏族文化的灵魂是佛教哲

① 吕豪爽:《中国新时期少数民族小说研究》,河南大学出版社,2010年,第132页。

学,因而种族哲学的基本命题与佛学的基本命题是一致的"①。次仁罗布的小说中充满了对藏族文化的热爱,他的小说中也包含着佛教的哲学以及他对这种哲学的思考。

在次仁罗布笔下,绵延的雪域高原、朝圣的寺庙、平凡却不寻常的八廓街头……都在上演着一段段精彩的故事。次仁罗布把自己对藏族多彩世界的热爱与担忧融入到这些景物描写中,营造出一种特定的氛围,而且往往结合着藏族独有的传说。在《神授》中拉宗部落的亚尔杰经历了"在草原——离开草原去拉萨——重回草原"的过程,在这个过程中景物描写也从"晨曦微露,远山正脱掉黑色的幕布,把碧绿一点点地透露"到"林立的高楼压迫着心头,笔直的马路,把大地切割成一块块,让我胸闷气胀",再到"摩托车的声音响彻在草原上,这种尖锐的声音令人可怕。它把一个个牧民点甩在了后面,像格萨尔王的箭一样射向色尖草原"。在这个过程中经"神授"而开始说唱《格萨尔王》的亚尔杰在草原上是欢乐的,他有着真神的陪伴;进入拉萨后感觉到沉闷,因为真神大将好像离他越来越远,因此甚至想到过逃离;重回草原后一切变得亲切,一切又变得陌生。草原上已经很少有人像以前一样喜欢听他说唱《格萨尔王》。作者通过写一个说唱艺人的说唱过程表达了自己对于藏族文化的热爱,同时也为藏族说唱艺术的逐渐衰微感到惋惜。在《曲郭山上的雪》中,作者借贡觉大爷讲述曲郭山上的雪正在逐渐地消融,而经书上说"曲郭山上的积雪融尽,也就是人类的末日"。曲郭山上的"雪"隐喻日益恶化的自然环境,引起人们恐慌的不是那张美国讲述2012世界末日的DVD,而是近在眼前的曲郭山上的雪,寄予了作者对于日益恶化的生态环境的担忧。

① 丹珠昂奔:《佛教与藏族文学》,中央民族学院出版社,1988年,第7—8页。

次仁罗布的小说中有许多藏族的传说。一方面作者借传说来展现社会上的一些现象,揭示人性的良知与愚昧。《传说》中的“金刚杵”是霞帝寺活佛送给强久老头的,可以“刀枪不入”。金刚杵的获得是因为有着虔诚宗教信仰的强久老头归还霞帝寺镇寺之宝,金刚杵在传说中的萨迦班智达和外道者争辩中显现过它的威力,在“人寿十岁”与康巴人的决斗中显现过威力,但是佩戴“金刚杵”的小伙子却因为见义勇为被人用木棍打死了,强久老头也只好无奈地说:“原来是遇到了不洁净的东西了。只可惜了我那个金刚杵。”金刚杵在传说中本是一个吉祥的物件,是正义和无畏的代表,但不是有了金刚杵就能够刀枪不入。虔诚地去坚信正义和无畏是正确的,但是金刚杵不能作为一种实实在在的保护。在另一方面,作者通过将日常生活与藏族信仰的完美地结合展现出了藏族文化的风采,表达了作者对于藏族文化的热爱。在次仁罗布的小说中人们虔诚地祈祷,在《放生羊》中“我”为了妻子的转生祈祷,带着供灯、哈达、白酒等去转林廓,“一路上有许多上了年纪的信徒拨动念珠,口诵经文,步履轻捷地从我身边走过。白日的喧嚣此刻消停了,除了偶尔有几辆车飞速奔驶外,只有喃喃的祈祷声在飘荡。唉,这时候人与神是最接近的,人心也会变得纯净澄澈,一切祷词涌自内心”。藏族人民转圣山、圣水,转寺庙,边磕长头边诵经,他们相信通过转山转水和诵经,便可以得到神灵的祝愿,可以消灾祛病。作者在这里既描写了藏族人民对信仰的虔诚,也表达了作者对于虔诚信仰者的深深敬意。

三、对藏民人心人性的思考

在新颖的叙事形式背后是次仁罗布对于人心和人性的思考。“文学是人学,它更多地注意于人的灵魂和思想感情的挖掘,它的伟大功用就在于塑造了对人民来说是重要的,有意义的人物性格和真实地再现了那个时代和那个社会”①。次仁罗布通过描写藏区人民的普通生活来表现自己对于“爱”“幸福”“仇恨”“苦难”“生死”等的深刻思考。

次仁罗布对于幸福和爱的追寻有着自己鲜明的见解。《念珠》中的“阿酷啦”听说有好心的邻居给他介绍过女的,希望他再娶个老婆。他耐着性子听人讲完,最后用这句话来回绝他们:“扎桑一直在我心里,你就不用劳神了。”爱是需要执着去追寻的,爱一个人一时是简单的,最难的是当激情褪去回归平淡后一生的坚守。“阿酷啦”做到了对扎桑爱的坚守,也表现出作者对于爱的永恒、爱的执着的敬意。《尘网》中跛子郑堆临死前变得一点都不惧怕,因为他坚信“有了爱什么都不惧怕了”。郑堆的一生分为三个阶段,强迫下的爱、机缘巧合的爱、主动地去爱,也在表达着作者对爱的追寻的态度。《秋夜》中嘎巴对梅朵说:“我这生没有过大把的钱,所以不知道。可我觉得我们很幸福,我们相依相爱。”有钱并不一定能够买来幸福,次塔虽然挣到了钱,但是却没有得到应有的幸福。作者在这里表达出自己的金钱观、幸福观。幸福是有心爱的人陪伴着过简单而快乐的生活,就像嘎巴和梅朵一样。虽然嘎巴家没有像次塔一样有钱,但是嘎巴与梅朵相亲相爱,而次塔有钱后经常不着家在外奔波,次塔的妻子尼玛独守空房。嘎巴一家远比有钱的次塔要幸福得多,就像嘎巴说的“有钱难买幸福”。

对于苦难,小说中的主人公不断地与命运做着斗争,想以此来摆脱命运的安排,但到最后还是被命运无情地吞噬。虽然有种宿命的感觉,但也就是与命运的不断抗争才彰显出了生命力的坚韧。

① 丹珠昂奔:《佛教与藏族文学》,中央民族学院出版社,1988年,第78页。

在《雨季》里的旺拉经历着亲人相继死去的苦难，与余华的《活着》里的福贵不同的是：福贵是一个一直在被动接受命运的人，是一个顺应着时代发展的落魄少爷，而旺拉则是一个土生土长的藏族农民。旺拉始终在与命运做着斗争，当泥石流爆发时，从短暂的恐惧中惊醒，拼命地逃生。在大儿子出生后，他感到“我觉得这个孩子会使我们家结束隐晦的日子，迎来一个充满希望的将来”，并开始为了这个目标努力。他最后还是没能救回自己的爹，但他一直是一个有着积极生活态度的人。当他把强拉老爹的遗体背回家后，更大的泥石流向这个小村庄袭来。当苦难来临，已无处躲藏时，旺拉并没有感到绝望，而是坦然地面对了。“旺拉真切地看到菩萨眼里涌满的泪水，那泪水滴答滴答掉落到他的心头，他把所有的苦难都给忘记了”。福贵最终一个人活着去讲述生命的悲苦，而旺拉最终死于夺取家人生命的泥石流更诠释着生命的坚韧。作者通过描写西藏贫苦农民悲惨命运来展现他们生活的悲苦以及面对苦难时表现出的顽强的生命力和生命存活意识。

在《杀手》中，终其一生寻找自己的复仇对象的康巴人，在看到自己的仇人已经到了垂暮之年时，便放弃了复仇行为，也放下了复仇的心念，重新踏上了人生的征途。他虽然是哭着离开的，但是他内心的复仇的火焰已经熄灭了。冤冤相报何时了，放下了复仇执念的杀手得到了最终的解脱。故事的最后由一个听了杀手故事的司机，在梦中帮助康巴人结束复仇。“醒来外面阳光灿烂，白花花的太阳光让我睁不开眼睛。”作者在这里传达出了藏族人民的宽容的心胸。

在《曲郭山上的雪》中，作者通过贡觉大爷之口阐明了自己对于生死恐惧的观点，那就是：“没有末日哪有重生！别对死亡心存恐惧，要感谢死亡阴影的笼罩，它使我们的心远离了迷乱，看清了内心真实的需求。”就像人们在扔出硬币的那一瞬间就会知道自己想要的是什么一样。在嘈杂的人世间，人们往往被种种诱惑环绕，无法看清自己内心的真实的需求，但是当人们面临死亡的笼罩时便会真正地认清什么是诱惑、什么是自己真实的需求。当2012的世界末日谣言流传开来时，村民们不再去春播，贡觉大爷将自家的牛羊送给了泰雀寺，扎罗将自己的羊全部放生，朗追甚至把自己用来建造新房子的木料和石材捐了出来为村子修一座转经塔，给村民们提供一个积善的场地。村民们自发地去修建转经塔，没有任何的报酬却仍然干得很卖力气。一方面写出了村民们在面对谣言时的愚昧，一方面传达出生死恐惧的价值意义。这与藏族全民信佛也有着很大的关系。佛家有云：“今生种下恶因，来世取得恶果，今世种下善因，来世收得善果。”[①]而村民们这些看似临时抱佛脚式的种善因是不合理的，趁末日来临之前赶紧地饮酒作乐去享受更是荒谬的。贡觉大爷要“人们坦荡荡地迎接死亡，对死亡的修行就是寻找解脱之路”。“站在一定的领域之上批判破坏自然平衡的行径……对待死亡，全然没有惶恐与拒斥，只有安然与知足，这是由于宗教信仰带给他们的抚慰与承诺，在民族文化的整体氛围下，形成了对死亡的特殊理解”[②]。面对死亡，我们才能明确地知道真正的需求是什么，才能够更加地珍惜现在所拥有的一切。

四、个性且有生命力的表达

小说的魅力来自于用精妙的语言结合有生命力的表达方式，来展现平凡普通的生活背后的深刻寓意。在当今中国的社会，快

① 丹珠昂奔：《佛教与藏族文学》，中央民族学院出版社，1988年，第118页。
② 吕豪爽：《中国新时期少数民族小说研究》，河南大学出版社，2010年，第99—111页。

餐式的文学,给人以短暂刺激的千篇一律的语言描写味同嚼蜡,中国人陷入到一种集体无意识的状态,个性意识逐渐泯灭,主体意识逐渐消失。但是思想逐渐多元化的大时代背景要求我们必须增强我们的个性意识。次仁罗布在藏族文学的创作上不断地开拓创新,创作出了独具个性的文学作品。他的作品时而幽默,时而深沉,时而随性洒脱。

次仁罗布的文章的语言非常地有个性而且富有生命力。他用幽默而朴实的语言营造着西藏独有的文化背景下的语言氛围。次仁罗布让自己文章中的语言拥有了灵魂,就像在《阿米日嘎》的开头:“开阔的前方是整片的沙棘林,她们等待我穿越过去,灰色的枝干远远地向我招展。要是春季我倒乐意从这里过,沙棘枝叶上细碎的黄花,在阳光下像金子一样熠熠发辉;可是初冬一片萧瑟,让人无端地提不起高兴劲来。”这些描写荆棘丛的语言就像拥有生命力一样,让人仿佛真正地看到了荆棘丛。写雨:“雨点密密麻麻地从空际砸落下来,炸裂在强巴老爹褶皱的脸上,碎裂成无数个细小晶亮的水珠,它们经过交融,又汇聚在一块,顺着强巴老爹的面庞淅淅沥沥地滚落下去。”雨是从天际“砸落”下来的,然后“碎裂”成小水珠后淅淅沥沥地“滚落”下去。“砸落”“碎裂”“滚落”三个词将雨下落的过程分解成三部分,表现了作者语言描绘是多么细致。在形容秋天的叶子的时候说叶子“不时发出脆脆的呻吟”。叶子怎么会发出呻吟,但是仔细地听,秋天将要坠落的叶子在干枯的时候是会发出响声。次仁罗布在这里将这种声音加以拟人化的处理,非常地富有感情,很有感染力。而且次仁罗布十分擅长运用叠音词。“眼泪簌簌掉落,干瘪的嘴唇紧紧抿着。疼痛稍稍减轻后,夏辜老太婆这才想起,那隆隆的喉骨节是她的丈夫传给顿珠的”,“片片雪花从空中轻轻飏飏地落下,冷风飕飕地扑打在行人的脸上，让人牙齿咯咯作响”。这种叠音词的巧妙运用不仅将动作更加地形象化，而且更加地具有节奏感。

次仁罗布强烈的主体意识则体现在他对于细节的精准把握和精彩描写上，像是把镜头放慢一样，甚至具体到每个动作的每个反应。在《德剁》中对嘉央德剁被枪杀的一瞬间的刻画："弹头'噗'地穿破袈裟，抖落了上面的灰尘，钻进了嘉央的体内。一阵巨大的推力，在嘉央的体内绽放。"这种将动作放慢，将动作具体化、细节化的处理给人一种身临其境的感觉。还有就是巧妙地利用对环境的细致的刻画来烘托人物，营造出特定场景的气氛。在《界》中查斯为了能够永远地将儿子留在自己的身边，不惜将毒药倒入酸奶中，然后眼睁睁看着儿子喝下。作者在写作为母亲的查斯意识到只要儿子活着就会皈依佛门，不会陪在自己的身边的时候，就下定了决心要毒死儿子。但是当真正要下毒的时候，"额头上沁出汗珠。她的胳膊伸过去，焦黑的手掌撕裂了阳光，弯曲的黑指头蠕动着，解开了褡裢的结。小木桶盛满酸奶，像个乖顺的婴儿，安静地躺在褡裢里，恐惧地凝视她。突然，查斯的手抖动，急忙捂紧褡裢的口，胸口压在上面"。作者在这里通过动作描写来表达查斯内心激烈的斗争。作为母亲，查斯想要从小就被领走出家的儿子永远留在自己身边是合情合理的，但是当面对已经笃定皈依佛门的儿子时，她是那么地无助与无奈。作者在这里写出了母亲对儿子的深深的爱，和这个社会带给母亲的深深的痛。

次仁罗布的作品将新颖的形式与丰富多彩的藏族文化完美地融合在一起，不仅给人带来一种神秘又新鲜的感觉，而且更能够让人体会到文章背后深刻的意义，渗透着次仁罗布对于人性人心，对当代中国文化整体环境、文化发展走向与藏族文化未来的深刻而独特的思考。

第四节 人心有“道”自有道：赵德发《乾道坤道》的当代文化建构

2011 年，赵德发重磅推出长篇小说《乾道坤道》，这是继 2007 年面世的描写当代中国汉传佛教文化景观的长篇小说《双手合十》之后第二本探讨宗教文化的文学作品。文学创作涉足宗教题材，赵德发以独特的眼光审视当今社会的种种现象和问题，在宗教与世俗之间试图找到人们心灵的平衡点与灵魂的安放点。当下文学创作题材老套、陈旧的小说已经开始让读者有些“反胃”，而《乾道坤道》则恰恰是以新颖的题材吸引了读者的眼球，以大家并不熟稔的宗教题材来表达作者对传统文化的独特思考，既别致地展现了道教文化的一种生存状态，同时也使读者对传统文化有了新的发现①。作者也曾坦言：“我这部《乾道坤道》，就是要刻画一个当代道士群体，表现中国道教在今天的际遇与嬗变，思考有关生命、宇宙、宗教与科学的诸多问题，探讨道教文化在新世纪人类文明进程中应有的作用。”② 赵德发从博大精深的传统道教文化入手，不遗余力地在向人们展示宗教文化科学性的一面，进一步致力于寻找传统文化对现代化社会建设的积极意义。高瞻远瞩的赵德发立下宏愿，以纵横捭阖大而阔的视野关注民族文化的悲与喜，从历史、宗

① 赵德发的长篇小说《乾道坤道》向人们详细而又全面地呈现了时代背景下道教生活状态，将道教之“道”与时代、社会融会贯通，独特而又深刻地阐释了“道”的现实意义。小说揭示了世俗化语境下道教发展步履维艰，传统文化在被解构的同时又在“夹缝中发展”，与生命、精神之道的融合是作者意在深化的主题。《乾道坤道》思想审美意蕴丰厚，艺术表达值得我们进一步深入思考。

② 赵德发：《乾道坤道》，长江文艺出版社，2012 年，第 323—324 页。

教的维度出发，描绘现代文明与传统文化互补发展的宏阔气象。

一、世俗化语境下传统道教文化的被解构

宗教是一束永不磨灭的光，其迷人之处就在于它能够让人们相信在现实世界之外有一种神秘的力量，并且它可以统摄万物或者决定人世命运。这种神秘的力量使人产生敬畏和崇拜，让人虔诚地去信仰这种超乎现实的存在。于是，宗教信仰顺理成章地成为一种神秘而又神圣的存在。然而，伴随多元文化的发展、世俗化语境影响的深入，宗教作为一种社会文化现象，其世俗化、道德化的趋势也在日渐明显，与芸芸众生之世界开始有了紧密的联系。时至今日，中华民族并没有形成像基督教、佛教、伊斯兰教这样大的统摄全民族的宗教派别，没有宗教信仰的约束并没有使我们变成一盘散沙，严格的道德体系与伦理准则成为了几千年华夏文明维持延续的坐标。但是，文化并不是绝对孤立的，道德文化与宗教文化之间也会出现交叉地带，也在呈现出渐渐融合的趋势，在某种程度上它们具有共同的终极目标与意义。恪守清规戒律来努力地约束欲望、完善心灵，这给面对商业社会里种种诱惑的我们提供了一份发人深思的参照。

道教作为在中华民族的文化土壤上形成的本土宗教，运用宗教的观点论证了“道”是宇宙本原。道教认为“道”具有巨大的能量和无上的权威，决定宇宙的一切；人得到了“道”，就可以自己主宰自己。所以在道教中，“道”是核心教理和最高信仰。在赵德发小说《乾道坤道》中，我们可以看到作者是以石高静这个人物形象的成长蜕变作为主要线索来贯穿小说始终的。作为一个最终修道成功的道士，石高静修行的根本动力和信念支撑就是道教之中的“道”。天地之间唯有一“道”在主宰掌控世间万物的兴亡。与世无

争，上善若水，赵德发在《乾道坤道》中用一个故事、几个人物、多个角度书写了道教文化在今天的生活景观和价值意义。欲扬先抑手法的采用让小说的主题表达显得更为曲折隐晦，但艺术魅力丝毫不减。作者首先交待商业化社会中岌岌可危的道教群体以及时代语境下濒临被解构的道教文化，然后强调困境中突出重围的个体精神价值。以石高静为精神载体，在“我命在我不在天”的生命信仰的激励下，潜心修道、对抗命运，随后性命双修，彰显出生命的坚韧与刚强。小说书写的对象不再局限于一个国度，而是已经上升到世界的高度，“不仅仅是在给中国人立一个规矩，事实上在给整个人类立法”①。道家之“道”，内涵博大精深，所涉及的不只是一个方面或一个层面。经历千年演变的传统道教之“道”衍生出来的道教文化在当今社会能否与现代文明和谐相融呢？基于这一问题的思考，我们在小说《乾道坤道》中找到了道文化在关照历史与现实中相契合的对接点。

在古代社会，历史上的道教文化的存在状态我们可以从元代道士马钰的词中窥见一斑：“四更里，无事好把真经看。句句幽玄，说道教修炼。不用水火，不用柴和炭。炼就灵丹，万两金不换。”②词句里面所描绘的景观在今天变得极为罕见，道教兴盛的局面也一去不复返了。《乾道坤道》小说里的故事情节选取于当下时代生活中的一些片段，商业社会的快速发展催生着一大批急功近利者，因此在快餐文化中充斥的是争名夺利的思想观念。在思想发生巨变之后，修炼了上千年的道教文化在世俗化语境中变得岌岌可危。

① 赵德发传统文化题材作品研讨会发言纪要，http://blog.sina.com.cn/s/blog_53a02fac0101mbj6.html。

② 唐圭璋：《全金元词》，中华书局，1979年，第398页。

作者对道教文化传承朝不保夕的局面通过国内与国外两个焦点来对比呈现，用美国一个小道场的兴盛来衬托国内的惨淡。

在《乾道坤道》中，小说一开始写南宗全真教当家应高虚应师弟石高静之邀来到美国，在石高静的道院里看到师弟向外国人推介中国道教历史，于是她边看边点头说："师弟你在美国建起道场，收了这么多洋徒弟，真是可喜可贺！"① 这也是对江道长的那句谶语"庙不像庙，蓝眼人笑"的最好验证。看到师弟如此兴盛的道教事业她便心生惭愧，"你看，你这崇玄道院虽然是琼顶山的下院，却红红火火，道徒众多。但是上院呢，香火寂寥，门可罗雀。要是你这些洋徒弟到琼顶山看看，还不把我羞死？有句老话讲：本固而枝荣。南宗祖庭这个老本，今天弱到这个地步，真是不该呵，我愧对祖师爷，愧对咱师父！"② 这是应高虚对师弟说出的掏心窝子的话，由此看出国内与国外的道教发展状况截然不同，作为发源地的琼顶山惨淡黯然，甚至有时连最基本的生活都难以为继。"师弟，不瞒你说，有时候，我连买米的钱都掏不出来……"③ 一山一观几道士的简陋生活让这个当家人难以将道教文化传承下去。面对现实的窘迫，应高虚内心羞愧，主动将住持的位置让给在美国办道院红红火火的石高静。作为中国传统文化的一支，道教的传承在小说中以这样一种鲜明而又强烈的对比的方式出场，着实让读者不得不为其在当今中国的发展而深忧。道教作为发源于中国的纯正的"土生土长"的宗教，在几千年后的今天，国内外竟是这样一幅天壤之别的画面。于对比之中，我们更深地体会到道士群体生活的艰

---

① 赵德发：《乾道坤道》，长江文艺出版社，2012 年，第 4 页。

② 赵德发：《乾道坤道》，长江文艺出版社，2012 年，第 18 页。

③ 赵德发：《乾道坤道》，长江文艺出版社，2012 年，第 18 页。

难与不易，道教传承在今天的步履维艰。

没有“外忧”，但“内患”不断，道教文化在国内的发展遭遇搁浅。商业化社会里物质主义催生的时代观念和思想已经远离了传统的道教文化所倡导的“清静无为”。与传统道义相违背的理念如同一把利剑将道教的生活面貌挥斩得支离破碎。现代社会已无法为其继续提供一个自由而稳定的环境来促进传统宗教文化传播。时代大背景的切换正在慢慢解构这个庞大而又复杂的文化体系。因此，《乾道坤道》在展开一幅道教群体生活画卷的时候是以当下的现代化社会为底色的，由此来烘托渲染。商业社会的世俗化语境下的思想观念以物质、享乐、纵欲为核心，是一种过度宣扬金钱与名利的畸形病态社会。人们在内心的贪欲程度不断加深的过程中，逐渐沦为物欲与世俗的奴隶。当石高静带着美国徒弟露西回国时，因怕山下村民说闲话，暂时让露西寄居到已还俗师弟祁高笃的酒店里。这是一座名叫“逸仙宫”的酒店，名字和当年师父修行的地方相同，但一个是道观，一个是酒店，代表两种截然不同的文化含义，讽刺意味浓厚。最重要的是，露西在借宿几晚后，坚决离开，原因就是：“我受不了那个酒店的淫荡气息！”[①]这正是修道之人最难以忍受的污浊气息，在这种环境“土壤”上滋生出来的只能是欲望的膨胀，最后造成道之精神的坍塌与毁灭。从小说中我们可以看出，祁高笃建的逸仙宫就是当今社会的一个小的缩影，酒店里的声光酒色对应着社会现实中的奢靡颓废等各种不良现象；同时祁高笃与其酒店里的人也是当今社会的主流群体，发生在他们身上的事情揭示的是这个时代的现状：弹乐曲要用“古筝”，寓意争强、争先，体验“神仙生活”需要借助的是溜冰、玩滑翔伞。传统

① 赵德发：《乾道坤道》，长江文艺出版社，2012年，第75页。

的修炼修行已经被抛弃，这些建立在物质基础之上的享乐逐渐消弭掉个人意志，个体欲望的膨胀在世俗化的社会里变得“名正言顺”。当祁高笃追求快乐玩滑翔伞摔死后，石高静只说了一句：“这就叫恣意妄为，自作自受。”① 所以说，人性中的贪婪逐渐打败内心对“道”的坚守，人心在被无休止的欲望所攻陷、占领之后，不会落得好下场，人生也只能以惨痛匆匆结束。同时，小说也在多处透露着现实境遇对道教文化的消解，物欲时代集体无意识下的个体生命对宗教的信仰变得脆弱不堪。小说里描写燕红出家时内心面对诱惑时的反复犹豫与纠结、石高静为建庙去筹款时遭到的碰壁等事件足以让人感受到整个社会形势对传统文化发展重建起到的反向推力。心理结构的瓦解导致的最终结果是整个文化体系框架的坍塌与溃败，在《乾道坤道》中，道教文化的被解构的命运已初露端倪。

二、时代困境下的个体突出重围

在《乾道坤道》里，作者用更多的笔墨勾勒描绘的是这样一幅景象：道士违背教规、勾结官员，借转运法会之名骗取钱财，为满足情欲借双修之名伺机占有徒弟，各种逐名夺利，一副被商业物质大潮席卷冲击过后的支离破碎状态。小说字里行间显现出道教在当下的惨淡景象，大多数人的修道之心已经变得不再纯粹，道士之间也已开始你争我斗，他们身上所代表的传统文化精魂逐渐开始没落甚至濒临死亡。这是《乾道坤道》这部小说为我们呈现的一面，是一个时代大背景下的真实写照。然而，小说所要表达的思想意蕴并不止于此。除了时代社会大环境下道教文化的被解构、被消

---

① 赵德发：《乾道坤道》，长江文艺出版社，2012 年，第 267 页。

融，道士的集体沦落，困境中生命个体的突出重围才是作者想要表达与寄托的重点。一部好的文学作品总会有其丰富性和复杂性，它所包含与指涉的会是两个或多个方面，是多种意味的总和。在《乾道坤道》这部小说中，我们看到了多个人对“道”的坚守。好的文学总会赋予读者积极向上的力量，石高静跋涉于艰辛的修道历程，最终修成正果，这也是《乾道坤道》最打动读者的地方。在浮躁的社会大环境之下，我们看到了在这个散乱惶惑的道士群体之外，仍然存在对生命之道、精神之道孜孜不倦的寻求者，他们并没有放弃对“道”的坚守，俨然已经成为道教群体的核心与灵魂。日夜修行，他们依旧跋涉在传道的坎坷路上，将中华传统文化的精脉沿承下去。《乾道坤道》正是展示了以石高静为代表的道教群体的精神风貌，一种将生命力展现到极致的坚韧不屈精神，一种把个体与自然完美相融的道教文化。石高静是这部小说的核心人物，作者借他的修道历程来表达道教文化传承道路的艰难与曲折。在这一历程中，又通过石高静“循道”“悟道”“扬道”的三个阶段来体现道士传道的任重道远。

对“道”的遵循，从石高静拜师从道的那一天就已开始。虽然修行多年，但是石高静在这一阶段只是在单纯地去理解、遵循道法，还是一种浅层次的修炼。因患有先天性家族心脏病，石高静的命运仿佛已经被注定：活不过五十岁。对石高静来说，研究生物遗传基因的博士科学家与全真道士这看似矛盾的双重身份让其带有极强的悲剧意味。因此在“循道”这一过程中，他一边投入到生物科学基因研究，找出身体里面让他不能长寿的“魔鬼”，一边在美国办起道场。但在师兄羽化之后，受其重托重兴南宗，于是放弃国外高薪工作、优厚待遇、舒适的生活，回国之后全身心投入到修炼当中。回到国内，面对的不只是破败的琼顶山、简廖观，还有与他争夺权力的二师兄卢高极。在这一阶段中，石高静没有重兴南宗、宣扬道教的宏图伟愿，偶尔还会动凡心，陷入利益之争。他只是一个俗家居士，在应高虚交给他龙头簪子时，他没有接的愿望也没有接的能力，并坦言道："我还是在这里做个海外散人，一边从事科研，一边传道授徒吧。"① 在带领露西回国的路上，看到那张美丽的脸庞，嗅到沁人心脾的发香，不禁蹭着她柔软的发丝享受起来。直到看见师兄的幻影在舷窗上盯着他看，才急忙坐正身体，为自己的根尘未净、起心动念而深深羞愧。回国后遇到卢高极和郦道长等缺乏正信正行、彻头彻尾的机会主义者，面对他们的挑衅也会怒不可言，遭到排挤时气愤沮丧。大道大药，体用一如。在这一阶段里，石高静只是沉迷于具体的修炼方法之中，只顾"药"忘记"体"，忽略了对大道的体悟，所以终不能得到真道。在心灰意冷、累累若丧家之犬时，经过江道长的一番指点与开导，他才静下心来，意识到真正的修行应先从自己的内心开始，身外之物又何足挂齿，以无为之心应万物之变。于是他开始了闭关修炼。在三年闭关中，屏蔽外界的干扰，将自己完全融入到大自然之中，在经历电闪雷鸣与狂风暴雨之后，看看天地湖山，心中充满敬畏与感动；心中清澈而宁静，仿佛整个身心进入了"虚极静笃"的境界。随后遭遇毒蛇，忍痛剁掉伤指，成为"九指道人"。食野果，喝泉水，睡草屋，与万物之灵相伴相生，遵循自然之大道，与之和谐相处。从此与世无争，即使偷走《悟真篇》真迹的沈嗣洁寄回一份复印本，石高静看了之后也坦然接受，并劝告祁高笃不要再去追回。经过三年的潜心悟道，石高静将生死置之度外，一心追寻生命之道与精神之道，用心去感悟生活之"道"。抗争命运是他完成修道宏愿的原动力，以"我命在

① 赵德发：《乾道坤道》，长江文艺出版社，2012 年，第 21 页。

我不在天”的信仰将生命延续下去，将道家精神传承下去。待到修炼成功时，他已成功跨过50岁的死亡门槛，这时方觉出生命的坚韧与刚强。由“悟道”到“扬道”，石高静完成了从个体到群体的精神之道的修炼，修道出关之后，石高静决定重建逸仙宫，真正承担起振兴南宗祖庭的重任。为重建逸仙宫筹款而四处化缘，在化缘过程中参与到铅厂污染治理事件，对乡长只顾GDP而无视村民健康受到残害的行为严厉指责，并告诫乡长关掉工厂。“人命关天，我能袖手旁观吗？”“大道无处不在，与我到不到这里没有关系。你办这样的工厂有悖道德，迟早是要关门的。”[①] 从这些言词中，可以看出石高静以道教之道捍卫自然之道。除此之外，还劝诫燕红释然面对世间名利，告诫尹少卓玩游戏要适度，不要把贪欲和杀心诱发到极致，以免迷失本性。石高静的“扬道”之举，从身边人开始教导劝告，并收下五位徒弟弘扬南宗之道。等到逸仙宫落成典礼举行时，从道教学院院长手里郑重接下《悟真篇》，承担起传承南宗道统的使命与责任。“水兮至善，道兮恒存”[②]，对生命之道与精神之道的追寻使得石高静完成了时代困境下个体的突出重围，完成了性命双修。

如同贝多芬说过的“我要扼住命运的咽喉，绝不让命运所压倒”一样，《乾道坤道》中的石高静向我们展现了一种同命运搏斗的勇士的风采。从“循道”到“悟道”再到“扬道”，石高静对“道”的追寻既完成了自身的超越，又是一种生命精神的弘扬。将传统文化运用到当今时代社会的价值重建中，为传统道教的薪火相传找到了一条出路。石高静所追寻的真正的生命之道，是一种原始

---

① 赵德发：《乾道坤道》，长江文艺出版社，2012年，第228页。

② 赵德发：《乾道坤道》，长江文艺出版社，2012年，第319页。

生命力的爆发，一种身处万事万物都无以惊扰清静之心的境界。面对千疮百孔的道教文化，在时代大潮下逆流而上，对于一个生命个体来说谈何容易，这需要的不只是心血来潮的热度和激情，更是一种对信仰的执着与坚韧。在石高静的身上，传统道教文化的精髓得到了彰显。其命运的反转，有力地为当下萎顿的道教文化注入一针“强心剂”。在传统文化的薪火相传中，我们依稀看到了曙光。传统文化中的精华是具有超时代意义的，它们在今天仍旧可以得到很好的利用，以“道法自然”的思想来处理人与自然、生态与环境之间的关系，在天人合一理念的规束下，人类的发展才会更长远持久。带有出世超越性的道家文化精神表面上看似与当今社会的主流发展相背而行，然而在剥离表层之后发掘的文化内核上，修道即为“从人的运动变化出发体察人，又回到促成人朝着理想的目标运动变化”①，最终目的仍旧是回归到人类社会的发展上。因外来文化的冲击对今天的中国产生的影响太大，传统文化孕育发展的“土壤”也在不断地流失，因此传统文化的重新建构在当下显得并非轻而易举。但是，我们更应看到民族传统文化的底蕴丰厚深邃的一面，在文化之根的传承上，我们依旧能够找到与文化之精髓很好的对接点。

三、《乾道坤道》的成就与缺憾

在思想内容层面，作者首先呈现了道士群体的生活细节与状态，描绘了一幅关于道教的活生生的浮世绘。在小说中详细而又全面地穿插了大量的道教文化知识，像道教的道义、道士的着装、

① 朱德发：《深化传统文化与现代文学关系研究的沉思》，《东岳论丛》2010年第1期。

道法的修炼等各方面道教文化的内容。石高静这样介绍道士的服装："中国全真道士的服装，不论乾道、坤道，也就是不论男道士、女道士，都差不多。混元巾是道士帽子的一种，圆圆融融，比喻混元无极大道；上身一件青布大褂，两腿两只白布长袜，寓意'一清二白'；穿着每只都有十条白布的'十方鞋'，意思是'千里访名师，万里求真诀'，为了寻师学道不畏艰辛。"① 单从这一着装上面就有如此多的含意，其文化系统的庞大与博深在此可窥见一斑。同时，小说里面还涉及了生命基因科学知识，将道教文化与之联系起来，看似有违和之感，实则在本质上却没有矛盾和冲突。小说中，尤其对道义的阐释，使得没有道教学说理论等相关知识作为铺垫的读者在读完这部小说之后对道教有了一定的了解。作为一部描写现实道教文化生活的小说，《乾道坤道》开宗明义站在高远之处把个人的命运与人类的命运联结起来，具有极大的阐释与思考的意义。"道教文化真的是博大精深，玄妙无穷。当今有些学者一直在呼吁中华文化的重建，那么道家学说与道教文化应该是必不可少的建筑构件。如果让东方文化与西方文化对话，道家学说与道教文化是发自东方的一个重要声源"②。在传统文化中，我们看到了先辈们超越时空的思考与智慧。

同样，小说在艺术形式层面也可圈可点。小说承载了厚重的思想，涉及的层面是广阔的，与此相应的是，作者所采用的文本叙事结构也是多样的。作者一方面以石高静为代表的道士群体的成长修炼历程作为一条叙事线索，这其中还包括阿暖、露西、米珍、阚敢、燕红、沈嗣洁等人，他们在石高静的教导下，逐渐遵从道教之

① 赵德发：《乾道坤道》，长江文艺出版社，2012 年，第 3 页。
② 赵德发：《乾道坤道》，长江文艺出版社，2012 年，第 323 页。

道，性命双修，以清净之心做一名真正的道士。同时，作者从另一角度出发，刻画卢高极、周秘书长、郚道长等人物形象与前者作对比，以此反衬出第一类人物形象身上可贵的道士品格。除此之外，还有行走于生存和信仰之间、由极度享乐到死前顿悟的祁高笃也是作者着力塑造的一个人物形象。不同的叙事角度传达出小说繁杂的“多重声音”，在对整个社会的多个方面的叙述中，每一种声音都是一种价值与理念存在的显现，因此在这“众生喧哗”中传达出的是更为深切的思想和意蕴。然而，我们在体味小说丰富的主题意蕴的同时，难免觉察出小说叙事张力的些许薄弱，这就成为了小说叙事上的一丝缺憾。作者在驾驭《乾道坤道》这样一部鸿篇巨制时，美中不足的地方就是没有很好地掌控小说的叙事节奏，对故事情节的概括性叙述加快了小说的叙事节奏，过快的叙事速度也就不可避免地消解了文章的艺术表达力。众所周知，节奏原本是音乐术语，是作为文本叙事话语的一种。“作为最富有表现力、传达力、感染力的艺术媒介，小说叙事话语在塑造人物，叙述情节，背景布置，构建整体艺术框架，以及表达作者审美评价诸方面，发挥着几乎无所不能的功效”①。由此我们可以看出叙事话语在文本结构中的价值和意义。作为叙事话语之一的节奏“总是首先通过详写与概叙的交错使用来予以控制的”②。恰当的叙事节奏可以促成一部优秀小说的诞生；反过来讲，不当的叙事节奏也会削弱小说的艺术魅力。

一部优秀的传统现实主义手法创作出来的小说在节奏的把握上必然是详写与概述相结合的，概述可以在加快叙述节奏的同

① 刘世剑：《小说叙事艺术》，吉林大学出版社，1999年，第184页。
② 倪浓水：《小说叙事研究》，群言出版社，2008年，第158页。

时支撑起整个文本的框架。但是,这并不意味着我们去忽略详写的存在。详细叙述一件事情势必会造成节奏的缓慢或停滞,这同时也在侧面加强了作者对这一部分的表达力。只有在这“一松一紧”“一快一慢”中,小说的叙事节奏才会变得巧妙、轻快起来,艺术张力也就随之出现了。小说《乾道坤道》作为赵德发“经验写作”之外的一部长篇小说,故事情节的详略安排上对文本艺术价值存在一定的损失。如在小说第一章中,作者在讲述应高虚主动向美国的女道友传授如何修炼女丹的步骤这件事情上,石高静心里犯嘀咕,师兄为何这次讲解得这么细致呢?“我曾经打电话问师兄,师兄却羞羞答答吞吞吐吐,在最关键的地方欲言又止。今天,他为何把这些事情如此坦然地讲出来了呢?”[①] 石高静此时的心里疑问是巨大的,从后文看,这时的困惑有着重要的隐喻作用。因为师兄应高虚想把南宗道法传授给师弟,然后心甘情愿地交掉龙头簪子,从此不再做琼顶山的当家。所以,当时他没有任何保留地向师弟传授之前一直很避讳的女丹道法。如果小说文本在交待真相之前留一段空白,就等于留一段让读者自由想象的空间。此时此处的戛然而止,本可以为后边的审美表达获得最大的叙述效果。遗憾的是,作者快速概述这一事件,削弱了小说的艺术张力。小说多处出现此种对叙事节奏把握得不够精准的情况,也是这部小说的一处遗憾。这种对文本内在结构韵律的破坏,致使情节简单化,小说也就失去了耐读性。“因为尊重,所以苛求”[②],所以即使我们在面对《乾道坤道》这样一部思想深切的长篇巨著、为其丰厚的审美意蕴所折服时,仍然不能回避叙事艺术上所存在的缺憾。我们

① 赵德发:《乾道坤道》,长江文艺出版社,2012 年,第 16 页。

② 黄发有:《因为尊重,所以苛求》,《南方文坛》2005 年第 3 期。

期待的是赵德发先生更加成熟、日臻完美的作品。

《乾道坤道》善于从传统宗教文化中汲取营养建构当代文化体系，发掘了当代书写广泛的素材范围、领域无人问津的空白地带，因此这是一个值得读者去深入研究和思考的文本。“文学说到底是一种精神事务，它要求写作者必须心存信念，目光高远。它除了写生活的事象、欲望的沉浮之外，还要倾听灵魂在这个时代被磨碾之后所发出的痛楚的声音。因此，需要在今天的写作中，重申一种健全、有力量的心灵维度，重申善和希望是需要我们付出代价来寻找和守护的”①。赵德发将道教文化与时代发展相糅合，在当今惶惑的价值观念中试图重建和丰富“道”的精神内涵，为社会文化的良性发展打开一条通道，“敞开了一种宗教和现实人生这种高度缠绕、密切交集的一种可能性”②。在《乾道坤道》里，我们看到小说从方方面面以高、深、远的姿态为我们当今时代文化的发展提供了思考，开拓性的道教题材视角已经为我们打开了一个审视传统文化的新领域。“以文学为宗教，把写作当修行”是赵德发的座右铭，在修行的这条道路上，他不断开辟新的道路、拓展新的领域。“赵德发先生不仅是沂蒙山文化、齐鲁文化，而且是中国传统文化、东方历史文化的审美书写者和思考者”③，在不断自我突破、超越的写作中，一部部作品显现着作家的精神追寻。基于这一点，传统文化的重建在当今有了方向和路标，只要民族文化的精魂不丢，即使路途遥远，终有回乡之日。

① 谢有顺：《重申灵魂叙事》，《小说评论》2007 年第 1 期。

② 赵德发传统文化题材作品研讨会发言纪要，http://blog.sina.com.cn/s/blog_53a02fac0101mbj6.html。

③ 张丽军：《当代中国伦理文化小说的书写者——论赵德发之于当代中国文学的独特意义》，《时代文学》（上半月）2011 年第 9 期。

第五节　新世纪城镇化时代的乡土叙事、文化转型与农民形象建构走向

“鸟飞返故乡兮，狐死必首丘。”乡土，是千百年来乡土中国人魂牵梦绕的故乡，是文学创作灵感的源泉。“中国传统文学的理念和文本中，是没有‘乡土文学’的，虽然中国是一个传统的农业国家，但是我们只有田园诗，而没有乡土文学……乡土经验书写的出现，其实就是启蒙主义思想的一个产物”①。乡土文学最初源于鲁迅，而鲁迅做小说的初衷是“抱着十多年前的‘启蒙主义’，认为必须是‘为人生’，而且要改良这人生”②。沈从文的浪漫主义书写与鲁迅的启蒙主义叙事方式分庭抗礼，成为乡土小说的两条经典路线。

新中国初期，“‘政治入乡’给乡村叙事带来的‘变调’式转变，巨大的政治意识形态作用于文本创作，使得乡村叙事的发展经历一个‘变态’的时期，出现著名的‘农村题材小说’创作高潮”③。新时期以来，乡土文学复兴，接续了中国现代乡土叙事的创作传统。随着“伤痕”“反思”“寻根”等小说类型的出现，人们开始重新思考文化重构时代的乡土问题。以路遥、王润滋、何士光、张炜、贾平凹、阎连科等人为代表，对经济大潮冲击下的乡村问题进行了深入思考，书写了农民在乡土社会变动中内心的异化与躁动，展现了传统乡村在改革开放后，因为社会转型所表现出的裂变与阵痛。

新世纪以来，“社会生产要素包括人口、非农产业、资本、市场

---

① 程光炜、丁帆、李锐等：《乡土文学创作与中国社会的历史转型——“乡土中国现代化转型与乡土文学创作学术研讨会”纪要》，《渤海大学学报》2010年第1期。

② 鲁迅：《鲁迅杂文经典全集》，哈尔滨出版社，2013年，第250页。

③ 韩文淑：《新世纪中国乡村叙事研究》，吉林大学博士学位论文，2009年。

等社会要素，也由分散的农村向现代城市集中并逐渐增长，农村生产方式、生活方式、思维方式和行为方式发生城市性的大变革”①。城镇化进程同时冲击了传统乡村伦理价值观，致使乡村内在伦理秩序倒塌，促使中国乡村发生了千年未有之剧变。“作为一个民族文化心理结构基本处于农业文明的国度，‘乡土社区’结构的变化成为作家普遍关注的对象”②。莫言、张炜、贾平凹、阎连科、韩少功、赵德发、刘醒龙、刘玉堂、陈应松、关仁山、刘玉栋、梁鸿、魏微、刘亮程、鲁敏、付秀莹、常芳等继承并发展了乡土文学叙事传统，对传统乡村进行了全方位的细致解读，使得城镇化时代的乡土文学叙事展现出了这个时代所独有的精神特征。

一、城镇化时代的生态主义乡土叙事

随着人类文明的进步与社会的发展，生态问题日益成为一个世界性的热点。兴起于20世纪中期的世界生态文学思潮在80年代传入中国，企图“通过文学来重审人类文化，进行文化批判，探索人类思想、文化、社会发展模式如何影响甚至决定人类对自然的态度和行为，如何导致环境的恶化和生态的危机”③。在城镇化的推进过程中，面对中国乡村生态环境的破坏、自然资源被人类无节制地开发与掠夺、人与自然的关系不断恶化的现象，如何“建立一种人与自然的亲和和谐的生态审美关系”，甚至“建立一种人与自然、社会、他人、自身的生态审美关系，走向人的诗意的栖居”④，成为了当

① 牛文元编：《中国“新四化”研究报告》，科学出版社，2013年，第82页。

② 丁帆：《中国乡土小说史》，北京大学出版社，2007年，第6—7页。

③ 朱新福：《美国生态文学批评述略》，《当代外国文学》2003年第1期。

④ 曾繁仁：《中国当代生态美学的产生与发展》，《中国图书评论》2006年第3期。

代乡土叙事中的新思考。张炜、韩少功、于坚等名家从小说、散文和诗歌等不同文体开始了具有生态主义思想的文学书写，如张炜的《融入野地》《芳心似火》《午夜来獾》等生态思想意识的作品产生了较大影响。

陈应松在神农架系列小说中，表达了自己对城镇化过程中人与自然、人与人、人与社会等问题的思考，体现了一个作家强烈的社会责任感。其中获得全国环境文学奖和第三届鲁迅文学奖的《松鸦为什么鸣叫》，以代表城市文明的公路修进神农架为背景，描写了主人公伯炜义无反顾地救助在悬崖峭壁处遭遇车祸的伤员的故事。自从公路修进神农架，路上车祸明显增多，各色人纷纷通过公路进入神农架，不仅给神农架带来畸形的价值观念，而且还向神农架丰富的自然资源伸出欲望的黑手。小说中提及一个团政委转业回家时，不仅带走了好的香柏家具，还带走了需要杀害近百只香獐才能生产出的两公斤半麝香。作者在文中以伯炜的口吻自问："神农山区的山好像渐渐地矮了……因为参天大树都砍光了……先是拖木材的车，后是拖门方的车，再是拖棍棒子的车，拖木炭的车，再就是拖树枝的车……现在司机咋就胆子越来越大……那是因为钱。但当官的呢？坐桑塔纳和红旗、奥迪车的呢？"[①] 人类无休止的砍伐只是因为利益的驱使，而来自外面世界的那些诱惑正是代表着城市文明对乡村文明的侵略与腐蚀。陈应松在文中通过松鸦凄厉怪诞的鸣叫声营造了一个阴冷凄凉的氛围，并由此批判了人类的贪婪与丑陋，同时呼唤美好人性以及人与自然的和谐相处。

---

① 陈应松：《松鸦为什么鸣叫》，《小说月报2002年精品集》，百花文艺出版社，2003年，第248页。

刘亮程的散文《人畜共居的村庄》《通驴性的人》《春天的步调》《逃跑的马》等，一直以新疆小村黄沙梁为生发地，将自然万物提升到与人平等的地位，一朵花、一棵草、一只蚂蚁、一头驴、一条狗，每个生命都有自己对世界的思考，而在动物的思考中人类反而变得低贱、无知。刘亮程没有站在道德制高点俯视自然万物，而是以平等的姿态思考人与自然的关系，超越了人类中心主义观的叙事方式，给乡土散文带来生态主义哲学思考。新世纪以来，作家关注的生态问题不仅仅限于自然生态，更多的是对乡土整体生态结构的思考，包括对乡村伦理秩序、价值观念、道德标准等在内的人文生态的重新解读。贾平凹的《秦腔》、阎连科的《受活》、张炜的《刺猬歌》、葛水平的《黑脉》、季栋梁的《上庄记》、陈应松的《马嘶岭血案》等，讲述在现代文明前进过程中生态与发展的两难困境。阿来的《空山》三部曲写人类为了利益和欲望，猎杀动物、砍伐森林，又因人类之间的仇恨关系导致了"天火"，造成了无法挽回的损失。这种精神异化的现象正是人文生态失衡的表现，而乡土文学对生态主义的书写关注到自然生态与人文生态的双重失衡现象，正体现了新世纪中国城镇化时代乡土文学的新叙事走向。

二、进不去的城与回不去的乡——新乡土中国经验叙事

城镇化时代给乡土中国带来的一大变化就是人口流动的日益加速，封闭式的小农经济生产模式被打破，农村剩余人口在经济利益的召唤下纷纷奔向城市。费孝通所谓的"乡土本色"与"熟人社会"[①] 已不复存在，"游荡在城市里的庞大的乡民，使得乡土文明的承续越来越失去固定空间的限制，也很难再被整合为成体系的文

① 费孝通：《乡土中国与乡土重建》，风云时代出版公司，1993年，第5页。

化传统”①。这批流动在城乡之间的人被精英立场的作家视为“底层”,被社会称为“农民工”,“他们不再是传统的小农,也不再是阶级斗争时代的农民,也不再是上世纪八十年代启蒙的农民,也不再是上世纪九十年代既喜且忧的农民,而是一些‘在路上’的农民,是一些正在‘自我现代化’的农民”②。城镇化时代造就了这一代独有的漂泊之感——进城无望,返乡不得。面对乡土社会的新变化,现代文学原有的乡土经验已无法概括这个时代的特征。建立在新世纪独特社会文化转型和作家独特生命体验基础上的底层文学、打工文学,就成为了新乡土经验叙事的宠儿。

新世纪新乡土中国经验叙事在描述打工群体的作品之中,可以分为两类:一是进城苦难叙事。即关注打工群体生存的艰难、处境的悲惨,在城乡文化冲突中描述他们进城无望的流浪之旅。孙惠芬的《民工》、刘庆邦的《神木》《红煤》等,站在民间的立场,关注底层生存的真实状态,但却不做简单的道德评判,而是以浓郁的人文关怀和批判精神写出农民工大军在城镇化时代的苦难史和心灵史。陈应松的《太平狗》将城乡冲突置于伦理道德的两极中书写,讲述了神农架农民程大种和一只名叫太平的狗在城市中的悲惨生活。他们的进城之路如此曲折,乃至要付出生命的代价。“人不如狗”的结论惨烈得让人不忍卒读。贾平凹的《高兴》同样关注向城求生的农民工的艰苦旅程,写出了对农民工如何融入城市的新的思考。此外还有荆永鸣的“外地人”小说系列、徐则臣的“京漂”小说系列等,都关注了进城务工人员心灵的漂泊、生存的艰难,

① 马兵:《新世纪乡土文学的“常”与“变”》,《时代文学》(上半月)2011 年第 9 期。

② 雷达:《当前文学症候分析》,作家出版社,2009 年,第 20 页。

城市与乡村在底层文学之中成为二元对立的存在，进不去的城却也成为想象乡土的一大因素。

二是反观虚空的乡村底层叙事。乡村主体向城市流动，村庄虚空，留下的全是老弱病残，乡村文化的发展少了后续力量。进城农民工催生了“返乡”高潮，也相应出现了以返乡为题材的乡土小说。但在返乡的过程中，进城青年无法忍受落后的乡村。罗伟章在小说《我们的路》中讲述了一个在城市中受到心灵创伤的人回乡的故事。当郑大宝怀着对故乡的想象回归故乡的怀抱，希望得到心灵的抚慰时，却发现故乡已不再是美好的栖息之所。“真的走出去，又想家，觉得家乡才是世界上最美的地方，最让人踏实的地方……可是一回到家，马上又感觉到不是这么回事了。你在城市里找不到尊严和自由，家乡就能够给予你吗？连耕牛都买不上，连小孩子读小学的费用也感到吃力，还有什么尊严和自由可言？”①想象中的乡土在贫穷的事实面前，像滴在烧红铁板上的水珠，瞬间蒸发。

进城与返乡是城镇化时代的乡土社会大众的精神去向，也成为乡土文学新的叙事主题。如何在进城无望、返乡不得的两难困境主题中提炼出别样的思考，走出在进城叙事和乡村底层叙事之间的徘徊游移，在乡土文学的“常”中寻找到“变”，这是乡土文学作家所应继续思考和作出新拓展、新探索，进行深度叙述的努力方向。

三、新乡镇中国——乡土中国文学叙事空间的拓展

新文学发生以来，中国乡土文学叙事总以乡村为单位，将乡镇

① 罗伟章：《我们的路》，《长城》2005 年第 3 期。

看作远景，即使出现乡镇叙事，也是浮光掠影，难以呈现乡镇内部复杂的社会关系和权力运行的真实状态。20世纪90年代的“现实主义冲击波”产生了一批较为出色的乡镇叙事文学作品。刘醒龙、谈歌、关仁山等人的作品呈现出某种与时代阵痛一起担当、一起“分享艰难”的改革意识以及对某种程度上正在发生社会裂变的本能性感受。这在一定程度上恢复了现代文学史中的乡镇叙述。当然，这种乡镇叙述是与当时乡镇企业的异军突起密不可分的。自然，随着20世纪90年代以后乡镇企业的衰落，这种乡镇叙事就趋于式微。

随着新世纪城镇化运动的兴起和城镇化的大规模存在，乡镇—城镇，已经成为并正在成为21世纪中国乡土文学书写的新文学地标和新叙述精神空间。贾平凹应运而生的《带灯》不仅弥补了乡土文学中乡镇空间叙事的缺失，而且可以说是从整体上具有主体性的对城镇化时代乡土叙事的一大突破性审美书写。

《带灯》以樱镇镇街为中心，将镇民、乡镇干部、周边村民三类人物联系起来，容纳了三类人物间的利益纷争、文化冲突等复杂矛盾，呈现了在城镇化时代在“乡镇”这一空间里所存在的新乡土问题。“贾平凹把叙述中心聚焦于乡镇‘镇街’这一新审美空间，乡村则成为《带灯》叙事的远景。这无疑是贾平凹对新世纪中国乡土文学叙事题材、表现领域和审美空间的创造性发现，是对以往单一、狭隘、地域化的乡土文学审美想象的突破与拓展”。

《带灯》为我们塑造了乡镇干部的群像，重新解读了被乡土文学神化或妖化的乡村干部。《带灯》还原了乡镇干部的原貌，他们有着世俗生活的烦恼，也有仕途之路的艰辛，有时迫不得已去作恶，有时慷慨解囊救穷济困。他们的性格、烦恼、苦衷与仕途各有不同，但都被鲜活而真实地呈现在读者面前，不神化，不妖化。更难能可贵的是,在乡镇干部群像之中,贾平凹为我们塑造了“带灯”这一女性乡镇干部形象,并深入人物内心,写出了其灵魂的挣扎,让这一群体发出自己的声音,更为自己辩解,赋予其“人”的正当权利。

在城镇化时代,乡镇和从乡镇进一步发展而成的城镇,既是矛盾聚焦点,又是21世纪中国经济发展核心地带。新世纪新乡土叙事必将把叙述的中心置于这一新兴的、宽阔的叙事空间之中。从某种意义而言,21世纪乡土中国文学的叙述中心,已经和正在发生一个具有重大的、具有标志性和本质性意义的转变,即从几千年来的村庄叙事转向新的正在形成中的、渐渐蔚为大观的乡镇—城镇叙事。“乡镇人”将成为新的叙事主体,乡镇—城镇是新叙述空间。乡镇—城镇这一叙事空间的拓展、乡民镇民与乡镇—城镇干部之间的矛盾漩涡和“乡镇人”形象的塑造是新乡土中国文学带给21世纪新时代的新乡土文学经验、新乡土文学主题和新乡土文学形象。

结　语

在城镇化时代,百年乡土中国正面临着巨大的变迁,新的乡土问题层出不穷。如何对当下问题做出及时有力的回应,是中国乡土文学面临的最大问题①。但在传统经验已经失效、新的经验还没有建立的当下,面对正在发生剧变的乡土社会,如何直面现实、重述“乡土中国”、解决“中国问题”、突破固有的乡土叙事,对乡土作家来说却是一个严峻的挑战。

现实的复杂程度超越了小说,这只是小说逃避现实、无力书

① 孟繁华:《乡村文明的溃败与“50后”的终结》,2012年7月5日《文学报》。

写现实的借口。如何在现实题材的基础上“走一条自己的、不同于事件的实际进程的道路，发掘现实中模糊的、潜在的甚至相反的东西”[①]，这才是小说家的重要责任。仅仅做加法的增量思维是不够的，无法来应对剧变的、几何级数增长的时代。因此，从某种意义上而言，做减法处理可能更加有必要，可能更加接近时代的中心和事物的本质。我们需要的不是知识的疯量增长，而是如何有定力、安宁地生活。如何写出人类生存的现实，展现时代变换之际的乡土内核，展现乡土的时代特征，21 世纪乡土文学的道路依旧阻且长。

“羁鸟恋旧林，池鱼思故渊。”无论人类文明如何变迁，故乡—大地—乡土，都是永恒的存在。思乡、怀乡、恋乡的 21 世纪乡土文学正呈现出新的叙述走向、新的叙述形态、新的主题、新的形象，也正变得越来越沉重，越来越须臾不可离，越来越成为最深的乡愁。

① 茅盾：《我走过的道路》（上），人民文学出版社，1997 年，第 532 页。

第八章　百年文化时空下的乡土中国“农民梦”及其审美嬗变

第一节　“中国新现代性”与百年文学史的“民生”主题

日本学者竹内好认为:“学问与生活并非同样的事情。然而,从终极结果上说来,与生活不相联系的学问根本不存在,任何学问都是从我们应该怎样生存这一追问出发的。确实,学问与生活不能等同,不脱离直接的生活,学问自身的发展是不可能的。尽管如此,如果终极意义上的联系被忽略了的话,学问就会变成经院派的学术,那么学问也会堕落的。学问具有国际性,存在着世界共通的课题。但是,那共通的问题应该具有的性质,是可以还原到人类世界应该怎样生存这个问题上来的。”① 竹内好把学问与生活联系起来,以具体的生活体验视域来切入文学研究,进入作家及其作品的生命世界中去,突破凝固的历史框架和已有的稳定性研究结构,获得真切的生命体验与具体的生活场感,进行主体间的生命探询。他反对把学术研究和生活视域割裂的研究方式,而把生活视域作为进入作家灵魂世界的必经之门,并提供了一种新颖、鲜活的、关

① [日]竹内好著,孙歌等译:《近代的超克》,三联书店,2005年,第270页。

注“人类世界应该怎样生存的问题”的文学研究思维方式。

与较早实现工业化、较为富裕的西方世界相比，中国人在百多年来“应该怎样生存的问题”是迥异于西方世界的。中国人面临的首要问题是“能不能活下去”和“如何活下去”的生存焦虑，改革开放新时期，初步富裕起来的中国人才开始思考“怎样生存的问题”。在一个“存天理、灭人欲”“饿死事小，失节事大”的文化价值系统中，个体的生活欲望是一个不入流的俗问题。所谓的“宏大叙事”“启蒙精神”“革命话语”，无不显现着某种“神圣”精神光芒，把个体的生存之欲压缩于“庸俗”“自私”“宵小”的阴暗角落；乃至于百年文学史中出现了众多不食人间烟火的、脱离生活轨迹的“高大全”式精神英雄形象。文学界研究者对百年中国文学史的研究中，出现了众多启蒙、革命、救亡压倒启蒙、人文精神、民间、后革命、新意识形态等等宏大话语，来阐释中国文学和当代中国人文社会思潮变迁，其中一些有着很强的精神阐释价值和理论原创意义。但是，这些话语与“应该怎样生存的问题”、与百年中国人的“生活世界”有着遥遥的距离，依然处于无效阐释或隔靴搔痒状态。

在这种思想语境下，有研究者提出了一个新颖鲜活的“中国新现代性”，来阐释在思想史和文学史研究中被抑制和遮蔽的“生活现代性”维度。“生活者，其要义在民生，是指民众的基本生计。而这个‘民生’，在现代性话语中仍然是一个最基本的问题，并因此可以与‘国计’相提并论，‘国计民生’一语在现代中国所表征的意义，乃是现代民族国家所致力于的根本要务，甚至成为其合法性的重要现实依据。同时，国计民生也是启蒙现代性的重要维度，失却这一维度，所有的启蒙话语都会显得空洞、虚幻而不切实际，启蒙话语中的人的理想只有落实到国计民生上，才是可信的、真诚的，为民众所认同的……在今天，我更愿意称这种起源最早基础最深且一直在实实在在地寻求的现代性为‘中国新现代性’”[①]。以“生活现代性”为核心内涵的“中国新现代性”无疑为阐释百年文学中的复杂苦难的“中国生活世界”、为探寻百年中国人“怎样生存的问题”，提供了原创性的新思想维度。

一、“能不能活下去”：生存的首要问题和新文学的叙事主题

当我们开始从“生活现代性”来观照百年中国文学史的时候，一个东西方世界的差异问题，即一个中国现代性的问题就呈现在笔者的眼前：20世纪初中国新文学叙事主题，不是“应该怎样生存的问题”，而是一个更为紧迫、更为基础的问题——“能不能活下去”的问题。

《狂人日记》是中国现代文学的第一部白话短篇小说。“吃”无疑是《狂人日记》的一个最重要的核心词语，以往阐释把“吃人”定格为一种“封建礼教吃人”，上升为一种精神批判的高度。但是，鲁迅叙述更多的“吃人”，如古代的“易子而食”、狼子村的佃户“吃人”等，却是在通常生理意义上的充饥行为，而非有意为之的“精神吃人”。鲁迅由此极端生理性行为，通过精神病人的幻想，引伸出封建礼教文化的“吃人”性质。无论是生理意义的“吃人”，还是精神意义的“吃人”，鲁迅的《狂人日记》由此开启了一个关于中国人“吃”的，即“民生”问题的文学主题。由于鲁迅浓烈的启蒙精神的主题观照，这篇小说的思想性过于强大，艺术性居于次要的地位。随着鲁迅笔法的不断纯熟，后来的《故乡》《孔乙己》《伤逝》

① 张未民：《中国“新现代性”与新世纪文学的兴起》，《文艺争鸣》2008年第2期。

《阿Q正传》等作品中,关于“吃”的叙述与描写,渐渐回归生理性内涵,而关于“人”的精神痛苦显现得则更为真实深刻。

阿Q一贫如洗,是一个彻底的流氓无产者。正是由于他的贫穷,他受到了未庄闲人的精神侮辱,在求爱失败后(贫穷也是求爱失败的重要原因),“生机”受到了极大威胁而不得不被迫到城市流浪。阿Q在梦中进行革命幻想的时候,想到的也不过是“饮食男女”的生活问题。孔乙己比起阿Q来,身份地位要好一些,但是也面临着一个极为严重的“生机”问题,乃至于做出“窃书”的事情来招致被打断腿。子君和涓生无疑是鲁迅心目中的五四知识分子形象,他们勇敢冲破一切封建思想阻挠,但却无法打破经济困窘的生存藩篱,在被解雇、生机陷入绝境之后痛苦分离。鲁迅忠告那些沉湎于激情中的知识青年,不要将别的人生的要义全盘疏忽了,“第一,便是生活。人必生活着,爱才有所附丽”①。“生机”关系到个体生命“能不能活下去”的问题,是子君和涓生同居后所面临的一个最现实、最迫切的问题。

在鲁迅先生影响下,1920年代“乡土文学”异军突起。翻拣这些文学作品,我总是叹息不已:人咋那样残忍呢?为了一点点小利,而不惜怂恿他人、家族相斗伤人;或把小偷惩以沉江的刑罚。除了用陋俗、人性恶的阐释之外,我想到了还有一个更是现实的原因就是那些边远地区人们处于一种黯然的生存凄切之中。生机的无奈与穷困在无形之中进一步激发了人性中的恶。

1925年开始发表长篇小说的老舍先生是出色的“民生”主题写作者,如《骆驼祥子》《月牙儿》《微神》《我这一辈子》等作品充

① 鲁迅:《伤逝》,《鲁迅全集》第二卷,人民文学出版社,1985年,第121页。

分展现了穷人的生活悲剧，在那里“肚子饿是最大的真理”[①]。作为穷人家的孩子，老舍从小就面临着贫穷的“日常生活”——每天能不能吃饱饭、生命能不能活下去的问题。穷人日常生活所带有的艰辛、屈辱，已经深入老舍灵魂记忆深处，成为他日后进行文学创作的“头朝下”心理[②]。老舍不仅对穷人受压迫、欺凌的悲惨生活和穷人的抵抗挣扎进行了全景般的呈现，照亮了被以往遮蔽的、处于黑暗之中的穷人世界，而且提出了“人应该怎样生存”的追问：“凭什么呢？”“我招惹谁了?!”“凭什么没有我们的吃食呢？”老舍从一种感同身受的穷人生活体验出发，表达出一个真正的穷人的“特有的情感波动，展现他们轻易不愿示人的瘢痕纵横的精神创伤”，达到了一种从日常生活真实出发的艺术真实[③]。

“这些作品，具有浓郁的生活气息和生活情趣；不只是同情个别人物的痛苦遭遇，而且真实地再现城市底层的生活场景……它们增强了这类作品表现生活的能力，提高了这类作品的思想艺术水平。”[④]樊骏先生连用四个“生活”词汇，点出了老舍出色的“底层生活叙事”能力和独特的“日常生活”这一叙述视角。老舍通过日常生活视域打开了一扇城市底层穷人灵魂世界的审美大门，在关于穷人的“生计”问题本真性描绘中，创造了饱含丰富人性和深广历史内容的不朽的典型形象。

无论是阿Q、月牙儿母女，还是子君涓生、穷洋车夫，穷人是没

---

① 老舍：《月牙儿》，《老舍小说全集》(9)，长江文艺出版社，2004年，第298页。

② 崔明芬：《“穷人”归向与“头朝下”心理——老舍对满汉双重文化的深刻思索》，《辽宁师范大学学报》2002年第3期。

③ 关纪新：《老舍评传》，重庆出版社，2003年，第245—246页。

④ 樊骏：《论〈骆驼祥子〉的现实主义——纪念老舍先生八十诞辰》，曾广灿、吴怀斌编《老舍研究资料》(下)，北京十月文艺出版社，1985年，第690页。

有生命尊严、没有爱情的，这些“老中国儿女”所面临的最大的问题，是能不能活下去的问题。在“嚼谷”问题没有解决之前，谈论启蒙、革命、自由、爱情，如同饥饿的人一样是虚弱、无力和苍白的。

二、“如何活下去”的阶级觉醒：革命文学与生活现代性

1928 年 2 月，蒋光慈在《关于革命文学》就启蒙视野观照下的死水般生活，提出了新的理论阐述：“旧式的作家所表现的，何尝不是社会生活的一部分？不过他所表现的，是旧的倾向，是反动的一方面，而忽略了新的，能够创造光明的力量。革命的作家不但要表现时代，并且能够在茫乱的斗争生活中，寻出创造新生活的元素，而向这种元素表示着充分的同情，并对之有深切的希望和信赖……在实际社会的生活中，一切被压迫群众不但是反抗统治阶级的力量，而且是创造新社会的主人。”① 随着革命形势的急剧变化，1920 年代后期塑造了具有“新的生活元素”的文学形象，以区别于鲁迅式的“老中国儿女”，成为“革命文学”的一种质的要求。事实上，正是由于对底层无产者物质生活的关注，“革命文学”与革命启蒙走出了思想启蒙的误区，在最大程度上获得了民众认可，由此而开启了一种新的、被以往思想启蒙叙事所遮蔽的“生活现代性”。

在“革命文学论争”中，茅盾一方面为鲁迅的“老中国儿女”进行了辩护，另一方面认为大革命后的乡土中国社会已经发生了深刻变化，“如果我们能够冷静地考量一下，便会承认中国乡村的变色——所谓地下泉的活动，象有些批评家所确信的，只是最近两三

① 蒋光慈：《关于革命文学》，《“革命文学”论争资料选编》，人民文学出版社，1981 年，第 143 页。

年以来的事"①。1932年,茅盾开始创作的"农村三部曲"塑造了新旧父子两代人在愚昧与觉醒之间的艰难挣扎,展现了蚕茧丰收成灾、水稻丰收却不抵债、残冬饥荒的生活悲剧。阿多是一个从愚昧走向觉醒的新式农民形象。在"吃大户、抢米囤"运动中,阿多积极坚定,是村庄里的带头者。《残冬》中反抗意识进一步觉醒的阿多开始思考"如何活下去",勇敢去寻觅一条彻底翻身求解放的革命之路。

与阿多相似的初步觉醒农民,是叶紫在《丰收》中塑造的曹立秋,他对秋天的丰收并不抱有幻想,觉得现在已经不全是要下死力做功夫种地的时候了;谁也没有方法能够保证这种工作会有良好的效果。显然,立秋有着不同于因循守旧、相信命运、奴隶式生活的父亲一代农民的新思想,既对贫困的命运进行新的反思,又对"如何活下去"找到出路,挣扎于愚昧与觉醒之间。

蒋光慈《咆哮了的土地》中的刘二麻子听说革命军到来的消息,便产生了新的幻想:"他就好象自身的痛苦因着革命军的到来一切都解决了似的,好象从今后没有老婆的他可以娶老婆了,受穷的他可以不再受穷了,甚至于他的那麻脸也可以变为光脸……他想那便什么事都解决了,受苦的可以幸福,做恶的可以定罪……"②刘二麻子参加革命的最初和最大的动机是渴望娶老婆、分田地。对此,革命者张进德对他进行启蒙,要他别老是想着娶老婆的事情。我们穷光蛋要起来反抗,要实行土地革命,将地主打倒,土地归自个耕种。革命叙事提出了一个极为重要的"民生问题",以此进行革命阶级性的现代召唤。不同的是,革命者的理想指向了集

① 茅盾:《茅盾全集》第十九卷,人民文学出版社,1991年,第199页。

② 蒋光慈:《蒋光慈文集》第二卷,上海文艺出版社,1983年,第201页。

体大众的“民生”，而刘二麻子思考的只是个人的“民生”。革命的启蒙策略就在于，刘二麻子的个人“民生问题”是可以汇入集体大众的“民生问题”，是可以随着集体大众“民生问题”的解决而解决的。

革命文学对“民生”问题的关注，构成了生活现代性的坚实基点，是左翼作家进行审美想象的切入点。从1920年代末兴起的革命文学到1940年代的延安文学，底层民众的被剥削、被压迫的生活始终是文学书写的核心主题，由此出发构成了反剥削、反迫害、追求翻身求解放的无比强大的革命义理。这不仅为作家确立了一种叙事伦理正义，而且为当时的政治革命提供了强大的思想支持。

这种无比强大的革命义理，一直延续到“十七年文学”中。细读柳青的《创业史》，我们依然感受到那种为受剥削、受迫害的穷人兄弟而伸张正义的道德激愤和革命正义。老舍和左翼文学笔下的那种吃不饱饭的生活困苦和焦虑依然笼罩在柳青的人物世界之中，如任老四“土改仅仅使他一家人不再四季挨饿，并不能使他富裕起来”，一家大小和小黄牛犊挤在一个牛棚棚里，随时有陷入绝粮的危险①。与以往的革命逻辑不同的是，土地革命结束后不能使用强制手段了，“兄弟！共产党对穷庄稼人好是好，不能年年土改嘛！要从发展生产上，解决老根子的问题嘛！”② 对于这个“民生”问题，梁三老汉和刘二麻子一样想到的是自个儿，而受到共产党教育的新式农民梁生宝想到的却是和村里的其他贫困户结成互助组，集体性地改变命运。梁生宝的背后有一个强大的政党力量的支持。梁生宝对“如何生活下去”的思考，展现了刚成立后新中国

① 柳青：《创业史》，中国青年出版社，1960年，第70页。

② 柳青：《创业史》，中国青年出版社，1960年，第80页。

对乡土中国现代化道路的现代性探寻。《创业史》尽管有着紧跟时代的历史局限,但它的价值就在于历史性地审美显现了那个时期的"生活现代性"。

三、"活得怎样":新时期文学的欲望觉醒、人格独立与自我救赎

改革开放的新时期,人们的被压抑已久的生活欲望从"宁要社会主义的草,不要资本主义的苗"的极左思潮中解放出来,人们获得了多元生存渠道的可能性。这在一定意义上,不仅把人们从"民生问题"的生存困境中解脱出来,而且在这一过程中人们开始了对个体精神自由和生命尊严的自觉追求。

高晓声的《陈奂生上城》无疑开启了新时期文学关注民生问题的先声。受惠于新时期改革开放的政策,"漏斗户主"陈奂生不仅吃饱饭了,还能拿出余粮做成油绳到城里卖,赚的钱想买一顶帽子。陈奂生"从三岁以后,四十五年来,没买过帽子,解放前是穷,买不起;解放后是正当青年,用不着……今年好像变娇了,上两趟寒流来,就缩头缩颈,伤风打喷嚏,日子不好过,非买一顶帽子不行"[①]。这三言两语中透露的信息是丰富的、新颖的,是刚刚吃饱饭的人才有的"新时期中国"生活感受和生活祈求。

"他满意透了。他身上有了肉,脸上有了笑;有时候半夜里醒过来,想到囤里有米、橱里有衣,总算像家人家了,就兴致勃勃睡不着,禁不住要把老婆推醒了陪他聊天讲闲话。"[②]作为一个经历新旧

① 高晓声:《陈奂生上城》,刘绍棠、宋志明主编《中国乡土文学大系》当代卷(上卷),农村读物出版社,1996年,第462—463页。

② 高晓声:《陈奂生上城》,刘绍棠、宋志明主编《中国乡土文学大系》当代卷(上卷),农村读物出版社,1996年,第463页。

中国、曾经填不饱肚子的陈奂生，对新时期“米”“衣”这些生存最基本问题已经解决是“满意透了”。也许，我们会追问：陈奂生的生活理想就这样简单？陈奂生可以知足了，作为作家的高晓声的思考就可以止步了吗？

何士光的《乡场上》则把高晓声转达的这种源于最基本生存层面的快乐和乐观复杂化，带有更多的苦难印记和某种隐约的悲观影子。《乡场上》塑造了一个与阿Q非常相似的地位卑微的穷农民“冯幺爸”。他被置入一个两难的境地：为乡场上争吵的罗二娘和任老大家做个见证（罗二娘的男人是乡场上食品购销站会计；任老大是穷民办教师）。冯幺爸知道：

> 你得罪了一尊神，也就是对所有的神明不敬。你得罪了她罗二娘一家，也就是得罪了梨花屯整个的上层！瞧，我们这个乡场，是这样的狭小，偏僻，边远，四下里是漠漠的水田，不远的地方就横着大山青黛的脊梁，但对于我们梨花屯的男男女女来说，这方佛就是整个的人世……①

在原先的单一的社会经济结构中，冯幺爸又没有其他生存方式的选择，不得不向罗二娘、曹支书低声下气地乞食、做“奴隶”。新时期的冯幺爸拥有了阿Q所不具有的新的多元生存空间与生存方式，打破了那种狭窄的社会经济结构。他可以“做活路”，可以凭个人劳动独立地获得生存经济权，所以，原本沉默失语的他，发出了生命觉醒的声音：“国家这两年放开了我们庄稼人的手脚，哪个

---

① 何士光：《乡场上》，刘绍棠、宋志明主编《中国乡土文学大系》当代卷（上卷），农村读物出版社，1996年，第636—637页。

敢跟我再骂一声，我今天就不客气！”[①]勇敢为任老大家的娃儿的清白无辜做见证。冯幺爸从沉默失语到发出生命觉醒的声音，从原先的奴性回归到生命主体性，最大的根源就在于新时期改革使他获得了独立的多元经济来源，有了独立的、不再依附于他者的生存权保障，结束了冯幺爸填不饱肚子、人身依附的时代。

“民生”状况的改善，是陈奂生、冯幺爸结束阿Q式悲剧命运、恢复生命与人身尊严的物质基础。但是，冯幺爸真的能够冲破“仿佛就是整个的人世”“合股经营的梨花屯”吗？ 1990年代的阎连科的小说《乡间故事》给予了一个悲观的答案。

阎连科在90年代以《乡间故事》生动地描述了市场经济时代乡村世界上层势力的新的存在方式，揭示出乡村世界中的新政治结构所具有的某种压抑性黑暗力量：

> 乡间俗事外人不明白，不理解大小乡村都是一方世界一方天，各有其皇道，各有其民俗。如婚嫁：支书家大姑女是村长的大儿媳、支书家二姑女是副支书家大儿媳，支书家大孩娃又娶了经联主任的大妹子……红红绿绿、上上下下、都扎扎实实是亲戚。没办法，都是亲戚。都是亲戚！乡间就是这物景、这面貌。[②]

新时期冯幺爸生存权有了初步保障，挺起了腰板，发出独立声音。但是，乡村上层势力依然通过各种方式编织一种新的威权大网，成为没有具体解构目标的、无法突破的“无物之阵”。底层的权

---

① 何士光：《乡场上》，刘绍棠、宋志明主编《中国乡土文学大系》当代卷（上卷），农村读物出版社，1996年，第640页。

② 阎连科：《乡间故事》，刘绍棠、宋志明主编《中国乡土文学大系》当代卷（上卷），农村读物出版社，1996年，第1471页。

益依然受到侵扰，无法获得完整的生命尊严和完全的个体人格独立性。《乡间故事》接续了何士光的隐忧，展现了一个“民生”问题初步解决之后，人们开始从“民生”转向独立人格的“精神”问题。乡村世界的“无物之阵”难以打破，加上城市化力量的推动，1990年代以来进入城市来解决“民生”问题、寻找精神出路的“进城农民”文学形象一再出现。

苏童的《米》是一个优秀的“生活现代性”寓言文本。小说一开始描写一种关于“饥饿”的极端生活体验。孤儿五龙从乡下逃荒来到城市，“多日积聚的饥饿感现在到达了极顶，他觉得腹中空得要流出血来，他已经三天没有吃饭了”[①]。五龙在陌生的城市逡巡，鬼使神差地来到大鸿米店，“雪白的堆积如山的粮食，美貌丰腴骚劲十足的女人……它体现了每一个枫杨树男人的梦想，它已经接近五龙在脑子里虚拟的天堂”[②]。“米”是小说的一个核心意象，也是五龙在这个世界最安全、最满足、最纯净的所在：“奇怪的是他不想离开仓房，倚靠着米就象倚靠着一只巨型摇篮，他觉得唯有米是世界上最具催眠作用的东西，它比女人的肉体更加可靠，更接近真实。”[③]在遭受陷害和侮辱之际，五龙在米堆中安眠，还做出把米置于女人身体的疯狂举动。这是一种关于饥饿的历史记忆、进城后陷入新困境与自我救赎的寓言性表达。

贾平凹的《高兴》也传达了进城农民在乡村无以为生、城市居无定所的新世纪“民生”问题。不同于五龙的是，《高兴》的刘高兴已经开始了从单一个体解放走向了追寻群体解放的思考。这在

① 苏童：《米》，江苏文艺出版社，1993年，第2页。

② 苏童：《米》，江苏文艺出版社，1993年，第20—21页。

③ 苏童：《米》，江苏文艺出版社，1993年，第77—78页。

一定意义上，接续了“十七年文学”中的“梁生宝”的文学形象，是“生活现代性”在新世纪的独特存在方式。

四、从“生活”之欲到“为什么活着”的精神之思

一百多年来，中国发生了翻天覆地的变化；百年文学以独特的审美想象的方式呈现了社会历史的变迁、时代心灵的战栗及其现代性诉求。从国家民族的存亡危机，到每一个生命个体的“民生”问题，生存还是毁灭的问题无时不困扰着这个国家、民族和它的子民。文学正是通过一个个具体的生命个体“生之痛苦”来展现和构成国家、民族的“苦难史”。从五四时期开始，“能不能活下去”的最贫穷、最低微、受侮辱与受损害的文学形象，无不在生存线上挣扎呻吟。1920年代后期一种觉醒、反抗的革命解放声音，传到了古老的乡土中国农村，一些挣脱祖辈的生存之厄、重新思考“如何活下去”的农民走向了觉醒—反抗—革命—翻身的解放道路。从革命文学、延安文学到“十七年文学”，这种反抗剥削、反抗压迫、寻求翻身解放新生活的阶级性叙事具有一种无比强大的革命义理。然而，革命一度却走向了“生活”的反面，以压抑人的生活、贬低人性要求来寻获“革命”的神圣性和永久性。抛弃生活的“革命”是无以为继的，取而代之的是“满足人民日益增长的物质文化生活需要”的新任务，开始了经济体制改革。陈奂生、冯幺爸、连科等人第一次挺直了腰板，发出寻求独立的声音；五龙、刘高兴也能够从农村进入城市淘金，来解决新世纪的“民生”问题。

面对如此庞杂的挣扎于生存线上的文学形象群体，仅仅用启蒙、革命、救亡或某种意识形态来阐释文学是无法感受人物形象情感的震颤和灵魂的悲鸣的。张未民先生的“中国新现代性”理论恰恰触及了这个以往被遮蔽的、最基本的人生存的物质性问题，为

我们重新阐释百年文学提供了新的思想观念和精神维度。“物则是至高无上的，它凌驾于上帝、人和其他精神产品之上，那样恢宏，那样偏远，又那样的不可名状，孤独而自立。它与精神无缘，但却是求证精神深邃隐秘的终极证据。”① “生活现代性”并不排除“思想现代性”的追求，而是为“思想现代性”提供最基本、最重要的前提条件，同时又是“求证精神深邃隐秘的终极证据”。正如徐迟所言：“物质文明将推动精神文明前进。资产阶级的现代化的物质建设正在为新世界创造它的物质条件，这种物质条件也必然会为新世界创造它的精神条件。”② “民生”问题与文学的“精神”不是矛盾的，是互相渗透、交织的，如鲁迅的作品。正是因为“民生”问题的困扰，百年中国文学始终无法脱离“吃”的主题性叙述，始终与西方的现代派文学有着很深的隔膜。中国文学缺少类似卡夫卡、加缪等那种现代文学作品（鲁迅是个例外，他的作品包含了卡夫卡式的精神探寻），不是因为我们不理解、认同现代派文学，一个关键原因就是缺少这种诞生现代派文学的物质语境。一个尚在“能不能活下去、如何活下去、怎样活着”此岸挣扎的人，怎能够产生真正意义上“为什么活”的彼岸文学。

从这个意义上，我们就会理解一些优秀的作品还是停留在“生活”维度上（如余华的《活着》、刘震云的《一地鸡毛》、池莉的《冷也好热也好活着就好》、刘恒的《狗日的粮食》等），可以理解打工文学、底层叙事在新世纪的兴起，会宽容“下半身写作”（这是性成为禁忌之后的一种反拨），并察觉到其所隐含的叛逆性价值，也会理解《士兵突击》中许三多的“人就要好好活着，好好活着就是要做

① 程光炜：《京北十年》，山东友谊出版社，2006年，第160页。

② 徐迟：《现代化与现代派》，《西方现代派文学问题论争集》（下），人民文学出版社，1984年，第398页。

有意义的事。做有意义的事，就是好好活着”这种循环论证所包蕴的中国式“生活现代性”。

有没有超越“生活之欲”、进行精神生活探寻的文学？新世纪的《血色浪漫》就是一个展现“精神之思”的文学。作家都梁塑造了钟跃民这样一个“大院子弟”的精神贵族：面对苦难、饥馑，他不仅不悲哀，反而视之为难得的精神探险；转业拒绝机关，自愿选择摆小摊；事业与财富如日中天，他决然退出——“凭什么就老得有人教育咱们，还给你指好了一条路，让你别无选择，必须走别人希望你走的路，这实在太不讲理了，我羡慕狄恩，喜欢那种‘在路上’的感觉，那无非是要体验一种自由自在的生活方式。”[①] 拒绝服从、追求内心精神体验的丰富性和生命的自由感，是钟跃民不同于以往文学形象的一个重要精神品质。这昭示了一种从百年“民生”的苦难主题走出来的新世纪文学精神叙事的可能性。

肌肤之痛的终止，就是灵魂之痛的开启。任何精神性的文学生长，都要从生活出发，从个体独特的生命之痛出发。在中国人都能享有最基本的“民生”保障，不再有饥饿记忆的时候，也许就是走出活着的“物质”局限，就是追问“为什么活着”与“应该怎样活着”的新世纪中国文学“精神”超越之路的开始。

第二节　百年乡土中国农民城市梦的审美嬗变

百年来中国农民与城市处于一种复杂的历史纠结之中。随着鸦片战争的失败，古老的乡土中国开启了一种被动性的、后发现代

① 都梁：《血色浪漫》，长江文艺出版社，2004 年，第 179 页。

化的历史进程。割地赔款、开放港口、进行贸易往来、开放公共租界等过程中，一种新的不同于以往历史的、具有新质意义的现代城市空间同步出现，并成为中国现代化内质的重要部分。

最初被迫开放的港口——上海、广州等则成为中国最早的现代城市，大大不同于前现代的中国城市，也不同于西方的城市。“中国古代的城市是政治与军事的中心，经济只是在城市主要功能基础上衍生的附加功能，没有体现出城市与乡村质的差别。这就决定了城市与乡村之间的联系是紧密而又具体的，它们之间形态上的对立被经济上的千丝万缕的联系所消解了”①。在人员流动上，费孝通曾经论述过，乡土中国的知识精英从乡村来到城市，最后是要告老还乡、回馈桑梓的，是一种正面的双向流动。农民、农村与城市是和谐的、互动的、连为一体的。西方的城市历史有着一个较为漫长的资本积累、自由贸易和商业文化的发展过程。城市是文明、理性和自由的堡垒。但是，中国的现代城市的萌生并不是商品经济发展成熟而形成的，而是被动发生的，畸形、先天不足的，有着吸附中国乡村经济血脉、盘剥中国农民、打破乡土中国伦理文化的剥削、寄生的原罪。在百年的中国现代化、城市化进程中，中国农民付出了巨大的历史牺牲，成为被剥削者、被改造者乃至被遗弃者。百年中国文学史中的农民形象，在城市审美文化视域下，无不具有着鲁迅式的愚昧、麻木、精神不觉悟的痛心记忆，即使是沈从文式的湘西天人合一、田园牧歌似的叙述也渗透着浓浓的挽歌式伤感。

1949年，无疑是中国农民与城市关系的一个转折点。新中国

---

① 逄增玉、苏奎：《现当代文学视野中的“农民工”形象及叙事》，《兰州大学学报（社会科学版）》2008年第1期。

胜利的革命军人——昔日的农民以一种政治进城的方式,开启了农民与城市关系的新方式。城市,由原先罪恶的渊薮开始向创造财富、自由、活力的社会主义新空间转变。“空间是社会性的:它牵扯到再生产的社会关系,亦即性别、年龄与特定家庭组织之间的生物—物理关系,也牵涉到生产关系,亦即劳动及其组织的分化”①。随着新中国1950年代经济形势的恶变,农民与城市间除了经济障碍、文化障碍之外,一种新的政治障碍出现了——新的户籍制度牢牢把农民束缚在土地上。直至新时期经济改革,当代文学才出现了《陈奂生进城》这样的“进城文学”,出现了《到城里去》《平凡的世界》《浮躁》等进城农民悲喜交加的命运跌宕。随着1990年代市场经济的兴起和中国农村的空心化,数以千万计的农民工出现在城市的街头,一种从未有过的农民工潮涌现在陌生的城市里,成为百年来中国农民城市梦之交响曲的高潮。

与中国现代化相伴而生的中国现代文学以一种深情关切的目光久久地凝视着这群现代化的弃儿,以不同的审美姿态和审美理念展现着乡土中国这一最大群体在现代化、城市化过程中的喜怒哀乐。从某种意义上而言,农民的城市寻梦史,就是一部乡土中国现代化的跌宕起伏的心灵史。本文拟以老舍的《骆驼祥子》、苏童的《米》和贾平凹的《高兴》为例,考察和总结中国农民到城市寻梦的三种不同结构方式,展现百年来农民与城市的复杂历史纠结,思考新世纪语境下中国农民城市梦的新可能性。

一、“以善抗恶”:祥子与城市的对峙和覆灭

老舍先生的《骆驼祥子》是旧中国乡下农民进城后,与城市空

① 包亚明:《现代性与空间的生产》,上海教育出版社,2003年,第48页。

间发生关系、最后被“罪恶”之城吞没的悲剧人生缩影，充分显现了乡村文化伦理与城市欲望化存在之间的巨大缝隙。

1930年代中国工业化、城市化进程获得较快发展。祥子原本是一个农民，由于父母双亡、失去土地而来到城市寻求生存。在做过众多卖力气的事后，祥子选择了靠自己辛苦挣钱的拉车工作。发达的肌肉是穷人可靠的生存力量，而且也赋予祥子一种良好的心态和健康的自尊。祥子的优质身体以及他对自己“身体”的欣赏，确立了他对未来生活的资本、方式和目标——自食其力的本分生活，拥有一辆属于自己的车。这是一种源于乡村文化伦理的、本分朴素的、善良的生活理念；但是，这也是一种笨拙的、脆弱的，乃至是危险的生活方式，因为它与资本的、剥削的、流动的城市商业文化理念恰好相反。因而，祥子的城市生活梦一次次被打断，买车的理想一次次遭遇挫折。正是祥子的保守、固执、不懂得变通的个性，使他不能及时调整自己的拉车路线，在别人（深知城市内部的各种不可知、不可控因素）不敢去的地点上，栽了跟头。

祥子第二次挫折更进一步展现了他与城市的不适应、不相融关系。在曹家拉包月的时候，曹家佣人高妈就劝过祥子把钱放出去，钱就会下钱；或者起个会，马上就可以买辆车；即使不放出去，方太太建议他“立折子”储蓄。但是祥子都没有听进去，而把钱放进买来的储蓄罐里保存。这说明祥子骨子里不相信城市，没有融于城市商业文化理念。正是这种不信任、与城市文化的不相融，为祥子带来了一次沉重打击和更为严重的后果，不仅钱丢了，而且不得不跟着虎妞回到车厂，进入了虎妞设置的圈套，被牢牢束缚于悲剧命运之中。祥子在这个异质化的空间里，愈陷愈深，不仅没能买上车子，反而把自己身体也给好逸恶劳的虎妞——城市剥削文化的代表——俘获了，成了一个偷娘们的、心灵上有污点的人。

拯救小福子,成为祥子洗涤污点、自我救赎的妙药。尽管城市一次次对祥子显现出狰狞的面目,但是祥子依旧渴望做一个身体干净的、内心清白的人,依旧想找回原来的自己。与曹先生再次重逢,祥子获得了一种新的希望:去找小福子,以前的一切一笔勾销,两个地狱中的人将要抹去泪珠而含着笑携手走进一个新天地。然而,罪恶的城市魔鬼没有给祥子一个笑脸。小福子因为不堪忍受“白房子”的非人折磨而上吊自杀了,祥子的刚刚鼓起的希望的风帆被这个噩耗扯得粉碎。祥子觉得没救了。在那文化之城,祥子变成了走兽,与城市恶魔同质化:他嫖,他赌,他懒,他没了心,坠入了肉体与精神毁灭的城市深渊。

祥子的城市悲剧,展现了乡村文化和城市文化的伦理对峙。显然,来自于大地伦理的乡村之善抵御不了城市之恶。

二、“以恶抗恶”:五龙与城市的仇恨和征服

苏童《米》中的五龙是因为饥荒而被卷入城市的。祥子在城市中选择了乡土伦理文化的善良、本分、勤劳等品质来立足于城市,却被城市之恶所吞噬;自幼生长于乡村的五龙继承乡土伦理文化的另一面,即以狡黠、无赖来回应城市之恶,以恶抗恶,“征服”了城市。

五龙咀嚼着最后一把生米来到城市,看到了众多像狗一样卷缩生存的进城农民和花花绿绿的广告、搔首弄姿的女人,“这就是乱七八糟千奇百怪的城市,所以人们象苍蝇一样汇集到这里,下蛆筑巢,没有谁赞美城市但他们最终都向这里迁徙而来”[1]。五龙与城市关系以一种奇异的、侮辱的方式开始。五龙鬼使神差地跑到了

---

① 苏童:《米》,江苏文艺出版社,1993年,第3页。

城市的毒瘤——码头帮的虎穴之中，受到阿保等人的侮辱——向他们每一个叫“爹”，换取食物。孤儿长大的五龙竟然在城市毒瘤那里有了一个“爹”，在强烈的讽刺意味之中暗含着五龙对这个异质化、恶魔般的城市空间的对抗姿态和生存方式的选择——这个不失淳朴乡村伦理文化的城市孤儿投靠上了城市罪恶之“爹”，以恶抗恶，来攫取在城市的生存空间。

如《高老头》中的拉斯蒂涅经受了人生三课一样，来到城市的五龙先后遇到了码头帮的阿保、大鸿米店姐妹和吕六爷，从他们那里接受了人生三课的教育。码头帮的阿保给予了五龙在城市中的人生第一课——城市是强盗、无赖、流氓者的世界，是一个侮辱和诋毁人生命尊严的世界。米店老板女儿织云给予了五龙人生第二课——性与欲望化的世界。“织云半掩半露的乳房向五龙展现了城市和瓦匠街的淫荡。这是另一种压迫和欺凌。五龙对此耿耿于怀。入夜他在地铺上辗转反侧，情欲象一根绳索勒进他的整个身体，他的脸潮热而痛苦”[1]。对于五龙这样的城市底层而言，性欲望只能处于被压抑的状态，但是他却时时承受着来自身边的织云的性暗示和性挑逗。这构成了一种来自身体内部的压迫，进而化为另一种对城市的仇恨。五龙不得不时时掩藏这种欲望和仇恨，“五龙害怕别人从他的目光中察觉出阴谋和妄想，他的心里藏着阴暗的火，它在他的眼睛里秘密地燃烧”[2]。吕六爷是这个城市的地头蛇。五龙从织云被抛弃的不幸中，看到了吕六爷的种种权势、狡诈和血腥，完成了人生的第三课。

阿保的精神侮辱和织云的淫荡，使五龙处于精神和生理的双

① 苏童：《米》，江苏文艺出版社，1993 年，第 32 页。
② 苏童：《米》，江苏文艺出版社，1993 年，第 33 页。

重压迫之中，激发了五龙生命内部的邪恶来对抗和报复城市。“城市侮辱了他，也磨练了他。正是在城市的欺凌和打击下他的生存意志得到强化，而仇恨的烈火也熊熊燃烧起来。他要报复和占有这个城市”。借六爷之手杀死阿保之后，五龙开始与织云通奸，“米的清香和女人下体的腥味，在他的肮脏的手掌上，两种气味得到了奇妙的统一”①。在五龙那里，一方面葆有着乡村文化的淳朴与狡黠，另一方面五龙又能从乡村文化的狡黠中打通连接城市邪恶文化的渠道，在乡村文化和城市文化之间游刃有余。五龙借刀杀死阿保、占有米店姐妹、爆炸吕公馆等一系列报复城市的活动，充分显现了五龙在乡村文化的无赖、狡黠与城市罪恶文化中的仇恨、暴力的奇妙融合。五龙“由都市的‘儿子’变成了都市的‘父亲’。不可一世的都市被他占领了，征服了”②。

在实现复仇、“占领”城市的同时，五龙也付出了沉重的代价。城市也以自己的方式对五龙做出了报复：他的一只眼睛被冯老板抓瞎了，盛满生命强力的身体被城市病——梅毒侵蚀腐烂。城市不仅以一种有形的生理病菌残害五龙的身体，而且还以一种无形的精神病菌侵蚀五龙的精神，给予这个曾经淳朴的乡下男人以残暴、淫乱、拜金的霉菌。五龙心甘情愿地打掉自己牙齿换上一副金牙，这不仅是向城市拜金文化举手投降，而且是成为一条没有牙齿的无能之龙的精神隐喻。

“他玩弄了都市，都市也玩弄了他，他占有了都市，都市最终又吞没了他”③。五龙以恶抗恶，选择乡村文化伦理中的狡黠、无赖的

① 苏童：《米》，江苏文艺出版社，1993年，第77页。

② 吴义勤：《长篇小说与艺术问题》，人民文学出版社，2005年，第71页。

③ 吴义勤：《长篇小说与艺术问题》，人民文学出版社，2005年，第71页。

一面来应对和回答城市的残暴、血腥、淫荡。五龙在看似征服城市胜利的背后，无形之中被城市罪恶母体所吞噬。“在我的身上到处都有他们留下的伤痕，他们就这样把我慢慢地分割肢解了”[①]。

五龙不臣服于城市，依然抗争；只不过开启了来自乡村文化伦理的善良、淳朴、宁静的另一支脉——来自大地、故乡以及清香大米的召唤，开始了回归乡村、灵魂安宁的精神之旅。

三、“以善寻善”：高兴与城市的平等对话

正如乡村伦理文化的两面性一样，城市文化同样具有邪恶和文明的两面。但是，以往的中国现代文学是过多地揭示城市的邪恶与原罪。对于现代中国城市的畸形特征，这种审美呈现自有它的合理性一面。但毫无疑问的是，城市还有理性、平等、自由的现代文明一面。遗憾的是，从《骆驼祥子》《米》直至新世纪中国文学在对城市审美想象的时候，充斥着大量对城市的罪恶性想象，而缺少真正意义的中国城市文学。正如刘剑锋先生所言，“城市和乡村的描写……但在中国现代作家这里，它们则是两个具有高度象征意义的对立意象，是具备了对立资格的两个文化单位，因而具有了两种文化冲突的性质。认同乡村，期望乡村获胜，正是中国现代作家对于这种冲突的总解答，这一选择，使得中国现代作家始终只能徘徊在现代城市文明的大门之外，也徘徊在现代的审美世界之外”[②]。这是中国现代作家惊不破的“桃源梦”，给中国作家和文学带来了极大的思想局限。可喜的是，当代作家贾平凹的《高兴》在很大程度上打破了这一审美思维模式，创造出了一个自觉认同城

① 苏童：《米》，江苏文艺出版社，1993 年，第 212 页。

② 刘剑锋：《惊不破的桃源梦——略论中国现代文学中的城乡对立描写》，《南京理工大学学报（社会科学版）》2004 年第 6 期。

市文化的、具有新质的农民形象——刘高兴,展现了乡土中国社会巨变下当代中国农民的心灵嬗变史。

与祥子的固守乡村伦理文化、五龙激活乡村伦理中的狡黠、无赖文化不同,贾平凹塑造的刘高兴形象创造性化用了乡村伦理文化的富有现代活力的部分,寻觅到了一条中国传统文化与现代城市文化相通的精神通道。在城市化浪潮的裹挟下走出乡村的刘高兴,其自觉城市认同和独立主体意识并不是孕育于西方现代文化,而是萌生于中国传统文化具有现代活力的精神基因。支撑刘高兴的在城市思想独立、与城市文化对话的精神源来自农村:"农民咋啦?再老的城里人三代五代前还不是农民?!咱清风镇关公庙门上的对联写着:'尧舜皆可为,人贵自立;将相本无种,我视同仁。'"[①] "王侯将相宁有种乎?"中国传统文化同样有着人本平等、人贵自立的平等意识和独立精神,刘高兴正是从清风镇庙门对联汲取传统文化富有活力的营养部分,以此来构建一个进城农民的现代主体意识。

从中国传统文化精神基因中汲取现代意识,恰恰是刘高兴这一农民形象身上所具有的重要文化内涵。这是新世纪语境下乡土中国文化自我孕育、生长出来的自觉认同城市的现代农民形象,迥异于阿Q、祥子、五龙等以往乡土中国农民形象。刘高兴正是以这种人本平等、人贵自立的乡土文化"善因",在城市这个异质化、陌生化(在高兴的同伴五富看来城市是令人恐惧的猛兽)的现代空间里,开始了与城市平等对话的新生活方式,寻觅到了城市的现代之美和文明之善。刘高兴不吝惜钱去欣赏芙蓉园,在广场上吹起了《二泉映月》,能注意到烟影是黄的,有着带着箫去捡垃圾的"雅

① 贾平凹:《高兴》,作家出版社,2007年,第44页。

兴”，会欣赏到西安城的上空就要生出一疙瘩一疙瘩的云，想象成无数的玫瑰满空开绽。刘高兴有着自己独特的审美想象力：“环境越逼仄你越要想象，想象就如鸟儿有了翅膀一样能让你飞起来。”[①]

事实上，如何面对城市，是每一个进城农民必须思考乃至于焦虑的问题。在新中国的城乡二元体制下，许多农民依然对城市充满了梦幻般的向往。到了21世纪，城市对中国农民而言，依然是一个异质性的，而又充满无比诱惑力的矛盾体。但是，对刘高兴而言，城市更多的是生命新生的蜕化之地。刘高兴遵从城里人的称谓，训导五富到城里了就说城里话。“咱既然来西安了就要认同西安，西安城不像来时想象的那么好，却绝不像是你恨的那么不好，不要怨恨，怨恨有什么用呢，而且你怨恨了就更难在西安生活。五富，咱要让西安认同咱……你要欣赏锃光瓦亮的轿车，欣赏他们优雅的握手、点头和微笑，欣赏那些女人的走姿，长长吸一口飘过来的香水味……”[②]城市在刘高兴的眼中显现着文明的镜像：明亮、优雅、美感、时尚。刘高兴骑自行车开始全面认知城市，“我要变成个蛾子先飞起来”[③]。刘高兴在从“青虫”向“蛾子”的文明转变过程中，开始了极为成功的城市化生存。刘高兴临危境而不慌乱，成功规避违法的风险，而且成为更弱势农民的保护者和见义勇为的英雄。即使在与城市富有阶层的代表者韦达的交往中，刘高兴不卑不亢，始终抱有平等意识，体现了进城农民刘高兴自我主体精神的成长和对生命尊严的自我珍视。进城后的各种“苦难”不仅没有给他自卑感，反而使他“高兴”，磨练他成长。刘高兴以自己的乡

① 贾平凹：《高兴》，作家出版社，2007年，第32页。
② 贾平凹：《高兴》，作家出版社，2007年，第120—121页。
③ 贾平凹：《高兴》，作家出版社，2007年，第133页。

村文化伦理之善来寻觅城市文化之善，发现城市之美，展现了一种积极的、“一定要现代”的、认同现代性的人生态度和精神态度。这里面有乌托邦的因素，也隐含着自我的幻觉，但我们从中确切地看到了主人公和城市文化的平等对话与寻“善”觅“美”的精神愉悦。

四、“车”“米”“肾”“垃圾”：农民城市梦的物质性隐喻

优秀的小说不仅体现作者深刻的生命体验，传达丰富的思想意蕴，还要有独特的审美意象。《骆驼祥子》《米》和《高兴》作为优秀小说，都创作了独特的审美意象。这里选取小说中的“车”“米”“肾”和“垃圾”意象，来分析其对农民城市梦所呈现的物质性隐喻。

“车”在一般意义上，是城市的便捷交通工具，是车夫们的赖以为生的工具和生活方式。但是在祥子那里，“车”是生命中的“宗教”，是最原始意义的身体自然延伸的部分，是与祥子生命合二为一的重要组成部分，是可以为祥子提供最可靠生存保障的“土地”。祥子对“车”的依赖，不仅是生计意义的，而且还是生活方式的选择、内心文化认同的问题，因而，这是一种文化依赖、精神认同。祥子在城市中讨生活，但在内心深层世界还是以一种乡村文化伦理来处理自己与城市的关系，寻求一种农民与土地般的生活方式和自食其力、独善其身的生活理念。

这种对“车”的精神依恋注定了祥子城市梦的悲剧。因为对城市而言，祥子的车子只是千百辆黄包车中的一辆而已，随时可以更换，乃至于被其他更先进的交通工具取代。悲哀的是，《骆驼祥子》中祥子的每一辆“车”，对于祥子而言都是独特的，都是浸透了生命的汗水与血泪的，都是不可缺失和替代的。但是，城市却以各种各样的方式侵吞了祥子的“车”，使得祥子从身体、情感到灵魂受

到一次甚比一次的创伤，终至走向精神崩溃、自我毁灭的深渊。老舍先生正是抓住了“车”这个祥子的“魂”，而展现了农民在城市的“以善抗恶”的苦难心灵史。

与“车”一样，“米”对于五龙来说，已经从原初的救命之物，渐渐转向了一种对抗城市淫秽与罪恶的“最后之物”，成为涤荡五龙心肺、寻归生命故乡、寄托五龙灵魂的精神“洁物”。五龙带着唯一的一把生米而来，最后带着两车生米而去。在这来去的中间，却有着撕裂身心的精神痛楚和一段“英雄”般的、征服城市的传奇。“米”对于五龙和城市而言，其内涵是不一样的，正如车子对祥子和城市不一样。“米”仅仅是城市人进行淫荡、杀戮、仇恨的获取力量的新陈代谢物，仅此而已。没有人像五龙那样嗅出米的清香，洁净自己的心灵，追寻一种善良、淳朴的美德。悖论就在这里，在米店这个“米”的汇聚地，五龙这个懂得“米香”“米德”的进城乡下人，却弃之而不顾，做出了一系列通奸、阴险、毒辣的行为。五龙在报复城市的同时，心中也盛满了城市教给他的邪恶。只有置身米中，五龙的身心才能得到彻底的释放。“倚靠着米就像倚靠着一只巨形摇篮，他觉得唯有米是世界上最具有催眠作用的东西，它比女人的肉体更加可靠，更加接近真实”①。乃至，五龙形成了一个独特的怪癖——在米仓里睡觉、与女人们交媾都要把米置入异性下身之中。

在五龙看来，自己在城市虽有罪恶行为，但那只是他的假身，他的真身还留在枫杨树故乡呢。何者为真？何者为假？“米”在城市散发的清香，正是五龙在城市里的“假身”回去寻找自己生命“真身”的精神“味迹”。

---

① 苏童：《米》，江苏文艺出版社，1993 年，第 78 页。

与祥子、五龙不同,刘高兴是自觉认同城市的。自我认同不是单向建构的,而是在一种反馈式的关系结构中完成。刘高兴的城市认同不仅没有得到高高在上的"城市人"认可,即使身边的"同阶层伙伴"也给予嘲讽、质疑与否定。然而,刘高兴依然对自己的城市认同有着高度自信,就是因为自己与城市有一个重要的实质性关联:自己的肾卖给了城市。"一只肾早已成了城里人身体的一部分,这足以证明我应该是城里人了"①。

"车""米"对于城市人而言,是一种外在性物质,然而"肾"却是城市人生命的重要器官,是一个不可分割的生命部分。因而,刘高兴认为自己与城市具有一种内在性的生命关联,一种不可分割的精神联系。刘高兴遇到了城里的富商韦达,认为他就是拥有自己另一个肾的人。但后来,刘高兴知道韦达移植的是肝,而不是肾。刘高兴认同城市的唯一实体性关联,却被证明为虚假。刘高兴与城市的内在性关系受到毁灭性打击。"肾"神话的破灭使刘高兴的城市认同出现了一种新的危机。

在现代城市中,空间不是一个个单纯的物理性存在,而具有"生产关系"的功能。"既然社会空间也是被使用或消费的产品,它同时就是一种生产方式"②。这个现代性的空间不仅把城市分为高级公寓和贫民窟,而且确立了一种生产关系,把人分为三六九等,产生一种凌驾于农民之上的"城市意识形态"。进城农民不仅要遭受种种盘剥,而且还要遭受生命尊严的侮辱和精神的伤害,处于不平等的社会关系中。刘高兴和五富从事捡"垃圾"的活计,具有强烈的隐喻意味。对于垃圾的性质,小说《高兴》漫不经心地借用小

① 贾平凹:《高兴》,作家出版社,2007年,第127页。

② 包亚明:《现代性与空间的生产》,上海教育出版社,2003年,第96页。

孩子的口，说出了"不要动垃圾，垃圾不卫生"的话语。刘高兴说过自己在城市中的存在："哦，我们是为破烂而来的，没有破烂就没有我们。"① 刘高兴就是垃圾伴生物。"垃圾不卫生"，垃圾伴生物的性质自然也是"不卫生"了。"垃圾伴生物"是进城农民在城市中国存在的隐喻性描述。"不卫生"也恰恰是"城市意识形态"话语对农民工属性的界定，展现出一种农民与城市的紧张精神关系。

结　语

面对城市的盘剥、凌辱，乃至精神伤害，祥子、五龙和刘高兴以"以善抗恶""以恶抗恶"和"以善寻善"的方式进行抗争与自我救赎，带来了不同的历史结局：祥子被城市吞噬，五龙虽然占领与征服了城市却也难逃被城市罪恶同质化的同归于尽的悲惨结局；刘高兴在经历了一系列生存苦难、情感痛苦和精神打击之后，重新鼓起勇气，对城市的自我认同之心不改，继续钟情于城市，其城市梦是一个没有结局的结局。

比较于祥子这样一个父母双亡的、自暴自弃的城市弃儿而言，五龙和刘高兴在生命中最困难的时刻都想到精神的故乡。无论是最潦倒之际还是发达时刻，五龙的深层心理结构之中无不对枫杨树故乡充满了怀念，枫杨树故乡的风物布满了大脑的记忆深处；刘高兴也是在梦中不时闪现着故乡，"我已经认做自己是城里人了，但我的梦里，梦着的我为什么还依然走在清风镇的田埂上？"不同的是，五龙最后真正踏上了回乡之旅，回到了真实的故乡之中，回到自己的"真身"那里去，生命就此化了一个圆圈。这意味着，五龙本质上还是一个农民。对于刘高兴而言，那个清风镇故乡只是

① 贾平凹：《高兴》，作家出版社，2007年，第152页。

出现在梦中，只是一个精神的故乡而已；他的“真身”则继续留在城市。《高兴》小说结尾的时候，刘高兴对日后的人生去向有着清醒的思考：“去不去韦达的公司，我也会呆在这个城里……五富也该属于这个城市。石热闹不是，黄八不是，就连杏胡夫妇也不是，只是五富命里宜于做鬼，是这个城市的一个飘荡的野鬼罢了。”① 尽管有祥子、五龙等人城市生存悲剧性结局的前车之鉴，但刘高兴还是决意探寻一种真正的城市生活，开辟属于自己的城市空间。

祥子、五龙和刘高兴与城市的人生博弈，无论是输赢，是欢乐还是悲哀，是仇恨还是认同，都已经化为一种宝贵生命经验和审美资源，都将在一代代新世纪的中国农民和中国作家那里得到延续。事实上，中国农民的城市寻梦史，不仅仅是异质化的空间变迁问题，也不仅仅是落后与先进、愚昧与文明的问题，更深层的是一个乡村文化伦理和城市文化伦理的交往融合问题。进城农民不仅面临着生计问题、欲望问题、身份问题，还有着一个更深层的文化认同、精神归属和存在理念的转化与蜕变问题。毫无疑问，《高兴》中的刘高兴自觉认同城市，从乡村文化伦理中寻找与城市文化伦理相通的精神渠道并进行现代性转换，已经昭示着中国农民城市梦的一种新的架构模式和一种新的历史可能性。

第三节　百年革命文化语境下中国农民的“精神成长”史

第六届茅盾文学奖早已尘埃落定。熊召政的《张居正》、张洁

① 贾平凹：《高兴》，作家出版社，2007 年，第 431 页。

的《无字》、徐贵祥的《历史的天空》、柳建伟的《英雄时代》和宗璞的《东藏记》这5部获奖作品顺利通过了当代文学历史化、经典化的第一道关口。“评奖是新时期文学经典化的最初的、‘权威’的工序。毋庸置疑,评奖已经改变了文学作品的存在生态,获奖作品已经赢得了经典化淘洗过程中第一个回合胜利”①。但是,能否成为真正意义上的文学经典则依然有待于时间和读者的淘洗,胜出的关键依然是作品艺术品质、思想意蕴和精神向度等因素。就目前阅读史和研究现状来看,第六届茅奖获奖作品的经典化、历史化路途并不是尽如人意。读者阅读量和专业研究论文依然偏少,读者对获奖作品的艺术质量、实力和影响力的质疑依然存在。

具体而言,《张居正》作为一部长篇章回体历史题材小说,一方面展现了改革者张居正的非凡意志和魄力,另一方面也存在叙述技巧陈旧、人物形象杂多等弊病。张洁的《无字》在进行历史和情感深层追问的同时,也存在着叙述不断缠绕的问题。宗璞的《东藏记》在承继以往的知识分子细腻心理描写的同时,存在着格局、视野较为狭小的局限。柳建伟的《英雄时代》是章节、篇幅较小的作品,可贵的是里面充溢着一股理想主义者的改革激情,时至今日依然让人振奋不已。徐贵祥的《历史的天空》对农民英雄的塑造,在延续革命文化的审美逻辑之下,呈现出了历史新意,引起了我的特别关注。本书拟从百年革命历史文化语境出发,梳理百年“历史的天空”下革命文化理念及其内在审美逻辑,分析《历史的天空》在革命审美星空中的独特位置,呈现中国农民从奴隶到将军、从草民到英雄的百年“精神成长史”。

---

① 张丽军:《文学评奖与新时期文学经典化》,《南方文坛》2010年第5期。

一、“辛亥革命”天空下阿Q的“儿女之情”与“革命幻想”

侠烈英雄本色，温柔儿女家风：
两般若说不相同，除是痴人说梦。
儿女无非天性，英雄不外人情；
最怜儿女最英雄，才是人中龙凤！①

儿女之情与英雄之气结合起来，作为生命个体内在情感统一性的两个维度，在晚清时期的《儿女英雄传》中得到了较为清晰的表达，乃至出现了儿女柔情与英雄豪气并行不悖、彼此映照的“新凡人英雄”形象。这不仅是《儿女英雄传》对生命个体所具有的肉体凡胎和超凡脱俗的精神气概相统一存在的深刻理解，也为后来的现代革命英雄叙事提供了精神气质原型和审美叙事逻辑。不同的是，十三妹的个人私敌已经转换为革命公敌，其侠义之气置换为革命大无畏气概，儿女之情也随之从具有附属意义的红袖添香、诰命夫人在革命烈火中锻炼为具有平等尊严的革命之爱。从这个意义上而言，《儿女英雄传》肇始了一个从凡俗到英雄的“凡人英雄”情感叙事演变和人物精神世界改造的新审美理念。

维柯在《新科学》中把整个人类历史划分为神的时代、英雄时代和凡人时代。在神和英雄已经退隐的时代，“凡人”毫无疑问成为20世纪中国文学的叙事主角，当然，在乡土中国的时空语境下，“凡人”即是乡土中国农民。“凡人”农民在审美叙事中成长为“英雄”，已是“凡人时代”的精神巅峰。事实上，在20世纪中国革命文化语境中，中国农民从“凡人”走向“英雄”的心灵改造和精神主

① 文康：《儿女英雄传》，华夏出版社，1994年，第1页。

体成长经历了一系列“精神炼狱”般的外在诱惑考验和内在思想磨砺，最终在革命熔炉的烈火中“百炼成钢”。

阿Q是百年革命文化史中从“凡人”走向“英雄”的革命道路上第一个喊出“革命”口号、具有自发革命意识的乡土中国农民，也是一个在“革命”道路上摔跟头、精神主体改造不成功的人物形象典型。作为贫无立锥之地、没有一个亲人与朋友的阿Q，实在是可怜之至，是一个不折不扣的乡村赤贫者。尽管身处绝境，但是依然阻挡不了阿Q作为一个生理正常男性对异性追逐的儿女之情。尤其是在触摸了小尼姑新剃的头皮之后，阿Q不仅对小尼姑“你怎么动手动脚”的责问，发出了“和尚动得，我动不得”的经典性反问，而且由此肢体接触而生发出了一种“飘飘然的似乎要飞去了”的奇妙感觉，触动了内心深处潜滋暗长的“儿女之情”：“不错，应该有一个女人，断子绝孙便没有人供一碗饭……应该有一个女人。”[①]在睡梦中，无意识深处的阿Q想的是：“女人，女人！……”“‘……和尚动得……女人，女人！……女人！’他又想。”[②]阿Q被触动了的“儿女之情”，在遇到寡妇吴妈跟他闲谈到“老爷要买一个小的”的时候，一下子激发出“我和你困觉，我和你困觉！”阿Q式的爱情表白。遗憾的是，阿Q的“儿女之情”仅仅持续了瞬间，就遭受到灭顶之灾：吴妈的拒绝、赵秀才的暴打、地保的训诫和经济惩罚，更为严重的是丢掉了工作和引起未庄所有女人对他的规避。

阿Q“儿女之情”的再度燃起，则是在决意参加“革命”之后的事情。有意味的是，尽管阿Q处于社会最底层，但是其精神意识深层依然是传统封建专制的奴性意识，“以为革命便是造反，造

---

① 鲁迅：《鲁迅全集》第一卷，人民文学出版社，1981年，第499页。

② 鲁迅：《鲁迅全集》第一卷，人民文学出版社，1981年，第499页。

反便是与他为难，所以一向是‘深恶痛绝之’的”[①]。革命作为一种抗争性意识是不需要外在启蒙的，而是存在于个体的精神世界之中，只不过阿Q平时意识不到或不敢革命而已。当看到革命以更大的速度和效率，使百里闻名的举人老爷都这样怕，也使未庄的一群鸟男女显现出无比的慌张神情，阿Q觉得快意和神往：“‘革命也好罢，’阿Q想，‘革这伙妈妈的命，太可恶！太可恨！……便是我，也要投降革命党了。’”[②] 因而，阿Q成为未庄第一个喊出“造反了！造反了！”的“革命党”。

遗憾的是，阿Q的“革命”并不是真正意义的“革命”，而依然是充斥着封建等级剥削观念、“争夺一把旧椅子”的旧革命轮回[③]。正如鲁迅所言：“好似革命一到，一切非革命者就都得死。其实革命是并非教人死而是教人活的。”[④] 革命是对每个人生命尊严的尊重，是人人平等自由的，是解放所有被压迫者的运动。可笑而又可怜的是，“革命”并没有来召唤阿Q，赵太爷等人不准阿Q“革命”，而且把“革命党”阿Q送上了断头台。

二、土地革命天空下“阿Q”的艰难觉醒与夭折的革命爱情

阿Q被“革命”所遗忘和拒绝，这不仅是阿Q的不幸和遗憾，更是辛亥革命失败的最大根源之一。鲁迅《药》以革命知识分子夏瑜鲜血被作为人血馒头药引子的惊人事实呈现了革命者不被他

① 鲁迅：《鲁迅全集》第一卷，人民文学出版社，1981年，第513页。

② 鲁迅：《鲁迅全集》第一卷，人民文学出版社，1981年，第513页。

③ 鲁迅：《二心集·上海文艺之一瞥》，《鲁迅全集》第四卷，人民文学出版社，1981年，第301页。

④ 鲁迅：《二心集·上海文艺之一瞥》，《鲁迅全集》第四卷，人民文学出版社，1981年，第297页。

为之奋斗牺牲的“阿Q”等中国农民大众理解的革命悲剧。毫无疑问，鲁迅用艺术的笔法呈现了辛亥革命失败的内在根源，塑造出了一群病态的、麻木的、不觉悟的“老中国儿女”。

不同于鲁迅的“老中国儿女”观，早期马克思主义者和革命文学作家看到了中国农民作为革命正能量的一面。从乡土中国国情出发的毛泽东在他的著作中提出了惊人的论断：革命首要的任务是分清谁是我们的敌人、谁是我们的朋友。中国农民是中国革命的天然的同盟军，是革命最需要团结的朋友和依靠的主体性力量①。毛泽东对“阿Q”式中国农民所蕴含的巨大革命潜能量和强大精神主体力量的发现，无疑是具有战略性和根本性的扭转中国革命失败命运的重大发现。用我们今天的话来说，就是毛泽东从愚昧、麻木、不觉悟的“阿Q”身上看到了来自人性本能深处的反抗意识，从中国农民浓重的精神奴役创伤的灵魂中读到了革命的正能量。阿Q是呼唤“革命”、拥抱“革命”的，在生命岩层深处涌动着革命的岩浆。当然那只是一种需要不断启蒙、改造的本能反抗意识。

1928年成仿吾发表的《从文学革命到革命文学》是一篇极为重要的、可以用来解读1930年代文学转向的纲领性文献。在成仿吾等“革命文学”召唤者审美视界中，鲁迅及其所塑造的“阿Q”早已经落伍于时代的最新形势发展了。新的“革命文学”审美叙事下的中国农民已经从“阿Q”的不觉悟中走出来，具有了一种新的“阶级性”革命意识，是“阶级革命”文化语境中具有阶级觉悟的“新战士”、变动中的乡土中国下觉醒的“新农民”了。

革命文学作家蒋光慈代表作《咆哮了的土地》，叙述了大革命

① 毛泽东：《毛泽东选集》，人民出版社，1952年，第3—9页。

时代中国农民从“阿Q”走向“新农民”的形象转变和精神觉醒历程。蒋光慈在《咆哮了的土地》的叙述空间依然是乡土中国古老不变的图景，但不同的是，这古老的“一年复一年的，一日复一日的”空间里传达出了“从土地中所发泄出来的伟大的怨气”——不祥的、不安宁的“革命”气息到来了！“年轻的乡人们却与他们的前辈正相反。这些消息好象有什么魔力也似的，使他们不但暗暗地活跃起来，而且很迫切地希望着，似乎他们将要从‘革命军’的身上得到一些什么东西，又似乎他们快要赴欢娱的席筵，在这席筵上，他们将痛痛快快地卸下自己肩上的历年积着的重担，而畅饮那一种为他们所渴望的、然而为他们所尚不知道是什么滋味的美酒”①。

蒋光慈在小说中不仅塑造了具有先进理想的革命者农民出身的矿工张进德，而且还塑造了革命语境下的“阿Q”——刘二麻子。刘二麻子因为极度贫困和一脸麻子，因娶不到老婆而失望、悲哀。“革命”到来的讯息使他对“儿女之情”产生了新的幻想：“他就好象自身的痛苦因着革命军的到来，一切都解决了似的，好象从今后没有老婆的他可以娶老婆了，受穷的他可以不再受穷了，甚至于他的那麻脸也可以变为光脸……他想，那便什么事都解决了，受苦的可以幸福，做恶的可以定罪……”② 对于刘二麻子这种“阿Q”式的本能“儿女之情”诉求，革命启蒙者张进德没有讥讽嘲笑，而是在肯定人之正常“儿女之情”的前提下，进行革命启蒙教育：别要老是想着娶老婆的事情！这世界太不公平，我们穷光蛋要起来反抗，要实行土地革命，将地主打倒，土地归自个耕种。就这样，刘

① 蒋光慈：《蒋光慈文集》第二卷，上海文艺出版社，1983年，第158页。
② 蒋光慈：《蒋光慈文集》第二卷，上海文艺出版社，1983年，第201页。

二麻子摆脱了“阿Q”的“不准革命”的悲剧命运，参加了革命，成为了一名革命战士。尽管确立了阶级革命意识，参加革命的刘二麻子依然没有摆脱掉旧有的农民起义思想和封建意识，在一次喝醉酒之后企图强暴革命女性。可见，“阿Q”“刘二麻子”等中国农民的现代革命启蒙道路不可能毕其功于一役，其精神主体性的建立是极为艰难而漫长的。

与《咆哮了的土地》同时期的另一部革命文学之作《星》，在探索革命文化语境下中国农民的个体婚恋自由和群体社会自由的内在契合度上迈出了新的一步。叶紫的小说《星》从梅春姐不幸婚姻的“儿女之情”悲剧开始，以梅春姐冲破传统旧婚姻束缚，在新的革命文化语境中奉行革命新时代的新婚姻准则与革命同志黄副会长的自由结合达到了叙事高潮。

在得知梅春姐被丈夫暴力欺凌后，镇上的妇女会把梅春姐接走了，拒绝丈夫要人的请求，宣布了新时代的婚姻准则：“女人爱谁就同谁住”①；不爱，就解除旧婚姻的束缚。梅春姐不仅获得个人婚姻的自由，与黄同志自由结合，而且学到了很多革命道理，打破了封建传统思想的束缚，树立起了革命思想，立志做一个革命者。梅春姐完全变成了另外一个人，“当她一遇见了人时，她就说：她也要在村子里组织一个什么女人们的会了，那会完全是和男人们的会一样的……女人们从今以后，统统要‘自由’起来：出嫁、改嫁都要由自己作主，男人是决不能在这方面来压制和强迫女人们的！”②

新时代的革命文化为梅春姐提供了从不幸婚姻走向革命爱情

① 叶紫：《湖上》，华夏出版社，1999年，第243页。

② 叶紫：《湖上》，华夏出版社，1999年，第248页。

的新婚姻准则和时代伦理，而获得婚恋解放的梅春姐以亲身的革命幸福体验更加投入、积极主动传播革命真理，追求更多乡土中国女性的自由解放。“梅春姐在村子里一天比一天更高兴地活动着。并且夜间，当她疲倦地从外面奔回家来的时候，她的黄也同时回来了。她便像一头温柔的、春天的小鸟儿般的，沉醉在被黄煽起来的炽热的情火里；无忧愁、无恐惧地饮着她自己青春的幸福！他们能互相亲爱、提携；互相规勉、嘉慰！”①

毫无疑问，《星》的叙事架构呈现了一种现代性的革命审美逻辑理念：群体的阶级解放与个体的人性解放有机统一于革命的多元整体目标体系之中，儿女之情和革命之爱同时表现于梅春姐这一个独特的革命形象中。“梅春姐形象所具有的阶级解放与人性自由解放叙事目标，突破了以往的左翼文学单一的阶级叙事指向，进入了更为广阔的人性叙事天地，内涵了五四新文学的‘人的文学’的意蕴，在更深远的程度上体现了马克思所提出的‘人的全面解放’的无产阶级革命文学价值意义”②。

然而不幸的是，《星》中的“革命之爱”被各种反动势力掐灭了，梅春姐在革命文化伦理庇佑下的“儿女之情”过早夭折了。在茫茫的夜色中，梅春姐埋葬了旧家庭的“儿女之情”，又踏上了“革命”新征途。

三、从农民成长为英雄战士的“新儿女英雄传”

与阿Q和梅春姐的革命悲剧不同的是，孔厥、袁静写作于1940年代的《新儿女英雄传》展现主人公牛大水和杨小梅曲折的

---

① 叶紫：《湖上》，华夏出版社，1999年，第249页。

② 张丽军：《乡土中国现代性的文学想象》，上海三联书店，2009年，第271页。

"儿女之情",塑造了这一对乡土中国农民精神成长的苦难而又皆大欢喜的心灵历程。《新儿女英雄传》既有着传统中国小说叙事的"有情人终成眷属"的"儿女之情"幽微情思,又有着革命审美叙事逻辑的"百炼成钢""修成正果"的英雄诞生新内容。从某种意义上而言,《新儿女英雄传》是《咆哮了的土地》和《星》等未完成的革命审美逻辑的续写,是乡土中国农民从愚昧麻木到"长大成人"的精神主体改造的终结篇。

"牛大水二十三岁了,还没娶媳妇。"《新儿女英雄传》小说开头第一句话就直接写出了要表达的"儿女之情"。前三段寥寥数语中,仅"媳妇""娘们"等表达对异性婚恋诉求的词语就多达6处,多方位营造"儿女之情"的叙事氛围。牛大水与杨小梅最初相见的两情相悦进一步凸显了"儿女之情"的甜蜜、美妙与浪漫。在牛大水的眼里,"那杨小梅,模样儿长得俊,什么活儿都能干,心眼儿又挺好;大水有一次拿着活计去央求表嫂做,表嫂忙不过来,小梅就不言不语地接过去做了。这会儿大水心里想:'小梅真不错!要是娶她作媳妇,我一辈子可就心满意足啦。'"小梅对大水同样有着好感:"她心里盘算:'大水可真不错呀!好小伙子,老实巴结的,挺和善。能找这么个知疼着热的庄稼人,我这一辈子也就称心如意啦。'"情人眼里出西施,小说已经把牛大水和杨小梅的"儿女之情"渲染得非常充分,足足吊起了读者继续往下阅读的欲望。

小说故事主题、叙事走向和情感基调已经定下来了,继而出现的就是要经受考验的"磨难"。好事多磨、自古英雄多磨难等一句句俗语道尽了生活逻辑和小说叙述的故事逻辑。小说没有让两个主角的心愿顺遂,而是为之设置了重重的障碍,第一重障碍就来自经济问题。这与中国传统戏曲中的穷书生与千金小姐相爱、却被嫌贫爱富的小姐父母所拒的故事模式相吻合。继之更大的障碍是，杨小梅被迫嫁给了大户人家的纨绔子弟，彻底阻断了牛大水的婚恋梦。

人物命运的转机在于革命时代的到来。七七事变的大时代背景，为牛大水的生命存在提供了历史维度和一种新质的历史规定性，显然这不是一个普通的才子佳人式的穷人娶媳妇故事，而是一个有着新时代背景、新叙事空间、新革命文化伦理的抗战英雄新故事。抗日战争既是抵御外族侵略的战争，更是一场民族内部革故鼎新、浴火重生的革命行动。无论是萧红的《生死场》，还是孔厥、袁静的《新儿女英雄传》，小说叙述的主题在呈现民族革命战争的民族解放主题的同时，把叙述的重心更多地倾注于"阿Q"式中国农民的心灵改造和个体主体性重建的精神维度。

牛大水和杨小梅先后参加了抗日革命斗争，身份、地位、精神面貌都焕然一新。县上受训，是杨小梅和牛大水人生历程中重要的转折点。杨小梅和牛大水遇到的最大困难是学习。"大水对小梅说：'咱俩可是高粱地里耩秴子（秴子是高粱的一种），一道苗儿。两个傻蛋，往后受罢训回去，什么也不懂，可怎么着？'小梅也愁蹙蹙地说：'谁说不是呀！咱们两个笨鸭子上不了架；受了一回训，就装了一肚子小米饭，回去怎么见人哪？'大水说：'咱就不信！人家是人，咱也是个人，咱就学不会？'"① 硬着头皮听课，学习革命文化，两个目不识丁的农民在共产党的领导下，从蒙昧无知到变为有文化、懂得革命真义的革命新人。随着抗日局势的恶化，杨小梅的丈夫叛变了革命，而牛大水和杨小梅则在敌人的严刑拷打中铸就"英雄本色"，成就了一段美好姻缘。小说对两人新婚之夜的描写

① 袁静、孔厥：《新儿女英雄传》，人民文学出版社，1956年，第24页。

感人至深而又意味深长。

> 说了一阵闲话，红灯慢慢儿暗下去了。他俩就上炕歇息。小梅抚摸着大水满身的伤痕，眼泪突然涌出来，滴在大水的胳膊弯儿上。她轻声轻语地说："大水啊！那天晚上你在被窝里卷着抬进来，你给敌人拾掇成了什么样儿！真把我心痛得不行啊！"她脸儿贴着大水的脖子说："你真坚决！真是好样儿的！你是火炼过的真金啊！"大水激动得声音发抖说："你和同志们疼我，疼得真没处疼啦！要没你们耐心的照护，我出来也活不了！"小梅说："革命真是个大家庭，你看谁对谁都跟亲人一样！"
>
> 大水想起了老爹，忍不住掉泪说："唉，我爹要活着，瞧见咱们俩结婚，不定多乐呢！头一回你姐姐来说亲，要成功了，该多好啊！"小梅说："那时候我才不愿意呢，可怎么由得了自己呀！"大水亲着小梅说："要不是参加革命，咱们俩怎么也到不了一块儿！"
>
> 灯熄了，他两个紧紧地抱着，心里象有块糖儿在慢慢的化。很久很久的，还唧唧哝哝说着话儿。①

“要不是参加革命，咱们俩怎么也到不了一块儿！”具有画龙点睛的点题功能。革命是杨小梅和牛大水扭转命运乾坤的“再造父母”，是二人缔结自由幸福婚姻的月下老人。程平同志送的对联“新人儿推倒旧制度，老战友结成新夫妇”、横批“革命的爱”，恰好阐明《新儿女英雄传》这一对“老战友”的“新夫妇”姻缘所具有的

① 袁静、孔厥：《新儿女英雄传》，人民文学出版社，1956 年，第 24 页。

新的革命性质。黑老蔡送的对联是“打日本才算好儿女，救祖国方是真英雄”，横批是“战斗伴侣”，重新阐释了“新儿女英雄”的时代性内涵。牛大水和杨小梅的“儿女之情”，不仅继承了《星》中梅春姐那种革命性质，而且在革命胜利的新革命文化空间里凝结为永远的“革命之爱”“战斗伴侣”。

杨小梅和牛大水的“儿女之情”，是体现着革命审美逻辑的、具有一种高度的精神隐喻的“英雄之爱”，是黑老蔡所代表的中国共产党领导的革命给予和保障的。孔厥、袁静把这种兼具“儿女之情”和“革命之爱”的英雄书写命名为“新儿女英雄”，不仅深谙传统才子佳人模式和新时代革命审美叙事逻辑，而且阐述出了这种新型“新儿女英雄”之爱的诞生来路、根源与新质内涵。毫无疑问，这种“新儿女英雄”之爱是具体细致入微、真实可信、感人至深的。

四、《历史的天空》：“新儿女英雄”在新世纪的重新书写

与《新儿女英雄传》相同的是，《历史的天空》也一开始就呈现了梁大牙与韩秋云的“儿女之情”。但是，与《新儿女英雄传》中牛大水、杨小梅二人情投意合不同的是，韩秋云从一开始就像吴妈拒绝阿Q一样，对梁大牙没有好感，以寻死来拒绝梁大牙的求婚。小说没有顺着一般读者所预先设置的“愿天下有情人终成眷属”的阅读期待发展，而是让梁大牙和韩秋云走向了两条互不交叉的“儿女英雄”道路。

小说情节发展的关键节点都呈现了“儿女之情”的审美叙事逻辑。可以说，“儿女之情”已经从暗线浮现为明线，而且构成了小说主人公梁大牙性格演变和行为叙事的动力推进器。当八路军司令杨庭辉让梁大牙自己决定是否留下抗日的时候，梁大牙在一瞬

间看到了英姿飒爽的女八路军，一个临时性的念头就出现了：“这个八路咱就先当着试试。”[①] 毫无疑问，梁大牙之所以参加八路军，而没有继续投奔国军，就是因为看到了青年女八路，而没有所谓的革命理想和高尚情操。从这个意义上而言，作者徐贵祥把梁大牙“还原”到“阿 Q”式的乡土中国农民的“原始本能”的最本真一面了。“儿女之情”的内核是“性本能”，也是人存在的最基本生理需求，梁大牙因见女八路而参加革命是《历史的天空》“革命的儿女之情”叙述的思想原点。

“阿 Q”起点的梁大牙，在抗日战争时期自发参加了革命，身上不仅有着阿 Q 式的“子女玉帛”的想法，也有着剥削和欺压手下革命战士的现象，有着个人英雄主义、绿林草寇作风，甚至犯了敌我不分、给汉奸（梁大牙的干爹）祝寿、与水蛇腰鬼混的重大错误。对此，革命队伍领导者持不同的看法，杨庭辉和王玉田以抗战需要勇士和革命战士成长需要一个过程的理由，在严厉处分的同时给予梁大牙改过自新、逐渐确立革命理念的精神成长空间和时间。

梁大牙精神主体性的成长和革命精神理念的确立，不仅有着令人信服的故事发展逻辑，而且人物语言具有个性化、典型化特征。当杨庭辉司令跟梁大牙谈话提拔他当县大队长的时候，梁大牙就一遍遍地追问：“县大队长这个官算是几品？”杨庭辉听了很恼火，咬牙切齿恶狠狠地说“七品！”[②] 当梁大牙被调查交代错误的时候，他说：“也没有犯什么大不了的错误。我到蓝桥埠去，同宋队副和马师爷都交代过，要他们带好部队……”在梁大牙的思想意识深处，他依然没有从旧式农民造反起义模式中走出来，依然是旧文

① 徐贵祥：《历史的天空》，人民文学出版社，2000 年，第 30 页。
② 徐贵祥：《历史的天空》，人民文学出版社，2000 年，第 89 页。

化理念和旧军队思想作风。正如王兰田大声断喝所言："什么宋队副马师爷的！我们八路军都是同志，就是称呼职务，也应该称呼宋副大队长、马参谋长。你把八路军当什么了，当成绿林好汉了是不是？"① 小说中所呈现的这些梁大牙的"梁氏话语"极富有个性特征，向读者鲜明展现了"阿Q"式农民梁大牙从小农意识和旧文化思想意识中一点点走出来，改正旧的、错误的思想理念，接受革命新思想教育的艰难精神成长过程。

如果说梁大牙的小农意识是被逼迫纠正的话，梁大牙的革命精神思想改造则有着主动性、自觉性的一面。梁大牙在被任命为县大队长的时候，向杨司令提出要东方姑娘过去，说："咱这个人是个粗人，得有个仔细的人敲打咱，咱才能有进步。自从结识了东方闻音同志，不知是咋弄的，咱就想当个斯文人。"② 梁大牙的要求得到了满足，他的"斯文人"的自我改造愿望在东方闻音引导下起步。东方闻音在来之前得到了杨司令的指示，要求"改造和帮助梁大牙，是她的中心任务"。当梁大牙提出参加共产党的时候，东方闻音觉得改造他的机会来了，给他提出了三条改造意见和一个识字、学习革命文化的要求。趁此机会，梁大牙也嬉皮笑脸地表达了"想娶你做娘子"的"儿女之情"。东方闻音没有嘲笑或讥讽梁大牙，而是真诚地说："这不是什么毛病不毛病的，我们两个人之间只是同志关系，没有……"并建议："眼下，学习是你的当务之急。"③ 梁大牙好长时间没有开口，思考了很长时间之后说："那——好吧，咱就听你的，赶紧改掉毛病，争取早日在党，也争取咱们两个早日

① 徐贵祥：《历史的天空》，人民文学出版社，2000年，第133页。
② 徐贵祥：《历史的天空》，人民文学出版社，2000年，第91页。
③ 徐贵祥：《历史的天空》，人民文学出版社，2000年，第164页。

有那个什么……”① 成为真正意义的革命者和缔结“儿女之情”就成为了梁大牙自觉接受革命洗礼的两个最重要推动力。东方闻音既是梁大牙最直接的革命指导者，也是梁大牙“儿女之情”的唯一指向者。集体指向的革命崇高美和女性个体的阴柔之美统一在东方姑娘的身上，对梁大牙散发出迷人的、难以抗拒的思想之魅和身体之美来。

正如小说所言：“梁大牙漫长的人生修炼从此开始了。”梁大牙不仅收敛自己、学习文化、给好友改掉粗俗名字、敲掉了自己的大牙（东方姑娘恶作剧说不喜欢大牙），而且在“纯洁运动”中遭受到来自革命内部的严刑拷打。而正是这场残酷的“内斗”不仅让东方闻音见识了梁大牙的不屈英雄气概，而且也第一次震撼地感觉到了自己在梁大牙心中的重要位置及其深切爱恋之情。“东方闻音的心里突然涌出一阵热乎乎的潮湿感。她想，眼前这个看似粗莽的汉子，心里其实有数得很啊。有些话，硬是让他说得惊心动魄。她现在还无法准确地判断自己对于梁大牙的感情属于哪个层面，究竟是敬佩、是同情、是可怜亦或当真有丝丝缕缕的爱之音弦？”② 无情未必真英雄，怜子如何不丈夫。正是梁大牙的英雄气概呼唤出来了东方姑娘的“儿女之情”。

东方闻音在约梁大牙登山望日、提前吹风谈提升司令员的时候，又一次感受到梁大牙的进步和成熟，不仅称呼“大牙同志”，而且领略到梁大牙的革命品格与人格魅力，从中进行自我精神改造。“如今回过头来看，东方闻音甚至觉得，她哪里是来‘监督和改造’梁大牙的啊，而差不多是她接受了梁大牙的熏陶和改造。她习惯

① 徐贵祥：《历史的天空》，人民文学出版社，2000 年，第 165 页。
② 徐贵祥：《历史的天空》，人民文学出版社，2000 年，第 263 页。

了梁大牙的风格,认可了梁大牙的品德,甚至从梁大牙的身上感悟出真正的战斗者的精神。从一定意义上讲,她改造和帮助梁大牙的过程,也是梁大牙改造和帮助她的过程,是她通过梁大牙向土生土长的农民抗战者学习农民战争的过程。”[①] 这正是小说的精彩之处:徐贵祥在一开始设置了知识分子东方闻音站在革命文化高地改造处于思想文化洼地的梁大牙;有意味的是,就在梁大牙的改造过程中,东方闻音对革命的认识也越来越深刻,而且不知不觉从梁大牙那里学到了知识文化之外的革命战斗精神,与乡土中国大地相融合的民间生命野性、血性和韧性。就在这里,来自民间大地的梁大牙和出身于都市知识分子的东方闻音获得平等的精神位置,彼此之间不再是改造与被改造的关系,而是互相改造、互相学习、互相欣赏的你我交融一体的革命同志关系。这是《历史的天空》对中国农民与知识分子彼此之间关系结构的新的、深刻的理解,是对乡土中国革命历史进程的深邃而独特的精神思考,达到了新的精神高度。

具有标志意义的是东方闻音给梁大牙改名的事情:“去掉一个‘牙’字,大字下面加上一个‘走之’,就叫梁必达得了。古训说欲速而不达,咱们不慌不忙不温不火,学一步进一步,境界就达到了。”[②] 从此,梁大牙脱胎换骨,从阿Q式普通中国农民渐渐改造为具有革命理念、文化知识和领导指挥能力的革命领导者梁必达了。当组织真的任命梁必达为军分区司令的时候,梁必达没有高兴,反而是为自己文化不够和过去撒野而反思、难过。在东方闻音的鼓励下,梁必达决心要成为“一个有思想有策略的革命者”、一个“在革命的

① 徐贵祥:《历史的天空》,人民文学出版社,2000年,第292—293页。

② 徐贵祥:《历史的天空》,人民文学出版社,2000年,第297页。

道路上做的最快走在最前面的人”。至此，梁大牙已经从精神层面彻底完成了心灵自我改造，已经从自发的、本能的“儿女之情”推动的被动改造，发展为从革命理念出发的自觉的精神主体性主动追求，即成为了一个自觉的主动进行精神改造、具有自我革命意识的革命者。

与《新儿女英雄传》不同的是，梁必达和东方闻音的“儿女之情”，没有修成正果。在一次战役中，东方姑娘牺牲了。梁必达对东方闻音的无比珍视革命友谊和无比深厚的“儿女之情”化为更加深沉、悲哀、无尽的绵绵思念之情。

五、后革命时代与“历史天空的黑洞”

作为一个苛刻的文学批评者，我一再追问，《历史的天空》作为一部革命历史题材小说，它在新世纪的重新书写有何新意？能否超越以往的革命历史小说？事实上，《历史的天空》延续以往的革命审美叙事逻辑的同时，的确写出了诸多新意，让后代的人们重新思考革命、重新审视那段鲜血凝结而成的历史背后的复杂面目，为后革命时代乡土中国社会文化转型、新世纪中国农民精神主体性成长提供来自历史的审美镜鉴。

《历史的天空》正是因为时空距离相对遥远的关系而写出了“历史的天空”的多元景观，超越了以往的单一“革命景观”。无论是《阿Q正传》《咆哮了的土地》《星》，还是《新儿女英雄传》，其叙事架构都是一元性的，是单一革命历史维度的“政治正确”叙事，此外的其他线索都是辅助性的、非革命性的反面叙事。《历史的天空》里面不仅展现中国共产党领导下的英雄叙事，同样展现国民党内部的，如七十九大队的国军英雄叙事；在故事架构层面，分别以梁大牙、陈墨涵和韩秋云三人的人生爱情、革命际遇为三个叙事元，纵横交织在一起，中间又穿插国民党军官莫干山和高秋江的动人爱情，从而使得整个叙事结构跌宕多姿，引人入胜。

与之对应的是，《历史的天空》中的人物形象系列也突破了以往单一的"革命英雄"形象类型，而是有着不同的身份、党派和性质类型：既有梁大牙这样的"草莽英雄"、杨庭辉这样的"大智大勇"革命英雄，也有莫干山这样的宁为玉碎不为瓦全的"英雄军人"、刘汉英这样的国民党黄埔系"革命枭雄"。可以说，《历史的天空》中的主要人物形象都已经打破了类型化、扁平化、雷同化的性格局限，而具有了圆形人物、个性化和典型化人物形象性格特征。可以说书中每一个人物形象都有着自己的独特个性特征，都是立得起来的、耐人寻味的，这也是《历史的天空》获得茅奖的一个极为重要的原因。

如果仅仅是要写一部重现国共双方共同抗战的历史，仅仅是为了塑造更具有典型性的人物形象，仅仅是为了展现阿 Q 式中国农民梁大牙从草莽到英雄将军的中国农民心灵改造史的话，《历史的天空》依然没有在更高的层次和更高的精神维度上逾越以往的革命历史小说。可贵的是，《历史的天空》还写出了革命内部纷争的历史黑洞。

"革命的被杀于反革命的。反革命的被杀于革命的。不革命的或当作革命的而被杀于反革命的，或当作反革命的而被杀于革命的，或并不当作什么而被杀于革命的或反革命的。"① 对于"革命"的复杂性和艰难性，尤其是来自革命阵营内部的"无情斗争"，鲁迅是有着深刻认识的，是要"横站"的。事实上，对于革命历史内部的斗争，特别是关于共产党军队内部领导层的纷争描写，文学

① 鲁迅：《鲁迅全集》第二卷，人民文学出版社，1981 年，第 532 页。

史上是少之又少的。《咆哮了的土地》《星》《新儿女英雄传》完全没有，即使新时期文学也是很少，只有乔良的《灵旗》等极少作品涉及。小说所描写的“国军”内部关于嫡系军队和杂牌军队的内斗，打破了以往简单化叙事的局限，而是深入内部，突出对军人、军魂的书写，到达了撼人心魄的艺术功力。而更见功力的是对共产党内部领导层纷争的描写。这类描写可分为三类：第一类是共产党内正常的矛盾纷争，即对革命问题的不同认识和理解的冲突，集中展现为杨庭辉、王玉田、梁大牙和张普景等的冲突；第二类是杨庭辉的凹凸山派和张普景、窦玉泉等江淮派的派系利益冲突；第三类是杨庭辉、梁大牙等与野心家和卑鄙小人窦玉泉、江古碑等人的冲突。而且，这几类矛盾在不同场合以不同的组合方式出现。同样是江淮派的张普景是个老牌的“纯化”的布尔什维克，超越派别纷争而能坚持原则，他的错误是对革命要求“纯而又纯”的左倾认识问题，是小说中塑造的较为成功的人物形象。在如何对待梁大牙的迷信意气、个人英雄主义、“儿女之情”等方面，张普景表现出的是鄙视和遗弃，而窦玉泉和江古碑则是出于个人私利非置之于死地而不可，欲借刀杀人除去这一心腹大患。即使是革命胜利之后，这种来自革命内部的斗争，在“文革”时期以及“文革”之后的新时期，依然在延续，依然无比激烈。“作者在官方勘定的正史和颠覆历史的个人欲望之间谨慎潜行，完成了自己独特的历史思考和写作，把无限的感喟留在没有边界的历史的天空”①。这是《历史的天空》向新世纪读者所展现的来自历史深处的、在今天依然存在的“没有边界”的“历史黑洞”。

① 张懿红：《边界消失：评徐贵祥〈历史的天空〉》，《理论与创作》2005年第4期。

从这个革命阵营内部的历史黑洞来看,梁大牙的从“阿Q”到英雄将军的心灵改造和精神主体成长之路,布满了机关重重的历史陷阱和步步惊心的“杀机”,从而显得无比脆弱和吊诡。正如得到张普景授权紧急情况下对叛党行为可以随时临机处置权力的东方闻音所感,梁大牙在敌人面前是一个英雄,但是在组织面前还是非常弱小的。从一个普通农民成长为真正意义上的革命者,乃至是革命高层的领导者,梁大牙必定要经历无数的障碍,既有来自外部的,更多则是来自内部的“精神奴役的创伤”的种种缺点和弱点。《历史的天空》没有拔高,也没有为梁大牙遮丑,而是充分展现了他的英雄业绩、满身封建文化习气、种种人性弱点。尽管,那是一个呼唤英雄、塑造英雄的时代,但我依然为梁大牙每一个命运关口担忧,为他渡过难关而庆幸不已,更确切地说,侥幸不已。因为,梁大牙遇到了杨庭辉这样好的“大智大勇”“知人善任”、胸怀宽广的领导人,次次在关键时刻为他消除障碍,助他成长。而如果不是梁大牙这样英勇作战、奋不顾身,如果不是革命战争对英雄的特别需要,如果不是杨庭辉对革命高屋建瓴的思考,梁大牙能够挺过一次次难关、跨越一道道障碍吗?或者说,梁大牙这种从普通农民到英雄将军的革命成长道路有多少普遍意义?或者还可以追问,梁大牙这种从胜利走向胜利、渡过一个个难关的模式是否是一种既有的“革命审美逻辑”的延续性写作?如此看来,梁大牙的心灵改造和精神成长模式依然是不确定的,依然是外力(杨庭辉,亦或是作者,甚至是杨庭辉有时也为自己的决定捏一把汗)赐予的,依然是历史天空的一个杳深的“黑洞”。《历史的天空》审美建构的局限也是不言而喻的。

当然,我并没有否定梁大牙从自发的“儿女之情”鼓动下的革命追求的真实性,也不否定梁大牙在革命者东方闻音的启发下萌生出自觉的革命精神的逻辑真实性，而是疑虑梁大牙类似于梅春姐那样做了一个革命征途中的“夭折”、未完成的革命者。从这个疑问出发，21世纪的今天，革命已经胜利60多年了，按说阿Q式的中国农民早已经解放了，但是出现了“辛辛苦苦五十年，一夜回到解放前”的网络话语。不仅如此，在学者孙立平的笔下，贫富悬殊的社会已经处于“断裂”的状态，“一个断裂的社会，并不是仅仅使社会断裂成两个部分，而是断裂成多个部分。这种断裂甚至也发生在城市的本身”①，当代中国农村与城市底层弱势群体的大量出现已是不争的事实。当代的“阿Q”“梅春姐”“梁大牙”依然是处于固守农村贫困，还是进城打工的生存困惑，即使进城也存在着“贫贱夫妻百事哀”的“蜗居”悲剧。改革同样是一场革命。20世纪的“阿Q”“梁大牙”在新世纪的“第二次革命”中又会有着怎样的命运？这依然是一个杳然的历史黑洞，里面依然有着一颗颗挣扎的、呼唤着“革命”的魂灵。

纵观百年中国革命历史风云，乡土中国农民——“阿Q”“刘二麻子”“梅春姐”“牛大水”“杨小梅”“梁大牙”等一个个“鲜活的生命”，在“历史的天空”下既受到来自生命深处的“本能驱遣”自发地争取着生命的自由、平等和尊严，又在革命洪流裹挟下渐渐确立了“革命意识”和精神主体理念，自觉地学习文化，进行从外到里的精神自我改造，走向了寻求个体自由解放、社会群体革命和民族国家革命相统一的自由、革命、解放道路。儿女之情和英雄之气本就统一存在于个体心灵世界之中，奔流于永不停息的“止于至善”的个体精神成长历程中。“革命，革革命，革革革命，革

① 孙立平：《断裂——20世纪90年代以来的中国社会》，社会科学文献出版社，2003年，第8页。

革……"[①]所谓的"告别革命"仅是一个伪命题。需要指出的,也是尤为重要的是,"阿Q"等中国农民已经从最艰难、最黑暗、最无助的"历史的天空"中走出来了。在21世纪"历史的天空"下,中国农民依然需要穿越种种陷阱、暗礁和历史的黑洞,继续"后革命"时代另一场和平的"革命"和艰难的"精神成长"。

从这个意义上说,第六届茅奖作品《历史的天空》,不仅续写了革命历史传奇,而且在很大程度上改写,甚至是解构了革命英雄审美叙事逻辑,展现了来自革命立体景观深处的"历史黑洞",为现在和未来的革命历史书写及读者提供了来自21世纪初期中国作家所建构的乡土中国革命历史文本及其农民"梁大牙"的精神成长史档案。立此存照,镜鉴古今,已足矣。

第四节 从"老中国儿女"到"土豆大王"的当代农民"传奇"

回顾百年来中国历史,最让中国人感慨的、最难以忘记的或许不是一次次战争的硝烟,不是一次次的流离失所,不是一场场应接不暇的运动,而是深入个体心灵深处的、永远难以磨灭的关于饥饿的痛苦记忆。这或许是古老的乡土中国现代化历程中难以言传的、外人难以理解的生命之殇。

作为中国现代文学的第一篇白话短篇小说的《狂人日记》,鲁迅在其中塑造了一个患有被迫害幻想的"狂人"。而"狂人"莫名恐惧的就是他在字缝里惊人地发现几千年封建文化的历史就是一部"吃人"的历史。在"吃人"的背后,我读到了另外一种关于

---

① 鲁迅:《鲁迅全集》第三卷,人民文学出版社,1981年,第532页。

“吃”的文化反思和苦难记忆。“吃什么”,在百年乡土中国现代化转型过程中,从来就是一个极为沉重的话题,如同中国人“吃饭了吗”的一句随便问候,背后隐含的是深深的、丰富的信息。老舍的《月牙儿》和《骆驼祥子》一遍遍地追问那个不公平的旧社会:“凭什么没有我的吃食呢?”让人读来沉痛无比。在当代文学的审美世界里,“吃”依然是一个苦难深重的主题。余华的《许三观卖血记》中讲述了在大饥饿的年代里,许三观用自己的三寸不烂之舌为儿女们奉送一碗“口惠而实不至”的红烧肉,而儿女们在想象的世界中“吞”下了垂涎三尺的珍物。刘恒的小说《狗日的粮食》和杨显惠的报告文学《夹边沟记事》则展示了生命的尊严在“吃”的面前如何消逝的存在悲剧。百年中国现当代文学以其独特的审美方式一遍遍重复着老舍小说主人公所说的“肚子饿是最大的真理”的叙述主题。

正是在这种文化语境中,青年作家高艳国、赵方新长篇报告文学《“中国梁”传奇——农民梁希森的梦想三部曲》(刊《中国作家》纪实版 2015 年第 4 期)引起了我极大的阅读兴趣和研究注意力。读完之后,我深感惊讶和钦佩。让我惊讶的是,在当代报告文学沦为一部分成功人士的赞歌和国有企业“包办文学”的情况下,还有人认认真真地去创作真正意义的、严肃的报告文学;让我钦佩的是,二位作者不仅创作态度极为端正,而且在语言形式、思想深度、人物形象塑造的情感饱满度上,都进行了极为深入的探索。毫无疑问,《“中国梁”传奇——农民梁希森的梦想三部曲》是新世纪十多年来一部极为优秀的报告文学,它不仅接续了乡土中国百年来社会转型和文化重构的主题,而且在乡土中国农民形象审美嬗变的百年历史中,塑造了一位新世纪具有现代性意识、走向现代化和世界化的新中国农民形象。这已经改变了百年中国现代化历史中“吃什么”的沉重主题，而开始转向“如何吃”“吃得怎样”的为中国农民、为全世界民众创造美好生活的新主题。

《“中国梁”传奇——农民梁希森的梦想三部曲》中建构了一个从一无所有、四处流浪，到灵光一闪、八方突围，再到创造玫瑰园、新农村改造、鲁西牛业和“土豆王国”传奇的当代中国新农民形象梁希森。这个形象是震撼人心、发人深思的。在梁希森形象的塑造过程中，作者没有遵循一般的人物传记文学的时间线性叙述方式，而是采用了截断面的景观呈现方式，选取最浓墨重彩、最关键的时节点，最富有戏剧场景性的一幕来作为整部作品和梁希森形象建构的序幕。所以，《“中国梁”传奇——农民梁希森的梦想三部曲》一开始就与主人公梁希森的巨大魄力相吻合，呈现一种叙述的大场景、大手笔。“那真是一个稀罕的好天气啊！……一把把晴暖的阳光，羽绒般将人照得浑身毛躁躁，暖洋洋，眉眼里滚动着水润剔透的光色，把人们好不容易酝酿了一夜的离情别绪蒸发个一干二净，一股轻松浓烈的乡野情调扑面而来。”这不仅是梁希森人生历程中一个特殊的日子，而且也是众多乐陵乡亲终生难忘的日子。在这位“中年人的面貌颇有女相，浓眉细目，高鼻梁，阔嘴巴”，操持着浓重的、有些发瓮的乐陵口音的满口包票承诺中，“一条由十几辆大巴、中巴、货车和小轿车混编成的‘一字长蛇阵’，在一阵阵噼噼啪啪的鞭炮声和爆响的‘二踢脚’欢送下，喇叭欢叫，机器轰鸣，车身一抖，缓缓游弋出升腾弥漫的白色烟雾和花瓣样翻飞的碎纸烂屑，浩浩荡荡甚至有些雄赳赳气昂昂地驶离了这座寒碜而闭塞的小城，向着斑斓驳杂、充满魅惑的大地方——北京——出发了”。这种情景在新世纪 10 年之后不算什么，但在 20 世纪 90 年代的小县城，可也算是一道较为壮丽的风景线了，特别是对于刚刚开始进入市场经济和陆离斑驳五光十色城市生活的农民而言。这些人自然在羡慕兴奋之余，也大有一番“风萧萧兮易水寒，壮士一去兮不复还”的英雄气概了。而这，对于梁希森的内心世界而言，恰如其分。在梁希森的精神思维里，他认定的事，从来就是“开弓没有回头箭”，从来就像鲁迅《过客》中的“过客”一样，心在“前面’“绝不回转”。

但是，梁希森到北京去发展的决定遭到了一致的不理解和质疑。梁希森的“传奇”和“特殊”就在于他的求异思维：“俺要干的事必须是百分之九十的人都反对，俺才去做。”“众口一词的好，这样的好还能轮到你？反对的人越多，说明困难越大，去做的人少，但利润往往与困难的程度成正比，选择这样的行当竞争者少、利润厚，何乐而不为？”正如书中作者所言，这种“反常思维”在梁希森那里竟然是一种“梁氏常规思维”，成为梁希森一生所信奉、深信不疑的、始终选择的思维理念和生存哲学法则。毫无疑问，这是一种极端的生存法则，要么是大红大紫、盆满钵满，要么是血本无归、折戟沉沙。问题就在于，为什么梁希森每次都能够建立奇功、旁逸斜出，获得惊人的、超前的乃至是战略性的收获和战果呢？这或许是我在《“中国梁”传奇——农民梁希森的梦想三部曲》中从一个个惊险无比的、三百六十度惊天逆转的生存竞技场炫目案例之外的迷惑和沉思。我一遍遍思考，一遍遍阅读，从字里行间，我读出来了一个答案。梁希森的求异思维及其成功，绝不是偶然的，更不是瞎猫碰上了死老鼠，而是源于一种梁希森独特生存体验、生命本能所生化而来的独特精神气质，即汪曾祺所言的“异秉”。

这种“异秉”的答案就在第十三章的“饥饿年代的‘逍遥游’”。在长冬漫漫、饥肠辘辘、负债生存的饥饿年代里，梁希森的灵光一闪，办个造敌敌畏厂子的念头，改变了他的一生，一下子由体力劳动者转变为脑力劳动者，实现了从农民到商人的转变，获得了一种醍醐灌顶的生存“异秉”——如入无人之境，在市场荒野之地攫取黄金的能力：“他如同一头走出山林的狮子，忽然发现了一片麋鹿云集的猎场，他逡巡着，环顾着，低低地长吟着。与此同时，时代的列车也驶入一片前所未有的铺满鲜花的开阔地，诞生英雄的土壤已经被犁铧翻得细腻通透，已被随风而至的春雨滋润得酥软喷香。也许那些先知先觉的耕种者，并未清醒地意识到他们在与时代同舞，他们在打开一篇最富有激情和狂野，最大气恢弘，也是最千回百折的财富诗篇……”在美国学者科斯特看来，中国和东南亚的农民从来就不缺乏生存的智慧。无论是从当代中国社会剧变的现实来看，还是从一些农业哲学的学者理性分析来看，中国农民的大脑从来就非常发达，就与现实、市场、财富进行着最积极、最有效的对接。新时期改革开放的历史文化语境，给梁希森提供了一个千载难逢的绝佳发展机会。事实上，作为一个有着小农经济的“异类”，梁希森摆脱了以往“小农经济意识”，确立了一种更为宏阔的、迈向新农业道路和新农业模式开创者的现代意识、世界意识。《“中国梁”传奇——农民梁希森的梦想三部曲》所叙述的梁希森形象，是从晚清以来的“老中国儿女”“觉醒的农民”“农民革命英雄”“新时期进城农民”等百年农民形象塑造史中独特的“这一个”。梁希森是兼具“老中国儿女”和新世纪中国农民企业家的巨大历史跨度的当代中国农民传奇，也是百年来古老的乡土中国从积贫积弱、苦难深重走向富强独立、民族复兴的精神缩影。

在深入探寻其经济头脑的“异秉”的秘密之后，我纵观其一生不停的生命选择，产生了一个新的、更大的困惑：为什么是梁希森？何以成为梁希森？梁希森有了这种能够捕捉市场极大商机的“异秉”、有着干事业的坚忍不拔、百折不回的来自大地的“韧性”与顽强，为什么一次次在建立一个成功的“传奇”之后，几乎是全部弃之一边，追求一个自己完全陌生，乃至是空白的新产业领域？这是为什么？是什么促使梁希森一次次进行全新的追逐，乃至是不计成本、不计利润的追逐？答案或许在于梁希森心灵深处的童年记忆、生命体验和来自大地深处的文化心理结构。

1960 年，大饥饿年代给梁希森留下了终生难以磨灭的记忆，3 岁半的弟弟被饿得“透过肚皮能看到肠子”，最后死在梁希森的怀里；1965 年再次陷入持续性饥饿的梁希森，年仅十岁只身一人开始了乞讨生涯；除了死亡、饥饿、恐怖之外，童年的梁希森有一个极为温暖的记忆——一碗终生不忘的金黄棒子面粘粥。“‘喝吧，喝吧。’一位两鬓霜侵面容亲切的妇女催促着他。他怯生生而又感激地看她一眼，猛吸一口那碗金黄的液体溢出的浓郁馨香，脑子里随之响起一串金色小铃铛互相碰撞的声音，肺腑间豁然开朗如秋日丰盛异常的田野，欢声雷动的饥肠嘎然停止辘辘的奏响，如久旱的大地听到春雷隐隐。”正如作者所言，这一碗金黄棒子面，“几十年后依然热腾腾地翻滚在梁希森的记忆之中”，“轻飘飘的意识慢慢沉入梦乡”，在岁月的积淀下，渐渐凝结为深入灵魂深处的“无意识”，转化为某种难以言传的极度痛苦与极度温暖的文化心理结构。“怎么那时候就那么饿？怎么那时候就那么饿?！”对于百年以来苦难深重的乡土中国农民而言，“兴，百姓苦；亡，百姓苦”，危亡的时代和饥肠辘辘的岁月，则已不仅仅是哪一个人的“无意识”，更是一个民族的“集体无意识”和文化心理结构。“梁希森走向脱毒马铃薯育种的原点，同样微乎其微，但相同的心理背景都是那个遥远时代烙印在他心底的饥饿记忆和饥饿恐慌”。只有看到了这一点，我们或许才会真正理解梁希森之于“马铃薯事业”发展的深层生命体验和心理结构。让这个苦难深重的民族彻底摆脱饥饿的梦魇，是梁希森一生萦绕内心、挥之不去、誓言成“佛”的宏愿。

“如果你在银河遥望七月的礼镇,会看到一片盛开着的花朵。那花朵成穗状金钟般垂吊着,在星月下泛出迷幻的银灰色。当你敛声屏气倾听风儿吹拂它的温存之声时,你的灵魂却首先闻到了来自大地的一股经久不衰的芳菲之气,一缕凡俗的土豆花的香气。你不由在灿烂的天庭中落泪了,泪珠敲打着金钟般的花朵,发出错落有致的悦耳的回响,你为自己的前世曾悉心培育过这种花朵而感到欣慰。”迟子建的这一段关于土豆花的抒情性描写,简直就是对梁希森内心世界的精彩描绘。《“中国梁”传奇——农民梁希森的梦想三部曲》在大量平实性叙述的同时,也因为恰当引用迟子建、赫塔·米勒、狄更斯等人的名言警句,使作品时时显现出思想的质地、智慧的光芒和语言艺术的迷人魅力。这在大大增强作品的艺术感染力的同时,也赋予了一种可贵的精神性品格。正如迟子建土豆书写所呈现的精神慰藉一样,或许,对于梁希森而言,他的脱毒土豆育种王国事业的选择,已经不仅是物质层面的饥饿记忆,而是一种更深入灵魂深处的生命情结和更博大的人类情怀。

梁希森拯救了土豆,还是土豆拯救了梁希森?或许在更深层意义上,代表了新兴朝阳产业的脱毒土豆,慰藉了梁希森的心灵,让他彻底摆脱了来自饥饿痛苦记忆的心灵梦魇。脱毒土豆事业,不再仅仅是金钱的问题,而是为中国农民、为更广大的民众开辟了温煦的、免于饥饿的幸福生活新道路。不仅如此,梁希森对自己家乡梁锥村和许家村投入大量资金的无偿新农村建设也同样呈现了这位创造奇迹的农民企业家的博大情怀、无私奉献和对现代新生活的探求。从中,我们看到了一位中国农民走向现代、走向世界、走向人类未来的宏大、纯洁、高尚而又无比质朴的心灵。这里面呈现的,还有来自齐鲁文化故土千百年来“修身齐家治国平天下”的兼济天下情怀和“老吾老以及人之老,幼吾幼以及人之幼”的博大人文情怀。齐鲁文化向来以道德的自我完善为生命自我的最高追求。《“中国梁”传奇——农民梁希森的梦想三部曲》作为一部报告文学，刻画出了梁希森独特的“这一个”当代农民英雄。梁希森在他者看来“反常思维”的一系列行为，其实背后有着深刻的个人生命体验、百年苦难历史和时代精神背景，更有来自齐鲁大地的文化心理结构的深层原因。

优秀的报告文学不回避问题，而是呈现生活现象的多元性和人性的复杂性。《“中国梁”传奇——农民梁希森的梦想三部曲》作为一部优秀的报告文学，同样具有这样的品质。作者在向我们充分展现梁希森独特的个性精神气质、反常规的求异思维和一个个商业奇迹的同时，也没有回避梁希森成功背后的困惑、迷茫、失落乃至悖论，从而使文本具有了巨大的思想张力和哲理性维度，耐人寻味的同时发人深思。

梁希森在北京的玫瑰园房地产开发过程中遇到一系列血腥和暴力事件，乃至被绑架。此后，他在内蒙古商都遇到了同样的生存困境。偷土豆的人蜂拥而至，如入无人之境，“我们的人打得厉害，豁出去治病，赔钱，最后才服了”。正如书中所言，如果无法制止这些刁蛮村民的侵掠，希森薯业可能在商都无法立足。这才是现实中最灰色阴暗的部分，远比书本中的知识复杂、含混和暧昧。面对这种“打出来的和平”，“甘甜的马铃薯也掺杂了淡淡的苦涩”。面对刁钻村民的侵掠，可以用正义的拳头护卫劳动的果实；但是，面对村民落后的精神观念和愚昧麻木的思想意识，我们屡屡创造奇迹的梁希森，真是第一次感觉到无能为力了。

“真正令梁希森头疼的事情接踵而至，他发现住进现代化小别墅、走进鲁西牛业车间的农民，在精神面貌方面并没有发生根本性改变”，以致出现了“别墅门口点炉子”“坐便器便秘症”、敬尊为

“恩人”“老板”的他与村民关系生疏化等等始料不及的问题。“梁希森雄心勃勃改造乡村的‘理想’只实现了一部分，而剩余的部分恐怕非他力所能及。即使今天看来，梁希森当初推演的‘先改变环境，再通过环境改变人’的设想也未免有些理想化，关系到人的思想观念和精神面貌的改变，哪怕一丁点的改变都绝非易事”。这恰好印证了鲁迅所倡导的思想启蒙问题的重要性和艰巨性。或许对于古老的乡土中国的现代化征程而言，物质的现代化能够通过几十年、百年的努力奋斗得以实现；但是，真正意义的思想现代化却是一个极为漫长的历史进程，是需要一代代人努力，需要政治、经济、文化、教育等各个维度的综合努力和渐进式实现。

进一步深思梁希森的英雄传奇，我们会感受到类似过山车的强烈刺激。梁希森的每一次选择、每一次成功都无疑是一次极大的冒险。高峰和低谷、成功和失败、极乐和恸哭，像是孪生兄弟，相随相伴在梁希森的每一次选择、每一个事业之中。我在赞赏梁希森勇气、智慧、勤奋、淳朴、善良的同时，也怀有深深的忧虑：梁希森的成功，怎么每次看都有一种绝处逢生的惊险和如履薄冰的战战兢兢？他的成功有着很大的不确定性、偶然性和戏剧性，有着来自梁希森自身内部的致命缺点。作为一代在历史苦难和生活风浪中“炼成”的新世纪农民企业家，他的身上依然流淌着感情用事、个人威权、任人唯亲等等不合乎现代企业制度和现代企业科学思维的局限，需要改造的不仅仅是梁锥村人，不仅仅是刁顽的村民，也包含着梁希森这样的看似成功而实则时时处于巨大商业风险之中的农民企业家。当然，或许正是因为有着局限、弱点与困惑，英雄才显得有血有肉、有情有义、可亲可敬，有人间烟火气。

梁希森的故事远没有结束，也不会结束。新世纪中国农民新现代化的探索刚刚开始，中国新故事也是刚刚开启。鲁迅先生说，在进化的链子上，我们每一个人都是历史的中间物。是的，在百年乡土中国的饥饿苦难史中，梁希森正是一个过去苦难史的结束和美好新生活开始的历史中间物。

古老的乡土中国的现代化之路正在中途，新世纪中国农民将续写“传奇”。梁希森的“传奇”意义和价值即在于，在乡土中国农民整体性走向现代的转化转型和文化重构历史进程中，我们已经开始了“中国奇迹”的尝试、先声与希望。

第五节　乡土中国传统文化的现代转化与艺术创新

百年来，乡土中国文化遇到了最严重的危机。在“几千年未有之变局”的历史剧变中，乡土中国被迫开启了现代化的历史进程。正如海德格尔所言：“哪里有危机，拯救的力量就在哪里诞生。”在这一前所未有的历史大变局下，中国知识分子倡导的民族自救运动从军事、政治、经济等不同维度开启。随着现代化进程的深入，中国知识分子意识到仅有外层的器物层面改革是不够的，更需要对社会内部的改革，尤其是对思想文化领域的改革。从1915年陈独秀在上海创办《青年杂志》开始，中国知识分子对传统中国文化展开了新的、革命性的思考，倡导“文学革命”，提出民主、科学、人权的新文化理念，从而为“老态龙钟”的衰弱的乡土中国注入新鲜的现代精神血液。这在今天看来，依然是值得肯定、需要传承的。但是，在新旧文化激烈斗争的时刻，“新文化”观在一些方面已经逾越了理性的束缚，发出了“全盘西化”等彻底否定传统中国文化的过激言辞。这从当时“历史现场”中的“在场者”角度而言，是可以理解的，也是有效的策略与斗争方式。正如鲁迅曾以“掀翻屋子”

和“搬动一张桌子都要流血”的比喻，来指出中国改革的无比艰难和来自众多“无主名”意识的巨大阻力。时至今日，重新来看传统文化和“新文化”，我们可以摆脱“俟河之清，人寿几何”的现代性革命焦虑，更从容地审视和辩证思考乡土中国传统文化的转化问题，为当代中国文化提供来自本民族内部根生的现代性质素，为当代中国文学的发展提供来自传统文化土壤的深厚艺术滋养，推进传统精神血脉在当代中国文化中的传承与建构。

文化是一个复杂的有机生命体，是在传统基础上自我生长、自我扬弃、自我更新，而不可能是完全决裂式、全部否定式的成长。特别是对于中国这样一个有着五千年文明史的悠久传统文化国家而言，全盘西化式的彻底决裂是不可能实现文化的自我更新和精神嬗变的。正如贺麟所言，文化不可能是全新的，而是在旧的基础上的自我更新，是既旧又新、新中有旧、旧中有新的。在对传统文化的批判性思考中，我们看到了另外一些真知灼见，如梁漱溟对中国传统文化“伦理本位”的认知。他提出一种伦理政治的理想化思考，开展了改造乡土中国文化的“乡村建设”社会实践。而具有英国文化人类学视野的费孝通，则根据自己对乡土中国的独特观察和深刻认知，归纳出了一种关于乡土中国社会“差序格局”的理性思考。这是对梁漱溟“伦理本位”社会结构内部秩序的进一步探索和发现。除此之外，费孝通在《乡土重建》的著作中，指出现代化和城市化对乡村内部秩序和有生力量的巨大吸附和破坏，也提出了建设乡土中国的文化思考。当代作家梁鸿在《中国在梁庄》和《出梁庄记》中对当下正在发生的、渐变的乡土中国进行文化学、社会学和人类学的思考，呈现出了乡土中国社会人与人、人与自我的情感压抑、表达缺失的生存状态和生命哲学，以及由传统经济解体而带来的内在断裂的乡土伦理文化。这些对乡土中国内在结构秩序的独特思考，不仅展示了乡土中国文化的独特性，而且为我们思考传统文化的现代性重建提供了坚实有力的思想视角和精神维度。这种文化传统的独特性和丰富性，我们切不可简单比附于西方文化，或取而代之，而是从乡土中国传统文化本身所蕴含的现代性质素和精神丰富性出发，阐释乡土中国文化之于人类文明、文化永恒不变的精神因子和乡土中国文化之于纠正、弥补现代性局限的“中华文化特质”，为超越现代性内在弊病提供来自中国传统文化的精神资源。

乡土中国传统文化具有进行现代转化的现代性质素和精神性因子。林毓生在《中国传统的创造性转化》中独辟蹊径地提出了中国传统文化的创造性转化的问题。这是一个中国传统文化重生、重建的重要途径和新的思维理念。中国传统文化是一个极为复杂的存在，有着众多不同形态和形式的存在。从大传统而言，中国传统文化大的构成有儒释道三家。儒释道文化丰富博大，各自具有着通往现代性道路的精神质素。儒家主张“仁者爱人”，由此形成的“人命关天”思想理念具有着鲜明的人道主义和人本主义思想因子，体现出对人及其生命的高度重视。“道大，天大，地大，人亦大。域中有四大，而人居其一焉。”道家文化对“人”的理解是建立在天地人道的四重空间结构之中的，呈现出对“人”本身肯定以及关于“人”存在关系及其精神结构的哲理思考。而佛教文化关于“众生平等”“万物皆有佛性”的观点与儒家“天人合一”的观念无疑都具有深刻的生态学思想意识，为今天的后现代生态文化提供了东方文化智慧。从更深层来看，中国传统文化为中国知识分子提供了入世、出世的多样化思想和生存方式。百年来的中国文学以不同的方式直接或间接地书写传统中国文化。现代作家许地山的《商人妇》《缀网劳蛛》《空山灵雨》等作品有着鲜明的佛教文化思想。现代文学中苏曼殊、李叔同及其弟子丰子恺等人作品受到佛教文化深刻的浸染。儒释道文化在当代中国文学中同样得到丰富的呈现,如创作了《君子梦》《双手合十》《乾道坤道》的作家赵德发,就以儒释道文化为创作题材,对当代中国伦理文化乱象进行批判性书写,力图为重建新世纪中国伦理文化提供来自传统文化的精神维度和哲理思考。“这么凶、这么快,这就是现代。”阿来在《空山》三部曲中通过藏族机村这个村庄百年命运史的书写,深刻展现急剧变迁的藏传佛教文化的现代性境遇。80后作家郑小驴的《最后一个道士》小说,语言流畅,心理描写细致,呈现出新世纪语境下传统道教文化无以为继的状况和人内心浮躁焦虑、难以安宁的精神危机。毫无疑问,正是对传统文化的书写、思考和追问,使这些文学作品具有了非凡的文化内涵和超越时空的精神魅力,更体现为一种对新文化、新伦理建构的使命担当和深度叙事。

在文化大传统之下,有着众多小传统。小传统是大传统的微而小的具体承载部分,如文化大传统之下的中医药文化、传统戏曲文化、地域民俗文化、民间宗教文化等等。作为新文化的主将之一的、信奉新文化思想的鲁迅对传统中医文化和近现代京剧文化充满了排斥。在《社戏》小说和一些杂文中,我们可以看到鲁迅对传统京剧文化的隔膜,事实上鲁迅并没有进入京剧文化内部的分析与思考,而是基于批判旧文化的思想意识而对京剧等传统戏曲文化充满了不屑与偏见。鲁迅对传统中医文化的批判同样基于这样的新文化革命理念,当然这也并不是说传统中医文化无可指摘之处,即使在今天,中医药仍因为科学性数据的缺失而受到欧美国家市场的排斥与拒绝。中医药文化作为传统文化在文学作品中得到了较好的呈现。在传统文化中,中医医生一直是与儒生相伴而存的,良医与良相有着某种相同的济世救民的功能和某种隐秘的精神通道。对于一位治国安邦的良相而言,可以称之为“医国手”。尽管鲁迅一再排斥传统中医药文化,但在《呐喊·自序》中提出自己到日本留学的目的是“救治”像自己那样被耽搁的病人;而在“弃医从文”之后,鲁迅又自觉承担了画出“国民沉默的灵魂”“引起疗救的注意”的“精神医生”的思想使命。当代作家李亦的《药铺林》就是一部以中医文化为主题的小说。至于影视剧方面,《大清药王》《神医喜来乐》等中医药文化题材作品屡见不鲜,而且以其高文化品位和民族化叙事内容深受大众的喜爱。金庸武侠小说中的中医药文化书写更是引人入胜、百读不厌。贾平凹的历史题材作品《古炉》旦面就塑造了一位“王善人”的民间中医形象。“王善人”俗称“善人”,就是因为这位“中医”为人看病不开病方,而是给人“说病”。“王善人”认为,人的病都是“心魔”的“魔怔”,要想真正祛病,需要祛除内心的“魔障”。“魔障”已除,身体的疾病自然大半痊愈。所以,“王善人”到处劝人“行善除恶”,遵从传统文化礼仪规范。这是一个很有中国文化生命哲学的形象,不单单只有劝人行善的意义,而是指向了中国传统文化一个最高的伦理价值规范,是新世纪文化语境下重建中国当代道德伦理的新思考。贾平凹在另外一部长篇小说《秦腔》中,塑造了一位精通中国传统文化的乡村知识分子夏天智形象。夏天智在看到当代中国乡村的凋敝、衰落和无可挽救的颓势时,在一个深夜把从村里的中药铺里购买的“大力补气丸”填埋在墙屋的四角。这一看似荒唐的举动,却埋藏着深深的悲凉和无奈。比起鲁迅《故乡》中的萧瑟、寒冷,自然是别一种“无可救药”的悲凉了。

如果说传统中医药文化在文学书写中占据了一个次要角色的话,传统戏曲文化在当代文学书写中则是一种无处不在的、处处显现的在场者和“中心人物形象”。贾平凹的《秦腔》自不必说,整个小说就是以秦腔开始和以秦腔结尾的，每个故事人物都与秦腔发生着牵扯与关联，体现出对当代乡土中国传统文化衰落的精神忧思。苏童的《河岸》小说的后半部分，呈现了一个饰演过样板戏《红灯记》“铁梅”形象的女演员的故事。刘玉堂近年来开始对山东民间地方戏曲进行抒情性回忆，受到读者的欢迎。笔者在一次山东作家的高研班培训中，与坐在一起的作家徐坤、王松、王兆山、刘强聊起“样板戏”。这些作家不仅当场就洋洋自得地哼唱起样板戏来，还告诉我《红灯记》沪剧版本的唱词如何如何、后来京剧版本如何改唱等等，简直就是如数家珍，而且每个人都是耳熟能详，当场即兴敲着桌子合唱起来。这让我惊叹不已，实在是想象不到。事实上，传统戏剧文化及其现代性改编，对很多中国人来说，都是很重要的文化传承，是我们中国人生命中的不可或缺的精神基因。随着年龄的增加和阅历的深厚，很多人都开始亲近和接触这些耐得住品味的中国戏曲文化，而且越咀嚼越有味，越喜欢。在当代青年作家中，我同样读到了一些作家作品对传统中国戏曲文化的书写。上海“70后”作家滕肖澜在小说中写了一位曾饰演过名角的父亲与一位红颜知己的爱恋故事。小说写得波澜起伏，情节曲折动人，但是囿于传统文化的藩篱而无法生活到一起，让人唏嘘不已。与此对应成趣的是，山东青年作家方如创作了这样一个因为传统戏曲而心生爱恋的情感故事。不同的是，小说中的女主人公就是因为喜欢上了一位当地的京剧名角，舍弃了自己的家庭而与之结合在一起，但是这种巨大的付出却得不到这位名角的爱情。尽管小说一再叙述女主人公不后悔自己的选择，但现实中自己亲生儿女的背弃和名角家中儿女的排斥，都让她悲伤不已，无人能够理解这份京剧文化情缘。在期期艾艾的京剧曲调中，女主人公在死亡时刻得到了双方家庭儿女的原谅，尽管一百个、一千个不情愿、不喜欢，但在死亡面前，每一个人都体现出人性中的善和美好的一面。河南青年作家乔叶在中篇小说里书写了家乡的豫剧文化。在一种弥漫性的豫剧曲调氛围里，乔叶以回乡的叙述视角呈现传统戏剧文化在乡人丧礼仪式中的传唱，恰到好处地传达出豫剧这种戏曲的丰富文化内涵和迷人的艺术魅力。

小传统还体现在地域民俗文化和民间宗教文化领域。民俗文化是传统文化中一个极为重要的部分，是可以具体承载的物质形态部分。所谓“礼失而求诸野”，就是说民俗是一个极为重要的、驳杂的、丰富的文化存在，具有超越时间、空间和政治结构的深广功能。民俗叙事是中国现代文学一个重要的叙述向度。无论是在现代性视域还是在文化人类学视野之下，中国的民俗都是非常重要的、不可忽视的文化现象。鲁迅是“乡土文学”叙述的领导者和概念的提出者。在他的带领下，20 世纪 20 年代中国现代文学出现了一个很庞大的“乡土文学”叙事潮流，其中最重要的叙述主题就集中在民俗文化领域，乃至蔚为大观。遥远的贵州、偏僻的云南、浙东乡村、湖南湘西到赵树理的山西乡村、孙犁的白洋淀等地域民俗书写成为重要的文学存在，在今天有着多重文化景观的意义和功能。当代文学中的民俗文化书写得到进一步的发展，汪曾祺的高邮湖、古华的芙蓉镇、贾平凹的商州、莫言的高密东北乡、张炜的芦青河都成为一个标示文学创作高度的空间地理标志，其内在丰富的民俗文化韵味赋予作品长久的艺术魅力。在民俗文化书写中，有的作家还深入到了民间宗教文化的精神深层。莫言的小说尤其继承了来自中国传统志怪文化的精神，称蒲松龄为“蒲爷爷”，视之为学习的不朽典范。张炜的文学创作，尤其是《古船》《九月寓言》《刺猬歌》《芳心似火》等作品，无不构建了一个由海洋文化与山林文化为精神内核的神秘民间信仰王国。这里面不仅闪烁着来自齐文化的星火，更多的是张炜“在半岛上行走”所感知到的民间宗教文化信仰与虔诚情感的展现。这也就是文学走向民间之后，当代小说叙述结构更迭、审美情感嬗变、探索人性与世界走向更深更广的原因之所在了。

当论及传统文化的时候，我们切不可把五四新文化和传统文化简单对立起来。五四新文化时至今日已经百年。这一百年的五四新文化史已经构成了一个中国现代文学、现代思想史的新传统——五四新文化传统。五四新文化传统是一个极为珍贵的精神资源，是中国知识分子汲取人类文明的思想成果。我们要处理好传统文化和五四新文化之间的关系，从这二者中间汲取现代文明的精神因子，融汇传统文化和五四新文化，摒弃其中不合理的部分和激烈的成分，以传统文化为根，以五四新文化为魂铸就新世纪中国的新文化、新文学。正如艾略特所言，没有任何一个人能够逾越传统而独立存在，事实恰好是伟大的作家和伟大文学在传统中继承、发展和开拓新的传统，从而构成一条人类文明的文化艺术长河。

后 记

2006年春天，我从东北师范大学文学院中国现当代文学专业博士毕业时，学校社科处处长、博导刘建军教授跟我说，你报的国家社科基金项目上会了，但很遗憾没有通过。这是以我的博士论文为基础申报国家社科基金课题的第一次上会。2006年7月，我很幸运进入了山东师范大学文学院工作。记得当我把到山东师大工作的消息告诉我的博士导师逄增玉先生时，他很惊讶，山东师大现当代文学学科很强的，我能去工作，作为导师自然是很高兴的。

山东师大文学院中国现当代文学学科有着很多很好的传统，培养出了一大批国内公认的优秀学者。我到了这里工作，一方面感觉自己特别荣幸，另一方面是倍感压力巨大。山东师大中国现当代文学学科长辈学者对年轻人都是热情提携、鼓励与指导。到山东面试的时候，学科带头人吴义勤先生就让我退掉预定的外面酒店，住在校内的西苑宾馆，食宿挂账就可以了。吴义勤先生详细询问了我的博士论文撰写等情况，谈起了我所关心的工作、职称晋升以及家属就业等问题。等到了山东师大工作，学科德高望重的朱德发先生与宋遂良先生、魏建教授、李掖平教授等人都特别关心、提携和指点我的成长。2008年，我师从吴义勤先生做博士后研究，把对乡土文学的研究拓展到戏剧领域，从自己的生命经验出发，思考“样板戏”在乡土中国的接受美学研究。以此同时，在吴义勤先生的耳濡目染下，我的文学研究逐渐从现代转移到当代文学的批评与研究中来。

参加工作后，我继续申报国家社科基金项目。申报内容拓展为整个20世纪中国乡土文学的思考和研究。遗憾的是，几次申报都没有成功。因为不自信曾在这期间换过题目。但后来，我认真思考，觉得自己投入时间最多、感情最深、掌握资料最全、触及学术前沿的领域就是乡土文学。考虑再三，我决定以原来乡土文学研究成果为基础，结合国家发展战略、时代文学需求和现实重大问题，把题目修订为“乡土中国文化重建与新农民想象”，从而在2012年顺利获得国家社科基金一般项目的立项。这本书稿的主体就是2012年国家社科基金项目的结项成果。

2012年项目开题。当时从北京大学来到山东大学担任文科一级教授的温儒敏先生参加了我的开题报告。温儒敏先生针对我的研究设想提出建议，不要被以往的研究成果和框架所束缚，要荡开来写，多一些创新与突破。这对于过多追求逻辑的严谨、局限于当前研究领域的我，是一个很大的鼓励。2012年，我有幸成为中国现代文学馆的客座研究员，到北京、广西、福建、重庆、湖北、上海等地参加中国现代文学馆、《南方文坛》、福建社科联、湖北作协、复旦大学等机构组织的活动。2014年，我有幸到北京大学中文系跟着陈平原先生做高级访问学者。2015年3月，到鲁迅文学院参加了为期两个月的鲁院第26届文学评论班的脱产学习。2015年，在山东文联的推荐下，到云南参加了中国文联全国首届文艺评论骨干班（简称“骨一滇”）的学习。2015年我有幸入选山东作协的首届和第二届签约文学评论家；2016年入选山东省第四批齐鲁文化英才。到中国现代文学馆、北京大学中文系、鲁迅文学院、中国文联文艺评论骨干班、山东作协的学习，让我有幸向国内最优秀的学者、专家请教，与一大批富有朝气、理想和激情的最活跃的青年学者、批评家、作家朝夕相处，谈论、对话和思考当前学术热点和前沿问题。这些学习和文学现场的参与对我主持的国家社科基金项目及当代文学研究有着很大的精神启示。

在诸多先生的指导下，我的国家社科基金项目逐渐形成了基于人类文明演进和文化范式变迁的整体性研究视野，对当代中国乡土文学代表作家作品有激荡着时代气息的阅读心得和审美感受，从而把宏大问题意识和文本细读探寻做了较好的结合，有一些新的发现和闪光点。但是从研究设想和总体结构而言，这本书稿存在着一些不足与局限，没有完全到达温儒敏先生、吴义勤先生等人的期待。深深感谢各位先生的指导、鼓励和帮助！我将以各位先生的勉励指导和本书的精神探索为思考的新起点，继续奋力前行。

本书的一些章节内容在《文学评论》《当代作家评论》《南方文坛》《小说评论》《中国文学批评》《扬子江评论》《文艺报》《新文学评论》《长江文艺评论》《百家评论》等报刊刊发过，深深感谢这些报刊的编辑及其对文稿所做的大量编辑指导工作。山东师范大学研究生王燕、辛晓伟、关建华、孙亚儒、李君君、王大鹏、刘仁杰，以及暨南大学张娟、李思嘉、陈嘉慧、姚若凡、胡跃等博士、硕士研究生同学，对本书的撰写、编辑与校对做了大量工作，在此表示感谢。中华书局的吴爱兰女士及其团队不辞辛苦，具有高度的敬业精神，感谢其对本书所做的大量编辑校对工作。

千百年来乡土中国乡村文化滋养着这片土地，孕育着极其灿烂的乡土文学艺术。在人类文明演化和文化变迁的大历史背景下，乡土、乡土文学、乡村根性文化依然是新时代中华文化建构的内在精神源泉和动力根源所在。我们依然无比热爱这片土地及其独特丰厚的乡土文化。在新世纪中国乡土文化巨变的语境下,对百年中国乡土文学转变和乡土文化重建的研究显得尤为重要和迫切。希望本书能为当代中华乡土文化传承与创造提供一些有益的启示与借鉴,或许这就是本书的当代价值与意义吧。

2022年10月23日暨南园